건강보험
심사평가원

직업기초능력평가 + 보건의료지식

건강보험심사평가원

직업기초능력평가 + 보건의료지식

초판 발행	2020년 5월 8일
개정판 발행	2026년 4월 24일

편 저 자	취업적성연구소
발 행 처	㈜서원각
등록번호	1999-1A-107호
주 소	경기도 고양시 일산서구 덕산로 88-45(가좌동)
교재주문	031-923-2051
팩 스	031-923-3815
교재문의	카카오톡 플러스 친구[서원각]
홈페이지	goseowon.com

PREFACE

우리나라 기업들은 1960년대 이후 현재까지 비약적인 발전을 이루었다. 이렇게 급속한 성장을 이룰 수 있었던 배경에는 우리나라 국민들의 근면성 및 도전정신이 있었다. 그러나 빠르게 변화하는 세계 경제의 환경에 적응하기 위해서는 근면성과 도전정신 이외에 또 다른 성장 요인이 필요하다.

최근 많은 공사·공단에서는 기존의 직무 관련성에 대한 고려 없이 인·적성, 지식 중심으로 치러지던 필기전형을 탈피하고, 산업현장에서 직무를 수행하기 위해 요구되는 능력을 산업부문별·수준별로 체계화 및 표준화한 NCS를 기반으로 하여 채용공고 단계에서 제시되는 '직무 설명자료'상의 직업기초능력과 직무수행능력을 측정하기 위한 직업기초능력평가, 직무수행능력평가 등을 도입하고 있다.

건강보험심사평가원에서도 업무에 필요한 역량 및 책임감과 적응력 등을 구비한 인재를 선발하기 위하여 고유의 직업기초능력평가를 치르고 있다. 본서는 건강보험심사평가원 신규직원 채용대비를 위한 필독서로 건강보험심사평가원 직업기초능력평가의 출제경향을 철저히 분석하여 응시자들이 보다 쉽게 시험유형을 파악하고 효율적으로 대비할 수 있도록 구성하였다.

신념을 가지고 도전하는 사람은 반드시 그 꿈을 이룰 수 있습니다. 처음에 품은 신념과 열정이 취업 성공의 그 날까지 빛바래지 않도록 서원각이 수험생 여러분을 응원합니다.

STRUCTURE

출제유형분석

NCS 직업기초능력평가의 출제유형과 대표유형 문제를 분석하여 수록하였습니다.

출제예상문제

각 영역에 대한 다양한 유형의 출제예상문제를 수록하여 실전에 대비할 수 있습니다.

인성검사 및 면접

인성검사 및 면접에 대한 내용을 수록하여 취업의 마무리까지 깔끔하게 책임집니다.

CONTENTS

01

직업기초능력평가

문제해결능력

[문제해결능력] 출제유형

① 사고력 : 개인이 가지고 있는 경험과 지식을 통해 가치 있는 아이디어를 산출하는 사고능력이다. 논리문제가 주로 출제된다.
② 문제처리능력 : 목표를 분석하고 이를 토대로 문제를 도출하여 최적의 해결책을 찾는 문제이다.

[문제해결능력] 출제경향

사고력과 문제처리능력을 파악할 수 있는 문항들로 구성된다. 논리적 사고 및 분석적 사고의 개념, 명제 및 진위관계, 브레인스토밍, SWOT 분석을 통한 문제 도출, 주어진 상황을 고려하여 비용 및 시간, 순서 등을 파악하는 등의 유형이 문제해결능력 문제로 출제된다. 특히 최근에는 기본 개념을 묻는 문제가 다수 출제되었으므로 개념 이해에 유의하는 것이 좋다.

[문제해결능력] 빈출유형

명제 및 진위관계											
SWOT 분석											
고객응대											
자료해석											

예제 01　문제처리능력

D회사 신입사원으로 입사한 귀하는 신입사원 교육에서 업무수행과정 중 발생하는 설정형 문제를 하나씩 찾아오라는 지시를 받았다. 이에 대해 당신은 교육받은 내용을 다시 복습하려고 한다. 설정형 문제에 해당하는 것은?

① 현재 직면하여 해결하기 위해 고민하는 문제
② 현재의 상황을 개선하거나 효율을 높이기 위한 문제
③ 앞으로 어떻게 할 것인가 하는 문제
④ 원인이 내재되어 있는 원인지향적인 문제

출제의도
업무수행 중 문제가 발생하였을 때 문제 유형을 구분하는 능력을 측정하는 문항이다.

해설
업무수행과정에서 발생하는 문제 유형으로는 발생형 문제, 탐색형 문제, 설정형 문제가 있으며 ①④는 발생형 문제이며 ②는 탐색형 문제, ③이 설정형 문제이다.

답 ③

예제 02　사고력

M사 홍보팀에서 근무하고 있는 당신은 입사 5년차로 창의적인 기획안을 제출하기로 유명하다. S 부장은 이번 신입사원 교육 때 당신에게 창의적인 사고란 무엇인지 설명하는 교육을 맡아달라고 부탁하였다. 창의적인 사고에 대한 당신의 설명으로 옳지 않은 것은?

① 창의적인 사고는 새롭고 유용한 아이디어를 생산해 내는 정신적인 과정이다.
② 창의적인 사고는 특별한 사람들만이 할 수 있는 대단한 능력이다.
③ 창의적인 사고는 기존의 정보들을 특정한 요구조건에 맞거나 유용하도록 새롭게 조합시킨 것이다.
④ 창의적인 사고는 통상적인 것이 아니라 기발하거나, 신기하며 독창적인 것이다.

출제의도
창의적 사고에 대한 개념을 정확히 파악하고 있는지를 묻는 문항이다.

해설
창의적인 사고는 이미 알고 있는 경험과 지식을 해체하여 다시 새로운 정보로 결합하여 가치 있는 아이디어를 산출하는 사고라고 할 수 있다.

답 ②

예제 03　문제처리능력

L사에서 주력 상품으로 밀고 있는 TV의 판매 이익이 감소하고 있는 상황에서 당신은 B 부장으로부터 3C분석을 통해 해결방안을 강구해 오라는 지시를 받았다. 다음 중 3C에 해당하지 않는 것은?

① Customer
② Company
③ Competitor
④ Content

출제의도
3C의 개념과 구성요소를 정확히 숙지하고 있는지를 측정하는 문항이다.

해설
3C 분석에서 사업 환경을 구성요소는 사(Company), 경쟁사(Competitor), 고객을 3C (Customer)이다.

답 ④

예제 04　문제처리능력

C사는 최근 국내 매출이 지속적으로 하락하고 있어 사내 분위기가 심상치 않다. Y 부장은 이 문제를 극복하고자 문제처리 팀을 구성하여 해결방안을 모색하도록 지시하였다. 문제처리 팀의 문제해결 절차를 올바른 순서로 나열한 것은?

① 문제 인식 → 원인 분석 → 해결안 개발 → 문제 도출 → 실행 및 평가
② 문제 도출 → 문제 인식 → 해결안 개발 → 원인 분석 → 실행 및 평가
③ 문제 인식 → 원인 분석 → 문제 도출 → 해결안 개발 → 실행 및 평가
④ 문제 인식 → 문제 도출 → 원인 분석 → 해결안 개발 → 실행 및 평가

출제의도
실제 업무 상황에서 문제가 일어났을 때 해결 절차를 알고 있는지를 측정하는 문항이다.

해설
일반적인 문제해결절차는 '문제 인식 → 문제 도출 → 원인 분석 → 해결안 개발 → 실행 및 평가'로 이루어진다.

답 ④

┃1~2┃ 신입사원 A, B, C, D, E 5명이 거래처인 ㈎, ㈏, ㈐, ㈑, ㈒ 공장에 가야한다. 다음에 주어진 조건을 읽고 물음에 답하시오.

- 신입사원들은 각 공장에 혼자 가야한다.
- 공장은 ㈎, ㈏, ㈐, ㈑, ㈒의 순서로 나란히 붙어 있다.
- B는 항상 D가 가는 공장의 바로 오른쪽에 있는 곳에 가야한다.
- ㈒ 공장에는 B와 C가 갈 수 없다.

1   신입사원들이 각각의 공장에 가는 방법은 총 몇 가지인가?

① 12가지   ② 14가지

③ 16가지   ④ 18가지

✔ **해설** B는 항상 D가 가는 공장의 바로 오른쪽에 있는 곳에 가야 한다고 했으므로 (D, B)를 묶어서 생각한다. 네 번째 조건에서 ㈒ 공장에는 B와 C가 갈 수 없다고 했지만 ㈒ 공장의 오른쪽에는 공장이 없으므로 D 역시 갈 수 없다. 그러므로 ㈒ 공장에 갈 수 있는 사람은 A와 E뿐이다.

A가 ㈒ 공장에 가는 경우	E가 ㈒ 공장에 가는 경우
(D – B) – C – E – A	(D – B) – A – C – E
(D – B) – E – C – A	(D – B) – C – A – E
C – (D – B) – E – A	A – (D – B) – C – E
E – (D – B) – C – A	C – (D – B) – A – E
C – E – (D – B) – A	A – C – (D – B) – E
E – C – (D – B) – A	C – A – (D – B) – E

2   C와 D가 바로 옆에 이웃해 있는 공장에 가는 방법은 몇 가지인가?

① 2가지   ② 4가지

③ 6가지   ④ 8가지

✔ **해설** C – D – B – E – A, E – C – D – B – A, C – D – B – A – E, A – C – D – B – E의 4가지 방법이 있다.

3 다음은 신재생에너지 보급 확대와 시장 활성화를 추진하기 위하여 신재생에너지 공급의무화(RPS) 제도에 대해 검토한 자료이다. 현행 제도의 개선 방향으로 적절하지 않은 의견을 제시한 사람은?

- ■ 수익성 악화
  - 전 세계적인 공급과잉과 가격폭락으로 태양광 기업들의 수익성 악화, 국내 기업들도 심각한 어려움에 직면
  - 태양광 공급여력은 충분하나, RPS 태양광 별도 의무공급량이 제한되어 있어 시장 확대 · 신재생보급에 제약
- ■ 지역주민 갈등
  - 대규모 송전선로 등 에너지 시설 건설 시 현지 주민들의 수익 창출과 연계되지 않아 지역주민 갈등 증가
  - 에너지 설비 외 풍력 등 신재생 발전소에 대한 주민 수용성도 저하
- ■ 소규모 사업자 보호
  - 공급의무자들의 대규모 사업자 선호로 소규모 사업자 소외 방지를 위해 일정규모는 에너지관리공단에 사업자 선정의뢰 의무화
  - 사업자 선정시장에 사업자의 규모에 대한 제한이 없이 참여가 가능하여 소규모 사업자 보호목적 달성 곤란
- ■ 설치보조지원 사업
  - 정부의 설치보조지원 사업(그린홈 100만 호)은 소비자의 초기투자 부담, 직접 시공업체를 선정해야 하는 불편 초래
    ※ 3kW 설치 시 정부보조금 420만 원, 소비자 부담금 500만 원
  - 설비 수명(20년)에 비해 보조금 지원사업의 A/S 기간(3~5년)이 짧아 기간 경과 이후 유지 · 보수에 애로
- ■ 의무이행
  - 연도별 의무이행비율, 공급인증서 가중치 검토주기(3년)가 정해져있어 환경변화에 적기 대응 곤란
  - 의무이행의 유연성 확보를 위해 미이행 시 이행연기가 가능하나, 연기량을 차년도에 우선 이행해야 하여 사업자 부담

---

① 甲 : 송전선로 주변지역 등에 다수 주민이 참여하는 신재생 발전소 건설 시 주민지분비율에 따라 가중치를 우대한다.

② 乙 : 소규모 사업자에 입찰 물량의 30%를 배정하고 발전소 분할 등 악용 방지를 위한 조치를 병행한다.

③ 丙 : 3kW 설치 시 정부보조금을 현행 420만 원에서 500만 원으로 인상하고, 보조금 지원사업의 A/S 기간을 10년으로 늘린다.

④ 丁 : 이행연기량을 '차년도 우선 이행'에서 '향후 3년 이내에 분할하여 우선 이행'할 수 있도록 개선한다.

✔해설 ③ 3kW 설치 시 정부보조금을 현행 420만 원에서 500만 원으로 인상한다고 하여도 소비자 부담금이 420만 원으로 여전히 소비자의 초기투자 부담이 남아있다. 또한 보조금 지원사업의 A/S 기간을 10년으로 늘린다고 하여도 설비 수명이 20년이므로 이후의 유지 · 보수 문제가 남는다.

Answer   1.①   2.②   3.③

4 다음 글과 상황을 근거로 판단할 때, A국 각 지역에 설치될 것으로 예상되는 풍력발전기 모델명을 바르게 짝지은 것은?

풍력발전기는 회전축의 방향에 따라 수평축 풍력발전기와 수직축 풍력발전기로 구분된다. 수평축 풍력발전기는 구조가 간단하고 설치가 용이하며 에너지 변환효율이 우수하다. 하지만 바람의 방향에 영향을 많이 받기 때문에 바람의 방향이 일정한 지역에만 설치가 가능하다. 수직축 풍력발전기는 바람의 방향에 영향을 받지 않아 바람의 방향이 일정하지 않은 지역에도 설치가 가능하며, 이로 인해 사막이나 평원에도 설치가 가능하다. 하지만 부품이 비싸고 수평축 풍력발전기에 비해 에너지 변환효율이 떨어진다는 단점이 있다. B사는 현재 4가지 모델의 풍력발전기를 생산하고 있다. 각 풍력발전기는 정격 풍속이 최대 발전량에 도달하며, 가동이 시작되면 최소 발전량 이상의 전기를 생산한다. 각 발전기의 특성은 아래와 같다.

모델명	U-50	U-57	U-88	U-93
시간당 최대 발전량(kW)	100	100	750	2,000
시간당 최소 발전량(kW)	20	20	150	400
발전기 높이(m)	50	68	80	84.7
회전축 방향	수직	수평	수직	수평

<상황>

A국은 B사의 풍력발전기를 X, Y, Z지역에 각 1기씩 설치할 계획이다. X지역은 산악지대로 바람의 방향이 일정하며, 최소 150kW 이상의 시간당 발전량이 필요하다. Y지역은 평원지대로 바람의 방향이 일정하지 않으며, 철새보호를 위해 발전기 높이는 70m 이하가 되어야 한다. Z지역은 사막지대로 바람의 방향이 일정하지 않으며, 주민 편의를 위해 정격 풍속에서 600kW 이상의 시간당 발전량이 필요하다. 복수의 모델이 각 지역의 조건을 충족할 경우, 에너지 변환효율을 높이기 위해 수평축 모델을 설치하기로 한다.

	X지역	Y지역	Z지역
①	U-88	U-50	U-88
②	U-88	U-57	U-93
③	U-93	U-50	U-88
④	U-93	U-57	U-88

✔해설 ㉠ X지역 : 바람의 방향이 일정하므로 수직·수평축 모두 사용할 수 있고, 최소 150kW 이상의 시간당 발전량이 필요하므로 U-88과 U-93 중 하나를 설치해야 한다. 에너지 변환효율을 높이기 위해 수평축 모델인 U-93을 설치한다.

㉡ Y지역 : 수직축 모델만 사용 가능하며, 높이가 70m 이하인 U-50만 설치 가능하다.

㉢ Z지역 : 수직축 모델만 사용 가능하며, 정격 풍속이 600kW 이상의 시간당 발전량을 갖는 U-88만 설치 가능하다.

5 갑과 을, 병 세 사람은 면세점에서 A, B, C 브랜드 중 하나의 가방을 각각 구입하려고 한다. 소비자들이 가방을 구매하는데 고려하는 것은 브랜드명성, 디자인, 소재, 경제성의 네 가지 속성이다. 각 속성에 대한 평가는 0부터 10까지의 점수로 주어지며, 점수가 높을수록 소비자를 더 만족시킨다고 한다. 각 브랜드의 제품에 대한 평가와 갑, 을, 병 각자의 제품을 고르는 기준이 다음과 같을 때, 소비자들이 구매할 제품으로 바르게 짝지어진 것은?

<table>
<tr><td colspan="4" align="center">〈브랜드별 소비자 제품평가〉</td></tr>
<tr><td></td><td>A 브랜드</td><td>B 브랜드</td><td>C 브랜드</td></tr>
<tr><td>브랜드명성</td><td>10</td><td>7</td><td>7</td></tr>
<tr><td>경제성</td><td>4</td><td>8</td><td>5</td></tr>
<tr><td>디자인</td><td>8</td><td>6</td><td>7</td></tr>
<tr><td>소재</td><td>9</td><td>6</td><td>3</td></tr>
</table>

※ 각 평가에 부여하는 가중치 : 브랜드명성(0.4), 경제성(0.3), 디자인(0.2), 소재(0.1)

〈소비자별 구매기준〉

갑 : 가중치가 높은 순으로 가장 좋게 평가된 제품을 선택한다.

을 : 모든 속성을 가중치에 따라 평가(점수×가중치)하여 종합적으로 가장 좋은 대안을 선택한다.

병 : 모든 속성이 4점 이상인 제품을 선택한다. 2가지 이상이라면 디자인 점수가 높은 제품을 선택한다.

	갑	을	병
①	A	A	A
②	A	A	B
③	B	A	B
④	B	C	B

✔해설　㉠ 갑 : 가중치가 가장 높은 브랜드명성이 가장 좋게 평가된 A 브랜드 제품을 선택한다.

㉡ 을 : 각 제품의 속성을 가중치에 따라 평가하면 다음과 같다.

$$A : 10(0.4) + 4(0.3) + 8(0.2) + 9(0.1) = 4 + 1.2 + 1.6 + 0.9 = 7.7$$
$$B : 7(0.4) + 8(0.3) + 6(0.2) + 6(0.1) = 2.8 + 2.4 + 1.2 + 0.6 = 7$$
$$C : 7(0.4) + 5(0.3) + 7(0.2) + 3(0.1) = 2.8 + 1.5 + 1.4 + 0.3 = 6$$

∴ A 브랜드 제품을 선택한다.

㉢ 병 : 모든 속성이 4점 이상인 A, B 브랜드 중 디자인 점수가 더 높은 A 브랜드 제품을 선택한다.

6 외국계 은행인 A 은행 서울지사에 근무하는 甲과, 런던지사에 근무하는 乙, 시애틀지사에 근무하는 丙은 같은 프로젝트를 진행하면서 다음과 같이 영상업무회의를 진행하였다. 회의 시각은 런던을 기준으로 11월 1일 오전 9시이고, 런던은 GMT+0, 서울은 GMT+9, 시애틀은 GMT-7을 표준시로 사용한다. 회의록을 바탕으로 할 때 빈칸에 들어갈 일시는?

> 甲 : 제가 프로젝트에서 맡은 업무는 오늘 오후 10시면 마칠 수 있습니다. 런던에서 받아서 1차 수정을 부탁드립니다.
>
> 乙 : 네, 저는 甲님께서 제시간에 끝내 주시면 다음날 오후 3시면 마칠 수 있습니다. 시애틀에서 받아서 마지막 수정을 부탁드립니다.
>
> 丙 : 알겠습니다. 저는 앞선 두 분이 제시간에 끝내 주신다면 서울을 기준으로 모레 오전 10시면 마칠 수 있습니다. 제가 업무를 마치면 프로젝트가 최종 마무리 되겠군요.
>
> 甲 : 잠깐, 다들 말씀하신 시각의 기준이 다른 것 같은데요? 저는 처음부터 런던을 기준으로 이해하고 말씀드렸습니다.
>
> 乙 : 저는 처음부터 시애틀을 기준으로 이해하고 말씀드렸는데요?
>
> 丙 : 저는 처음부터 서울을 기준으로 이해하고 말씀드렸습니다. 그렇다면 계획대로 진행될 때 서울을 기준으로 (   )에 프로젝트를 최종 마무리할 수 있겠네요.
>
> 甲, 乙 : 네, 맞습니다.

① 11월 2일 오후 11시

② 11월 3일 오전 10시

③ 11월 3일 오후 3시

④ 11월 3일 오후 7시

해설 회의 시간이 런던을 기준으로 11월 1일 9시이므로, 이때 서울은 11월 1일 18시, 시애틀은 11월 1일 2시이다.
- 甲은 런던을 기준으로 말했으므로 甲이 프로젝트에서 맡은 업무를 마치는 시간은 런던 기준 11월 1일 22시로, 甲이 맡은 업무를 마치는 데 필요한 시간은 22 - 9 = 13시간이다.
- 乙은 시애틀을 기준으로 이해하고 말했으므로 乙은 甲이 말한 乙이 말한 다음날 오후 3시는 시애틀 기준 11월 2일 15시이다. 乙은 甲이 시애틀을 기준으로 11월 1일 22시에 맡은 일을 끝내 줄 것이라고 생각하였으므로, 乙이 맡은 업무를 마치는 데 필요한 시간은 2 + 15 = 17시간이다.
- 丙은 서울을 기준으로 말했으므로 丙이 말한 모레 오전 10시는 11월 3일 10시이다. 丙은 乙이 서울을 기준으로 11월 2일 15시에 맡은 일을 끝내 줄 것이라고 생각하였으므로, 丙이 맡은 업무를 마치는 데 필요한 시간은 9 + 10 = 19시간이다.

따라서 계획대로 진행될 경우 甲, 乙, 丙이 맡은 업무를 끝내는 데 필요한 총 시간은 13 + 17 + 19 = 49시간으로, 2일하고 1시간이라고 할 수 있다. 이를 서울 기준으로 보면 11월 1일 18시에서 2일하고 1시간이 지난 후이므로, 11월 3일 19시이다.

7 甲 공단 시설팀에 근무하는 乙은 공공시설물을 대상으로 내진보강대책을 평가하고 보고서를 작성하고 있다. 보고서에 따라 A~D 평가대상기관 중 최상위기관을 고르면?

❏ 공공시설물 내진보강대책 추진실적 평가기준

• 평가요소 및 점수부여

$$\text{내진성능평가지수} = \frac{\text{내진성능평가실적건수}}{\text{내진보강대상건수}} \times 100$$

$$\text{내진보강공사지수} = \frac{\text{내진보강공사실적건수}}{\text{내진보강대상건수}} \times 100$$

– 산출된 지수 값에 따른 점수는 아래 표와 같이 부여한다.

구분	지수 값 최상위 1개 기관	지수 값 중위 2개 기관	지수 값 최하위 1개 기관
내진성능평가점수	5점	3점	1점
내진보강공사점수	5점	3점	1점

• 최종순위 결정
– 내진성능평가점수와 내진보강공사점수의 합이 큰 기관에 높은 순위를 부여한다.
– 합산 점수가 동점인 경우에는 내진보강대상건수가 많은 기관을 높은 순위로 한다.

❏ 평가대상기관의 실적

(단위 : 건)

구분	A	B	C	D
내진성능평가실적	82	72	72	83
내진보강공사실적	91	76	81	96
내진보강대상	100	80	90	100

① A

② B

③ C

④ D

✔해설 A~D의 내진성능평가지수와 내진보강공사지수를 구하면 다음과 같다.

구분	A	B	C	D
내진성능평가지수	82(3점)	90(5점)	80(1점)	83(3점)
내진보강공사지수	91(3점)	95(3점)	90(1점)	96(5점)
총점	6점	8점	2점	8점

B와 D의 총점이 동일하므로 내진보강대상건수가 많은 D가 더 높은 순위를 차지한다. 최종순위는 D – B – A – C이다.

8 H 기업 영업부장인 甲은 차장 乙 그리고 직원 丙, 丁과 함께 총 4명이 장거리 출장이 가능하도록 배터리 완전충전 시 주행거리가 200km 이상인 전기자동차 1대를 선정하여 구매팀에 구매를 의뢰하려고 한다. 다음을 근거로 판단할 때, 甲이 선정하게 될 차량은?

❏ 배터리 충전기 설치
- 구매와 동시에 회사 주차장에 배터리 충전기를 설치하려고 하는데, 배터리 충전시간(완속 기준)이 6시간을 초과하지 않으면 완속 충전기를, 6시간을 초과하면 급속 충전기를 설치하려고 한다.

❏ 정부 지원금
- 정부는 전기자동차 활성화를 위하여 전기자동차 구매 보조금을 구매와 동시에 지원하고 있는데, 승용차는 2,000만 원, 승합차는 1,000만 원을 지원하고 있다. 승용차 중 경차는 1,000만 원을 추가로 지원한다.
- 배터리 충전기에 대해서는 완속 충전기에 한하여 구매 및 설치비용을 구매와 동시에 전액 지원하며, 2,000만 원이 소요되는 급속 충전기의 구매 및 설치비용은 지원하지 않는다.

❏ 차량 선택
- 배터리 충전기 설치와 정부 지원금을 감안하여 甲은 차량 A~D 중에서 실구매 비용(충전기 구매 및 설치비용 포함)이 가장 저렴한 차량을 선택하려고 한다. 단, 실구매 비용이 동일할 경우에는 '점수 계산 방식'에 따라 점수가 가장 높은 차량을 구매하려고 한다.

❏ 점수 계산 방식
- 최고속도가 120km/h 미만일 경우에는 120km/h를 기준으로 10km/h가 줄어들 때마다 2점씩 감점
- 승차 정원이 4명을 초과할 경우에는 초과인원 1명당 1점씩 가점

❏ 구매 차량 후보

차량	A	B	C	D
최고속도(km/h)	130	100	140	120
완전충전 시 주행거리(km)	250	200	300	300
충전시간(완속 기준)	7시간	5시간	4시간	5시간
승차 정원	6명	8명	4명	5명
차종	승용	승합	승용(경차)	승용
가격(만 원)	5,000	6,000	8,000	8,000

① A   ② B
③ C   ④ D

✔ **해설** 차량별 실구매 비용을 계산하면 다음과 같다.

차량	차량 가격	충전기 구매 및 설치비용	정부 지원금 (완속 충전기 지원금 제외)	실구매 비용
A	5,000만 원	2,000만 원	2,000만 원	5,000 + 2,000 − 2,000 = 5,000만 원
B	6,000만 원	0(정부 지원금)	1,000만 원	6,000 + 0 − 1,000 = 5,000만 원
C	8,000만 원	0(정부 지원금)	3,000만 원	8,000 + 0 − 3,000 = 5,000만 원
D	8,000만 원	0(정부 지원금)	2,000만 원	8,000 + 0 − 2,000 = 6,000만 원

이 중 실구매 비용이 동일한 A, B, C에 대하여 '점수 계산 방식'에 따라 차량별 점수를 구하면 A는 승차 정원에서 2점의 가점을, B는 최고속도에서 4점의 감점과 승차 정원에서 4점의 가점을 받게 되고 C는 감점 및 가점이 없다. 따라서 甲이 선정하게 될 차량은 점수가 가장 높은 A가 된다.

Answer 8.①

9 　○○기업은 甲, 乙, 丙 3개 신문사를 대상으로 광고비를 지급하기 위해 3가지 선정 방식을 논의 중에 있다. 3개 신문사의 현황이 다음과 같을 때, 〈선정 방식〉에 따라 판단한 내용으로 옳지 않은 것은?

❑ 신문사 현황

신문사	발행부수(부)	유료부수(부)	발행기간(년)
甲	30,000	9,000	5
乙	30,000	11,500	10
丙	20,000	12,000	12

※ 발행부수 = 유료부수 + 무료부수

❑ 선정 방식

• 방식 1 : 항목별 점수를 합산하여 고득점 순으로 500만 원, 300만 원, 200만 원을 광고비로 지급하되, 80점 미만인 신문사에는 지급하지 않는다.

평가항목	항목별 점수			
발행부수 (부)	20,000 이상	15,000~ 19,999	10,000~ 14,999	10,000 미만
	50점	40점	30점	20점
유료부수 (부)	15,000 이상	10,000~ 14,999	5,000~ 9,999	5,000 미만
	30점	25점	20점	15점
발행기간 (년)	15 이상	12~14	9~11	6~8
	20점	15점	10점	5점

※ 항목별 점수에 해당하지 않을 경우 해당 항목을 0점으로 처리한다.

• 방식 2 : A등급에 400만 원, B등급에 200만 원, C등급에 100만 원을 광고비로 지급하되, 등급별 조건을 모두 충족하는 경우에만 해당 등급을 부여한다.

등급	발행부수(부)	유료부수(부)	발행기간(년)
A	20,000 이상	10,000 이상	10 이상
B	10,000 이상	5,000 이상	5 이상
C	5,000 이상	2,000 이상	2 이상

※ 하나의 신문사가 복수의 등급에 해당할 경우, 그 신문사에게 가장 유리한 등급을 부여한다.

• 방식 3 : 1,000만 원을 발행부수 비율에 따라 각 신문사에 광고비로 지급한다.

① 乙은 방식 2이 가장 유리하다.

② 丙은 방식 1이 가장 유리하다.

③ 방식 1로 선정할 경우, 甲은 200만 원의 광고비를 지급받는다.

④ 방식 2로 선정할 경우, 丙은 甲보다 두 배의 광고비를 지급받는다.

✔ **해설** 방식 1~3에 따른 甲, 乙, 丙 신문사가 받을 광고비는 다음과 같다.

구분	甲	乙	丙
방식 1	0원	300만 원	500만 원
방식 2	200만 원	400만 원	400만 원
방식 3	375만 원	375만 원	250만 원

③ 방식 1로 선정할 경우, 甲은 80점 미만을 득점하여 광고비를 지급받지 못한다.

10 다음은 5가지의 영향력을 행사하는 방법과 수민, 홍진이의 발언이다. 수민이와 홍진이의 발언은 각각 어떤 방법에 해당하는가?

〈영향력을 행사하는 방법〉

- 합리적 설득 : 논리와 사실을 이용하여 제안이나 요구가 실행 가능하고, 그 제안이나 요구가 과업 목표 달성을 위해 필요하다는 것을 보여주는 방법
- 연합 전술 : 영향을 받는 사람들이 제안을 지지하거나 어떤 행동을 하도록 만들기 위해 다른 사람의 지지를 이용하는 방법
- 영감에 호소 : 이상에 호소하거나 감정을 자극하여 어떤 제안이나 요구사항에 몰입하도록 만드는 방법
- 교환 전술 : 제안에 대한 지지에 상응하는 대가를 제공하는 방법
- 합법화 전술 : 규칙, 공식적 방침, 공식 문서 등을 제시하여 제안의 적법성을 인식시키는 방법

〈발언〉

- 수민 : 이번에 내가 제안한 기획안이 이사회의 허락을 얻으면 당신이 오랜 기간 공들인 사업이 폐지될 수 있다는 것을 잘 알고 있습니다. 하지만 이번에 당신이 나를 도와 이 기획안을 지지해준다면 이번 기획을 통해 성사되는 계약의 성과 중 일부를 당신과 나누도록 하겠습니다.
- 홍진 : 이 계획은 앞서 본부에서 한 달 전에 각 지사에 시달한 공문에 근거한 것입니다. 또한 이 계획을 시행될 사업과 관련한 세부적인 방법도 이미 본부에서 마련하였고, 절차상 아무 문제도 없습니다.

수민   홍진

① 교환 전술   영감에 호소
② 교환 전술   합법화 전술
③ 영감에 호소   합법화 전술
④ 합리적 설득   연합 전술

✔ **해설** ㉠ 수민 : 계약의 성과 중 일부를 나눈다고 하였으므로 지지에 상응하는 대가를 제공하는 '교환 전술'에 해당한다.

㉡ 홍진 : 공문에 근거한 것이고 절차상 아무 문제도 없다고 하였으므로 제안의 적법성을 인식시키는 '합법화 전술'에 해당한다.

11 다음 〈쓰레기 분리배출 규정〉을 준수한 것은?

〈쓰레기 분리배출 규정〉

- 배출 시간 : 수거 전날 저녁 7시~수거 당일 새벽 3시까지(월요일~토요일에만 수거함)
- 배출 장소 : 내 집 앞, 내 점포 앞
- 쓰레기별 분리배출 방법
  - 일반 쓰레기 : 쓰레기 종량제 봉투에 담아 배출
  - 음식물 쓰레기 : 단독주택의 경우 수분 제거 후 음식물 쓰레기 종량제 봉투에 담아서, 공동주택의 경우 음식물 전용용기에 담아서 배출
  - 재활용 쓰레기 : 종류별로 분리하여 투명 비닐봉투에 담아 묶어서 배출
    ① 1종(병류)
    ② 2종(캔, 플라스틱, 페트병 등)
    ③ 3종(폐비닐류, 과자 봉지, 1회용 봉투 등)
      ※ 1종과 2종의 경우 뚜껑을 제거하고 내용물을 비운 후 배출
      ※ 종이류 / 박스 / 스티로폼은 각각 별도로 묶어서 배출
  - 폐가전 · 폐가구 : 폐기물 스티커를 부착하여 배출
- 종량제 봉투 및 폐기물 스티커 구입 : 봉투판매소

① 甲은 토요일 저녁 8시에 일반 쓰레기를 쓰레기 종량제 봉투에 담아 자신의 집 앞에 배출하였다.

② 공동주택에 사는 乙은 먹다 남은 찌개를 그대로 음식물 쓰레기 종량제 봉투에 담아 주택 앞에 배출하였다.

③ 丙은 투명 비닐봉투에 캔과 스티로폼을 함께 담아 자신의 집 앞에 배출하였다.

④ 戊는 집에서 쓰던 냉장고를 버리기 위해 폐기물 스티커를 구입 후 부착하여 월요일 저녁 9시에 자신의 집 앞에 배출하였다.

> ✔ **해설** ① 배출 시간은 수거 전날 저녁 7시부터 수거 당일 새벽 3시까지인데 일요일은 수거하지 않으므로 토요일 저녁 8시에 쓰레기를 내놓은 甲은 규정을 준수했다고 볼 수 없다.
> ② 공동주택에서 음식물 쓰레기를 배출할 경우 음식물 전용용기에 담아서 배출해야 한다.
> ③ 스티로폼은 별도로 묶어서 배출해야 하는 품목이다.

12 다음 〈상황〉과 〈조건〉을 근거로 판단할 때 옳은 것은?

〈상황〉

A대학교 보건소에서는 4월 1일(월)부터 한 달 동안 재학생을 대상으로 금연교육 4회, 금주교육 3회, 성교육 2회를 실시하려는 계획을 가지고 있다.

〈조건〉

- 금연교육은 정해진 같은 요일에만 주 1회 실시하고, 화, 수, 목요일 중에 해야한다.
- 금주교육은 월요일과 금요일을 제외한 다른 요일에 시행하며, 주 2회 이상은 실시하지 않는다.
- 성교육은 4월 10일 이전, 같은 주에 이틀 연속으로 실시한다.
- 4월 22일부터 26일까지 중간고사 기간이고, 이 기간에 보건소는 어떠한 교육도 실시할 수 없다.
- 보건소의 교육은 하루에 하나만 실시할 수 있고, 토요일과 일요일에는 교육을 실시할 수 없다.
- 보건소는 계획한 모든 교육을 반드시 4월에 완료하여야 한다.

① 금연교육이 가능한 요일은 화요일과 수요일이다.
② 4월 30일에도 교육이 있다.
③ 금주교육은 4월 마지막 주에도 실시된다.
④ 성교육이 가능한 일정 조합은 두 가지 이상이다.

✔ 해설
- 화, 수, 목 중에 실시해야 하는 금연교육을 4회 실시하기 위해서는 반드시 화요일에 해야 한다.
- 금주교육을 월요일과 금요일을 제외한 다른 요일에 실시해야 하며 주2회 이상은 실시되지 않으므로 수, 목 중 주1회 실시해야 한다. 하지만 10일 이전에 성교육이 이틀 연속 실시되어야 하므로 성교육은 4~5일에 하고, 3일 수요일에 금주교육을 한다.

상황과 조건에 따라 A대학교 보건소의 교육 일정을 정리해 보면 다음과 같다.

월	화	수	목	금	토	일
1	금연 2	금주 3	성 4	성 5	X 6	X 7
8	금연 9	10	11	12	X 13	X 14
15	금연 16	17	18	19	X 20	X 21
중 22	간 23	고 24	사 25	주 26	X 27	X 28
29	금연 30					

13 Z회사에 근무하는 7명의 직원이 교육을 받으려고 한다. 교육실에서 직원들이 앉을 좌석의 조건이 다음과 같을 때 직원 중 빈 자리 바로 옆 자리에 배정받을 수 있는 사람은?

〈교육실 좌석〉

첫 줄	A	B	C
중간 줄	D	E	F
마지막 줄	G	H	I

〈조건〉

- 직원은 강훈, 연정, 동현, 승만, 문성, 봉선, 승일 7명이다.
- 서로 같은 줄에 있는 좌석들끼리만 바로 옆 자리일 수 있다.
- 봉선의 자리는 마지막 줄에 있다.
- 동현이의 자리는 승만이의 바로 옆 자리이며, 또한 빈 자리 바로 옆이다.
- 승만이의 자리는 강훈이의 바로 뒷 자리이다.
- 문성이와 승일이는 같은 줄의 좌석을 배정받았다.
- 문성이나 승일이는 누구도 강훈이의 바로 옆 자리에 배정받지 않았다.

① 승만　　　　　　　　　② 문성
③ 연정　　　　　　　　　④ 봉선

✔해설 주어진 조건을 정리해 보면 마지막 줄에는 봉선, 문성, 승일이가 앉게 되며 중간 줄에는 동현이와 승만이가 앉게 된다. 그러나 동현이가 승만이 바로 옆 자리이며, 또한 빈자리가 바로 옆이라고 했으므로 승만이는 빈자리 옆에 앉지 못한다. 첫 줄에는 강훈이와 연정이가 앉게 되고 빈자리가 하나 있다. 따라서 연정이는 빈 자리 옆에 배정 받을 수 있다.

14 다음 글을 근거로 판단할 때, 9월 17일(토)부터 책을 대여하기 시작한 甲이 마지막 편을 도서관에 반납할 요일은? (단, 다른 조건은 고려하지 않는다)

> 甲은 10편으로 구성된 위인전을 완독하기 위해 다음과 같이 계획하였다.
>
> 책을 빌리는 첫째 날은 한 권만 빌려 다음날 반납하고, 반납한 날 두 권을 빌려 당일 포함 2박 3일이 되는 날 반납한다. 이런 식으로 도서관을 방문할 때마다 대여하는 책의 수는 한 권씩 증가하지만, 대여 일수는 빌리는 책 권수를 n으로 했을 때 두 권 이상일 경우 $(2n-1)$의 규칙으로 증가한다.
>
> 예를 들어 3월 1일(월)에 1편을 빌렸다면 3월 2일(화)에 1편을 반납하고 그날 2, 3편을 빌려 3월 4일(목)에 반납한다. 4일에 4, 5, 6편을 빌려 3월 8일(월)에 반납하고 그날 7, 8, 9, 10편을 대여한다.
>
> 도서관은 일요일만 휴관하고, 이날은 반납과 대여가 불가능하므로 다음날인 월요일에 반납과 대여를 한다. 이 경우에 한하여 일요일은 대여 일수에 포함되지 않는다.

① 월요일   ② 화요일

③ 수요일   ④ 목요일

✔ **해설** 조건에 따라 甲의 도서 대여 및 반납 일정을 정리하면 다음과 같다.

월	화	수	목	금	토(9.17)	일
					1권 대출	휴관
• 1권 반납 • 2~3권 대출(3일)		• 2~3권 반납 • 4~6권 대출(5일)				휴관
• 4~6권 반납 • 7~10권 대출(7일)						휴관
• 7~10권 반납						휴관

 다음 제시문을 읽고 바르게 추론한 것을 〈보기〉에서 모두 고른 것은?

A회사에서는 1,500명의 소속직원들이 마실 생수를 구입하기로 하였다. 모든 조건이 동일한 두 개의 생수회사가 최종 경쟁을 하게 되었다. 구입 담당자는 직원들에게 시음하게 하여 직원들이 가장 좋아하는 생수를 선정하고자 하였다. 다음과 같은 절차를 통하여 구입 담당자가 시음회를 주관하였다.

- 직원들로부터 더 많이 선택 받은 생수회사를 최종적으로 선정한다.
- 생수 시음회 참여를 원하는 직원을 대상으로 신청자를 접수하고 그 중 남자 15명과 여자 15명을 무작위로 선정하였다.
- 두 개의 컵을 마련하여 하나는 1로 표기하고 다른 하나는 2로 표기하여 회사이름을 가렸다.
- 참가직원들은 1번 컵의 생수를 마신 후 2번 컵의 생수를 마시고 둘 중 어느 쪽을 선호하는지 표시하였다.

〈보기〉

㉠ 참가자들이 특정 번호를 선호할 가능성을 고려하지 못하였다.
㉡ 참가자가 무작위로 선정되었으므로 전체 직원에 대한 대표성이 확보되었다.
㉢ 참가자의 절반은 2번 컵을 먼저 마시고 1번 컵을 나중에 마시도록 했어야 한다.
㉣ 우리나라의 남녀 비율이 50대 50이므로 남자직원과 여자직원을 동수로 뽑은 것은 적절하였다.

---

① ㉠㉡
② ㉠㉢
③ ㉡㉢
④ ㉡㉣

✔해설 ㉡ 참가자는 무작위로 선정한 것이 아니라 시음회의 참여를 원하는 직원을 대상으로 선정하였기 때문에 전체 직원에 대한 대표성이 확보되었다고 보기는 어렵다.
㉣ 대표성을 확보하기 위해서는 우리나라의 남녀 비율이 아닌 A회사의 남녀 비율을 고려하여 선정하는 것이 더 적절하다.

16 직장인인 기원, 현욱, 은영, 정아는 아침을 못먹어서 출근길에 우유를 사먹었다. 자신이 먹은 우유에 대한 진술과 주어진 정보를 종합했을 때 A~D 중 은영이가 먹은 우유는 무엇인가?

〈진술〉

- 기원 : 나는 흰우유를 먹었어.
- 현욱 : 내가 먹은 우유는 정아가 먹은 우유보다 용량이 많았어.
- 은영 : 내가 먹은 우유는 가장 비싼 우유는 아니야.
- 정아 : 내가 먹은 우유는 다른 누군가가 먹은 우유와 종류가 같았어.

〈정보〉

	종류	용량(ml)	가격(원)
A	흰우유	190	1,100
B	흰우유	200	1,200
C	딸기우유	200	1,200
D	바나나우유	350	1,500

① A
② B
③ C
④ D

✔해설 기원이와 정아의 진술로 인해 기원이와 정아는 흰우유(A 또는 B)를 먹었다. 현욱이는 정아보다 용량이 많은 우유를 먹었으므로 현욱이가 먹은 우유는 D이고 나머지 C는 은영이가 먹은 우유가 된다.

17 다음은 수미의 소비상황과 각종 신용카드 혜택 정보이다. 수미가 가장 유리한 하나의 신용카드만을 결제 수단으로 사용할 때 적절한 소비수단은?

> - 뮤지컬, ○○테마파크 및 서점은 모두 B신용카드의 문화 관련업에 해당한다.
> - 신용카드 1포인트는 1원이고, 문화상품권 1매는 1만 원으로 가정한다.
> - 혜택을 금전으로 환산하여 액수가 많을수록 유리하다.
> - 액수가 동일한 경우 할인혜택, 포인트 적립, 문화상품권 지급 순으로 유리하다.
> - 혜택의 액수 및 혜택의 종류가 동일한 경우 혜택 부여 시기가 빠를수록 유리하다(현장할인은 결제 즉시 할인되는 것을 말하며, 청구할인은 카드대금 청구 시 할인 되는 것을 말한다).
>
> 〈수미의 소비상황〉
>
> 서점에서 여행서적(정가 각 3만 원) 3권과 DVD 1매(정가 1만 원)를 구입(직전 1개월간 A신용카드 사용금액은 15만 원이며, D신용카드는 가입 후 미사용 상태임)
>
> 〈각종 신용카드의 혜택〉

A신용카드	○○테마파크 이용 시 본인과 동행 1인의 입장료의 20% 현장 할인(단, 직전 1개월 간 A신용카드 사용금액이 30만 원 이상인 경우에 한함)
B신용카드	문화 관련 가맹업 이용 시 총액의 10% 청구 할인(단, 할인되는 금액은 5만 원을 초과할 수 없음)
C신용카드	이용 시마다 사용금액의 10%를 포인트로 즉시 적립. 사용금액이 10만 원을 초과하는 경우에는 사용금액의 20%를 포인트로 즉시 적립
D신용카드	가입 후 2만 원 이상에 상당하는 도서류(DVD 포함) 구매 시 최초 1회에 한하여 1만 원 상당의 문화상품권 증정(단, 문화상품권은 다음달 1일에 일괄 증정)

① A신용카드 ② B신용카드
③ C신용카드 ④ D신용카드

✔ **해설** 수미 소비상황을 봤을 때 A신용카드 혜택이 없으며, B신용카드는 1만 원 청구할인, C신용카드는 1만 포인트 적립, D신용카드는 1만 원 문화상품권을 증정한다. 액수가 동일한 경우 할인혜택, 포인트 적립, 문화상품권 지급 순으로 유리하다고 했으므로 수미는 B신용카드를 선택한다.

18 지환이의 신장은 170cm, 체중은 80kg이다. 다음을 근거로 할 때, 지환이의 비만 정도를 바르게 나열한 것은?

> 과다한 영양소 섭취와 적은 체내 에너지 소비로 인한 에너지 대사의 불균형으로 지방이 체내에 지나치게 축적되어 체중이 과다해지는 것을 비만이라 한다.
>
> 비만 정도를 측정하는 방법은 Broca 보정식과 체질량지수를 이용하는 것이 대표적이다.
>
> Broca 보정식은 신장과 체중을 이용하여 비만 정도를 측정하는 간단한 방법이다. 이 방법에 의하면 신장(cm)에서 100을 뺀 수치에 0.9를 곱한 수치가 '표준체중(kg)'이며, 표준체중의 110% 이상 120% 미만의 체중을 '체중과잉', 120% 이상의 체중을 '비만'이라고 한다.
>
> 한편 체질량 지수는 체중(kg)을 '신장(m)'의 제곱으로 나눈 값을 의미한다. 체질량 지수에 따른 비만 정도는 다음 〈표〉와 같다.

〈표〉

체질량 지수	비만 정도
18.5 미만	저체중
18.5 이상 ~ 23.0 미만	정상
23.0 이상 ~ 25.0 미만	과체중
25.0 이상 ~ 30.0 미만	경도비만
30.0 이상 ~ 35.0 미만	중등도비만
35.0 이상	고도비만

① Broca 보정식으로는 체중과잉, 체질량 지수로는 과체중에 해당한다.
② Broca 보정식으로는 체중과잉, 체질량 지수로는 경도비만에 해당한다.
③ Broca 보정식으로는 비만, 체질량 지수로는 중등도비만에 해당한다.
④ Broca 보정식으로는 비만, 체질량 지수로는 경도비만에 해당한다.

해설 ㉠ Broca 보정식에 의한 신장 $170cm$의 표준체중은 $(170-100)\times0.9=63kg$이므로, 지환이는 $\frac{80}{63}\times100 ≒ 127(\%)$로 비만에 해당한다.

㉡ 지환이의 체질량 지수는 $\frac{80}{1.7^2} ≒ 27.7$이므로 경도비만에 해당한다.

19 다음과 같은 상황이 발생하여 적용되는 약관을 찾아보려고 한다. 적용되는 약관의 조항과 그에 대한 대응 방안으로 옳은 것은?

> 보증채권자인 A는 보증채무의 이행을 청구하기 위하여 보증채무이행청구서, 신분증 사본, 보증서 사본, 명도확인서를 제출하였다. 이를 검토해 보던 사원 L은 A가 전세계약이 해지 또는 종료되었음을 증명하는 서류를 제출하지 않은 것을 알게 되었다. 이 때, 사원 L은 어떻게 해야 하는가?

> 제9조(보증채무 이행청구 시 제출서류)
> ① 보증채권자가 보증채무의 이행을 청구할 때에는 보증회사에 다음의 서류를 제출하여야 합니다.
> 1. 보증채무이행청구서
> 2. 신분증 사본
> 3. 보증서 또는 그 사본(보증회사가 확인 가능한 경우에는 생략할 수 있습니다)
> 4. 전세계약이 해지 또는 종료되었음을 증명하는 서류
> 5. 명도확인서 또는 퇴거예정확인서
> 6. 배당표 등 전세보증금 중 미수령액을 증명하는 서류(경ㆍ공매 시)
> 7. 회사가 요구하는 그 밖의 서류
> ② 보증채권자는 보증회사로부터 전세계약과 관계있는 서류사본의 교부를 요청받은 때에는 이에 응하여야 합니다.
> ③ 보증채권자가 제1항 내지 제2항의 서류 중 일부를 누락하여 이행을 청구한 경우 보증회사는 서면으로 기한을 정하여 서류보완을 요청할 수 있습니다.

① 제9조 제2항, 청구가 없었던 것으로 본다.
② 제9조 제2항, 기한을 정해 서류보완을 요청한다.
③ 제9조 제3항, 청구가 없었던 것으로 본다.
④ 제9조 제3항, 기한을 정해 서류보완을 요청한다.

> **✔해설** 보증채권자가 서류 중 일부를 누락하여 보증채무의 이행을 청구한 경우 보증회사는 서면으로 기한을 정하여 서류보완을 요청할 수 있다.

20 甲은 자신의 전시회 오픈 파티에 동창인 A, B, C, D, E, F 6명을 초대하였다. 6인의 친구들은 서로가 甲의 전시회에 초대 받은 사실을 알고 있으며 다음과 같은 원칙을 정하여 참석하기로 했다. 참석하게 될 최대 인원은 몇 명인가?

> • A가 파티에 참석하면 C와 F도 참석한다.
> • E는 D가 참석하는 경우에만 파티에 참석하고, C는 B가 참석하는 경우에만 파티에 참석할 예정이다.
> • A와 B는 서로 사이가 좋지 않아 B가 참석하면 A는 파티에 참석하지 않을 예정이다.
> • D나 F가 참석하면 A는 파티에 참석한다.

① 1명
② 2명
③ 3명
④ 4명

✔해설 ② A가 파티에 참석할 시 C와 F도 참석하며, C가 참석하는 경우는 B도 참석해야 한다. A는 B가 참석하면 파티에 참석하지 않는다고 했으므로 원칙에 성립되지 않는다. 따라서 A가 참석하지 않을 수 있는 경우는 B와 C만 참석하는 경우이므로 최대 인원은 2명이 된다.

21 용의자 A, B, C, D 4명이 있다. 이들 중 A, B, C는 조사를 받는 중이며 D는 아직 추적 중이다. 4명 중에서 한 명만이 진정한 범인이며, A, B, C의 진술 중 한 명의 진술만이 참일 때 범인은 누구인가?

> • A : B가 범인이다.
> • B : 내가 범인이다.
> • C : D가 범인이다.

① A
② B
③ C
④ D

✔해설 만약 B가 범인이라면 A와 B의 진술이 참이어야 한다. 하지만 문제에서 한 명의 진술만이 참이라고 했으므로 A, B는 거짓을 말하고 있고 C의 진술이 참이다. 따라서 범인은 D이다.

22 A는 잊어버린 네 자리 숫자의 비밀번호를 기억해 내려고 한다. 비밀번호에 대해서 가지고 있는 단서가 다음과 같을 때 사실이 아닌 것은?

> ㉠ 비밀번호를 구성하고 있는 어떤 숫자도 소수가 아니다.
> ㉡ 6과 8 중에 단 하나만 비밀번호에 들어가는 숫자다.
> ㉢ 비밀번호는 짝수로 시작한다.
> ㉣ 골라 낸 네 개의 숫자를 큰 수부터 차례로 나열해서 비밀번호를 만들었다.
> ㉤ 같은 숫자는 두 번 이상 들어가지 않는다.

① 비밀번호는 짝수이다.
② 비밀번호의 앞에서 두 번째 숫자는 4이다.
③ 위의 조건을 모두 만족시키는 번호는 모두 세 개가 있다.
④ 비밀번호는 1을 포함하지만 9는 포함하지 않는다.

 ㉤ 10개의 숫자 중 4개를 뽑아내는 순열이다.
㉠ 비밀번호를 구성하고 있는 숫자는 0, 1, 4, 6, 8, 9 (소수 2, 3, 5, 7 제거) 이다.
㉢ 비밀번호는 4, 6, 8 로 시작한다.
㉣ 9는 8보다 큰 숫자이므로 큰 수부터 차례로 나열한다는 ㉣과 짝수로 시작한다는 ㉢에 의해 사용이 배제된다(숫자 9 배제). → 비밀번호 구성이 가능한 숫자는 0, 1, 4, 6, 8 다섯 개이다.
㉡ 6과 8중 하나만 사용하므로 가능한 비밀번호는 8 − 4 − 1 − 0 또는 6 − 4 − 1 − 0이 된다.

23 편의점에 우유, 콜라, 사이다, 이온음료, 오렌지주스로 구성된 다섯 가지 음료가 진열돼 있다. 아래 조건을 만족시킬 때 왼쪽에서 두 번째에 진열될 수 있는 음료가 아닌 것은?

> • 우유는 오렌지주스보다 왼쪽에 진열돼 있다.
> • 콜라와 사이다 사이에는 반드시 음료 하나가 진열돼야 한다.
> • 이온음료는 가장 오른쪽에 진열돼 있다.

① 우유 　　　　　　　② 콜라
③ 사이다 　　　　　　④ 오렌지주스

콜라/사이다	우유	사이다/콜라	오렌지주스	이온음료
우유	콜라/사이다	오렌지주스	사이다/콜라	이온음료

24 다음 조건을 바탕으로 할 때 정 대리가 이번 달 중국 출장 출발일로 정하기에 가장 적절한 날은 언제인가? (전체 일정은 모두 이번 달 안에 속해 있다.)

> - 이번 달은 1일이 월요일인 달이다.
> - 3박 4일 일정이며 출발일과 도착일이 모두 휴일이 아니어야 한다.
> - 현지에서 복귀하는 비행편은 매주 화, 목요일에만 있다.
> - 이번 달 셋째 주 화요일에 있을 부서의 중요한 회의에 반드시 참석해야 하며, 회의 후에 출장을 가려 한다.

① 12일   ② 15일

③ 17일   ④ 22일

✔ **해설** 날짜를 따져 보아야 하는 유형의 문제는 아래와 같이 달력을 그려서 살펴보면 어렵지 않게 정답을 구할 수 있다.

일	월	화	수	목	금	토
	1	2	3	4	5	6
7	8	9	10	11	12	13
14	15	16	17	18	19	20
21	22	23	24	25	26	27
28	29	30	31			

1일이 월요일이므로 정 대리는 위와 같은 달력에 해당하는 기간 중에 출장을 가려고 한다. 3박 4일 일정 중 출발과 도착일 모두 휴일이 아니어야 한다면 월~목요일, 화~금요일, 금~월요일 세 가지의 경우의 수가 생기는데, 현지에서 복귀하는 비행편이 화요일과 목요일이므로 월~목요일의 일정을 선택해야 한다. 회의가 셋째 주 화요일이라면 16일이므로 그 이후 가능한 월~목요일은 두 번이 있으나, 마지막 주의 경우 도착일이 다음 달로 넘어가게 되므로 조건에 부합되지 않는다. 따라서 출장 출발일로 적절한 날은 22일이며 일정은 22~25일이 된다.

┃25~26┃ 다음 상황과 자료를 보고 물음에 답하시오.

도서출판 서원각에 근무하는 K씨는 고객으로부터 9급 건축직 공무원 추천도서를 요청받았다. K씨는 도서를 추천하기 위해 다음과 같은 9급 건축직 발행도서의 종류와 특성을 참고하였다.

K씨 : 감사합니다. 도서출판 서원각입니다.

고객 : 9급 공무원 건축직 관련 도서 추천을 좀 받고 싶습니다.

K씨 : 네, 어떤 종류의 도서를 원하십니까?

고객 : 저는 기본적으로 이론은 대학에서 전공을 했습니다. 그래서 많은 예상문제를 풀 수 있는 것이 좋습니다.

K씨 : 아. 문제가 많은 것이라면 딱 잘라서 말씀드리기가 어렵습니다.

고객 : 알아요. 그래도 적당히 가격도 그리 높지 않고 예상문제가 많이 들어 있는 것이면 됩니다.

K씨 : 네. 알겠습니다. 많은 예상문제풀이가 가능한 것 외에는 다른 필요한 사항은 없으십니까?

고객 : 가급적이면 20,000원 이하가 좋을 듯 합니다.

도서명	예상문제 문항 수	기출문제 수	이론 유무	가격
실력평가모의고사	400	120	무	18,000원
전공문제집	500	160	유	25,000원
문제완성	600	40	무	20,000원
합격선언	300	200	유	24,000원

25 다음 중 K씨가 고객의 요구에 맞는 도서를 추천해 주기 위해 가장 우선적으로 고려해야 하는 특성은 무엇인가?

① 기출문제 수　　　　　　　　② 이론 유무

③ 가격　　　　　　　　　　　　④ 예상문제 문항 수

해설 고객은 많은 문제를 풀어보기를 원하므로 우선적으로 예상문제의 수가 많은 것을 찾아야 한다.

26 고객의 요구를 종합적으로 반영하였을 때 많은 문제와 가격을 맞춘 가장 적당한 도서는?

① 실력평가모의고사　　　　　　② 전공문제집

③ 문제완성　　　　　　　　　　④ 합격선언

해설 고객의 요구인 20,000원 가격선과 예상문제의 수가 많은 도서는 문제완성이 된다.

Answer　24.④　25.④　26.③

27 다음은 글로벌 컴퓨터 회사 중 하나인 D사에 해외시장을 넓히기 위해 각종 광고매체수단과 함께 텔레마케터를 고용하여 현지 마케팅을 진행 중에 있다. 아래의 내용을 읽고 조건에 비추어 보았을 때 상담원 입장으로서 고객으로부터 자사 제품에 대한 호기심 및 관심을 끌어내야 하는 어려운 상황에 처해 있다. 이 때 C에 들어갈 말로 가장 적절한 항목을 고르면?

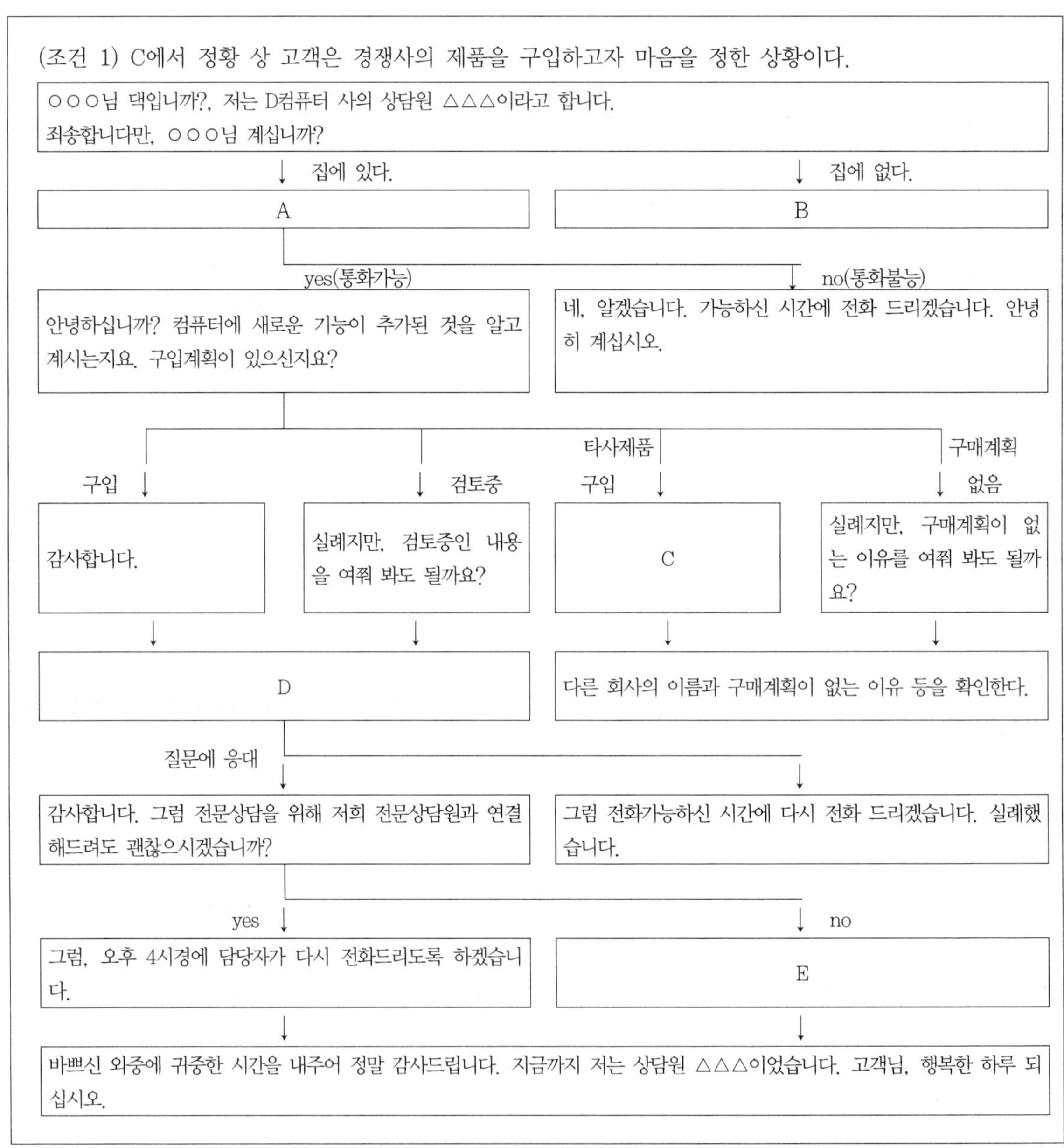

① 지금 고객님께서 부재중이시니 언제쯤 통화가 될 수 있는지 여쭤봐도 될런지요? 저의 명함을 드리고
갈 테니 고객님께서 돌아오시면 제가 방문 드렸다고 메모 부탁드리겠습니다.

② 저희 회사 컴퓨터 구매 시에 30% 할인과 1년 동안 감사 이벤트가 적용되십니다.

③ 그러면 고객님 실례지만 고객님께서 구매하고자 하는 컴퓨터는 어느 회사의 제품인지, 또한 그 제품
을 선택하신 이유가 무엇인지 여쭤봐도 될런지요?

④ 저는 D 컴퓨터사 상담원인데, 저희 회사에서 이번에 출시된 보급형 컴퓨터가 나왔는데 지금 통화 가
능하신지요?

> **✔해설** ①의 경우에 고객이 집에 없는 경우에 사용해야 하는 부분으로 상담원 본인의 소개 및 전화를 한 이유가 언
> 급되어 있다. 하지만, C의 경우에 상담원과 고객이 대화를 하고 있으므로 이 또한 해당 상황에 대한 답으로
> 는 부적절하다.
> ② C의 상황에서는 타사 제품을 구입하고자 하는 고객에 대해 반론극복을 하고 있는 상황인데 자사 제품 구
> 매 시의 조건 등을 이야기하는 것을 옳지 않다.
> ④ 상담의 도입단계로서 인사 표현을 명확히 하고, 상담원의 신원을 밝힌 후 전화를 건 이유와 전화통화 가
> 능 여부를 확인하는 부분으로 이는 부적절하다.

28 투잡을 하고 있는 연철이는 퇴근 후 야간 아르바이트를 하고 있다. 늦은 밤 아래 내용에 해당하는 고객
이 들이닥쳤을 시에 연철이가 취할 수 있는 바람직한 응대해결방안으로 가장 적절한 것을 고르면?

> 이러한 유형의 고객은 보통 즐겁고 협조적인 성격이지만 한 편으로는 타인이 의사결정을 내려주기
> 를 기다리는 경향이 있어서 요점을 명확하게 말하지 않는다. 더구나 대부분 보상을 얼마나 받아야 하
> 는지 또는 요구하는 보상이 기준 이상이라는 것을 자신이 잘 알고 있는 경우가 많다.

① 고객이 결정을 내리지 못하는 갈등의 요소가 무엇인지를 표면화시키기 위해 시기적절한 질문을 제시
하여 상대가 자신의 생각을 솔직하게 드러낼 수 있도록 도와주어야 한다.

② 상담자가 계획한 결론을 고수할 수 있도록 외유내강의 자세를 유지해 명확한 결론을 이끌어낼 수 있
어야 한다.

③ 고객 스스로가 감정을 조절할 수 있도록 유도하는 우회화법을 활용해야 한다.

④ 대화중에 반론을 하거나 또는 자존심을 건드리는 행위를 하지 않도록 주의해야 한다.

> **✔해설** 문제에서는 결단력이 없고 우유부단한 고객에 대한 응대요령을 묻고 있다. 이러한 고객에게는 피해보상의 기준에 근거
> 해 적정한 보상내용을 성실하게 설명하여 문제를 해결 가능하도록 사후조치에 만전을 기함과 동시에 신뢰감을 높여주
> 어 상황을 해결할 수 있어야 한다.

Answer 27.③ 28.①

 다음의 사례는 문제해결과정 중 어느 단계에 관한 것이라 볼 수 있는가?

> T사는 1950년대 이후 세계적인 자동차 생산 회사로서의 자리를 지켜왔다. 그러나 최근 T사의 자동차 생산라인에서 문제가 발생하고 있었는데, 이 문제는 자동차 문에서 나타난 멍자국이었다. 문을 어느 쪽에서 보는가에 따라 다르기는 하지만, 이 멍자국은 눌린 것이거나 문을 만드는 과정에서 생긴 것 같았다.
>
> 문을 만들 때는 평평한 금속을 곡선으로 만들기 위해 강력한 프레스기에 넣고 누르게 되는데, 그때 표면이 올라 온 것처럼 보였다. 실제적으로 아주 작은 먼지나 미세한 입자 같은 것도 프레스기 안에 들어가면 문짝의 표면에 자국을 남길 수 있을 것으로 추정되었다.
>
> 그러던 어느 날 공장의 생산라인 담당자 B로부터 다음과 같은 푸념을 듣게 되었다. "저는 매일 같이 문짝 때문에 재작업을 하느라 억만금이 들어간다고 말하는 재정 담당 사람들이나, 이 멍자국이 어떻게 해서 진열대까지 올라가면 고객들을 열받게 해서 다 쫓아 버린다고 말하는 마케팅 직원들과 싸우고 있어요" 처음에 A는 이 말을 듣고도 '멍자국이 무슨 문제가 되겠어?'라고 별로 신경을 쓰지 않았다.
>
> 그러나, 자기 감독 하에 있는 프레스기에서 나오는 멍자국의 수가 점점 증가하고 있다는 것을 알게 되었고, 그것 때문에 페인트 작업이나 조립 공정이 점점 늦어짐으로써 회사에 막대한 추가 비용과 시간이 든다는 문제를 인식하게 되었다.

① 주어진 문제에 대해 원인을 분석하고 있다.

② 문제인식단계의 중요성을 말하고 있다.

③ 문제에 대한 해결안을 수립하고 있다.

④ 문제를 도출해내고 있다.

✔해설 문제인식단계는 해결해야 하는 전체 문제를 파악해서 우선순위를 정하며, 선정된 문제에 대한 목표를 명확하게 하는 단계로써, 제시된 사례는 문제해결과정 중 문제인식 단계의 중요성에 대한 사례를 나타내고 있다. 사례에서 A공장장은 처음에 문제를 인식하지 못하다가 상황이 점점 악화되자 문제가 있다는 것을 알게 되었다. 만약 A공장장이 초기에 문제 상황을 인식하였다면, 초기에 문제 상황에 적절하게 대처함으로써 비용과 시간의 소비를 최소화할 수 있었을 것이다. 이러한 사례를 통해서 문제인식이란 해결해야 할 전체 문제를 파악하고, 문제에 대한 목표를 명확히 하는 것임을 알 수 있다.

30 아래의 제시문은 문제해결과정 중 무엇에 관한 내용이라고 볼 수 있는가?

> P사는 10개의 중소 업체를 통합해서 만든 기업으로, 최근 곤란한 상황에 빠졌다. 지난 수년 간 직원 교체율이 높았던 탓에 고객 만족도 및 조직 효율성이 눈에 띄게 감소하였던 것이다. P사는 이러한 문제를 해결하기 위해서 관리팀의 K대리에게 이 문제를 조사하고, 개선방안을 모색하라는 과제를 주었다. K대리는 우선 관련 데이터를 수집하고, 분석한 결과 이직율은 젊은 직원층과 중간층인 중년 직원들 사이에서 가장 많은 것을 밝혔다. K대리는 이 결과를 토대로 젊은층 직원들이 이직하게 된 원인들을 조사하기 시작했다. 이를 통해 다음과 같은 원인들을 도출하게 되었다.
> - 임금체계가 낮음
> - 교육 기회 부족
> - 직업 만족도가 낮음
> - 스트레스가 많은 작업환경
> - 승진기회부족
>
> K대리는 이 중 가장 핵심적인 원인들을 찾기 위해 이직한 직원들에 대한 전화조사를 실시하였고, 결국 임금체계와 승진기회 부족이 가장 중요한 원인임을 알 수 있게 되었다.

① 잘못된 원인분석으로 인해 피드백이 발생하는 단계로 볼 수 있다.
② 문제점을 찾아내어 실제적인 업무환경에 적용하는 단계로 볼 수 있다.
③ 무엇이 문제인지조차 파악하지 못하는 초급적인 수준의 단계라 할 수 있다.
④ 원인분석의 단계의 의미와 절차에 해당한다고 할 수 있다.

✔해설 제시문에서 보듯이 K대리는 핵심적 문제를 파악하고, 이를 기반으로 자료를 분석함으로써 주요 원인을 파악해 나가고 있는 것이다. 결국 원인분석은 문제 상황에 대한 원인들을 모두 조사한 후 주요 원인들을 범주화해 가는 과정임을 알 수 있다.

수리능력

[수리능력] 출제유형

① **기초연산능력** : 사칙연산, 검산과 관련한 문제가 출제된다. 데이터나 통계를 확인하여 기초연산을 하는 문제가 주로 출제된다.
② **기초통계능력** : 업무 수행에 필요한 수량계산, 표본을 통한 특성 유추, 논리적으로 결론을 추출하기 위한 문제가 출제된다.
③ **도표분석능력** : 도표가 제시되고 그에 따른 연산문제가 출제된다.
④ **도표작성능력** : 제시된 통계를 확인하고 도표를 작성하는 문제이다.

[수리능력] 출제경향

업무를 수행함에 있어 필요한 기본적인 수리능력은 물론이고 지원자의 논리성까지 파악할 수 있는 문항들로 구성된다. 사칙연산, 방정식과 부등식, 응용계산, 수열추리, 자료해석 등이 혼합형으로 출제된다. 난이도가 높은 편은 아니지만 시험에서 짧은 시간 내에 정확하게 풀어낼 수 있는 능력을 요구하며, 표나 그래프를 보며 문제를 해결할 수 있는 문제해결능력의 문제들 역시 꾸준히 출제되고 있다.

[수리능력] 빈출유형

응용계산										
도표 분석										
그래프 분석 · 작성										

예제 01 도표분석능력

다음 자료를 보고 주어진 상황에 대한 물음에 답하시오.

〈근로소득에 대한 간이 세액표〉

월 급여액(천 원) [비과세 및 학자금 제외]		공제대상 가족 수				
이상	미만	1	2	3	4	5
2,500	2,520	38,960	29,280	16,940	13,570	10,190
2,520	2,540	40,670	29,960	17,360	13,990	10,610
2,540	2,560	42,380	30,640	17,790	14,410	11,040
2,560	2,580	44,090	31,330	18,210	14,840	11,460
2,580	2,600	45,800	32,680	18,640	15,260	11,890
2,600	2,620	47,520	34,390	19,240	15,680	12,310
2,620	2,640	49,230	36,100	19,900	16,110	12,730
2,640	2,660	50,940	37,810	20,560	16,530	13,160
2,660	2,680	52,650	39,530	21,220	16,960	13,580
2,680	2,700	54,360	41,240	21,880	17,380	14,010
2,700	2,720	56,070	42,950	22,540	17,800	14,430
2,720	2,740	57,780	44,660	23,200	18,230	14,850
2,740	2,760	59,500	46,370	23,860	18,650	15,280

※ 갑근세는 제시되어 있는 간이 세액표에 따름
※ 주민세 = 갑근세의 10%
※ 국민연금 = 급여액의 4.50%
※ 고용보험 = 국민연금의 10%
※ 건강보험 = 급여액의 2.90%
※ 교육지원금 = 분기별 100,000원(매 분기별 첫 달에 지급)

박○○ 사원의 5월 급여내역이 다음과 같다. 전월과 동일하게 근무하였으나 특별수당은 없고 차량 지원금으로 100,000원을 받게 된다면, 6월에 받게 되는 급여는 얼마인가? (단, 원 단위 절삭)

(주) A플랜테크 5월 급여내역			
성명	박○○	지급일	5월 12일
기본급여	2,240,000	갑근세	39,530
직무수당	400,000	주민세	3,950
명절 상여금		고용보험	11,970
특별수당	20,000	국민연금	119,700
차량지원금		건강보험	77,140
교육지원		기타	
급여계	2,660,000	공제합계	252,290
		지급총액	2,407,710

① 2,443,910
② 2,453,910
③ 2,463,910
④ 2,473,910

출제의도

업무상 계산을 수행하거나 결과를 정리하고 업무비용을 측정하는 능력을 평가하기 위한 문제로서, 주어진 자료에서 문제를 해결하는 데에 필요한 부분을 빠르고 정확하게 찾아내는 것이 중요하다.

해설

기본 급여	2,240,000	갑근세	46,370
직무 수당	400,000	주민세	4,630
명절 상여금		고용 보험	12,330
특별 수당		국민 연금	123,300
차량 지원금	100,000	건강 보험	79,460
교육 지원		기타	
급여계	2,740,000	공제 합계	266,090
		지급 총액	2,473,910

답 ④

다음 식을 바르게 계산한 것은?

$$1 + \frac{2}{3} + \frac{1}{2} - \frac{3}{4}$$

① $\dfrac{13}{12}$

② $\dfrac{15}{12}$

③ $\dfrac{17}{12}$

④ $\dfrac{19}{12}$

출제의도

직장생활에서 필요한 기초적인 사칙연산과 계산방법을 이해하고 활용할 수 있는 능력을 평가하는 문제로서, 분수의 계산과 통분에 대한 기본적인 이해가 필요하다.

해설

$$\frac{12}{12} + \frac{8}{12} + \frac{6}{12} - \frac{9}{12} = \frac{17}{12}$$

답 ③

예제 03 기초통계능력

인터넷 쇼핑몰에서 회원가입을 하고 디지털캠코더를 구매하려고 한다. 다음은 구입하고자 하는 모델에 대하여 인터넷 쇼핑몰 세 곳의 가격과 조건을 제시한 표이다. 표에 있는 모든 혜택을 적용하였을 때 디지털캠코더의 배송비를 포함한 실제 구매가격을 바르게 비교한 것은?

구분	A 쇼핑몰	B 쇼핑몰	C 쇼핑몰
정상가격	129,000원	131,000원	130,000원
회원혜택	7,000원 할인	3,500원 할인	7% 할인
할인쿠폰	5% 쿠폰	3% 쿠폰	5,000원
중복할인여부	불가	가능	불가
배송비	2,000원	무료	2,500원

① A < B < C

② B < C < A

③ C < A < B

④ C < B < A

출제의도

직장생활에서 자주 사용되는 기초적인 통계 기법을 활용하여 자료의 특성과 경향성을 파악하는 능력이 요구되는 문제이다.

해설

㉠ A 쇼핑몰
- 회원혜택을 선택한 경우 : $129,000 - 7,000 + 2,000 = 124,000$(원)
- 5% 할인쿠폰을 선택한 경우 : $129,000 \times 0.95 + 2,000 = 124,550$

㉡ B 쇼핑몰 : $131,000 \times 0.97 - 3,500 = 123,570$

㉢ C 쇼핑몰
- 회원혜택을 선택한 경우 : $130,000 \times 0.93 + 2,500 = 123,400$
- 5,000원 할인쿠폰을 선택한 경우 : $130,000 - 5,000 + 2,500 = 127,500$

$\therefore C < B < A$

답 ④

둘레의 길이가 4.4km인 정사각형 모양의 공원이 있다. 이 공원의 넓이는 몇 a인가?

① 12,100a

② 1,210a

③ 121a

④ 12.1a

출제의도

길이, 넓이, 부피, 들이, 무게, 시간, 속도 등 단위에 대한 기본적인 환산 능력을 평가하는 문제로서, 소수점 계산이 필요하며, 자릿수를 읽고 구분할 줄 알아야 한다.

해설

공원의 한 변의 길이는

$4.4 \div 4 = 1.1(\text{km})$이고

$1\text{km}^2 = 10{,}000\text{a}$이므로

공원의 넓이는

$$1.1\text{km} \times 1.1\text{km} = 1.21km^2$$
$$= 12{,}100a$$

답 ①

예제 05 도표분석능력

다음 표는 2024 ~ 2025년 지역별 직장인들의 자기개발에 관해 조사한 내용을 정리한 것이다. 이에 대한 분석으로 옳은 것은?

(단위 : %)

연도 지역 구분	2024년				2025년			
	자기개발 하고 있음	자기개발 비용 부담 주체			자기개발 하고 있음	자기개발 비용 부담 주체		
		직장 100%	본인 100%	직장50%+ 본인50%		직장 100%	본인 100%	직장50%+ 본인50%
충청도	36.8	8.5	88.5	3.1	45.9	9.0	65.5	24.5
제주도	57.4	8.3	89.1	2.9	68.5	7.9	68.3	23.8
경기도	58.2	12	86.3	2.6	71.0	7.5	74.0	18.5
서울시	60.6	13.4	84.2	2.4	72.7	11.0	73.7	15.3
경상도	40.5	10.7	86.1	3.2	51.0	13.6	74.9	11.6

① 2024년과 2025년 모두 자기개발 비용을 본인이 100% 부담하는 사람의 수는 응답자의 절반 이상이다.

② 자기개발을 하고 있다고 응답한 사람의 수는 2024년과 2025년 모두 서울시가 가장 많다.

③ 자기개발 비용을 직장과 본인이 각각 절반씩 부담하는 사람의 비율은 2024년과 2025년 모두 서울시가 가장 높다.

④ 2024년과 2025년 모두 자기개발을 하고 있다고 응답한 비율이 가장 높은 지역에서 자기개발비용을 직장이 100% 부담한다고 응답한 사람의 비율이 가장 높다.

출제의도

그래프, 그림, 도표 등 주어진 자료를 이해하고 의미를 파악하여 필요한 정보를 해석하는 능력을 평가하는 문제이다.

해설

② 지역별 인원수가 제시되어 있지 않으므로, 각 지역별 응답자 수는 알 수 없다.

③ 2024년에는 경상도에서, 2025년에는 충청도에서 가장 높은 비율을 보인다.

④ 2024년과 2025년 모두 '자기개발을 하고 있다'고 응답한 비율이 가장 높은 지역은 서울시이며, 2025년의 경우 자기개발 비용을 직장이 100% 부담한다고 응답한 사람의 비율이 가장 높은 지역은 경상도이다.

답 ①

|1~3| 다음은 일정한 규칙에 따라 배열한 수열이다. 빈칸에 알맞은 것을 고르시오.

1

| 7 9 12 4 ( ) −1 22 |

① 15 ② 17

③ 19 ④ 21

✔해설 홀수 번째 항은 +5, 짝수 번째 항은 −5의 규칙을 가진다.
따라서 $12 + 5 = 17$

2

| 1 2 3 5 8 13 ( ) |

① 21 ② 23

③ 25 ④ 27

✔해설 앞의 두 항을 더한 것이 다음 항이 되는 피보나치 수열이다.
따라서 $8 + 13 = 21$

3

| 2 4 0 6 −2 8 ( ) |

① −1 ② −2

③ −3 ④ −4

✔해설 +2, −4, +6, −8, +10, −12 규칙을 가진다.
따라서 $8 - 12 = -4$

|4~5| 다음에 제시된 숫자의 배열을 보고 규칙을 찾아 ?에 들어갈 숫자를 고르시오.

4

4	3
5	

5	7
10	

6	10
?	

① 13　　　　　　　　　② 14

③ 15　　　　　　　　　④ 16

 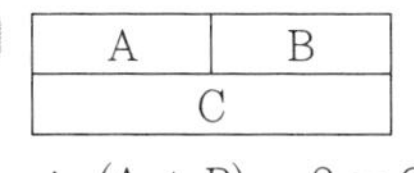

A	B
C	

∴ (A + B) − 2 = C

5

44	87	25
52	74	31
17	?	23

① 55　　　　　　　　　② 65

③ 75　　　　　　　　　④ 85

AB	EF	CD

∴ A + B = E, C + D = F

6 비가 온 다음 날 비가 올 확률은 $\dfrac{1}{3}$이고, 비가 오지 않은 다음 날 비가 올 확률은 $\dfrac{1}{4}$이다. 수요일에 비가 왔을 때, 금요일에 비가 올 확률은?

① $\dfrac{1}{9}$　　　　　　　　　② $\dfrac{1}{6}$

③ $\dfrac{2}{9}$　　　　　　　　　④ $\dfrac{5}{18}$

> **✔해설** 목요일에 비가 왔을 경우의 확률과 목요일에 비가 오지 않았을 경우의 확률을 더하면 된다.
>
> 목요일에 비가 오고, 금요일에 비가 올 확률 : $\dfrac{1}{3} \times \dfrac{1}{3} = \dfrac{1}{9}$
>
> 목요일에 비가 오지 않고, 금요일에 비가 올 확률 : $\dfrac{2}{3} \times \dfrac{1}{4} = \dfrac{1}{6}$
>
> 따라서 금요일에 비가 올 확률은 $\dfrac{1}{9} + \dfrac{1}{6} = \dfrac{2+3}{18} = \dfrac{5}{18}$이다.

7 270g의 물이 들어있는 컵에 30g의 식염을 혼합시켜 식염수를 만든 후 210g의 식염수를 따라냈다. 컵에 남은 식염수에 물과 식염을 더하여 농도 12%의 식염수 150g을 만들고 싶다. 물은 몇 g이 필요한가?

① 39g　　　　　　　　　② 43g

③ 48g　　　　　　　　　④ 51g

> **✔해설** 270g의 물에 30g의 식염을 혼합하여 만든 식염수의 농도 : $\dfrac{30}{270+30} \times 100 = 10(\%)$
>
> 농도 10%의 식염수 210g을 따라낸 후 컵에 남은 식염수 중 식염의 중량은 $\dfrac{10}{100} \times (300-210) = 9(\text{g})$
>
> 만들어야 할 12%의 식염수 150g 중 식염의 중량은 $\dfrac{12}{100} \times 150 = 18(\text{g})$
>
> 새로 더해야 할 식염의 중량은 $18-9 = 9(\text{g})$
> 새로 더해야 할 물의 중량은 $150-90-9 = 51(\text{g})$

8 시험관에 미생물의 수가 4시간 마다 3배씩 증가한다고 한다. 지금부터 4시간 후의 미생물 수가 270,000이라고 할 때, 지금부터 8시간 전의 미생물 수는 얼마인가?

① 10,000　　　　　　　　② 30,000

③ 60,000　　　　　　　　④ 90,000

> **✔해설** 지금부터 4시간 후의 미생물 수가 270,000이므로 현재 미생물의 수는
> $270,000 \div 3 = 90,000$이다. 4시간 마다 3배씩 증가한다고 하였으므로,
> 지금부터 8시간 전의 미생물 수는 $90,000 \div 3 \div 3 = 10,000$이다.

9 제품 하나를 만드는 데 A기계와 B기계가 사용된다. A기계만을 사용하면 15일이 걸리고, B기계만을 사용하면 25일이 걸린다. 두 기계 모두 일정한 속도로 일을 진행한다고 할 때, A와 B기계를 동시에 사용하면 하루에 제품이 약 몇 % 만들어지는가?

① 9.8%

② 10.7%

③ 11.2%

④ 11.8%

> **✔해설** 제품 하나를 만드는 데 A기계만 사용하면 15일이 걸리고, B기계만 사용하면 25일이 걸리므로, A기계는 하루에 제품 하나의 $\frac{1}{15}$ 을 만들고, B기계는 하루에 제품 하나의 $\frac{1}{25}$ 을 만든다.
>
> 따라서 A와 B기계를 동시에 사용하면 하루에 제품 하나의 $\left(\frac{1}{15}+\frac{1}{25}\right)=\frac{8}{75}=0.10666\cdots$ 을 만들 수 있다. 즉, 약 10.7%가 만들어진다.

10 철도 레일 생산업체인 '강한 금속'은 A, B 2개의 생산라인에서 레일을 생산한다. 2개의 생산라인을 하루 종일 가동할 경우 3일 동안 525개의 레일을 생산할 수 있으며, A라인만을 가동하여 생산할 경우 90개/일의 레일을 생산할 수 있다. A라인만을 가동하여 5일간 제품을 생산하고 이후 2일은 B라인만을, 다시 추가로 2일간은 A, B라인을 함께 가동하여 생산을 진행한다면, 강한 금속이 생산한 총 레일의 개수는 모두 몇 개인가?

① 940개

② 970개

③ 1,050개

④ 1,120개

> **✔해설** 2개의 생산라인을 하루 종일 가동하여 3일간 525개의 레일을 생산하므로 하루에 2개 생산라인에서 생산되는 레일의 개수는 525 ÷ 3 = 175개가 된다. 이때, A라인만을 가동하여 생산할 수 있는 레일의 개수가 90개/일이므로 B라인의 하루 생산 개수는 175 − 90 = 85개가 된다.
>
> 따라서 A라인 5일, B라인 2일, A + B라인 2일의 생산 결과를 계산하면, 생산한 총 레일의 개수는 (90 × 5) + (85 × 2) + (175 × 2) = 450 + 170 + 350 = 970개가 된다.

11 ○○전기 A지역본부의 작년 한 해 동안의 송전과 배전 설비 수리 건수는 총 238건이다. 설비를 개선하여 올해의 송전과 배전 설비 수리 건수가 작년보다 각각 40%, 10%씩 감소하였다. 올해 수리 건수의 비가 5 : 3일 경우, 올해의 송전 설비 수리 건수는 몇 건인가?

① 102건　　　　　　　　　　　　② 100건
③ 98건　　　　　　　　　　　　④ 95건

✔ **해설**　작년의 송전 설비 수리 건수를 x, 배전 설비 수리 건수를 y라고 할 때, $x+y=238$이 성립한다. 또한 감소 비율이 각각 40%와 10%이므로 올해의 수리 건수는 $0.6x$와 $0.9y$가 되며, 이것의 비율이 5 : 3이므로 $0.6x : 0.9y = 5 : 3$이 되어 $1.8x = 4.5y(\rightarrow x = 2.5y)$가 된다.
따라서 두 연립방정식을 계산하면, $3.5y = 238$이 되어 $y = 68$, $x = 170$건임을 알 수 있다.
그러므로 올 해의 송전 설비 수리 건수는 $170 \times 0.6 = 102$건이 된다.

12 어떤 일을 정수가 혼자하면 6일, 선희가 혼자하면 12일 걸린다. 정수와 선희가 함께 동시에 일을 시작했지만 정수가 중간에 쉬어서 일을 끝마치는데 8일이 걸렸다고 한다. 이때, 정수가 쉬었던 기간은?

① 3일　　　　　　　　　　　　② 4일
③ 5일　　　　　　　　　　　　④ 6일

✔ **해설**　하루에 정수가 하는 일의 양은 $\dfrac{1}{6}$

하루에 선희가 하는 일의 양은 $\dfrac{1}{12}$

선희는 처음부터 8일 동안 계속해서 일을 하였으므로 선희가 한 일의 양은 $\dfrac{1}{12} \times 8$

(일의 양)－(선희가 한 일의 양)=(정수가 한 일의 양)

$1 - \dfrac{8}{12} = \dfrac{4}{12}$

정수가 일을 하는데 걸린 시간은 $\dfrac{4}{12} \div \dfrac{1}{6} = 2$(일)

(작업 기간)－(정수가 일한 기간)=(정수가 쉬었던 날)이므로 $8-2=6$
즉, 6일이 된다.

13 남자 1명으로는 4시간, 여자 1명으로는 8시간 걸리는 일이 있다. 남녀 두 쌍이 협력해서 일을 한다면 몇 시간 내에 끝낼 수 있겠는가?

① 1시간 10분　　　　　　　　② 1시간 20분
③ 1시간 30분　　　　　　　　④ 1시간 40분

✔ 해설 일 전체를 1이라고 할 때,

시간당 남자 1명이 할 수 있는 양은 $\dfrac{1}{4}$, 시간당 여자 1명이 할 수 있는 일의 양은 $\dfrac{1}{8}$이다.

남녀 두 쌍이 협력할 때의 일의 양은 $2\left(\dfrac{1}{4}+\dfrac{1}{8}\right)=\dfrac{24}{32}$

걸린 시간 $=\dfrac{1}{\dfrac{24}{32}}=1+\dfrac{8}{24}=1\dfrac{1}{3}=1$시간 20분

14 아시안 게임에 참가한 어느 종목의 선수들을 A, B, C 등급으로 분류하여 전체 4천5백만 원의 포상금을 지급하려고 한다. A등급의 선수 각각은 B등급보다 2배, B등급은 C등급보다 1.5배 지급하려고 한다. A등급은 5명, B등급은 10명, C등급은 15명이라면, A등급을 받은 선수 한 명에게 지급될 금액은?

① 300만 원　　　　　　　　② 400만 원
③ 450만 원　　　　　　　　④ 500만 원

✔ 해설 A등급 한 명에게 지급되는 금액을 $6x$, B등급 한 명에게 지급되는 금액을 $3x$, C등급 한 명에게 지급되는 금액을 $2x$라 하면,

$6x\times5+3x\times10+2x\times15=4,500$(만 원), $x=50\rightarrow6x=300$(만 원)

15 현재 58세인 홍만씨에게는 7세, 4세의 손자가 있다. 홍만씨의 나이가 두 손자 나이를 더한 것의 2배가 되었을 때 홍만씨는 몇 세이겠는가?

① 60세　　　　　　　　② 65세
③ 70세　　　　　　　　④ 75세

✔ 해설 몇 년 뒤를 x라고 하면,

$58+x=2(7+x+4+x)$

$58+x=22+4x$

$\therefore x=12$

12년 뒤, 손자들은 19세, 16세가 되며, 홍만씨는 70세가 된다.

16 제시된 자료는 ○○병원 직원의 병원비 지원에 대한 내용이다. 다음 중 A~D 직원 4명의 총 병원비 지원 금액은 얼마인가?

병원비 지원 기준

- 임직원 본인의 수술비 및 입원비 : 100% 지원
- 임직원 가족의 수술비 및 입원비
  - 임직원의 배우자 : 90% 지원
  - 임직원의 직계 존·비속 : 80%
  - 임직원의 형제 및 자매 : 50%(단, 직계 존·비속 지원이 우선되며, 해당 신청이 없을 경우에 한하여 지급한다.)
  - 병원비 지원 신청은 본인 포함 최대 3인에 한한다.

병원비 신청 내역

A 직원	본인 수술비 300만 원, 배우자 입원비 50만 원
B 직원	배우자 입원비 50만 원, 딸 수술비 200만 원
C 직원	본인 수술비 300만 원, 아들 수술비 400만 원
D 직원	본인 입원비 100만 원, 어머니 수술비 100만 원, 남동생 입원비 50만 원

① 1,200만 원　　　　　　② 1,250만 원

③ 1,300만 원　　　　　　④ 1,350만 원

✔해설 병원비 지원 기준에 따라 각 직원이 지원 받을 수 있는 내역을 정리하면 다음과 같다.

A 직원	본인 수술비 300만 원(100% 지원), 배우자 입원비 50만 원(90% 지원)
B 직원	배우자 입원비 50만 원(90% 지원), 딸 수술비 200만 원(직계비속→80% 지원)
C 직원	본인 수술비 300만 원(100% 지원), 아들 수술비 400만 원(직계비속→80% 지원)
D 직원	본인 입원비 100만 원(100% 지원), 어머니 수술비 100만 원(직계존속→80% 지원), 남동생 입원비 50만 원(직계존속 신청 有→지원 ×)

이를 바탕으로 A~D 직원 4명이 총 병원비 지원 금액을 계산하면 1,350만 원이다.

A 직원	300 + (50 × 0.9) = 345만 원
B 직원	(50 × 0.9) + (200 × 0.8) = 205만 원
C 직원	300 + (400 × 0.8) = 620만 원
D 직원	100 + (100 × 0.8) = 180만 원

17 다음은 국가별 자국 영화 점유율에 대한 도표이다. 이에 대한 설명으로 적절하지 않은 것은?

(단위 : %)

국가 \ 연도	2019	2020	2021	2022
한국	50.8	42.1	48.8	46.5
일본	47.7	51.9	58.8	53.6
영국	28.0	31.1	16.5	24.0
독일	18.9	21.0	27.4	16.8
프랑스	36.5	45.3	36.8	35.7
스페인	13.5	13.3	16.0	12.7
호주	4.0	3.8	5.0	4.5
미국	90.1	91.7	92.1	92.0

① 자국 영화 점유율에서, 유럽 국가가 한국을 앞지른 해는 한 번도 없다.

② 지난 4년 간 자국 영화 점유율이 매년 꾸준히 상승한 국가는 하나도 없다.

③ 2019년 대비 2022년 자국 영화 점유율이 가장 많이 하락한 국가는 한국이다.

④ 2021년의 자국 영화 점유율이 해당 국가의 4년 간 통계에서 가장 높은 경우가 절반이 넘는다.

✔ **해설** ① 2020년에 프랑스가 45.3%로 한국의 42.1%를 앞질렀다.

18 다음은 11개 전통건축물의 공포양식과 주요 구조물의 치수에 대한 조사 자료이다. 이에 대한 설명 중 옳은 것은?

(단위 : 척)

명칭	현 소재지	공포양식	기둥 지름	처마서까래 지름	부연	
					폭	높이
숭례문	서울	다포	1.80	0.60	0.40	0.50
관덕정	제주	익공	1.50	0.50	0.25	0.30
봉정사 화엄강당	경북	주심포	1.50	0.55	0.40	0.50
문묘 대성전	서울	다포	1.75	0.55	0.35	0.45
창덕궁 인정전	서울	다포	2.00	0.70	0.40	0.60
남원 광한루	전북	익공	1.40	0.60	0.55	0.55
화엄사 각황전	전남	다포	1.82	0.70	0.50	0.60
창의문	서울	익공	1.40	0.50	0.30	0.40
장곡사 상대웅전	충남	주심포	1.60	0.60	0.40	0.60
무량사 극락전	충남	다포	2.20	0.80	0.35	0.50
덕수궁 중화전	서울	다포	1.70	0.70	0.40	0.50

① 서울에 있는 건축물은 모두 다포식으로 지어졌다.

② 11개 건축물의 최대 기둥 지름은 2.00척이다.

③ 11개 건축물의 부연은 높이가 폭보다 크다.

④ 각 건축물의 기둥지름 대비 처마서까래지름 비율은 0.50을 넘지 않는다.

✔ 해설 ① 창의문은 익공식으로 지어졌다.
② 11개 건축물의 기둥 지름이 가장 큰 건축물은 무량사 극락전으로 2.20척이다.
③ 남원 광한루는 부연의 높이와 폭이 같다.

19 다음 표는 A카페의 커피 판매정보에 대한 자료이다. 한 잔만을 더 판매하고 영업을 종료한다고 할 때, 총이익이 정확히 64,000원이 되기 위해서 판매해야 하는 메뉴는?

〈표〉 A카페의 커피 판매정보

(단위 : 원, 잔)

메뉴 \ 구분	한 잔 판매가격	현재까지의 판매량	한 잔당 재료(재료비)				
			원두 (200)	우유 (300)	바닐라시럽 (100)	초코시럽 (150)	카라멜시럽 (250)
아메리카노	3,000	5	○	×	×	×	×
카페라떼	3,500	3	○	○	×	×	×
바닐라라떼	4,000	3	○	○	○	×	×
카페모카	4,000	2	○	○	×	○	×
카라멜마끼아또	4,300	6	○	○	○	×	○

※ 1) 메뉴별 이익＝(메뉴별 판매가격－메뉴별 재료비)×메뉴별 판매량

　2) 총이익은 메뉴별 이익의 합이며, 다른 비용은 고려하지 않음

　3) A카페는 5가지 메뉴만을 판매하며, 메뉴별 한 잔 판매가격과 재료비는 변동 없음

　4) ○ : 해당 재료 한 번 사용

　　× : 해당 재료 사용하지 않음

① 아메리카노
② 카페라떼
③ 바닐라라떼
④ 카페모카

✔해설 현재까지의 판매 이익은 다음과 같다.
- 아메리카노 : $(3,000-200)\times 5 = 14,000$원
- 카페라떼 : $(3,500-500)\times 3 = 9,000$원
- 바닐라라떼 : $(4,000-600)\times 3 = 10,200$원
- 카페모카 : $(4,000-650)\times 2 = 6,700$원
- 카라멜마끼아또 : $(4,300-850)\times 6 = 20,700$원

현재까지 60,600원의 판매 이익을 얻었으므로, 3,400원이 더 필요하다. 따라서 바닐라라떼 한 잔을 더 팔면 이익을 채울 수 있다.

┃20~21┃ 다음은 어느 기업의 2015년 부서별 탄력근무제 활용 현황과 연가사용 현황에 관한 자료이다. 물음에 답하시오.

〈표1〉 부서별 탄력근무제 활용 현황

(단위 : 명, %)

구분 부서	대상자(a)	실시인원(b)	탄력근무제 활용지표 (b/a×100)
운영지원과	17	2	( )
감사팀	14	1	( )
총무과	12	2	( )
인사과	15	1	( )
전략팀	19	2	10.5
심사1팀	46	8	17.4
심사2팀	35	1	2.9
심사3팀	27	6	22.2
정보관리팀	15	2	13.3

〈표2〉 부서별 연가사용 현황

(단위 : 일, %)

구분 부서	연가가능일수(a)	연가사용일수(b)	연가사용지표 (b/a×100)
운영지원과	192	105	54.7
감사팀	185	107	57.8
총무과	249	137	55.0
인사과	249	161	64.7
전략팀	173	94	54.3
심사1팀	624	265	( )
심사2팀	684	359	52.5
심사3팀	458	235	51.3
정보관리팀	178	104	58.4

20 위의 자료에 대한 설명으로 옳지 않은 것은?

① 탄력근무제 활용지표가 가장 낮은 부서는 심사2팀이다.

② 탄력근무제 활용지표가 가장 높은 부서가 연가사용지표도 가장 높다.

③ 연가사용지표가 50% 이상이면 목표를 달성했다고 볼 때, 심사1팀은 목표를 달성하지 못했다.

④ 연가사용지표가 두 번째로 높은 부서는 정보관리팀이다.

 ② 탄력근무제 활용지표가 가장 높은 부서는 심사3팀이나, 연가사용지표가 가장 높은 부서는 인사과이다.

21 탄력근무제 활용지표가 7% 이상이면 목표를 달성했다고 볼 때, 다음 부서 중에서 목표를 달성하지 못한 부서는?

① 운영지원과　　　　　　　　　② 감사팀

③ 총무과　　　　　　　　　　　④ 인사과

① 11.8%
② 7.1%
③ 16.7%
④ 6.7%

22 신입사원인 김대한은 출장을 가기 위해 본사인 甲시에서 乙시로 이동해야 한다. 다음의 이동경로와 이동 방법별 주행관련 정보를 바탕으로 A, B, C를 이동비용이 적은 것부터 순서대로 나열하면?

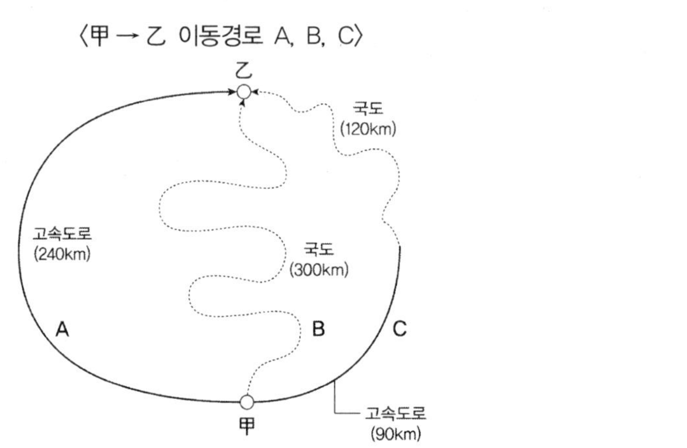

〈甲 → 을 이동경로별 주행관련 정보〉

경로 도로 구분	A 고속도로	B 국도	C 고속도로	C 국도
거리(km)	240	300	90	120
평균속력(km/시간)	120	60	90	60
주행시간(시간)	2.0	( )	1.0	( )
평균연비(km/L)	12	15	12	15
연료소비량(L)	( )	20.0	7.5	( )
휴식시간(시간)	1.0	1.5	0.5	0.5
통행료(원)	8,000	0	5,000	0

※ 1) 이동비용 = 시간가치 + 연료비 + 통행료
   2) 시간가치 = 소요시간(시간) × 1,500(원/시간)
   3) 소요시간 = 주행시간 + 휴식시간
   4) 연료비 = 연료소비량(L) + 1,500(원/L)

① B, A, C   ② B, C, A

③ C, A, B   ④ C, B, A

 우선 빈칸을 구하면 A의 연료소비량은 20.0, B의 주행시간은 5.0, C(국도)의 주행시간은 2.0, C(국도)의 연료소비량은 8.0이다.

구분	A	B	C(고속도로)	C(국도)
시간가치(원)	4,500	9,750	2,250	3,750
연료비(원)	30,000	30,000	11,250	12,000
통행료(원)	8,000	0	5,000	0
이동비용(원)	42,500	39,750	18,500	15,750
			34,250	

따라서 A, B, C를 이동비용이 적은 것부터 순서대로 나열하면 C, B, A이다.

23 다음은 사내 컴퓨터 100대의 업그레이드 전후 성능지수에 관한 자료이다. 이에 대한 설명으로 옳은 것은?

<업그레이드 전후 성능지수별 대비>

(단위 : 대)

성능지수 구분	65	79	75	100
업그레이드 전	80	5	0	15
업그레이드 후	0	60	5	35

※ 성능지수는 네 가지 값(65, 79, 85, 100)만 존재하고, 그 값이 클수록 성능지수가 향상됨을 의미함

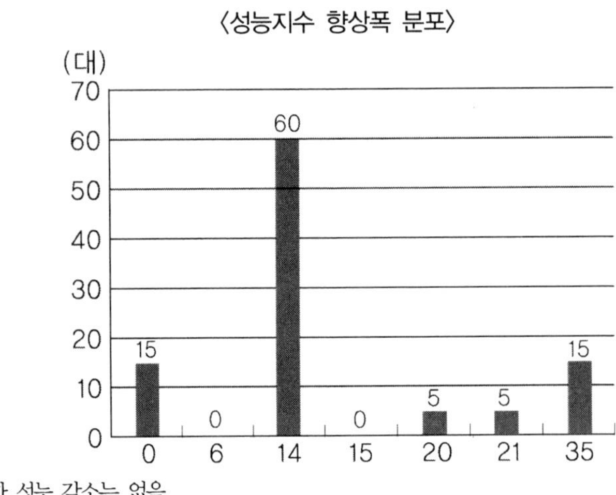

※ 1) 업그레이드를 통한 성능 감소는 없음
　2) 성능지수 향상폭 = 업그레이드 후 성능지수 – 업그레이드 전 성능지수

① 업그레이드 후 1대당 성능지수는 업그레이드 전 1대당 성능지수에 비해 20 이상 향상되었다.

② 업그레이드 전 성능지수가 65이었던 컴퓨터의 15%가 업그레이드 후 성능지수 100이 된다.

③ 업그레이드를 통한 성능지수 향상 폭이 35인 컴퓨터의 대수는 업그레이드 전 성능지수가 100이었던 컴퓨터의 대수와 같다.

④ 업그레이드 전 성능지수가 100이 아니었던 컴퓨터 중, 업그레이드를 통한 성능지수 향상폭이 0인 컴퓨터가 있다.

✔ 해설 • 성능지수 향상폭 14 : 성능지수 65 → 79로 향상 총 80대 중 60대
　　　　• 성능지수 향상폭 20 : 성능지수 65 → 85로 향상 총 80대 중 5대
　　　　• 성능지수 향상폭 21 : 성능지수 79 → 100으로 향상 총 5대 중 5대
　　　　• 성능지수 향상폭 35 : 성능지수 65 → 100으로 향상 총 80대 15대

위의 결과를 토대로 볼 때, 성능지수 향상 폭이 0인 경우는 성능지수 100 → 100으로 총 15대 중 15대이다.

③ 업그레이드를 통한 성능지수 향상 폭이 35인 컴퓨터의 대수는 15대로, 업그레이드 전 성능지수가 100이었던 컴퓨터의 대수인 15대와 같다.

① 업그레이드 후 1대당 성능지수는 86.65로, 업그레이드 전 1대당 성능지수 70.95에 비해 15.7 향상되었다.

② 업그레이드 전 성능지수가 65이었던 컴퓨터 80대 중 15대가 업그레이드 후 성능지수 100이 되었으므로 18.75%이다.

④ 업그레이드를 통한 성능지수 향상 폭이 0인 컴퓨터는 모두 업그레이드 전 성능지수가 100이었던 컴퓨터이다.

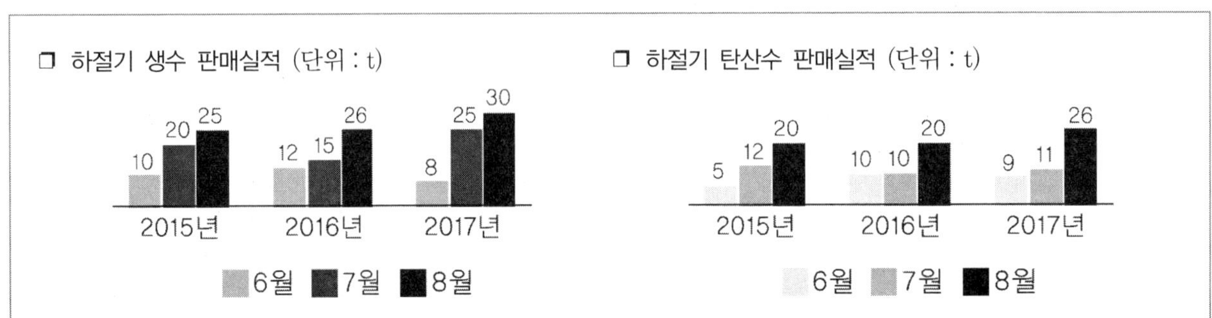

□ 자사 생산 계획안

  2018년 우리 회사에서는 올 하절기(6~8월)에 보다 효율적인 음료 생산을 위하여 2015년부터 2017년까지의 음료 판매현황을 조사하였습니다. 그 결과 초여름(6월)에서 늦여름(8월)까지 우리 회사의 음료 판매 실적은 꾸준히 상승하였습니다. 세부적으로 살펴보면 생수의 경우 2015년에 55t에서 2017년에 63t으로 8t이 증가하였고, 탄산수의 경우에는 2015년에 37t에서 2017년에 46t으로 9t이 증가하였습니다. 이러한 직전 3개년 간 음료 판매현황 조사에 따라 2018년 음료 생산량을 계획하려 합니다. 기상청의 2018년 하절기 평균 기온이 작년에 비해 상승할 것으로 예상됨에 따라 2018년 6~8월까지 각 월별 음료 생산량은 음료 종류에 따라 직전 3개년 평균 음료 판매량의 1.5배를 생산하도록 하겠습니다. 현재 재고 음료는 없으며, 2018년 음료 생산은 5월부터 진행하고 판매되지 않고 남은 음료는 그 다음달로 이월하여 판매할 수 있도록 하겠습니다. 이에 따라 현재 우리 회사가 보유하고 있는 생산기계 현황을 파악하여, 생산 목표량 확보를 위하여 추가적으로 생산기계를 구입할 필요가 있습니다. 현재 우리 회사가 보유하고 있는 생산기계 현황은 아래와 같습니다.

생산기계	생산량 (kg/일)	길이(cm)			제조방식	생산가능 음료
		가로	세로	높이		
A	60	700	400	600	역삼투압식	생수
B	100	900	900	500	중공사막식	탄산수
C	300	1,200	800	400	역삼투압식	탄산수
D	440	1,000	1,000	200	중공사막식	생수

24 이 음료회사는 매달 20일 동안 생산기계를 가동하여 음료를 생산한다. 甲이 분석한 2018년 상황과 향후 생산 계획에 대한 설명으로 옳은 것을 고르면?

① 2018년 7월까지는 현재 보유한 생산기계로 각 음료 생산 목표량 달성이 가능하다.

② 현재 보유한 생산기계 중 부피가 가장 큰 것은 역삼투압식으로 탄산수를 생산하는 기계이다.

③ 현재 보유한 생산기계를 이용해 2018년 6월에 생산한 음료량은 생수가 탄산수보다 20% 많았다.

④ 2018년 8월 중 30일 동안 탄산수 생산기계를 가동하더라도 탄산수 신규 생산기계 구매 없이는 8월 탄산수 생산 목표량 달성이 불가능하다.

 ④ 2018년 8월 중 30일 동안 탄산수 생산기계를 가동하였을 때 생산할 수 있는 탄산수의 양은 (100×30)
   $+ (300 \times 30) = 9t$으로 2018년 8월 탄산수 생산 목표량인 33t을 달성할 수 없다.

① 이 회사의 한 달 음료 생산량은 생수가 $(60 \times 20) + (440 \times 20) = 10t$, 탄산수가 $(100 \times 20) + (300$
   $\times 20) = 8t$으로 2018년 6월 생산 목표량도 달성이 불가능하다.

② 현재 보유한 생산기계 중 부피가 가장 큰 것은 중공사막식으로 탄산수를 생산하는 기계인 C이다.

③ 현재 보유한 생산기계를 이용해 2018년 6월에 생산한 생수량은 10t이고 탄산수량은 8t이다. 생수가 탄
   산수보다 25% 많았다.

25 보고서를 검토한 상사 乙이 甲에게 2018년 하절기 음료별 생산 목표량을 정리해 오라고 지시하였다. 甲이 작성한 그래프로 적절한 것은?

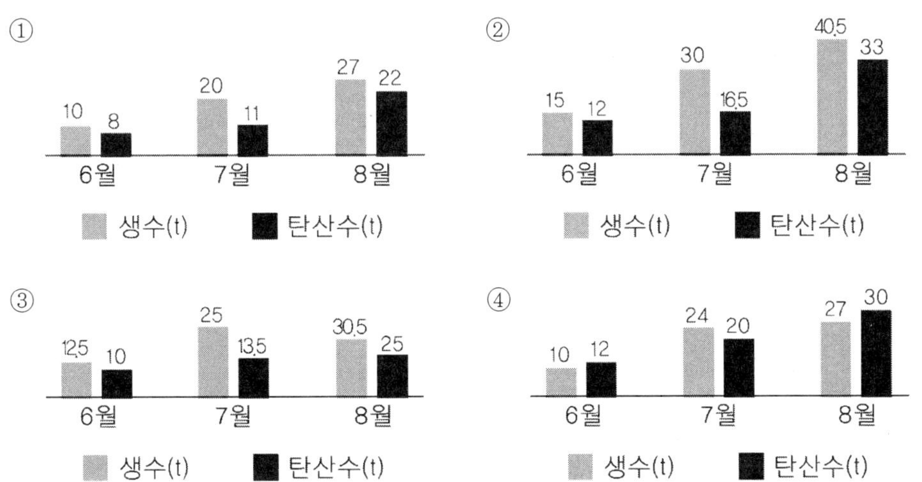

 2018년 6~8월까지 각 월별 음료 생산량은 음료 종류에 따라 직전 3개년 평균 음료 판매량의 1.5배를 생산하므로, 각 월별 음료 생산량은 다음과 같다.

6월	생수	$\{(10 + 12 + 8) \div 3\} \times 1.5 = 15$
	탄산수	$\{(5 + 10 + 9) \div 3\} \times 1.5 = 12$
7월	생수	$\{(20 + 15 + 25) \div 3\} \times 1.5 = 30$
	탄산수	$\{(12 + 10 + 11) \div 3\} \times 1.5 = 16.5$
8월	생수	$\{(25 + 26 + 30) \div 3\} \times 1.5 = 40.5$
	탄산수	$\{(20 + 20 + 26) \div 3\} \times 1.5 = 33$

26 다음은 어느 나라의 성별 흡연율과 금연계획률에 관한 자료이다. 이에 대한 설명으로 옳은 것은?

〈표1〉 성별 흡연율

(단위 : %)

성별 \ 연도	2017	2018	2019	2020	2021	2022	2023
남성	45.0	47.7	46.9	48.3	47.3	43.7	42.1
여성	5.3	7.4	7.1	6.3	6.8	7.9	6.1
전체	20.6	23.5	23.7	24.6	25.2	24.9	24.1

〈표2〉 금연계획률

(단위 : %)

구분 \ 연도	2017	2018	2019	2020	2021	2022	2023
금연계획률	59.8	( )	57.4	53.5	(㉠)	55.2	56.5
단기 금연계획률	19.4	17.7	18.2	20.8	20.2	19.6	19.3
장기 금연계획률	40.4	39.2	( )	32.7	36.1	35.6	37.2

※ 흡연율(%) $= \dfrac{흡연자\ 수}{인구\ 수} \times 100$

※ 금연계획률(%) $= \dfrac{금연계획자\ 수}{흡연자\ 수} \times 100 =$ 단기 금연계획률 + 장기 금연계획률

① 매년 전체 흡연율은 증가하고 있다.

② 매년 남성 흡연율은 여성 흡연율의 7배 이상이다.

③ 금연계획률은 매년 50% 이상이다.

④ ㉠에 들어갈 수치는 55.3이다.

✔ 해설　① 2022년과 2023년의 흡연율은 전년에 비해 감소하였다.
　　　　② 2017년, 2020년, 2021년만 7배 이상이다.
　　　　④ ㉠에 들어갈 수치는 56.3이다.

27 다음은 어느 기업의 직원채용절차에 대한 자료이다. 이를 근거로 1일 총 접수건수를 처리하기 위한 각 업무단계별 총 처리비용이 두 번째로 큰 업무단계는?

> ❏ 직원채용절차
> • 신입 : 접수확인 → 인적성(Lv1)평가 → 인적성(Lv2)평가 → 합격여부통지
> • 경력 : 접수확인 → 인적성(Lv2)평가 → 합격여부통지
> • 인턴 : 접수확인 → 직무능력평가 → 합격여부통지
>
> ❏ 접수건수 및 처리비용
>
> 〈지원유형별 1일 접수건수〉
>
> | 지원유형 | 접수(건) |
> |---|---|
> | 신입 | 20 |
> | 경력 | 18 |
> | 인턴 | 16 |
> | – | – |
> | 계 | 54 |
>
> 〈업무단계별 1건당 처리비용〉
>
> | 업무단계 | 처리비용(원) |
> |---|---|
> | 접수확인 | 500 |
> | 인적성(Lv1)평가 | 2,000 |
> | 인적성(Lv2)평가 | 1,000 |
> | 직무능력평가 | 1,500 |
> | 합격여부통지 | 400 |
>
> ※ 직원채용절차에서 중도탈락자는 없음.
> ※ 업무단계별 1건당 처리비용은 지원유형에 관계없이 동일함.

① 접수확인 ② 인적성(Lv1)평가
③ 인적성(Lv2)평가 ④ 직무능력검사

✔ 해설 업무단계별 총 처리비용을 계산하면 다음과 같다.

업무단계	처리비용(원)
접수확인	(신입 20건 + 경력 18건 + 인턴 16건) × 500원 = 27,000원
인적성(Lv1)평가	신입 20건 × 2,000원 = 40,000원
인적성(Lv2)평가	(신입 20건 + 경력 18건) × 1,000원 = 38,000원
직무능력평가	인턴 16건 × 1,500원 = 24,000원
합격여부통지	(신입 20건 + 경력 18건 + 인턴 16건) × 400원 = 21,600원

따라서 총 처리비용이 두 번째로 큰 업무단계는 인적성(Lv2)평가이다.

28 다음은 N손해보험에서 화재손해 발생 시 지급 보험금 산정방법과 피보험물건(A~E)의 보험금액 및 보험
가액을 나타낸 자료이다. 화재로 입은 손해액이 A~E 모두 6천만 원으로 동일할 때, 지급 보험금이 많은
것부터 순서대로 나열하면?

<표1> 지급 보험금 산정방법

피보험물건 유형	조건	지급 보험금
일반물건, 창고물건, 주택	보험금액 ≥ 보험가액의 80%	손해액 전액
	보험금액 < 보험가액의 80%	손해액 × $\dfrac{보험금액}{보험가액의\ 80\%}$
공장물건, 동산	보험금액 ≥ 보험가액	손해액 전액
	보험금액 < 보험가액	손해액 × $\dfrac{보험금액}{보험가액}$

1) 보험금액 : 보험사고가 발생한 때에 보험회사가 피보험자에게 지급해야 하는 금액의 최고한도

2) 보험가액 : 보험사고가 발생한 때에 피보험자에게 발생 가능한 손해액의 최고한도

<표2> 피보험물건의 보험금액 및 보험가액

피보험물건	피보험물건 유형	보험금액	보험가액
A	주택	9천만 원	1억 원
B	일반물건	6천만 원	8천만 원
C	창고물건	7천만 원	1억 원
D	공장물건	9천만 원	1억 원
E	동산	6천만 원	7천만 원

① A − B − D − C − E

② A − D − B − E − C

③ B − A − C − D − E

④ B − D − A − C − E

✔ **해설** A~E의 지급 보험금을 산정하면 다음과 같다.

피보험물건	지급 보험금
A	주택, 보험금액 $\geq$ 보험가액의 80%이므로 손해액 전액 지급→6천만 원
B	일반물건, 보험금액 < 보험가액의 80%이므로 손해액 $\times \dfrac{보험금액}{보험가액의~80\%}$ 지급 $\to 6,000 \times \dfrac{6,000}{6,400} = 5,625$만 원
C	창고물건, 보험금액 < 보험가액의 80%이므로 손해액 $\times \dfrac{보험금액}{보험가액의~80\%}$ 지급 $\to 6,000 \times \dfrac{7,000}{8,000} = 5,250$만 원
D	공장물건, 보험금액 < 보험가액이므로 손해액 $\times \dfrac{보험금액}{보험가액}$ 지급 $\to 6,000 \times \dfrac{9,000}{10,000} = 5,400$만 원
E	동산, 보험금액 < 보험가액이므로 손해액 $\times \dfrac{보험금액}{보험가액}$ 지급 $\to 6,000 \times \dfrac{6,000}{7,000} = $ 약 $5,143$만 원

따라서 지급 보험금이 많은 것부터 순서대로 나열하면 A − B − D − C − E이다.

Answer 28.①

29 다음은 2013~2017년 甲 공단의 A, B 사업장의 연간 매출액을 토대로 2018년 A, B 사업장의 직원 증원에 대해 검토한 자료이다. 2018년 A, B 사업장의 증원 인원별 연간 매출액을 추정한 결과로 옳은 것은?

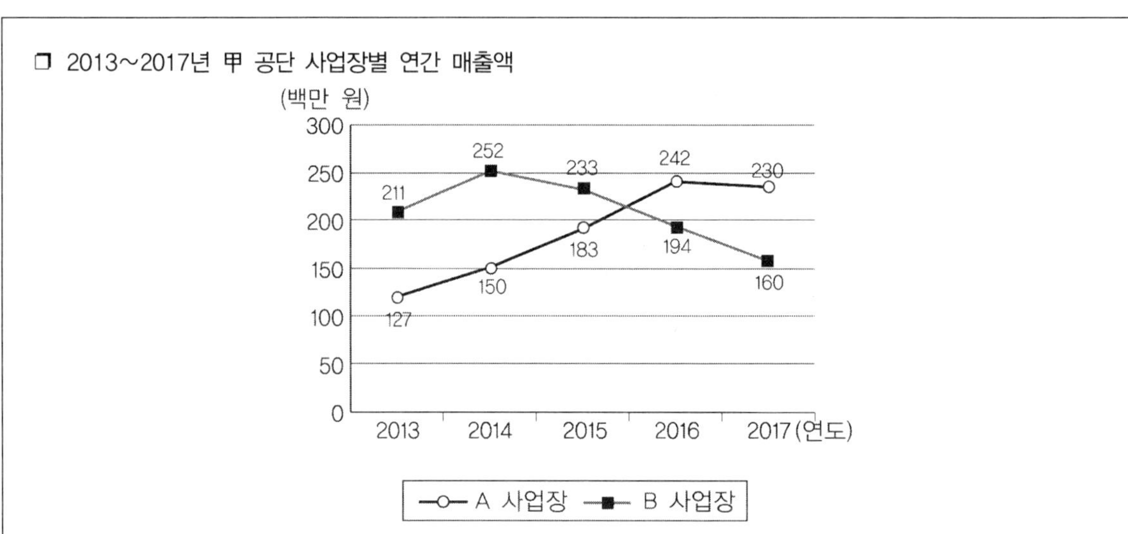

❏ 보고서

- 2018년 'A', 'B' 사업장은 각각 0~3명의 직원을 증원할 계획이다.
- 추정 결과, 직원을 증원하지 않을 경우 'A', 'B' 사업장의 2017년 대비 2018년 매출액 증감률은 각각 10% 이하일 것으로 예상된다.
- 직원 증원이 없을 때와 직원 3명을 증원할 때의 2018년 매출액 차이는 'B' 사업장이 'A' 사업장보다 클 것으로 추정된다.
- 'B' 사업장이 2013~2017년 중 최대 매출액을 기록했던 2014년보다 큰 매출액을 기록하기 위해서는 2018년에 최소 2명의 직원을 증원해야 한다.

①
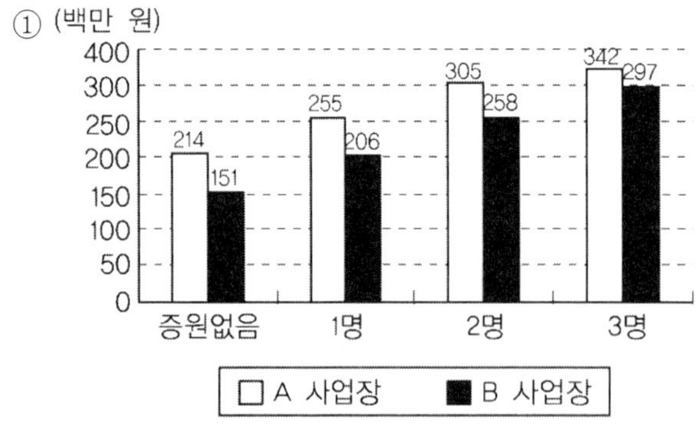

② (백만 원)

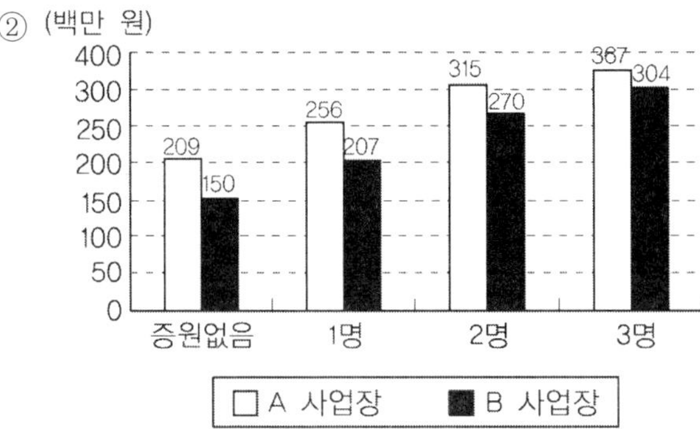

③ (백만 원)

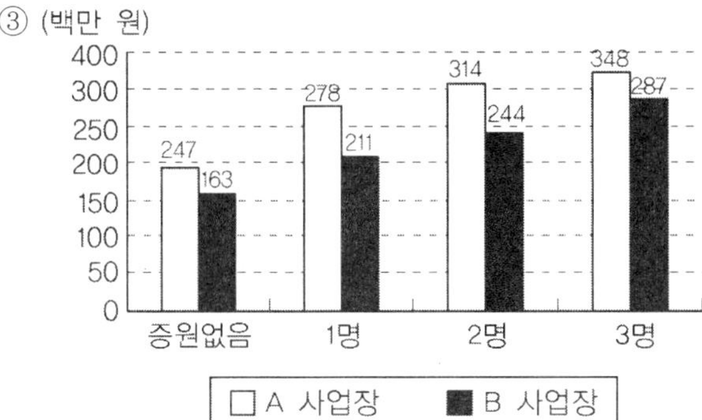

④ (백만 원)

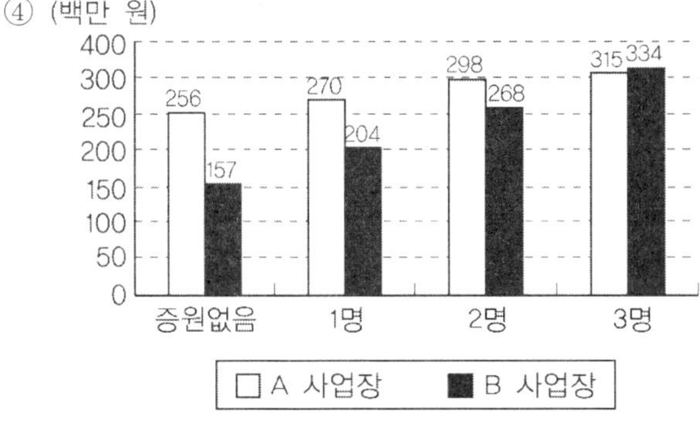

해설

- 추정 결과, 직원을 증원하지 않을 경우 'A', 'B' 사업장의 2017년 대비 2018년 매출액 증감률은 각각 10% 이하일 것으로 예상되므로, 직원을 증원하지 않을 경우 2018년 매출액은 'A' 사업장은 207~253 사이이고, 'B' 사업장은 144~176 사이이다. → ④ 틀림

- 직원 증원이 없을 때와 직원 3명을 증원할 때의 2018년 매출액 차이는 'B' 사업장이 'A' 사업장보다 클 것으로 추정된다. → ② 틀림

- 'B' 사업장이 2013~2017년 중 최대 매출액을 기록했던 2014년보다 큰 매출액을 기록하기 위해서는 2018년에 최소 2명의 직원을 증원해야 한다. → ③ 틀림

Answer 29.①

30 A 공단에 근무하고 있는 甲은 2017년 우리나라의 노인학대 현황에 관한 보고서를 작성하고 있다. 효율적인 보고를 위하여 표 및 그래프를 활용한다고 할 때, 甲이 작성한 내용 중 옳지 않은 것은?

> 2017년 1월 1일부터 12월 31일까지 한 해 동안 전국 29개 지역의 노인보호전문기관에 신고된 전체 11,905건의 노인학대 의심사례 중에 학대 인정사례는 3,818건으로 나타났다. 이는 전년대비 학대 인정사례 건수가 8% 이상 증가한 것이다.
>
> 학대 인정사례 3,818건을 신고자 유형별로 살펴보면 신고의무자에 의해 신고된 학대 인정사례는 707건, 비신고의무자에 의해 신고된 학대 인정사례는 3,111건이었다. 신고의무자에 의해 신고된 학대 인정사례 중 사회복지전담 공무원의 신고에 의한 학대 인정사례가 40% 이상으로 나타났다. 비신고의무자에 의해 신고된 학대 인정사례 중에서는 관련기관 종사자의 신고에 의한 학대 인정사례가 48% 이상으로 가장 높았고, 학대행위자 본인의 신고에 의한 학대 인정사례의 비율이 가장 낮았다.
>
> 또한 3,818건의 학대 인정사례를 발생장소별로 살펴보면 기타를 제외하고 가정 내 학대가 85.8%로 가장 높게 나타났으며, 다음으로 생활시설 5.4%, 병원 2.3%, 공공장소 2.1%의 순으로 나타났다. 학대 인정사례 중 병원에서의 학대 인정사례 비율은 2014~2017년 동안 매년 감소한 것으로 나타났다.
>
> 한편, 학대 인정사례를 가구형태별로 살펴보면 2014~2017년 동안 매년 학대 인정사례 건수가 가장 많은 가구 형태는 노인단독가구였다.

① 2017년 신고자 유형별 노인학대 인정사례 건수

	신고자 유형	건수(건)		신고자 유형	건수(건)
신 고 의 무 자	의료인	44	비 신 고 의 무 자	학대피해노인 본인	722
	노인복지시설 종사자	178		학대행위자 본인	8
	장애노인시설 종사자	16		친족	567
	가정폭력 관련 종사자	101		타인	320
	사회복지전담 공무원	290		관련기관 종사자	1,494
	노숙인 보호시설 종사자	31		–	–
	구급대원	9		–	–
	재가장기요양기관 종사자	38		–	–
	계	707		계	3,111

② 2016년과 2017년 노인보호전문기관에 신고된 노인학대 의심사례 신고 건수와 구성비

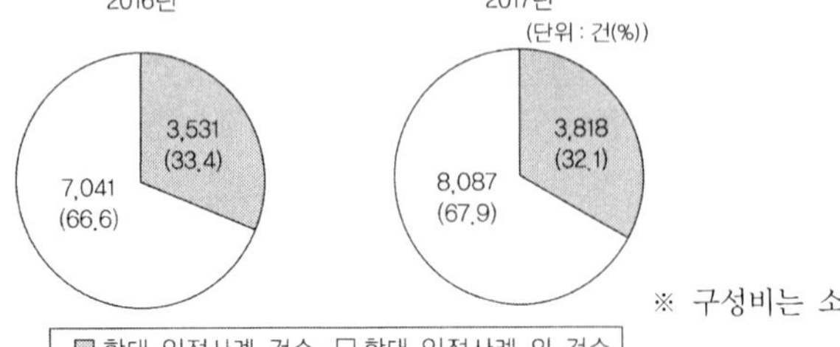

※ 구성비는 소수점 아래 둘째 자리에서 반올림한 값임.

③ 발생장소별 노인학대 인정사례 건수와 구성비

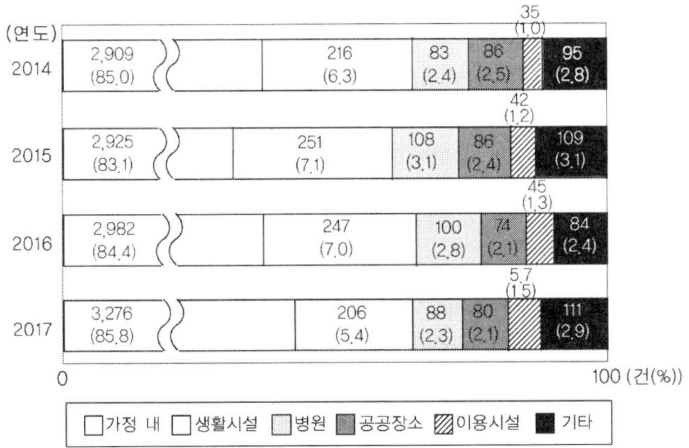

※ 구성비는 소수점 아래 둘째 자리에서 반올림한 값임.

④ 가구형태별 노인학대 인정사례 건수

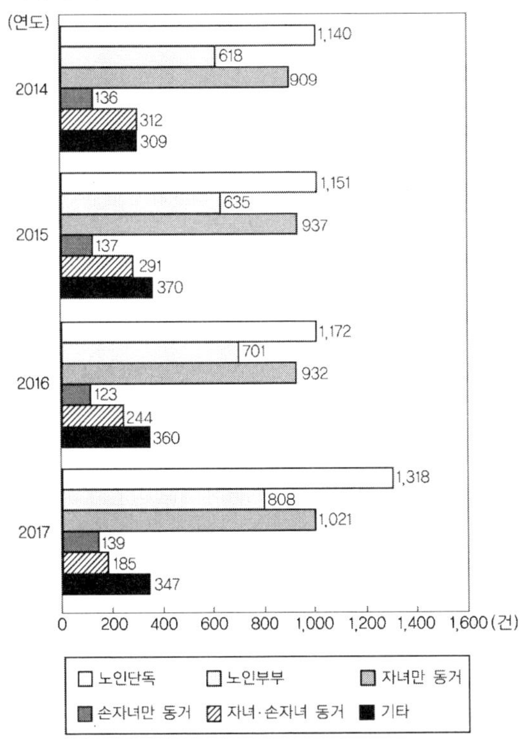

✔해설 ③ 학대 인정사례 중 병원에서의 학대 인정사례 비율은 2014~2017년 동안 매년 감소한 것으로 나타났는데, 그래프상에서는 2015년에 전년 대비 증가하였다.

Answer 30.③

│31~32│ 다음의 자료는 A 병원의 간호사 인력수급과 한국의료관광의 현황 및 전망을 나타낸 도표이다. 아래의 자료를 읽고 물음에 답하시오

〈표 1〉 A 병원의 간호사 인력 수급

연도	2015	2020	2025	2030
공급				
면허등록	321,503	388,775	460,641	537,101
가용간호사	269,717	290,209	306,491	317,996
임상취업간호사	115,601	124,384	131,362	136,293
비임상취업간호사	22,195	23,882	25,222	26,168
전체 취업간호사	137,796	148,226	156,584	162,461
수요	194,996	215,262	231,665	244,831
수급차(=수요−임상취업간호사)	79,395	90,878	100,303	108,538

〈표 2〉 한국의료관광의 현황 및 전망

연도	국내진료해외환자(명)	동반가족 수(명)	의료관광수입(원)	늘어나는 일자리(명)	
				의료부문	관광부문
2012	15만	4.5만	5,946억	8,979	1만 1,833
2013	20만	6만	8,506억	1만 2,845	1만 6,928
2015	30만	9만	1조 4,382억	2만 1,717	2만 8,620
2020	100만	30만	6조 1,564억	9만 2,962	12만 2,513

31 위의 도표에 관한 설명으로 가장 적절한 것을 고르면?

① 〈표 2〉에서 의료관광으로 인해 2020년에 늘어나는 일자리는 10만 이상이 될 것으로 예상되어진다.

② 〈표 1〉에서 간호사의 수급차이가 10만이 넘어가는 시점은 2025년이다.

③ 〈표 1〉에서 간호사의 수요에 비해 공급이 더 빠른 속도로 증가할 것으로 예상된다.

④ 〈표 1〉에서 간호사의 수요가 가장 크게 증가한 때는 2020년에서 2025년이다.

✔ **해설** ① 의료관광으로 인해 2020년에 늘어나는 일자리는 20만 이상이 될 것으로 예상되어진다.
③ 간호사의 공급에 비해 수요가 더 빠른 속도로 증가할 것으로 예상된다.
④ 간호사의 수요가 가장 크게 증가한 때는 2015년에서 2020년이다.

32 위의 도표에 관한 설명으로 가장 옳지 않은 사항을 고르면?

① 국내 의료 관광 수입이 빠르게 증가할 것으로 기대된다.

② 차후 의료 이용량의 증가에 의해 간호 및 간병 인력에 대한 수요의 확대가 예상된다.

③ 간호사에 대한 전반적 수요가 늘어날 것으로 예상된다.

④ 특히 의료관광분야의 경우에 글로벌 사업으로 병원의 해외진출 산업 또한 고부가가치의 일자리 창출 능력이 큰 산업으로써 각광 받고 있다.

> ✔ **해설** 위의 도표에서 주어진 자료는 간호사 인력수급 추계와 한국의료관광 현황 및 전망에 관한 내용이다. 병원의 해외진출에 관한 자료는 도표에 제시되어 있지 않으므로 파악이 불가능하다.

33 일반적으로 "바닥면적"은 벽, 기둥 등 구획의 중심선으로 둘러싸인 각 층 부분의 수평투영면적으로 연면적 산정에 있어서의 근간이 되며, "건축물대장"에 기재되는 면적과 같다. 다시 말해, "바닥면적"은 각 층의 개별 면적을 의미하고 "연면적"은 각 층의 바닥면적을 합한 면적을 의미한다. 그 중요성이 날로 더해져 가고 있는 가운데 A 기업은 제품의 보관을 위해 창고 바닥 면적을 계산하려 한다. 아래와 같은 조건에서 제품을 보관하기 위해 필요한 창고의 바닥 면적(m^2)을 구하면?

- 파렛트 적재 단수 : 1단
- 파렛트 당 제품 적재수량 : 200Box
- 제품 수량 : 100,000 Box
- 파렛트의 면적 : 1.2m^2
- 창고 적재율 : 30%

---

① 1,500m^2

② 2,000m^2

③ 3,500m^2

④ 4,000m^2

> ✔ **해설** 필요로 하는 파렛트의 갯수 $= \dfrac{100,000}{200} = 500(개)$
>
> 파렛트의 면적이 $1.2m^2$이며, 창고의 적재율이 30%이기 때문에
>
> 창고의 바닥 면적은 $\dfrac{1.2 \times 500}{0.3} = 2,000m^2$가 된다.

 다음은 우리나라의 다문화 신혼부부의 남녀 출신국적별 비중을 나타낸 자료이다. 다음 자료를 보고 이어지는 물음에 답하시오.

❏ 2017~2018년도 다문화 신혼부부 현황

(단위 : 쌍, %)

남편	2017년	2018년	아내	2017년	2018년
결혼건수	94,962 (100.0)	88,929 (100.0)	결혼건수	94,962 (100.0)	88,929 (100.0)
한국국적	72,514 (76.4)	66,815 (75.1)	한국국적	13,789 (14.5)	13,144 (14.8)
외국국적	22,448 (23.6)	22,114 (24.9)	외국국적	81,173 (85.5)	75,785 (85.2)

❏ 부부의 출신국적별 구성비

(단위 : %)

남편		2017년	2018년	아내		2017년	2018년
출신 국적별 구성비	중국	44.2	43.4	출신 국적별 구성비	중국	39.1	38.4
	미국	16.9	16.8		베트남	32.3	32.6
	베트남	5.0	6.9		필리핀	8.4	7.8
	일본	7.5	6.5		일본	3.9	4.0
	캐나다	4.8	4.6		캄보디아	3.7	3.4
	대만	2.3	2.3		미국	2.3	2.6
	영국	2.1	2.2		태국	1.8	2.3
	파키스탄	2.2	1.9		우즈벡	1.3	1.4
	호주	1.8	1.7		대만	1.0	1.2
	프랑스	1.1	1.3		몽골	1.0	1.1
	뉴질랜드	1.1	1.1		캐나다	0.7	0.8
	기타	10.9	11.1		기타	4.4	4.6
계		99.9	99.8	계		99.9	100.2

> (개) 2018년에는 우리나라 남녀 모두 다문화 배우자와 결혼하는 경우가 전년보다 감소하였다.
> (내) 다문화 신혼부부 전체의 수는 2018년에 전년대비 약 6.35%의 증감률을 보여, 증가하였음을 알 수 있다.
> (대) 전년대비 2018년에 출신국적별 구성비가 남녀 모두 증가한 나라는 베트남과 기타 국가이다.
> (래) 다문화 신혼부부 중, 중국인과 미국인 남편, 중국인과 베트남인 아내는 두 시기 모두 50% 이상의 비중을 차지한다.

① (개), (대), (래) ② (개), (내), (래)

③ (개), (내), (대) ④ (내), (대), (래)

✔해설 (개) 남편과 아내가 한국국적인 경우에 해당하는 수치가 되므로 우리나라 남녀 모두 다문화 배우자와 결혼하는 경우가 전년보다 감소하였음을 알 수 있다. → ○
(내) (88,929 − 94,962) ÷ 94,962 × 100 = 약 −6.35%가 된다. 따라서 다문화 신혼부부 전체의 수는 2018년에 전년대비 감소한 것이 된다. → ×
(대) 5.0→6.9(남편), 32.2→32.6(아내)로 구성비가 변동된 베트남과 10.9→11.1(남편), 4.4→4.6(아내)로 구성비가 변동된 기타 국가만이 증가하였다. → ○
(래) 중국인과 미국인 남편의 경우 2017년이 61.1%, 2018년이 60.2%이며, 중국인과 베트남인 아내의 경우 2017년이 71.4%, 2018년이 71.0%로 두 시기에 모두 50% 이상의 비중을 차지한다. → ○

35 다음 중 일본인이 남편인 다문화 신혼부부의 수가 비교 시기 동안 변동된 수치는 얼마인가? (단, 신혼부부의 수는 소수점 이하 절삭하여 정수로 표시함)

① 246쌍 ② 235쌍

③ 230쌍 ④ 223쌍

✔해설 일본인이 남편인 경우는 2017년에 22,448쌍 중 7.5%를 차지하던 비중이 2018년에 22,114쌍 중 6.5%의 비중으로 변동되었다. 따라서 22,448 × 0.075 = 1,683쌍에서 22,114 × 0.065 = 1,437쌍으로 변동되어 246쌍이 감소되었다.

〈지역별, 소득계층별, 점유형태별 최저주거기준 미달가구 비율〉

(단위 : %)

구분		최저주거기준 미달	면적기준 미달	시설기준 미달	침실기준 미달
지역	수도권	51.7	66.8	37.9	60.8
	광역시	18.5	15.5	22.9	11.2
	도지역	29.8	17.7	39.2	28.0
	계	100.0	100.0	100.0	100.0
소득 계층	저소득층	65.4	52.0	89.1	33.4
	중소득층	28.2	38.9	9.4	45.6
	고소득층	6.4	9.1	1.5	21.0
	계	100.0	100.0	100.0	100.0
점유 형태	자가	22.8	14.2	27.2	23.3
	전세	12.0	15.3	6.3	12.5
	월세(보증금 有)	37.5	47.7	21.8	49.7
	월세(보증금 無)	22.4	19.5	37.3	9.2
	무상	5.3	3.3	7.4	5.3
	계	100.0	100.0	100.0	100.0

36 광역시의 시설기준 미달가구 비율 대비 수도권의 시설기준 미달가구 비율의 배수와 저소득층의 침실기준 미달가구 비율 대비 중소득층의 침실기준 미달가구 비율의 배수는 각각 얼마인가? (단, 반올림하여 소수 둘째 자리까지 표시함)

① 1.52배, 1.64배
② 1.58배, 1.59배
③ 1.66배, 1.37배
④ 1.72배, 1.28배

> **✓해설** 모두 100%의 가구를 비교 대상으로 하고 있으므로 백분율을 직접 비교할 수 있다.
> • 광역시의 시설기준 미달가구 비율 대비 수도권의 시설기준 미달가구 비율의 배수는 $37.9 \div 22.9 = 1.66$ 배가 된다.
> • 저소득층의 침실기준 미달가구 비율 대비 중소득층의 침실기준 미달가구 비율의 배수는 위와 같은 방식으로 $45.6 \div 33.4 = 1.37$배가 된다.

37 다음 중 위의 자료를 바르게 분석하지 못한 것은?

① 점유형태가 무상인 경우의 미달가구 비율은 네 가지 항목 모두에서 가장 낮다.

② 침실기준 미달 비율은 수도권, 도지역, 광역시 순으로 높다.

③ 지역과 소득계층 면에서는 광역시에 거주하는 고소득층의 면적기준 미달 비율이 가장 낮다.

④ 저소득층은 중소득층보다 침실기준 미달 비율이 더 낮다.

> ✔해설 ① 점유 형태가 무상인 경우의 미달가구 비율은 시설기준 면에서 전세가 더 낮음을 알 수 있다.
> ② 각각 60.8%, 28.0%, 11.2%이다.
> ③ 15.5%와 9.1%로 가장 낮은 비율을 보이고 있다.
> ④ 33.4%로 45.6%보다 더 낮다.

▌38~39▐ K공사 홍보팀에서는 사내 행사를 위해 다음과 같이 3개 공급업체로부터 경품1과 경품2에 대한 견적서를 받아보았다. 행사 참석자가 모두 400명이고 1인당 경품1과 경품2를 각각 1개씩 나누어 주어야 한다. 다음 자료를 보고 이어지는 질문에 답하시오.

공급처	물품	세트당 포함 수량(개)	세트 가격
A업체	경품1	100	85만 원
	경품2	60	27만 원
B업체	경품1	110	90만 원
	경품2	80	35만 원
C업체	경품1	90	80만 원
	경품2	130	60만 원

• A업체 : 경품2 170만 원 이상 구입 시, 두 물품 함께 구매하면 총 구매가의 5% 할인
• B업체 : 경품1 350만 원 이상 구입 시, 두 물품 함께 구매하면 총 구매가의 5% 할인
• C업체 : 경품1 350만 원 이상 구입 시, 두 물품 함께 구매하면 총 구매가의 20% 할인
※ 모든 공급처는 세트 수량으로만 판매한다.

38 홍보팀에서 가장 저렴한 가격으로 인원수에 모자라지 않는 수량의 물품을 구매할 수 있는 공급처와 공급 가격은 어느 것인가?

① A업체 / 5,000,500원
② A업체 / 5,025,500원
③ B업체 / 5,082,500원
④ B업체 / 5,095,000원

> **✔해설** 각 공급처로부터 두 물품 개별 구매할 경우와 함께 구매할 경우의 총 구매가격을 표로 정리해 보면 다음과 같다. 구매 수량은 각각 400개 이상이어야 한다.

공급처	물품	세트당 포함 수량(개)	세트 가격	개별 구매	동시 구매
A업체	경품1	100	85만 원	340만 원	5,025,500원
	경품2	60	27만 원	189만 원	(5% 할인)
B업체	경품1	110	90만 원	360만 원	5,082,500원
	경품2	80	35만 원	175만 원	(5% 할인)
C업체	경품1	90	80만 원	400만 원	5,120,000원
	경품2	130	60만 원	240만 원	(20% 할인)

39 다음 중 C업체가 S사의 공급처가 되기 위한 조건으로 적절한 것은 어느 것인가?

① 경품1의 세트당 포함 수량을 100개로 늘린다.
② 경품2의 세트당 가격을 2만 원 인하한다.
③ 경품1의 세트당 수량을 85개로 줄인다.
④ 경품1의 세트당 가격을 5만 원 인하한다.

> **✔해설** ④ 경품1의 세트당 가격을 5만 원 인하하면 총 판매가격이 4,920,000원이 되어 가장 낮은 공급가가 된다.
> ① 경품1의 세트당 포함 수량이 100개가 되면 세트 수량이 5개에서 4개로 줄어들어 경품1의 판매가격이 80만 원 낮아지나, 할인 적용이 되지 않아 최종 판매가는 오히려 비싸진다.
> ② 경품2의 세트당 가격을 2만 원 인하하면 총 판매가격이 5,056,000원이 되어 A업체보다 여전히 비싸다.
> ③ 경품1의 세트당 수량을 85개로 줄여도 판매가격은 동일하다.

40 아래에 제시된 자료는 글로벌 가공식품 시장의 규모에 관한 현황 및 전망, 각 지역별 식품시장의 규모를 나타낸 도표이다. 이에 대한 내용으로 가장 바르지 않은 것을 고르면?

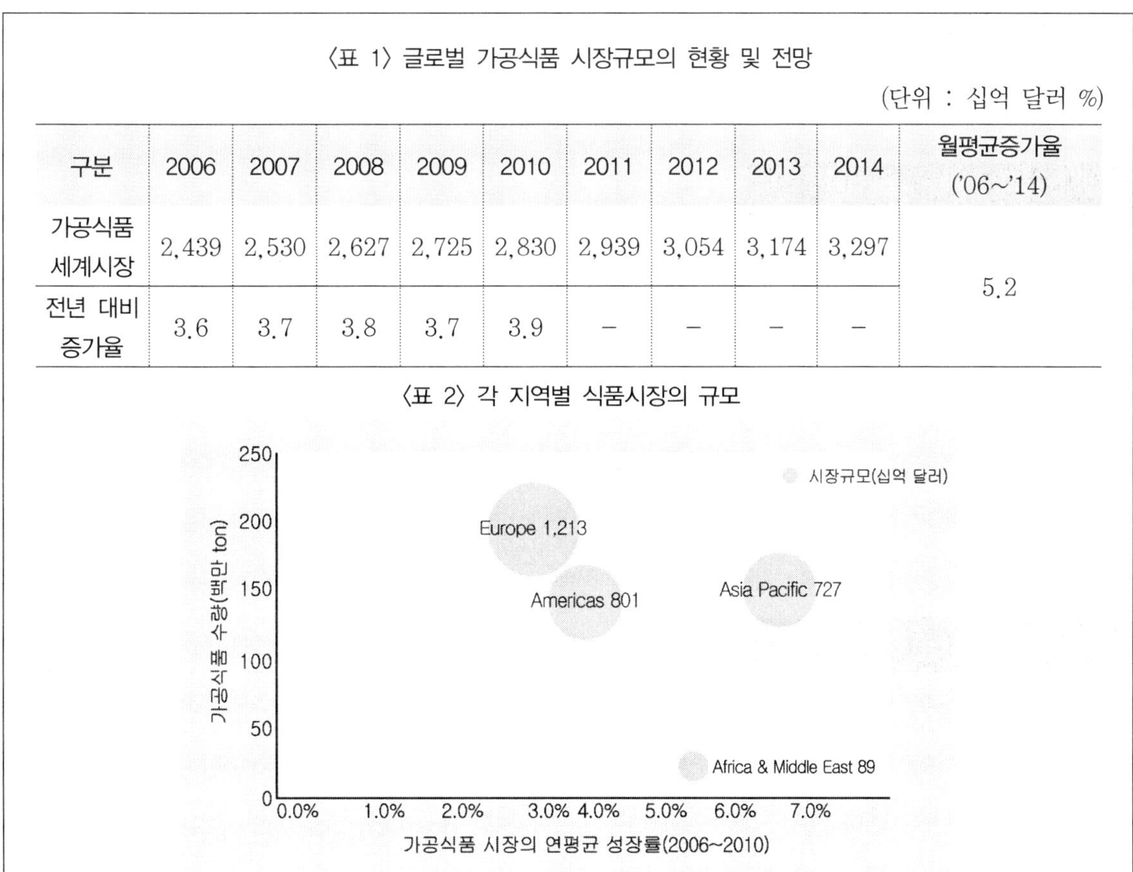

구분	2006	2007	2008	2009	2010	2011	2012	2013	2014	월평균증가율 ('06~'14)
가공식품 세계시장	2,439	2,530	2,627	2,725	2,830	2,939	3,054	3,174	3,297	5.2
전년 대비 증가율	3.6	3.7	3.8	3.7	3.9	–	–	–	–	

① 식품시장규모의 시장 성장률에서 보면 아시아 및 태평양 지역이 가장 높다.
② 아프리카 및 중동 지역은 식품시장규모가 가장 작으며, 시장 성장률 또한 가장 낮다고 볼 수 있다.
③ 2010년 글로벌 가공식품의 시장규모는 2,830십억 달러로 추정된다.
④ 지역별로 보게 되면 유럽의 가공식품 시장 규모가 가장 크다.

✔해설 아프리카 및 중동 지역의 경우 식품시장의 규모는 가장 작지만, 시장 성장률은 두 번째로 높음을 알 수 있다.

[의사소통능력] 출제유형

① 문서이해능력 : 업무 관련성이 높은 문서에 대한 독해능력과 업무와 관련된 내용을 메모의 내용을 묻는 문제이다.
② 문서작성능력 : 공문서, 기안서, 매뉴얼 등 특정 양식을 작성할 때 주의사항이나 빈칸 채우기와 같은 유형으로 구성된다.
③ 경청능력 : 제시된 상황을 적절하게 경청하는 것을 묻는 문제이다.
④ 의사표현능력 : 제시된 상황에 대한 적절한 의사표현을 고르는 문제이다.
⑤ 기초외국어능력 : 외국과 우리나라의 문화차이로 발생하는 상황에 대한 문제이다.

[의사소통능력] 출제경향

문서를 읽거나 상대방의 말을 듣고 의미하는 바를 정확히 파악하여 자신의 의사를 표현 · 전달하는 능력을 의미한다. 복합형으로 주로 출제되며 지문에는 보도자료, 참고자료, 회의자료, 상품설명서 등의 자료로 글의 흐름이나 유추하는 독해능력을 물어보는 질문이 주를 이룬다. 난이도는 상대적으로 높지는 않으나 꼼꼼히 읽지 않으면 틀리기 쉽도록 되는 편이다. 문제를 빠르고 정확하게 이해하는 능력이 필요하다.

[의사소통능력] 빈출유형

글의 흐름 파악하기									
지문과 일치하는 내용 유추									
목적 및 주제 파악									
배열하기									
어법									

예제 01 문서이해능력

다음은 신용카드 약관의 주요내용이다. 규정 약관을 제대로 이해하지 못한 사람은?

[부가서비스]

카드사는 법령에서 정한 경우를 제외하고 상품을 새로 출시한 후 1년 이내에 부가서비스를 줄이거나 없앨 수가 없다. 또한 부가서비스를 줄이거나 없앨 경우에는 그 세부내용을 변경일 6개월 이전에 회원에게 알려 주어야 한다.

[중도 해지 시 연회비 반환]

연회비 부과기간이 끝나기 이전에 카드를 중도해지하는 경우 남은 기간에 해당하는 연회비를 계산하여 10일(영업일 기준) 이내에 돌려줘야 한다. 다만, 카드 발급 및 부가서비스 제공에 이미 지출된 비용은 제외된다.

[카드 이용한도]

카드 이용한도는 카드 발급을 신청할 때에 회원이 신청한 금액과 카드사의 심사 기준을 종합적으로 반영하여 회원이 신청한 금액 범위 이내에서 책정되며 회원의 신용도가 변동되었을 때에는 카드사는 회원의 이용한도를 조정할 수 있다.

[부정사용 책임]

카드 위조 및 변조로 인하여 발생된 부정사용 금액에 대해서는 카드사가 책임을 진다. 다만, 회원이 비밀번호를 다른 사람에게 알려주거나 카드를 다른 사람에게 빌려주는 등의 중대한 과실로 인해 부정사용이 발생하는 경우에는 회원이 그 책임의 전부 또는 일부를 부담할 수 있다.

---

① 혜수 : 카드사는 법령에서 정한 경우를 제외하고는 1년 이내에 부가서비스를 줄일 수 없어.

② 진성 : 카드 위조 및 변조로 인하여 발생된 부정사용 금액은 일괄 카드사가 책임을 지게 돼.

③ 영훈 : 회원의 신용도가 변경되었을 때 카드사가 이용한도를 조정할 수 있어.

④ 영호 : 연회비 부과기간이 끝나기 이전에 카드를 중도 해지하는 경우에는 남은 기간에 해당하는 연회비를 카드사는 돌려줘야 해.

출제의도

주어진 약관의 내용을 읽고 그에 대한 상세 내용의 정보를 이해하는 능력을 측정하는 문항이다.

해설

부정사용에 대해 고객의 과실이 있으면 회원이 그 책임의 전부 또는 일부를 부담할 수 있다.

답 ②

예제 02 문서작성능력

다음은 들은 내용을 구조적으로 정리하는 방법이다. 순서에 맞게 배열하면?

㉠ 관련 있는 내용끼리 묶는다.

㉡ 묶은 내용에 적절한 이름을 붙인다.

㉢ 전체 내용을 이해하기 쉽게 구조화한다.

㉣ 중복된 내용이나 덜 중요한 내용을 삭제한다.

---

① ㉠, ㉡, ㉢, ㉣

② ㉠, ㉡, ㉣, ㉢

③ ㉡, ㉠, ㉢, ㉣

④ ㉡, ㉠, ㉣, ㉢

출제의도

음성정보는 문자정보와는 달리 쉽게 잊혀지기 때문에 음성정보를 구조화 시키는 방법을 묻는 문항이다.

해설

내용을 구조적으로 정리하는 방법은 '㉠ 관련 있는 내용끼리 묶는다. → ㉡ 묶은 내용에 적절한 이름을 붙인다. → ㉣ 중복된 내용이나 덜 중요한 내용을 삭제한다. → ㉢ 전체 내용을 이해하기 쉽게 구조화한다.'가 적절하다.

답 ②

다음 중 공문서 작성에 대한 설명으로 가장 적절하지 못한 것은?

① 공문서나 유가증권 등에 금액을 표시할 때에는 한글로 기재하고 그 옆에 괄호를 넣어 숫자로 표기한다.

② 날짜는 숫자로 표기하되 년. 월. 일의 글자는 생략하고 그 자리에 온점(.)을 찍어 표시한다.

③ 첨부물이 있는 경우에는 붙임 표시문 끝에 1자 띄우고 "끝."이라고 표시한다.

④ 공문서의 본문이 끝났을 경우에는 1자를 띄우고 "끝."이라고 표시한다.

출제의도

업무를 할 때 필요한 공문서 작성법을 잘 알고 있는지를 측정하는 문항이다.

해설

공문서 금액 표시

아라비아 숫자로 쓰고, 숫자 다음에 괄호를 하여 한글로 기재한다.

답 ①

다음은 면접스터디 중 일어난 대화이다. 민아의 고민을 해소하기 위한 조언으로 가장 적절한 것은?

지섭 : 민아 씨, 어디 아파요? 표정이 안 좋아 보여요.

민아 : 제가 원서 넣은 공단이 내일 면접이어서요. 그동안 스터디를 통해서 면접 연습을 많이 했는데도 벌써부터 긴장이 되네요.

지섭 : 민아 씨는 자기 의견도 명확히 피력할 줄 알고 조리 있게 설명을 잘 하시니 걱정 안 하셔도 될 것 같아요. 손에 꽉 쥐고 계신 건 뭔가요?

민아 : 아, 제가 예상 답변을 정리해서 모아둔 거예요. 내용은 거의 외웠는데 이렇게 쥐고 있지 않으면 불안해서.

지섭 : 그 정도로 준비를 철저히 하셨으면 걱정할 이유 없을 것 같아요.

민아 : 그래도 압박면접이거나 예상치 못한 질문이 들어오면 어떻게 하죠?

지섭 : ______________________________________

① 시선을 적절히 처리하면서 부드러운 어투로 말하는 연습을 해보는 건 어때요?

② 공식적인 자리인 만큼 옷차림을 신경 쓰는 게 좋을 것 같아요.

③ 당황하지 말고 질문자의 의도를 잘 파악해서 침착하게 대답하면 되지 않을까요?

④ 예상 질문에 대한 답변을 좀 더 정확하게 외워보는 건 어떨까요?

출제의도

상대방이 하는 말을 듣고 질문 의도에 따라 올바르게 답하는 능력을 측정하는 문항이다.

해설

민아는 압박질문이나 예상치 못한 질문에 대해 걱정을 하고 있으므로 침착하게 대응하라고 조언을 해주는 것이 좋다.

답 ③

당신은 팀장님께 업무 지시내용을 수행하고 결과물을 보고 드렸다. 하지만 팀장님께서는 "최 대리 업무를 이렇게 처리하면 어떡하나? 누락된 부분이 있지 않은가."라고 말하였다. 이에 대해 당신이 행할 수 있는 가장 부적절한 대처 자세는?

① "죄송합니다. 제가 잘 모르는 부분이라 이수혁 과장님께 부탁을 했는데 과장님께서 실수를 하신 것 같습니다."

② "주의를 기울이지 못해 죄송합니다. 어느 부분을 수정보완하면 될까요?"

③ "지시하신 내용을 제가 충분히 이해하지 못하였습니다. 내용을 다시 한 번 여쭤보아도 되겠습니까?"

④ "부족한 내용을 보완하는 자료를 취합하기 위해서 하루정도가 더 소요될 것 같습니다. 언제까지 재작성하여 드리면 될까요?"

출제의도

상사가 잘못을 지적하는 상황에서 어떻게 대처해야 하는지를 묻는 문항이다.

해설

상사가 부탁한 지시사항을 다른 사람에게 부탁하는 것은 옳지 못하며 설사 그렇다고 해도 그 일의 과오에 대해 책임을 전가하는 것은 지양해야 할 자세이다.

답 ①

1 다음은 ○○기관 디자인팀의 주간회의록이다. 자료에 대한 내용으로 옳은 것은?

〈주간회의록〉					
회의일시	2025-07-03(월)	부서	디자인팀	작성자	D 사원
참석자	김 과장, 박 주임, 최 사원, 이 사원				
회의안건	1. 개인 주간 스케줄 및 업무 점검 2. 2025년 회사 홍보 브로슈어 기획				

	내용	비고
회의내용	1. 개인 스케줄 및 업무 점검 • 김 과장 : 브로슈어 기획 관련 홍보팀 미팅, 외부 디자이너 미팅 • 박 주임 : 신제품 SNS 홍보이미지 작업, 회사 영문 서브페이지 2차 리뉴얼 작업 진행 • 최 사원 : 2025년도 홈페이지 개편 작업 진행 • 이 사원 : 7월 사보 편집 작업 2. 2025년도 회사 홍보 브로슈어 기획 • 브로슈어 주제 : '신뢰' -창립 ○○주년을 맞아 고객의 신뢰로 회사가 성장했음을 강조 -한결같은 모습으로 고객들의 지지를 받아왔음을 기업 이미지로 표현 • 20페이지 이내로 구성 예정	• 7월 8일 AM 10:00 디자인팀 전시회 관람 • 7월 5일까지 홍보팀에서 2025년 브로슈어 최종원고 전달 예정

	내용	작업자	진행일정
결정사항	브로슈어 표지 이미지 샘플 조사	최 사원, 이 사원	2025-07-03 ~ 2025-07-04
	브로슈어 표지 시안 작업 및 제출	박 주임	2025-07-03 ~ 2025-07-07

① ○○기관은 외부 디자이너에게 브로슈어 표지 시안을 요청하였다.

② 디자인팀은 이번 주 금요일에 전시회를 관람할 예정이다.

③ 김 과장은 이번 주에 내부 미팅, 외부 미팅이 모두 예정되어 있다.

④ 이 사원은 이번 주에 7월 사보 편집 작업만 하면 된다.

✔해설 ③ 김 과장은 이번 주에 홍보팀과 내부 미팅 예정이며, 외부 디자이너와도 미팅 업무가 잡혀 있다.
  ① 브로슈어 표지 시안 작업 및 제출은 박 주임 담당이다.
  ② 회의일시에 따르면 7월 3일이 월요일이다. 따라서 디자인팀이 전시회를 관람하는 7월 8일은 토요일이다.
  ④ 이 사원은 이번 주에 7월 사보 편집 작업과 함께 브로슈어 표지 이미지 샘플 조사도 해야 한다.

Answer 1.③

2 다음은 포괄수가제도 도입과 그 현황에 대한 보건복지부의 자료이다. 건강보험심사평가원 신입사원 甲~丁은 이 자료를 바탕으로 진행된 회의에서 〈보기〉와 같이 발언하였다. 甲~丁 중 잘못된 발언으로 지적을 받았을 사람은 누구인가?

현행 건강보험수가제도는 행위별 수가제를 근간으로 하며, 동 제도는 의료기관의 진찰, 검사, 처치 등 각각의 진료 행위들을 일일이 계산하여 사후적으로 비용을 지불하는 방식이다. 이러한 행위별 수가제는 급격한 진료량 증가와 이에 따른 의료비용 상승 가속화의 요인이 되고 있으며, 그 밖에도 의료서비스 공급 형태의 왜곡, 수가 관리의 어려움, 의료기관의 경영 효율화 유인장치 미비 등 많은 문제점들이 파생되었다.

이에 보건복지부는 행위별 수가제의 문제점을 개선하고 다양한 수가지불제도를 운영하기 위한 방안으로 질병군별 포괄수가제도의 도입을 추진하게 되었다. 이를 위해 1995년 1월에 질병군별(DRG)지불제도 도입 검토협의회를 구성하고, 일부 질병군을 대상으로 희망의료기관에 한하여 1997년부터 질병군별 포괄수가제도 시범사업을 시작하여 2001년까지 제3차 시범사업을 실시하였다.

동 시범사업 실시 및 평가를 통하여 2002년부터 8개 질병군에 대하여 요양기관에서 선택적으로 참여하는 방식으로 본 사업을 실시하였고, 2003년 9월 이후에는 정상 분만을 제외하여 7개 질병군(수정체수술, 편도선수술, 항문수술, 탈장수술, 맹장수술, 자궁수술, 제왕절개 수술)을 선택 적용하였으며, 2012년 7월 병·의원급에 당연적용 및 2013년 7월 종합병원급 이상 모든 의료기관을 대상으로 확대 적용하였다.

한편, 7개 질병군 포괄수가제도가 비교적 단순한 수술에 적합한 모형으로 개발되어 중증질환 등 복잡한 수술을 포함하는 전체 질병군으로 확대하기 어렵다는 한계가 있다. 이를 극복하기 위해 2009년 4월부터 국민건강보험공단 일산병원에 입원한 환자를 대상으로 신포괄수가 시범 사업을 실시하여 2011년 7월부터는 지역거점 공공병원으로 시범사업을 확대 실시하고, 2016년 말 기준으로 41개 병원, 559개 질병군을 대상으로 시범사업을 실시하고 있다.

〈보기〉
- 甲 : 포괄수가제는 단순히 부도덕한 의료서비스의 공급만을 개선하기 위한 것은 아닙니다.
- 乙 : 국민건강보험공단은 포괄수가제를 7개 해당 질병군에서 더 확대 적용하기 위한 노력을 하고 있습니다.
- 丙 : 포괄수가제는 이전의 행위별 수가제이던 것을 일부 질병군에 한해 질병군별 수가제로 변경한 제도라고 할 수 있습니다.
- 丁 : 시범사업 기간인 만큼 7개 질병군에 해당되어도 종합병원에서 진료 시에는 포괄수가제 적용 여부를 사전에 확인하여야 합니다.

① 甲　　　　　　　　　　② 乙
③ 丙　　　　　　　　　　④ 丁

✔해설 7개 질병군에 대한 포괄수가제는 이미 병·의원급과 종합병원급 이상 모든 의료기관을 대상으로 적용되고 있다. 시범사업 중인 것은 신포괄수가 제도이다.

3 다음은 건강보험심사평가원의 서비스헌장이다. 밑줄 친 단어를 한자로 바꾸어 쓴 것으로 옳지 않은 것은?

건강보험심사평가원은 <u>요양</u>기관이 국민에게 제공하는 의료서비스의 적정성을 보장함으로써 국민의료의 질 향상과 건강증진에 공헌하도록 최선을 다하겠습니다. 또한, 우리 임·직원은 밝고 열린 의식으로 국민 여러분께 도움이 되는 새로운 창조적 서비스 창출과 대내외 이해관계자와 함께 성장·발전하는 <u>상생</u> 협력 관계 구축을 위해 노력할 것을 다짐하며 다음과 같이 실천하겠습니다.

1. 우리는 고객의 소리에 항상 귀 기울이고, 고객의 관점에서 생각하고 행동하겠습니다.
2. 우리는 고객에게 신속 공정 정확하고 편안한 서비스를 제공하겠습니다.
3. 우리는 고객과의 약속은 반드시 지키며, 고객의 비밀을 <u>보호</u>하겠습니다.
4. 우리는 고객이 원하는 정보를 최대한 <u>공개</u>하여 투명경영을 실천해 나가겠습니다.
5. 우리는 고객의 불편과 불만사항을 경청하여 잘못된 점은 바로 시정하고 개선하겠습니다.

① 요양 - 療養
② 상생 - 常生
③ 보호 - 保護
④ 공개 - 公開

✔ **해설**   상생(常生) : 영원한 생명
상생(相生) : 두 가지 또는 여럿이 서로 공존하면서 살아감을 비유적으로 이르는 말

4 다음은 어느 시의회의 2025년도 업무보고 청취 회의의 회의록의 일부이다. 회의에 임하는 태도로 가장 부적절한 것은?

A 위원장 : 2025년도 업무보고 청취의 건을 계속해서 상정합니다. 다음은 부문별 보고로 보건관리과 소관 업무보고를 받도록 하겠습니다. ㉠ 보건관리과장 나오셔서 신규사업 위주로 보고해 주시기 바랍니다.

보건관리과장 : 보건관리과장 ○○○입니다. 보건관리과 소관 2025년도 주요업무 계획을 보고 드리겠습니다.

(보고사항 생략)

A 위원장 : 수고하셨습니다. 다음은 질의하실 위원 질의하여 주시기 바랍니다.

B 위원 : ㉡ B 위원입니다. ○○○과장님 보고 잘 받았습니다. 우리 시 시민의 건강을 위해 늘 애쓰심에 감사의 말씀을 드리고요. 질의 들어가겠습니다. 보고서 11쪽, 보건소 제증명 인터넷 재발급 서비스를 보면 신규사업인데 비예산 사업이네요. 저는 이런 부분에 대해서 직원 분한테 감사하다는 말씀드리고 싶어요. 기존에 있는 시스템, 프로그램을 활용해서 제증명을 발급하는 거죠?

보건관리과장 : 동은 작년도에 실시했고요. 59.3%를 동에서 발급했습니다.

B 위원 : 비예산으로 사업을 함으로써 우리 시민이 편안하게 행정서비스를 받을 수 있다는 것에 박수를 보내드립니다. 이런 것들이 정말 중요한 사업이 아닌가 생각을 합니다. 감사하고요. 14쪽 '4분의 기적' 꼭 필요한 겁니다. 지금 우리 시 전체 설치된 자동심장충격기가 몇 개죠? 2017년 실적을 보면 종합운동장 등 78개소라고 돼 있는데요.

보건관리과장 : ㉢ 올해부터 5월 31일까지 500세대 이상 되는 아파트라든지 집단시설에 의무적으로 설치하도록 되어 있습니다.

B 위원 : 강제조항이 있습니까?

보건관리과장 : 법이 개정돼서 올해부터 점검을 통해서 주택과에서 감사도 하고요. 저희 점검을 통해서, 관리비로 다 세우기 때문에……

B 위원 : ㉣ 잘 하시는 사업인데요. 본 위원이 걱정스러운 게 4분의 기적이에요. 일반적으로 평상 시 다니다 보면 '자동심장충격기 여기 있구나.' 알아요. 그런데 급한 시 사용하잖아요. 그때 "자동심장충격기 보신 분 가져다 주세요." 하면 사람들이 위치가 어디인지 파악할 수가 없게 되어 있어요. 효과적으로 홍보가 안됐다는 거죠.

① ㉠　　　　　　　　　　　　　② ㉡

③ ㉢　　　　　　　　　　　　　④ ㉣

✔해설　③ B 위원은 시 전체 설치된 자동심장충격기가 몇 개인지 물었는데 보건관리과장은 ㉢에서 다른 답변을 하고 있다. 회의 중 받은 질의에 대해서는 질의자의 질문에 적절한 답변을 해야 한다.
① 명령을 할 때에는 강압적인 말투보다는 요청하듯 부드럽게 표현하는 것이 효과적이다.
② 회의에서 질의를 할 때에는 가장 먼저 자신의 소속이나 이름을 밝히고, 발표자의 보고를 경청했다는 표현 등을 함께 해 주면 좋다.
④ 질책을 하기 전에는 칭찬의 말을 먼저 하고 질책의 말을 하는 것이 바람직하며, 질책 후에는 격려를 함께 하는 것이 청자의 반발을 최소화할 수 있다.

5 ○○에너지에 근무하고 있는 甲은 신입사원 乙이 쓴 보고서 중 잘못된 문구를 어법에 맞게 수정해 주었다. 다음 중 甲이 지적한 내용으로 잘못된 것은?

> A : 지속가능보고서를 2007년 창간 이래 <u>매년 발간에 의해</u> 이해 관계자와의 소통이 좋아졌다.
> B : 2012년부터 시행되는 신재생에너지 공급의무제는 회사의 <u>주요 리스크로</u> 이를 기회로 승화시키기 위한 노력을 하고 있다.
> C : 전력은 필수적인 에너지원이므로 과도한 사용을 <u>삼가야 한다.</u>
> D : <u>녹색 기술 연구 개발 투자 확대 및</u> 녹색 생활 실천 프로그램을 시행하여 온실가스 감축에 전 직원의 역량을 결집하고 있다.

① A : '매년 발간에 의해'가 어색하므로 문맥에 맞게 '매년 발간함으로써'로 고친다.

② B : '주요 리스크로'는 조사의 쓰임이 어울리지 않으므로, '주요 리스크이지만'으로 고친다.

③ C : '삼가야 한다'는 어법상 맞지 않으므로 '삼가해야 한다'로 고친다.

④ D : '및'의 앞은 명사구로 되어 있고 뒤는 절로 되어 있어 구조가 대등하지 않으므로, 앞 부분을 '녹색 기술 연구 개발에 대한 투자를 확대하고'로 고친다.

✔ 해설 ③ '몸가짐이나 언행을 조심하다.'는 의미를 가진 표준어는 '삼가다'로, '삼가야 한다'는 어법에 맞는 표현이다. 자주 틀리는 표현 중 하나로 '삼가해 주십시오' 등으로 사용하지 않도록 주의해야 한다.

① 어떤 일의 수단이나 도구를 나타내는 격조사 '-로써'로 고치는 것이 적절하다.

② 어떤 사실이나 내용을 시인하면서 그에 반대되는 내용을 말하거나 조건을 붙여 말할 때에 쓰는 연결 어미인 '-지마는(-지만)'이 오는 것이 적절하다.

④ '및'은 '그리고', '그 밖에', '또'의 뜻으로, 문장에서 같은 종류의 성분을 연결할 때 쓰는 말이다. 따라서 앞뒤로 이어지는 표현의 구조가 대등해야 한다.

골밀도 검사(bone densitometry)

골밀도 검사의 정의

인체 특정 부위의 뼈의 양을 골밀도라고 하는 지표로 측정하고 이를 정상인의 골밀도와 비교하여 얼마나 뼈의 양이 감소되었는지를 평가하는 검사

급여대상

1. 65세 이상의 여성과 70세 이상의 남성
2. 고휘험요소가 1개 이상 있는 65세 미만의 폐경후 여성
3. 비정상적으로 1년 이상 무월경을 보이는 폐경전 여성
4. 비외상성(fragility) 골절
5. 골다공증을 유발할 수 있는 질환이 있거나 약물을 복용중인 경우
6. 기타 골다공증 검사가 반드시 필요한 경우

※ 고위험요소

저체중(BMI(체질량지수)<18.5), 외상에 의하지 않은 골절의 과거력이 있거나 가족력이 있는 경우, 외과적인 수술로 인한 폐경 또는 40세 이전의 자연 폐경

산정횟수

진단 시에는 1회 인정하되, 말단골 골밀도검사 결과 추가검사의 필요성이 있는 경우 1회에 한하여 중심뼈에서 추가검사 인정

검사비용

위의 급여기준에 해당되어 요양급여대상인 경우, 골밀도검사비용은 검사당 최저 약 1만 2천만 원 ~ 최고 약 3만 7천 원까지이다.

본인부담금

입원인 경우는 총진료비(비급여제외) 중 20%을 부담(식대는 50%)하고, 외래로 치료한 경우에는 기관 종별에 따라 본인부담율은 차등적용된다.

6 위의 급여기준 자료를 보고 고객의 문의에 따라 답변한 내용으로 옳지 않은 것은?

① Q : 제가 올해로 60세되는 여성인데요, 골밀도 검사를 하려고 합니다. 급여 대상이 되나요?

   A : 급여대상이 되지 않습니다. 여성의 경우에는 65세 이상이어야 합니다.

② Q : 골밀도 검사가 인정되는 산정횟수를 알고 싶습니다.

   A : 진단 시에는 1회 인정됩니다. 다만, 말단골 골밀도검사 결과 추가검사의 필요성이 있는 경우 1회에 한하여 중심뼈에서 추가검사가 인정됩니다.

③ Q : 제가 외래로 치료하였는데 본인부담율은 어느 정도 되는건가요?

   A : 비급여를 제외하고 총진료비 중 20%를 부담하여야 합니다.

④ Q : 급여기준에 해당된다면 골밀도검사비용은 대략 얼마정도인가요?

   A : 검사당 최저 약 1만 2천만 원 ~ 최고 약 3만 7천 원 정도입니다.

> **✔ 해설** ③ 입원인 경우는 총진료비(비급여제외) 중 20%을 부담(식대는 50%)하고, 외래로 치료한 경우에는 기관종별에 따라 본인부담율은 차등적용된다.

7 다음 중 골밀도 검사 급여대상에 해당되지 않는 경우를 모두 고르면?

> ㉠ 외상성(fragility) 골절인 경우
> ㉡ 비정상적으로 6개월 무월경을 보이는 폐경 전 여성
> ㉢ 체질량지수가 17이고 50세의 폐경 후 여성
> ㉣ 골다공증을 유발할 수 있는 약물을 복용중인 경우
> ㉤ 70세의 남성

① ㉠㉡   ② ㉠㉢

③ ㉡㉣   ④ ㉣㉤

> **✔ 해설** ㉠ 비외상성(fragility) 골절
> ㉡ 비정상적으로 1년 이상 무월경을 보이는 폐경 전 여성

┃8~9┃ 다음은 토론의 일부 내용이다. 물음에 답하시오.

사회자(남) : 네, 알겠습니다. 지금까지 수돗물 정책을 담당하시는 박 과장님의 말씀을 들었는데요. 그럼 이번에는 시민
단체의 의견을 들어 보겠습니다. 김 박사님~.

김 박사(여) : 네, 사실 굉장히 답답합니다. 공단 폐수 방류 사건 이후에 17년 간 네 번에 걸친 종합 대책이 마련됐고, 상당히 많은
예산이 투입된 것으로 알고 있습니다. 그런데도 이번에 상수도 사업을 민영화하겠다는 것은 결국 수돗물 정책이 실패했
다는 걸 스스로 인정하는 게 아닌가 싶습니다. 그리고 민영화만 되면 모든 문제가 해결되는 것처럼 말씀하시는데요, 현
실을 너무 안이하게 보고 있다는 생각이 듭니다.

사회자(남) : 말씀 중에 죄송합니다만, 수돗물 사업이 민영화되면 좀 더 효율적이고 전문적으로 운영된다는 생각에 동의할
분도 많을 것 같은데요.

김 박사(여) : 전 동의할 수 없습니다. 우선 정부도 수돗물 사업과 관련하여 충분히 전문성을 갖추고 있다고 봅니다. 현장
에서 근무하는 분들의 기술 수준도 세계적이고요. 그리고 효율성 문제는요, 저희가 알아본 바에 의하면 시
설 가동률이 50% 정도에 그치고 있고, 누수율도 15%나 된다는데, 이런 것들은 시설 보수나 철저한 관리를
통해 정부가 충분히 해결할 수 있다고 봅니다. 게다가 현재 상태로 민영화가 된다면 또 다른 문제가 생길
수 있습니다. 수돗물 가격의 인상을 피할 수 없다고 보는데요. 물 산업 강국이라는 프랑스도 민영화 이후에
물 값이 150%나 인상되었다고 하는데, 우리에게도 같은 일이 일어나지 않을까 걱정됩니다.

사회자(남) : 박 과장님, 김 박사님의 의견에 대해 어떻게 생각하십니까?

박 과장(남) : 민영화할 경우 아무래도 어느 정도 가격 인상 요인이 있겠습니다만 정부와 잘 협조하면 인상 폭을 최소화
할 수 있으리라고 봅니다. 무엇보다도 수돗물 사업을 민간 기업이 운영하게 된다면, 수질도 개선될 것이고,
여러 가지 면에서 더욱 질 좋은 서비스를 받을 수 있을 겁니다. 또 시설 가동률과 누수율의 문제도 조속히
해결될 수 있을 겁니다.

8 여성 토론자의 발언으로 볼 때, 정책 담당자가 이전에 말했을 내용으로 가장 적절한 것은?

① 민영화를 통해 수돗물의 가격을 안정시킬 수 있다.

② 수돗물 사업의 전문성을 위해 기술 교육을 강화해야 한다.

③ 종합적인 대책 마련으로 수돗물을 효율적으로 공급하고 있다.

④ 효율성을 높이기 위해 수돗물 사업을 민간 기업에 맡겨야 한다.

> ✔해설 ① 정책 담당자는 민영화할 경우 어느 정도 가격 상승 요인이 있을 것이라고 말하고 있다.
> ② 정책 담당자가 주장한 내용은 '기술 교육 강화'가 아니라 '수돗물 사업의 민영화'이므로 적절하지 않다.
> ③ 종합적인 대책 마련으로 수돗물을 효율적으로 공급하고 있다면 굳이 민영화할 필요가 없는 셈이므로 정책 담당자의 의견과 상반된다.

9 여성 토론자의 말하기에 대한 평가로 가장 적절한 것은?

① 전문가의 말을 인용하여 자신의 견해를 뒷받침하고 있다.

② 구체적인 정보를 활용하여 상대방의 주장을 비판하고 있다.

③ 예상되는 반론에 대해 사회적 통념을 근거로 논박하고 있다.

④ 이해가 되지 않는 부분에 대해서 타당한 근거 자료를 요구하고 있다.

> ✔해설 ② 여성 토론자는 시설 가동률 50%, 누수율 15%, 민영화 이후 물 값이 150% 인상된 프랑스의 사례 등 구체적인 정보의 활용을 통해 상대방인 수돗물 정책 담당자의 주장을 논리적으로 비판하고 있다.

10 다음은 어느 공단에서 제공하고 있는 혼례비 융자 서비스와 관련된 내용이다. 이 공단에 근무하고 있는 A가 고객의 문의에 답변한 것 중 적절하지 않은 것은?

> ❏ 신청대상
> 융자 신청일 현재 소속 사업장에 3개월 이상 근로 중(다만, 일용근로자는 신청일 이전 90일 이내에 고용보험 근로내용 확인신고서에 따른 근로일수가 45일 이상인 경우)인 월평균 소득 246만 원(세금 공제 전) 이하일 것. 다만, 비정규직 근로자는 소득요건을 적용하지 않음
> ❏ 융자한도
> 1,250만 원 범위 내
> ❏ 융자조건
> 연리 2.5% / 1년 거치 3년 매월 원리금균등분할상환(거치기간 및 상환기간변경 불가)
> ❏ 증빙서류
>
> | 공통 | • 비정규직 근로자(기간제, 단시간, 파견, 일용) : 근로계약서, 가족관계증명서(융자대상자가 근로자 본인이 아닌 경우 및 혼례비 신청에 한함)
• 정규직(비정규직 외) : 소득자별 직전년도 원천징수영수증 사본, 가족관계증명서(융자대상자가 근로자 본인이 아닌 경우 및 혼례비 신청에 한함) |
> |---|---|
> | 결혼 예정자 | • 예식장 계약서 또는 청첩장
• 결혼 후 90일 이내에 결혼 증빙자료 제출(혼인관계증명서) |
> | 결혼후 신청자 | 혼인관계증명서 |
>
> ❏ 융자 신청기한
> 결혼일 전후 90일 이내 또는 혼인신고일로부터 90일 이내
> ❏ 신청제한
> • 이미 융자한도액(신용보증 한도액)까지 융자를 받은 자
> • 허위·부정한 방법으로 융자금을 지급받아 융자금이 회수가 결정된 적이 있는 자

① Q : 한 달 전에 결혼식을 치르고 오늘 혼인신고를 했습니다. 혼례비 융자 신청은 언제까지 가능한가요?

　 A : 융자 신청기한은 결혼일 전후 90일 이내, 또는 혼인신고일로부터 90일 이내입니다. 오늘부터 90일 이내까지 신청가능하십니다.

② Q : 어제 결혼식을 올렸습니다. 혼례비 융자를 신청하려고 하는데 제출서류가 어떻게 되나요?

　 A : 결혼후 신청자의 경우 혼인관계증명서만 제출하시면 됩니다.

③ Q : 혼례비 융자로 1,000만 원을 받고 싶습니다. 1회차 이자가 얼마인가요?

　 A : 1회차 이자는 약 20,830원입니다.

④ Q : 비정규직 근로자입니다. 월평균 소득이 세금 공제 전 250만 원인데 혼례비 융자가 가능한가요?

　 A : 비정규직 근로자는 소득요건을 적용하지 않습니다. 근로기간을 만족하시고 신청제한에 해당되지 않으시면 융자가 가능하십니다.

> ✔ 해설 ② 혼인관계증명서와 함께 비정규직 근로자의 경우 근로계약서, 가족관계증명서를, 정규직 근로자의 경우 소득자별 직전년도 원천징수영수증 사본, 가족관계증명서를 함께 제출해야 한다.

11 다음은 S기업에서 진행하는 낙후지역 벽화그리기 프로그램 제안서이다. 다음과 같은 〈조건〉으로 기대 효과에 대해 작성하려고 할 때 가장 적절한 것은?

프로그램명	낙후지역 벽화그리기
제안부서	홍보부
제안이유	우리 S기업 사옥에서 멀지 않은 OO동은 대표적인 낙후지역으로 한부모가정 또는 조부모가정, 기초생활수급가정 등이 밀집되어 있는 곳이라 어린 아이들이 많음에도 불구하고 칠이 벗겨진 벽이 그대로 방치되어 있는 건물이 매우 많습니다. 그런 건물들 때문에 주변 공간까지 황폐해 보입니다. 저희는 이런 건물들에 생동감을 불어넣고 기업 홍보효과도 얻기 위해 벽화그리기를 제안합니다.
제안내용	벽화에는 최대한 밝은 분위기를 담아내려고 합니다. 이를 위해 함께하는 직원들과 주민들에게 설문조사를 하여 주제와 소재를 결정하려고 합니다. 프로그램 기간에는 각자 역할을 나누어 밑그림을 그리고 채색을 할 것입니다. 또한 이를 축하하는 행사도 마련하려고 하오니 좋은 아이디어가 있으면 제공해주시고, 원활하게 진행될 수 있도록 협조해 주십시오.
기대효과	

> 〈조건〉
> • 참여 직원들에게 미치는 긍정적 효과를 드러낼 것
> • 지역 주민들에게 가져올 생활상의 변화를 제시할 것

① 이 활동은 사무실에서만 주로 일하는 직원들의 사기증진과 회사에 대한 자부심, 서로 간의 협동 정신을 심어줄 수 있습니다. 또한 개선된 생활공간에서 주민들, 특히나 어린 아이들은 밝은 웃음을 되찾을 수 있을 것입니다.

② 저희 홍보부는 최선을 다해 이 일을 추진할 것입니다. 직원 여러분들께서도 많은 관심과 참여로 격려와 지원을 해 주시기 바랍니다.

③ 벽화 그리기는 사내의 분위기를 활발하게 움직이기에 매우 적합한 활동입니다. 앞으로도 홍보부는 이러한 많은 활동들을 통해 직원들의 사기증진을 위해 노력하겠습니다.

④ 벽화 그리기는 자율적이고 창의적인 사내 문화를 만들어 나가는 출발점이 될 것입니다. 이런 활동들에 주변 주민들이 함께한다면 회사 홍보효과도 함께 가져올 수 있을 것입니다.

해설 ②③ 기대효과라기보다 홍보부의 다짐 또는 포부이다.
④ 지역 주민들의 변화를 제시하지 못했다.

일반 해외여행자(해외체재자 및 해외유학생이 아닌 분)의 해외여행경비

• 관광, 출장, 방문 등의 목적으로 해외여행시 아래와 같이 외화를 환전할 수 있다.

환전 한도	제출 서류
• 금액 제한 없음(다만, 외국인 거주자는 1만 불 이내) ※ 동일인 기준 미화 1만 불 초과 환전 시 국세청 및 관세청에 통보된다. ※ 미화 1만 불 초과하여 휴대 출국 시, 출국 전에 관할 세관의장에게 신고하여야 한다.	• 실명확인증표 • 여권(외국인 거주자의 경우)

해외체재자(해외유학생 포함)의 해외여행경비

• 상용, 문화, 공무, 기술훈련, 6개월 미만의 국외연수 등으로 외국에 체재하는 기간이 30일을 초과하는자(해외체재자) 및 외국의 교육기관 등에서 6개월 이상 수학, 연구, 연수목적 등으로 외국에 체재하는 자(해외유학생)에 대해 아래와 같이 외화를 환전할 수 있다.

환전 한도	제출 서류
• 금액 제한 없음 ※ 건당 미화 1만 불 초과 환전 시, 지정거래은행으로부터 "외국환신고(확인)필증"을 발급 받으시기 바랍니다. ※ 연간 미화 10만 불 초과 환전 및 송금 시, 국세청에 통보된다.	• 여권 • 입학허가서 등 유학사실 입증서류(해외유학생) • 소속 단체장 또는 국외연수기관장의 출장, 파견증명서(해외체재자)

소지 목적의 외화환전

• 국민인 거주자는 소지를 목적으로 외국환은행으로부터 금액 제한 없이 외국통화 및 여행자수표를 매입할 수 있다.

환전 한도	제출 서류
• 금액 제한 없음 ※ 동일인 기준 미화 1만 불 초과 환전 시 국세청 및 관세청에 통보된다.	• 실명확인증표

북한지역 관광객 및 남북한 이산가족 방문여행자

환전 한도	제출 서류
• 미화 2천 불	• 여권 • 북한지역관광경비 지급영수증

12 관광 목적으로 미국을 여행하려는 자가 미화 1만 5천불을 휴대하여 출국하려는 경우에는 누구에게 신고
하여야 하는가?

① 한국은행 총재
② 국세청장
③ 관세청장
④ 관할 세관의장

> ✔ **해설** ④ 미화 1만 불을 초과하여 휴대 출국 시, 출국 전에 관할 세관의장에게 신고하여야 한다.

13 해외유학생이 미화 1만 5천 불을 환전하는 경우에는 지정거래은행으로부터 어떤 서류를 발급 받아야 하
는가?

① 소요 경비확인서
② 외국환신고(확인)필증
③ 취득경위 입증서류
④ 수수료 지급영수증

> ✔ **해설** ② 건당 미화 1만 불 초과 환전시, 지정거래은행으로부터 "외국환신고(확인)필증"을 발급받아야 한다.

14 다음은 안전한 스마트뱅킹을 위한 스마트폰 정보보호 이용자 6대 안전수칙이다. 다음 안전수칙에 따르지 않은 행동은?

---

1. 의심스러운 애플리케이션 다운로드하지 않기
   스마트폰용 악성코드는 위·변조된 애플리케이션에 의해 유포될 가능성이 있습니다. 따라서 의심스러운 애플리케이션의 다운로드를 자제하시기 바랍니다.
2. 신뢰할 수 없는 사이트 방문하지 않기
   의심스럽거나 알려지지 않은 사이트를 방문할 경우 정상 프로그램으로 가장한 악성 프로그램이 사용자 몰래 설치될 수 있습니다. 인터넷을 통해 단말기가 악성코드에 감염되는 것을 예방하기 위해서 신뢰할 수 없는 사이트에는 방문하지 않도록 합니다.
3. 발신인이 불명확하거나 의심스러운 메시지 및 메일 삭제하기
   멀티미디어메세지(MMS)와 이메일은 첨부파일 기능을 제공하기 때문에 스마트폰 악성코드를 유포하기 위한 좋은 수단으로 사용되고 있습니다. 해커들은 게임이나 공짜 경품지급, 혹은 유명인의 사생활에 대한 이야기 등 자극적이거나 흥미로운 내용을 전달하여 사용자를 현혹하는 방법으로 악성코드를 유포하고 있습니다. 발신인이 불명확하거나 의심스러운 메시지 및 메일은 열어보지 마시고 즉시 삭제하시기 바랍니다.
4. 블루투스 등 무선인터페이스는 사용 시에만 켜 놓기
   지금까지 국외에서 발생한 스마트폰 악성코드의 상당수가 무선인터페이스의 일종인 블루투스(Bluetooth) 기능을 통해 유포된 것으로 조사되고 있습니다. 따라서 블루투스나 무선랜을 사용하지 않을 경우에는 해당 기능을 비활성화(꺼놓음) 하는 것이 필요합니다. 이로써 악성코드 감염 가능성을 줄일 뿐만 아니라 단말기의 불필요한 배터리 소모를 막을 수 있습니다.
5. 다운로드한 파일은 바이러스 유무를 검사한 후 사용하기
   스마트폰용 악성프로그램은 인터넷을 통해 특정 프로그램이나 파일에 숨겨져 유포될 수 있으므로, 프로그램이나 파일을 다운로드하여 실행하고자 할 경우 가급적 스마트폰용 백신프로그램으로 바이러스 유무를 검사한 후 사용하는 것이 좋습니다.
6. 비밀번호 설정 기능을 이용하고 정기적으로 비밀번호 변경하기
   단말기를 분실 혹은 도난당했을 경우 개인정보가 유출되는 것을 방지하기 위하여 단말기 비밀번호를 설정하여야 합니다. 또한 단말기를 되찾은 경우라도 악의를 가진 누군가에 의해 악성코드가 설치될 수 있기 때문에 비밀번호 설정은 중요합니다. 제품출시 시 기본으로 제공되는 비밀번호(예 : "0000")를 반드시 변경하여 사용하시기 바라며, 비밀번호를 설정할 때에는 유추하기 쉬운 비밀번호(예 : "1111", "1234" 등)는 사용하지 않도록 합니다.

---

① 봉순이는 유명인 A씨에 대한 사생활 내용이 담긴 MMS를 받아서 열어보고선 삭제했다.

② 형식이는 개인정보 유출을 방지하기 위해 1개월에 한번 씩 비밀번호를 변경하고 있다.

③ 음악을 즐겨듣는 지수는 블루투스를 사용하지 않을 때에는 항상 블루투스를 꺼놓는다.

④ 평소 의심이 많은 봉기는 신뢰할 수 없는 사이트는 절대 방문하지 않는다.

✔**해설** ① 발신인이 불명확하거나 의심스러운 메시지 및 메일은 열어보지 말고 즉시 삭제해야 한다.

15 다음 글을 읽고 (A) ~ (D)를 옳게 짝지은 것은?

> 하드웨어란 컴퓨터 시스템의 구성물 중에서 손으로 만질 수 있는 모든 것, 이를테면 PC에서 본체 및 모니터, 키보드 등을 의미한다. 그리고 소프트웨어란 물리적으로는 존재하지 않고 논리적으로만 존재하는 것, 즉 PC에서는 '윈도우' 등의 운영체제나 '워드'와 같은 응용 프로그램 등을 의미하는 것이다. 따라서 하드웨어와 달리 수정이 용이하다는 특징이 있다. 소프트웨어를 통해 전달된 정보를 받아들인 하드웨어는 내부의 논리 회로를 거쳐 사용자가 원하는 형태의 결과물로 표현한다. 여기서 말하는 결과물이란 계산 결과의 출력이나 특정 기기의 동작 등을 의미한다.
>
> 그런데 컴퓨터 시스템의 활용 범위가 넓어지고, 소프트웨어에서 전달되는 정보 역시 방대해지다 보니 하드웨어 내 제한된 종류의 논리 회로만으로는 이러한 다양한 상황에 모두 대응하기가 어렵게 되었다. 물론, 새로운 소프트웨어가 등장할 때마다 그에 해당하는 기능을 갖춘 논리 회로를 추가한 하드웨어를 새로 만들 수도 있겠지만, 이렇게 하면 비용이나 시간 면에서 큰 낭비가 아닐 수 없다. 그래서 컴퓨터 개발자들은 하드웨어 내부의 제어 부분에 저장 공간을 만들어, 그곳에 논리 회로의 기능을 보강하거나 대신할 수 있는 프로그램을 넣을 수 있게 하였는데, 이것이 바로 '펌웨어(Firmware)'이다.
>
> 따라서, 같은 종류의 하드웨어라고 해도 내부의 펌웨어가 달라지면 기능이나 성능, 혹은 사용하는 소프트웨어의 종류가 달라질 수 있다. 즉, (A)는 프로그램의 형태를 갖추고 있으므로 기능적으로는 (B)에 가깝고 (C) 내부에 위치하며, 사용자가 쉽게 그 내용을 바꿀 수 없으므로 (D)적인 특성도 함께 가지고 있다고 할 수 있다.

	(A)	(B)	(C)	(D)
①	펌웨어	소프트웨어	소프트웨어	하드웨어
②	펌웨어	소프트웨어	하드웨어	하드웨어
③	소프트웨어	하드웨어	하드웨어	펌웨어
④	하드웨어	하드웨어	펌웨어	소프트웨어

해설 즉, 펌웨어는 프로그램의 형태를 갖추고 있으므로 기능적으로는 소프트웨어에 가깝고 하드웨어 내부에 위치하며, 사용자가 쉽게 그 내용을 바꿀 수 없으므로 하드웨어적인 특성도 함께 가지고 있다고 할 수 있다.

Answer 14.① 15.②

16 丙은 경영지원 관련 직무를 담당하게 된 신입사원으로 다른 신입사원들과 사원위생과 관련된 스터디 모임을 조직하였다. 다음 대화에서 빈 칸에 들어갈 丙씨의 답변으로 가장 적절한 것은?

> 많은 질병은 비누나 손 세정제 등으로 손을 깨끗이 씻기 등 개인위생 수칙을 준수하는 것으로도 예방이 된다. 씻지 않은 손으로 눈, 코, 입을 만지는 것을 삼가고 기침할 때는 입안 분비물이 튀지 않도록 입을 막아야 다른 사람에게 질병을 옮기는 것을 막을 수 있다.
>
> – 스터디 사전 예습 자료 中

> 甲 : 많은 사원들이 요즘 유행하는 독감 때문에 연차를 내고 있어서 회사에 손실이 커. 독감 예방법을 사원들에게 알리는 캠페인을 실시하라는 지시가 내려왔어.
>
> 乙 : 회사 특성상 다른 사람들을 만나는 업무가 주를 이루는데, 미팅이 끝난 후 다른 곳으로 이동하기 전에 꼭 손을 씻으라고 하는 것은 어떨까?
>
> 丙 : (   )
>
> 丁 : 기침할 때 팔로 입을 막거나 손수건을 이용하도록 홍보해야겠어.

① 하지만 가장 중요한 것은 꾸준한 운동을 통해 면역력을 키우는 것이지.

② 질병이 감염된 사람이 다른 사람의 감염을 초래하지 않도록 해야 해.

③ 손 세정제를 사원 개인에게 분배하여 들고다니게 하면 화장실이 없는 곳에서도 손을 깨끗이 할 수 있어.

④ 손을 대충 씻는 것은 효과가 없다고 하니 올바른 손 씻기 방법을 알리는 부착물을 회사 화장실 곳곳에 부착하는 것이 좋겠어.

✔해설 스터디 사전 예습 자료에 따르면 많은 질병이 비누나 손 세정제 등으로 손을 깨끗이 씻기 등 개인위생 수칙을 준수하는 것으로도 예방이 된다. 따라서 사람들을 만나고 이동하기 전에 손 씻기를 강조하려는 의도를 가진 乙의 질문에 가장 적절한 丙의 답변은 ③이다.

17 다음은 산재보험의 소멸과 관련된 글이다. 다음 보기 중 글의 내용은 올바르게 이해한 것이 아닌 것은 무엇인가?

가. 보험관계의 소멸사유

• 사업의 폐지 또는 종료 : 사업이 사실상 폐지 또는 종료된 경우를 말하는 것으로 법인의 해산등기 완료, 폐업신고 또는 보험관계소멸신고 등과는 관계없음
• 직권소멸 : 근로복지공단이 보험관계를 계속해서 유지할 수 없다고 인정하는 경우에는 직권소멸 조치
• 임의가입 보험계약의 해지신청 : 사업주의 의사에 따라 보험계약해지 신청가능하나 신청 시기는 보험가입승인을 얻은 해당 보험 연도 종료 후 가능
• 근로자를 사용하지 아니할 경우 : 사업주가 근로자를 사용하지 아니한 최초의 날부터 1년이 되는 날의 다음날 소멸
• 일괄적용의 해지 : 보험가입자가 승인을 해지하고자 할 경우에는 다음 보험 연도 개시 7일 전까지 일괄적용해지신청서를 제출하여야 함

나. 보험관계의 소멸일 및 제출서류

(1) 사업의 폐지 또는 종료의 경우
  • 소멸일 : 사업이 사실상 폐지 또는 종료된 날의 다음 날
  • 제출서류 : 보험관계소멸신고서 1부
  • 제출기한 : 사업이 폐지 또는 종료된 날의 다음 날부터 14일 이내

(2) 직권소멸 조치한 경우
  • 소멸일 : 공단이 소멸을 결정·통지한 날의 다음날

(3) 보험계약의 해지신청
  • 소멸일 : 보험계약해지를 신청하여 공단의 승인을 얻은 날의 다음 날
  • 제출서류 : 보험관계해지신청서 1부
    ※ 다만, 고용보험의 경우 근로자(적용제외 근로자 제외) 과반수의 동의를 받은 사실을 증명하는 서류(고용보험 해지신청 동의서)를 첨부하여야 함

---

① 고용보험과 산재보험의 해지 절차가 같은 것은 아니다.
② 사업장의 사업 폐지에 따른 서류 및 행정상의 절차가 완료되어야 보험관계가 소멸된다.
③ 근로복지공단의 판단으로도 보험관계가 소멸될 수 있다.
④ 보험 일괄해지를 원하는 보험가입자는 다음 보험 연도 개시 일주일 전까지 서면으로 요청을 해야 한다.

✔**해설** 산재보험의 소멸은 명확한 서류나 행정상의 절차를 완료한 시점이 아닌 사업이 사실상 폐지 또는 종료된 시점에 이루어진 것으로 판단하며, 법인의 해산 등기 완료, 폐업신고 또는 보험관계소멸신고 등과는 관계없다.
① 마지막 부분에 고용보험 해지에 대한 특이사항이 기재되어 있다.
③ '직권소멸'은 적절한 판단에 의해 근로복지공단이 취할 수 있는 소멸 형태이다.

18 다음은 H공단에서 공지한 공고문의 내용이다. 이 공고문의 수정사항을 지적한 〈보기〉와 내용 중, 적절한 것을 모두 고른 것은 어느 것인가?

〈2018년 지정측정기관 평가 실시 공고〉

산업안전보건법 제42조제9항, 시행규칙 제97조, 고용노동부고시 제2017-27호에 따라 「2018년 지정측정기관 평가」 실시계획을 다음과 같이 공고합니다.

1. 평가방법 : 기관별 방문평가
2. 평가표 : 지정측정기관 평가 설명회 시(3월 8일) 배포
3. 평가대상기관 : 산업안전보건법 시행령 제32조의3에 따른 지정측정기관
4. 평가자 : 안전보건공단 직원 및 외부전문가
5. 평가대상 업무 : 2016년도 평가일 기준 최근 2년간 업무(2016.1.27.~2017.12.31.)
   ※ 평가대상 기관 중 2016.1.27. 이후 지정받은 기관인 경우에는 지정측정기관 지정일로부터 2017.12.31.까지 수행한 업무에 대하여 평가
6. 평가일정
- 평가실시 : 2018. 3월 26일(월)~7월 13일(금) 중 1~2일
   ※ 기관평가 방문일은 평가반별로 해당 기관과 유선 협의 후 확정
- 평가결과(절대점수) 통보 : 2018. 7월 중
- 이의신청 접수 및 처리 : 2018. 8월 중
   ※ 이의신청 내용이 타당한 경우에 한하여 재평가 실시
- 최종 평가결과 평가등급 공표 : 2018. 8월 중

2018년 2월 23일
한국 H공단

(가) 개별 통보기관에 대한 설명이 없어 자사가 대상기관에 해당되는지 알 수 없다.

(나) 날짜를 숫자로 표기할 경우, '일'을 표기하는 숫자 뒤에 마침표를 쓰지 않아야 한다.

(다) 문의사항과 관련한 연락처를 제공하지 않아 불편함이 예상된다.

(라) 평가방법과 평가표에 대한 내용을 먼저 작성하는 것은 순서에 맞지 않는다.

① (나), (다), (라)　　② (가), (다), (라)

③ (가), (나), (라)　　④ (가), (나), (다)

해설 (가) 이러한 경우, 평가대상기관 항목 아래 '개별기관별 별도 통보함'이라는 문구를 삽입해 주는 것이 바람직하다.

(나) 연월일의 표시에서는 모든 아라비아 숫자 뒤에 마침표를 쓰는 것이 문서작성 원칙이다.

(다) 공고문이나 안내문 등에서는 연락처를 기재하는 것이 원칙이다.

(라) 1번과 2번 항목이 5번 항목의 뒤로 오는 것이 일반적인 순서에 맞고, 읽는 사람이 알고자 하는 사항을 적절한 순서로 작성한 것으로 볼 수 있다.

19 다음 대화에서 높임 표현에 대한 설명으로 적절한 것은?

점원 : 손님, ㉠<u>발이 정말 예쁘시네요.</u>

손님 : 그래요? 고마워요.

점원 : ㉡<u>이 신발이 손님께 잘 어울리겠어요.</u>

손님 : 정말요? ㉢<u>그럼 이걸로 살게요.</u>

점원 : 발 크기가 어떻게 되세요?

손님 : 235mm예요.

점원 : (잠시 찾은 후) 손님, 죄송합니다. ㉣<u>그 크기의 상품은 다 떨어지셨어요.</u>

① ㉠ : 서술어에 '-시네요'를 썼으므로 주어에 '께서'를 붙여야 한다.

② ㉡ : 객체인 '손님께'를 높이기 위해 '-시-'를 써야만 한다.

③ ㉢ : 대화 상대방을 높일 필요가 없으므로 '요'를 빼야 한다.

④ ㉣ : 주어가 높임의 대상이 아니므로 '-시-'를 쓰지 말아야 한다.

해설 ① ㉠ : '께서'는 신체의 일부분인 '발'을 높이는 데 쓸 수 없다.
② ㉡ : '-시-'는 주체를 높이는 형태소이므로 객체를 높인다는 설명은 알맞지 않다.
③ ㉢ : 대화에서 손님이 점원에게 처음부터 계속 높임 표현을 쓰고 있기 때문에 갑자기 상대방에게 높임 표현을 하지 않는 것은 알맞지 않다.

20 다음 메모와 관련된 내용으로 옳지 <u>않은</u> 것은?

MEMO

To : All Staff
From : Robert Burns
Re : Staff meeting

  This is just to remind everyone about the agenda for Monday's meeting. The meeting will be a combination of briefing and brainstorming session, Please come prepared to propose ideas for reorganizing the office! And remember that we want to maintain a positive atmosphere in the meeting. We don't criticize any ideas you share. All staff members are expected to attend meeting!

① 전 직원들에게 알리는 글이다.
② 간부들만 회의에 참석할 수 있음을 알리는 글이다.
③ 회의는 브리핑과 브레인스토밍 섹션으로 구성될 것이다.
④ 사무실 재편성에 관한 아이디어에 관한 회의가 월요일에 있을 것이다.

> **✔해설** 메모
> 전 직원들에게
> Robert Burns로부터
> 직원 회의에 관하여
> 월요일에 있을 회의 안건에 대하여 모두에게 알리고자 합니다. 회의는 브리핑과 브레인스토밍 섹션으로 구성될 예정입니다. 회의에서 제안할 사무실 재편성에 관한 아이디어를 준비하여 오시기 바랍니다. 회의는 긍정적인 분위기를 유지하기를 원한다는 점을 기억하시기 바랍니다. 우리는 회의에서 여러분이 제안한 그 어떤 아이디어에도 전혀 비판을 하지 않을 것입니다. 모든 직원들이 회의에 참석할 것을 기대합니다.

21 다음 중 외국인과의 미팅약속에 늦었을 경우의 사과의 표현으로 적절한 것은?

① We must apologize for being late.
② We deeply regret his absence.
③ I do apologize for not attending the meeting.
④ I'm really sorry for rescheduling.

> **✔해설** ① 늦은 것에 대해 사과를 드립니다.
> ② 정말 그의 불참에 깊이 사과드립니다.
> ③ 정말 회의에 불참한 것에 대해 사과를 드립니다.
> ④ 일정변경에 대해 정말 사과를 드립니다.

22 다음은 열차 및 철도시설에서 촬영하는 경우 유의사항 안내이다. 다음 중 안내문에 따른 금지사항이 아닌 것은?

전차선 감전사고 주의
- 승강장 및 선로 상 촬영 시 2m 이상 장비사용을 제한한다.
- 불가피하게 장비가 필요할 경우 안전요원을 배치한다.

역 구내 촬영시 금지사항
- 선로에 출입하거나 통행하는 행위
- 열차 승강장의 비상정지버튼을 작동시켜 열차운행에 지장을 주는 행위
- 궤도의 중심으로부터 양측으로 폭 3m 이내의 장소에 철도차량의 안전 운행에 지장을 주는 물건을 방치하는 행위

열차 내·외부 촬영시 금지사항
- 기관실에 출입하는 행위
- 열차운행 중에 타고 내리거나, 비상정지버튼을 누르거나, 승강용 출입문을 여는 등 열차의 장치 또는 기구 등을 조작하는 행위
- 유해물 또는 열차운행에 지장을 줄 수 있는 오물을 버리는 행위
- 흡연하는 행위

기타 철도 시설물 촬영시 금지사항
- 선로에 출입하거나 통행하는 행위
- 허가된 구역 외 촬영제한 및 금지구역 촬영행위

① 열차운행 중에 비상정지버튼을 누르는 행위
② 열차 내에서 오물을 버리는 행위
③ 열차 내에서 담배를 들고 있는 행위
④ 선로에 출입하는 행위

✔해설 ③ 열차 내·외부 촬영 시 흡연하는 행위가 금지사항에 해당된다.

23 According to the message below, why does Mr. Scott want Peter to call back?

To : Peter Lee
Date : Tue. Oct 25
While You Were Out · · ·
Mr. James Scott of Sun Flower Inc.
Phone (02)−1588−1588

Telephoned	✓	Returned Your Call	
Will Call Again		Came To See You	
Please Call	✓	Wants To See You	

Message :
Urgent ✓✓
Mr. Scott called about the board meeting that is scheduled for tomorrow.
He asks that you call him back immediately because the topic of your committee has been changed.
TAKEN BY : Marry Anderson

① to arrange board meeting

② to notify schedule change

③ to inform topic change

④ to contact committee members

✔해설 윗글을 통해 이사회의 회의주제가 변경되었다는 것을 알 수 있다.
① 이사회 회의를 준비하려고
② 일정변경을 알리려고
③ 주제변경을 알리려고
④ 이사회 회원들에게 연락하려고

24 다음을 읽고 〈사례〉를 분석한 것으로 적절하지 않은 것은?

중고차 시장에서 팔고 있는 자동차의 절반은 '복숭아(훌륭한 자동차)'이고 나머지 절반은 '레몬(결함이 있는 형편없는 차)'이라고 가정해볼 때, 판매자들은 자신들이 팔고 있는 차가 레몬인지 복숭아인지 알고 있지만, 구매자들은 자동차가 레몬일 확률과 복숭아일 확률이 50%임을 알고 있을 뿐이다. 이와 같은 상황에서 구매자가 중고 자동차를 구입한다고 하자. 구매자가 중고 자동차의 적정 가격이 200만 원에서 250만 원이라 생각하고 판매자와 흥정을 하게 된다면 100만 원도 안 되는 레몬을 갖고 있는 판매자는 주저함 없이 이 자동차를 200만 원에 팔 것이다. 하지만 400만 원 이상의 가치를 지닌 복숭아를 갖고 있는 판매자는 손해를 볼 수는 없으므로 팔지 않을 것이다. 판매자들은 이익의 극대화를 목표로 삼기 때문이다. 하지만 이러한 거래가 몇 번 반복되다 보면 구매자는 판매자들이 자신을 속이고 있다는 사실을 눈치 채게 될 것이다. 이러한 '정보의 비대칭' 상황이 지속된다면 이 시장은 그 기능을 완전히 상실하게 될 것이다.

경제학자 스티글리츠는 시장에서 정보의 불균형을 해소할 수 있는 방안을 제안하였다. 그는 정보가 적은 사람이 필요한 정보를 얻어내기 위해 노력해야 함을 강조하였는데, 이러한 과정에서 '심사가 중요하다고 역설하였다. 예컨대 '정보의 비대칭'을 해결하기 위해 구매자는 레몬을 복숭아로 속여 파는 판매자들을 사전에 '위험 부류'로 분류하거나, 레몬인지 복숭아인지를 확인할 수 있는 방법을 미리 익혀 중고 자동차를 사기 전에 이를 적용해 보아야 한다는 것이다.

〈사례〉

툭 하면 아픈 A와 건강을 잘 유지해 온 B는 장래를 대비하기 위해 C라는 생명보험 회사의 건강 보험 상품을 계약하려고 한다. A와 B에 대한 정보가 없는 C는 A와 B에게 나이가 몇인지, 담배를 피우는지, 병으로 입원한 적은 없는지, 부모나 가까운 친척 중에 질병으로 사망한 경우가 있는지 등에 대해 물었다. C는 A와 B의 답변을 바탕으로 A와 B의 보험료를 다르게 책정하려고 하였다.

① C의 입장에서 볼 때, A는 '레몬'에 해당한다고 볼 수 있다.
② C의 입장에서 볼 때, B는 '복숭아'에 해당한다고 볼 수 있다.
③ C가 A와 B에 대한 정확한 정보를 갖게 된다면 손해 볼 확률은 낮아질 것이다.
④ 장기적 관점에서 볼 때, 보험 가입자들이 정보를 노출하지 않아야 이익을 극대화할 수 있다.

해설 ④ 정보를 노출하지 않는 것은 '정보의 비대칭'을 야기하여 시장에 악영향을 미치므로 이익을 극대화할 수 없다.

25 주식회사 한국에 다니고 있는 김○○ 대리는 거래처 VIP 명단을 바탕으로 연말에 있을 회사 송년회에 초청장을 작성하고 있다. 다음의 VIP 명단과 작성방법 따라 우편라벨을 작성한다고 할 때, 바르게 작성한 것을 고르면? (단, 초청장에 대한 회신은 요하지 않는다)

❑ 거래처 VIP 명단

번호	거래처	주소(지번주소)	우편번호	담당자명 (소속/직위)
1	㈜ G.M.	파주시 산업단지길 139(문발동 472번지)	10878 (487-451)	김철수 (홍보팀/대리)
2	혜민상사	대전광역시 유성구 가정로 306-6(도룡동 391번지)	34130 (745-400)	이혜림 (영업부/부장)
3	마인＋	서울특별시 마포구 양화로 106 S빌딩 3층(서교동 31-13번지)	04038 (125-144)	박소정 (대외협력팀/차장)
4	N디자인	광주광역시 북구 양일로 70(연제동 1007번지)	61091 (547-201)	이영은 (영업팀/팀장)
5	㈜ 장&김	인천광역시 남구 경인로 256(심곡동 73-20번지)	14750 (312-666)	장윤서 (관리과/과장)

❑ 우편라벨 작성방법
• 우편번호는 〈보내는 사람〉 가장 윗부분 첫머리에 5자리로 작성한다.
• 주소를 작성할 때에는 우편번호와 한 줄 정도의 간격을 두고 작성하며, 주소를 먼저 쓰고 그 아래에 회사명을 적는다. 주소는 지번주소 또는 도로명주소로 쓸 수 있다.
• 발신자 명은 회사명과 한 줄 정도의 간격을 두고 작성하며, 회사명이 끝나는 위치에서 시작하여 소속, 직위, 이름순으로 작성하고 뒤에 '보냄' 또는 '드림'을 붙인다.
• 우편라벨에 동봉한 우편물에 대한 메모를 적을 경우, 우편번호와 같은 줄에 앞뒤 간격을 두고 간단히 작성하며 생략 가능하다. 단, 회신이 필요한 경우에 한하여 반드시 '회신 요망'을 기재한다.
• 〈받는 사람〉 작성방법은 〈보내는 사람〉 작성 방법과 동일하며, 수신자 명 뒤에 '보냄', '드림' 대신 '님', '귀하'를 쓴다.

① 〈받는 사람〉	② 〈받는 사람〉
10878　　　　　　회신 요망	745-400
파주시 산업단지길 139 ㈜G.M.	대전광역시 유성구 도룡동 391번지 혜민상사
홍보팀 대리 김철수 귀하	영업부 부장 이혜림 님
③ 〈받는 사람〉	④ 〈받는 사람〉
14750　　　　　　초청장 재중	61091
인천광역시 남구 심곡동 73-20번지 ㈜ 장&김	광주광역시 북구 양일로 70 N디자인
관리과 장윤서 과장 귀하	영업팀 팀장 이영은 님

✔해설　① 초청장은 회신을 요하지 않으므로 '회신 요망'을 기재하지 않는다.

② 우편번호는 5자리로 작성해야 한다.

③ 발신자 명은 소속, 직위, 이름순으로 작성해야 한다. 〈받는 사람〉 작성방법은 〈보내는 사람〉 작성 방법과 동일하므로 '관리과 과장 장윤서 귀하'로 써야 한다.

26 다음은 가족제도의 붕괴, 비혼, 저출산 등 사회적인 이슈에 대해 자유롭게 의견을 나누는 자리에서 직원들 간에 나눈 대화의 일부분이다. 이를 바탕으로 옳게 추론한 것을 모두 고르면?

> 남1 : 가족은 혼인제도에 의해 성립된 집단으로 두 명의 성인 남녀와 그들이 출산한 자녀 또는 입양한 자녀로 이루어져야만 해. 이러한 가족은 공동의 거주, 생식 및 경제적 협력이라는 특성을 갖고 있어.
>
> 여1 : 가족은 둘 이상의 사람들이 함께 거주하면서 지속적인 관계를 유지하는 집단을 말해. 이들은 친밀감과 자원을 서로 나누고 공동의 의사결정을 하며 가치관을 공유하는 등의 특성이 있지.
>
> 남2 : 핵가족은 전통적인 성역할에 기초하여 아동양육, 사회화, 노동력 재생산 등의 기능을 가장 이상적으로 수행할 수 있는 가족 구조야. 그런데 최근 우리사회에서 발생하는 출산율 저하, 이혼율 증가, 여성의 경제활동 참여율 증가 등은 전통적인 가족 기능의 위기를 가져오는 아주 심각한 사회문제야. 그래서 핵가족 구조와 기능을 유지할 수 있는 정책이 필요해.
>
> 여2 : 전통적인 가족 개념은 가부장적 위계질서를 가지고 있었어. 하지만 최근에는 민주적인 가족관계를 형성하고자 하는 의지가 가족 구조를 변화시키고 있지. 게다가 여성의 자아실현 욕구가 증대하고 사회·경제적 구조의 변화에 따라 남성 혼자서 가족을 부양하기 어려운 것이 현실이야. 그래서 한 가정 내에서 남성과 여성이 모두 경제활동에 참여할 수 있도록 지원하는 국가의 정책이 필요하다고 생각해.

> ㉠ 남1에 의하면 민족과 국적이 서로 다른 두 남녀가 결혼하여 자녀를 입양한 가정은 가족으로 인정하기 어렵다.
> ㉡ 여1과 남2는 동성(同性) 간의 결합을 가족으로 인정하고 지지할 것이다.
> ㉢ 남2는 아동보육시설의 확대정책보다는 아동을 돌보는 어머니에게 매월 일정액을 지급하는 아동수당 정책을 더 선호할 것이다.
> ㉣ 여2는 무급의 육아휴직 확대정책보다는 육아도우미의 가정파견을 전액 지원하는 국가정책을 더 선호할 것이다.

① ㉠, ㉢

② ㉡, ㉣

③ ㉢, ㉣

④ ㉠, ㉡, ㉢

✔해설 ㉠ 남1의 발언에는 두 명의 성인 남녀라는 조건만 있을 뿐 민족과 국적에 대한 언급은 없다. 따라서 민족과 국적이 서로 다른 두 성인 남녀가 결혼하여 자녀를 입양한 가정은 가족으로 인정할 수 있다.

㉡ 여1은 동성 간의 결합을 가족으로 인정하고 지지할 수 있지만, 남2는 핵가족 구조를 전통적인 성역할에 기초한다고 보기 때문에 동성 간의 결합을 가족으로 인정하고 지지하지 않을 것이다.

㉢ 남2는 여성의 경제활동 참여율 증가를 전통적인 가족 기능의 위기를 가져오는 심각한 사회문제로 보고 있다. 따라서 여성의 경제활동 참여를 지원하는 아동보육시설의 확대정책보다는 아동을 돌보는 어머니에게 매월 일정액을 지급하는 아동수당 정책을 더 선호할 것이다.

㉣ 여2는 남성 혼자서 가족을 부양하기 어려운 현실을 지적하며 남녀 모두 경제활동에 참여할 수 있도록 지원하는 국가의 정책이 필요하다고 보는 입장이다. 따라서 여성 직장인이 휴직을 해야 하는 육아휴직 확대정책보다는 여성의 경제활동이 유지될 수 있도록 육아도우미의 가정파견을 전액 지원하는 국가정책을 더 선호할 것이다.

27 장기기증본부에 근무하는 A는 기증된 신장이 대기 순번에 따라 배분되는 신장이식의 배분원칙이 각 수요
자의 개별적 특성을 고려하지 못한 비효율적인 방식이라고 느끼게 되었다. 그래서 상사에게 환자의 수술
성공 확률, 수술 성공 후 기대 수명, 병의 위중 정도 등을 고려하는 배분원칙을 적용하는 것이 어떠냐고
제안하였다. 다음 중 A가 제안한 방식과 같은 방식이 적용된 것을 모두 고르면?

> ㉠ 시립 유치원에 취학을 신청한 아동들은 그 시 주민들의 자녀이고 각자 취학의 권리를 가지고 있으
> 므로 취학 연령 아동들은 모두 동등한 기회를 가져야 한다. 유치원에 다니는 기간을 한정해서라도
> 모든 아이들에게 같은 기간 동안 유치원에 다닐 수 있는 기회를 제공해야 한다는 것이다. 그러기
> 위해서는 추첨으로 선발하는 방법이 유용하다.
> ㉡ 국고는 국민들의 세금으로 충당되고 모든 국민은 동등한 주권을 가지며 모든 유권자는 동등한 선거
> 권을 가지므로 선거자금 지원의 대상은 후보가 아니라 유권자다. 유권자는 이 자금을 사용해 자신
> 의 이해관계를 대변할 대리인으로서 후보를 선택하는 것이다. 따라서 유권자 한 명당 동일한 지원
> 액을 산정해 유권자 개인에게 분배하고 유권자들이 후보에게 이 지원금을 직접 기부하게 해야 한
> 다. 그 결과 특정 후보들에게 더 많은 자금 지원이 이루어질 수는 있다.
> ㉢ 이해 당사자들이 한정되어 있고 그 이해관계의 연관성과 민감도가 이해 당사자마다 다른 사회문제
> 에 있어서는 결정권을 달리 할 필요가 있다. 예를 들어 혐오시설 유치를 결정하는 투표에서 그 유
> 치 지역 주민들이 각자 한 표씩 행사하는 것이 아니라, 혐오시설 유치 장소와 거주지의 거리 및 생
> 업의 피해 정도를 기준으로 이해관계가 클수록 더 많은 표를 행사할 수 있어야 한다.

① ㉠

② ㉡

③ ㉢

④ ㉠, ㉡

✔해설 A가 제안한 배분원칙은 요점은 사안의 개별적인 특성을 고려하여 우선순위를 정하자는 것이다. 이러한 방식
이 적용된 사례는 ㉢뿐이다.
㉠ 동등한 권리, 동등한 기회를 근거로 아동들의 특성과 상관없이 추첨으로 선발하는 방법을 적용하고 있다.
㉡ 동등한 주권, 동등한 선거권을 근거로 유권자 개인의 특성과 상관없이 동일한 지원액을 산정하며, 후보의
특성에 상관없이 유권자의 직접 기부라는 동일한 지원 방식을 적용하고 있다.

28 〈보기〉 중 글의 내용과 부합하는 것은 몇 개인가?

고생물의 골격, 이빨, 패각 등의 단단한 조직은 부패와 속성작용에 대한 내성을 가지고 있기 때문에 화석으로 남기 쉽다. 여기서 속성작용이란 퇴적물이 퇴적분지에 운반·퇴적된 후 단단한 암석으로 굳어지기까지의 물리·화학적 변화를 포함하는 일련의 과정을 일컫는다. 그러나 이들 딱딱한 조직도 지표와 해저 등에서 지하수와 박테리아의 분해작용을 받으면 화석이 되지 않는다. 따라서 딱딱한 조직을 가진 생물은 전혀 그렇지 않은 생물보다 화석이 될 가능성이 크지만, 그것은 어디까지나 이차적인 조건이다.

화석이 되기 위해서는 우선 지질시대를 통해 고생물이 진화·발전하여 개체수가 충분히 많아야 한다. 다시 말하면, 화석이 되어 남는 고생물은 그 당시 매우 번성했던 생물인 것이다. 진화론에서 생물이 한 종에서 다른 종으로 진화할 때 중간 단계의 전이형태가 나타나지 않음은 오랫동안 문제시되어 왔다. 이러한 '잃어버린 고리'에 대한 합리적 해석으로 엘드리지와 굴드가 주장한 단속 평형설이 있다. 이에 따르면 새로운 종은 모집단에서 변이가 누적되어 서서히 나타나는 것이 아니라 모집단에서 이탈, 새로운 환경에 도전하는 소수의 개체 중에서 비교적 이른 시간에 급속하게 출현한다. 따라서 자연히 화석으로 남을 기회가 상대적으로 적다는 것이다.

고생물의 사체가 화석으로 남기 위해서는 분해 작용을 받지 않아야 하고 이를 위해 가능한 한 급속히 퇴적물 속에 매몰될 필요가 있다. 대개의 경우 이러한 급속 매몰은 바람, 파도, 해류의 작용에 의한 마멸, 파괴 등의 기계적인 힘으로부터 고생물의 사체를 보호한다거나, 공기와 수중의 산소와 탄소에 의한 화학적인 분해 및 박테리아에 의한 분해, 포식동물에 의한 생물학적인 파괴를 막아 줄 가능성이 높기 때문이다. 퇴적물 속에 급속히 매몰되면 딱딱한 조직을 가지지 않은 해파리와 같은 생물도 화석으로 보존될 수 있으므로 급속 매몰이 중요한 의의를 가진다.

〈보기〉

㉠ 화석의 고생물이 생존했던 당시에는 대부분의 생물이 딱딱한 조직을 가지고 있었음을 알 수 있다.
㉡ 딱딱한 조직이 없는 고생물은 퇴적물 속에 급속히 매몰되어도 분해작용을 받으면 화석으로 남기 어렵다.
㉢ 단속 평형설은 연관된 화석의 발굴과 분석을 통하여 생물의 진화상 중간단계의 생물종을 설명하고 있다.

---

① 1개 ② 2개
③ 3개 ④ 4개

✔**해설** ㉡만 제시된 글의 내용과 부합한다.

㉠ 첫 문단 마지막 부분에 따르면 딱딱한 조직을 가진 생물은 화석이 될 가능성이 크지만 어디까지나 이차적인 조건이라고 언급하고 있다. 또한 마지막 문단에서 퇴적물 속에 급속히 매몰되면 딱딱한 조직을 가지지 않은 해파리와 같은 생물도 화석으로 보존될 수 있다고 말하고 있으므로, 대부분의 생물이 딱딱한 조직을 가지고 있었다고 할 수는 없다.

㉢ 마지막 문단에서 해파리 화석의 예를 들어 딱딱한 조직이 없는 고생물도 급속히 매몰되면 화석으로 보존될 수 있다고 언급하고 있다.

㉣ 마지막 문단에 따르면 수중의 산소와 탄소에 의한 화학적인 분해를 막아 줄 가능성이 높아져서 화학의 수가 증가될 가능성이 있다.

29 다음 글을 읽고 옳게 추론한 것을 모두 고르면?

> 기후변화란 자연적인 요인과 인위적인 요인에 의해 기후계가 점차 변화하는 것을 의미한다. IPCC(Intergovernmental Panel on Climate Change : 기후변화에 관한 정부간협의체)는 최근의 기후변화가 인간 활동에 의한 지구온난화 때문에 발생했을 가능성이 90%이며, 그 주요 원인은 화석연료의 과도한 사용으로 인한 온실가스 농도의 증가라고 밝히고 있다. 지구온난화에 가장 큰 영향을 미치는 6대 온실가스로는 이산화탄소(CO_2), 메탄(CH_4), 아산화질소(N_2O), 과불화탄소(PFCS), 수불화탄소(HFCS), 육불화황(SF_6)이 있다. 이 중 이산화탄소의 평균 농도는 산업혁명 전에는 약 280ppm이었으나, 2005년에는 379ppm으로 약 35.4%가 증가하였다.
>
> 한편 인공위성 관측자료(1979∼2005년)에 의하면, 남극해 및 남극대륙 일부를 제외하고 전 지표면에서 온난화가 나타나고 있으며, 지난 20년 동안 육지의 온난화가 해양보다 빠르게 진행되어 왔다. 특히 온난화의 진행 정도는 북반구가 남반구에 비하여 훨씬 심하며, 북극지방의 평균온도 증가율은 지구 평균온도 증가율의 약 2배에 이르고 있다. 지난 43년 간(1961∼2003년) 해수면은 연평균 0.17 ± 0.05m, 해수온은 약 $0.1°C$ 상승한 것으로 관측되었다. 해수면 상승의 주요 원인으로는 해수 열팽창과 빙하 해빙을 들 수 있다. 강수의 경우 눈보다는 비가 많으며 폭우가 전 지역에서 증가하였고, 가뭄과 홍수 발생지역도 증가하는 추세이다.

> ㉠ 현재와 같은 온난화 추세가 지속되는 한, 북반구의 평균 온도변화는 남반구의 평균온도변화보다 더 클 수 있다.
> ㉡ 기후변화로 인한 육지의 생태계 변화는 해양의 생태계 변화보다 심하지 않을 것이다.
> ㉢ 산업혁명 이후 6대 온실가스 중에서 이산화탄소 농도의 증가율이 가장 크다.
> ㉣ 남극해의 평균온도 증가율은 지구 평균온도 증가율의 약 2배에 이르고 있다.

① ㉠
② ㉠, ㉢
③ ㉡, ㉣
④ ㉢, ㉣

✔해설 ㉡ 지난 20년 동안 육지의 온난화가 해양보다 빠르게 진행되어 왔다.
㉢ 산업혁명 이후 6대 온실가스의 농도 증가율 순위는 알 수 없다.
㉣ 북극지방의 평균온도 증가율이 지구 평균온도 증가율의 약 2배에 이르고 있다.

30 다음 규정을 바탕으로 옳게 추론한 것을 〈보기〉에서 모두 고르면?

헌법 제117조

① 지방자치단체는 주민의 복리에 관한 사무를 처리하고 재산을 관리하며, 법령의 범위 안에서 자치에 관한 규정을 제정할 수 있다.

② 지방자치단체의 종류는 법률로 정한다.

헌법 제118조

① 지방자치단체에 의회를 둔다.

② 지방의회의 조직·권한·의원선거와 지방자치단체장의 선임방법 기타 지방자치단체의 조직과 운영에 관한 사항은 법률로 정한다.

헌법 제130조 국회는 재적의원 과반수의 출석과 출석의원 과반수의 찬성으로 법률을 제정·개정할 수 있다.

지방자치법 제41조 지방의회는 매년 1회 그 지방자치단체의 사무에 대하여 시·도에서는 10일의 범위에서, 시·군 및 자치구에서는 7일의 범위에서 감사를 실시할 수 있다.

지방자치법 제42조 지방자치단체는 관할 구역의 자치사무와 법령에 따라 지방자치단체에 속하는 사무를 처리한다.

감사원법 제22조

① 감사원은 다음 각 호의 사항을 검사한다.

   1. 국가의 회계

   2. 지방자치단체의 회계

② 감사원은 지방자치단체의 사무와 그에 소속한 지방공무원의 직무를 감찰한다.

※ 지방자치단체에는 ① 광역지방자치단체(특별시·광역시·도·특별자치도), ② 기초지방자치단체(시·군·자치구) 등이 있다.

※ 감사원의 감사권에는 회계검사권과 직무감찰권이 있다.

㉠ 법률을 개정하여 현행 지방행정체계를 변경할 수 있다.

㉡ 중앙정부가 지방자치단체장을 임명할 수 있도록 법률로 정할 수 있다.

㉢ 시·군 및 자치구가 독자적으로 처리하기에 부적당한 사무는 법률로 광역지방자치단체의 사무로 정할 수 있다.

㉣ 지방의회가 감사를 실시한 지방자치단체의 사무를 감사원이 중복하여 감사할 수 있다.

---

① ㉠, ㉡, ㉢   ② ㉠, ㉡, ㉣

③ ㉠, ㉢, ㉣   ④ ㉠, ㉡, ㉢, ㉣

 ㉠ 헌법 제117조 ②에 따르면 지방자치단체의 종류는 법률로 정한다. 따라서 법률을 개정하면 현행 지방행정체계를 변경할 수 있다.

㉡ 헌법 제118조 ②에 따르면 지방자치단체장의 선임방법은 법률로 정한다. 따라서 중앙정부가 지방자치단체장을 임명할 수 있도록 법률로 정할 수 있다.

㉢ 지방자치법 제42조에 따르면 지방자치단체는 법령에 따라 지방자치단체에 속하는 사무를 처리한다. 따라서 시·군 및 자치구가 독자적으로 처리하기에 부적당한 사무는 법률로 광역지방자치단체 사무로 정할 수 있다.

㉣ 감사원법 제22조 ②에 따르면 감사원은 지방자치단체의 사무를 감찰한다. 중복감사 금지는 언급되어 있지 않다.

정보능력

[정보능력] 출제유형

① 컴퓨터활용능력: 정보검색 연산자, 소프트웨어 등의 기본적인 활용 방법을 이해하고 있는지에 대한 문제이다. 엑셀 함수식 문제 등이 출제된다.
② 정보처리능력 : 정보를 분석하고 가공하여 활용하는 일련의 과정에 대한 문제이다.

[정보능력] 출제경향

업무와 관련된 정보를 수집하고 분석하여 의미 있는 정보를 찾아내 활용하는 능력이다. 이러한 과정을 컴퓨터를 활용해 수행할 수 있는지 파악하는 문제들로 구성된다. 검색 연산자 활용, 엑셀 함수식 이해, 데이터나 자료를 제시하고 이를 활용하여 문제를 해결하는 유형 등이 주로 출제된다. 최근에는 기본적인 컴퓨터 일반 지식과 프로그램 사용 능력을 요구하는 문제가 중점적으로 출제되었다. 윈도우 단축키 및 각종 프로그램의 활용법 등을 확실히 숙지하는 것이 좋다.

[정보능력] 빈출유형

정보처리이론										
정보활용										
소프트웨어 사용										

예제 01 컴퓨터활용능력

다음 중 [D2] 셀에서 사용하고 있는 함수식으로 옳은 것은? (금액 = 수량 × 단가)

	A	B	C	D
1	지역	상품 코드	수량	금액
2	甲	AA−10	15	45,000
3	乙	BB−20	25	125,000
4	丙	AA−10	30	90,000
5	丁	CC−30	35	245,000
6				
7		상품 코드	단가	
8		AA−10	3,000	
9		BB−20	7,000	
10		CC−30	5,000	

① =C2*VLOOKUP(B2,$B$8:$C$10, 1, 1)

② =B2*HLOOKUP(C2,$B$8:$C$10, 2, 0)

③ =C2*VLOOKUP(B2,$B$8:$C$10, 2, 0)

④ =C2*HLOOKUP($B$8:$C$10, 2, B2)

출제의도

수식을 함수 형태로 작성할 수 있는지를 평가하고, 셀 참조를 활용해 계산식을 정확히 구성할 수 있는 컴퓨터활용 능력을 측정하는 문항이다.

해설

상품코드별 단가가 수직(열)형태로 되어 있으므로, 그 단가를 가져오기 위해서는 VLOOKUP함수를 이용해야 되며, 상품코드별 단가에 수량(C2)를 곱한다.

$B$8:$C$10에서 단가는 2열이고 반드시 같은 상품코드 (B2)를 가져와야 되므로, 0(False)을 사용하여 VLOOKUP(B2,$B$8: $C$10, 2, 0)처럼 수식을 작성해야 한다.

 ③

예제 02 정보활용능력

다음 중 '자료', '정보', '지식'의 관계에 대한 설명으로 옳지 않은 것은?

① 객관적 실제의 반영이며, 그것을 전달할 수 있도록 기호화한 것을 자료라고 한다.

② 특정 상황에서 그 가치가 평가된 데이터를 정보와 지식이라고 말한다.

③ 자료를 가공하여 이용 가능한 만드는 과정을 자료처리(data processing)라고도 하며 일반적으로 컴퓨터가 담당한다.

④ 업무 활동을 통해 알게 된 세부 데이터를 컴퓨터로 일목요연하게 정리해 둔 것은 지식이다.

출제의도

자료 · 정보 · 지식의 개념적 차이와 상호 관계를 정확히 이해하고, 이를 구체적인 상황에서 구분해 낼 수 있는 능력을 측정하는 문항이다.

해설

'지식'이란 '어떤 특정의 목적을 달성하기 위해 과학적 또는 이론적으로 추상화되거나 정립되어 있는 일반화된 정보'를 뜻하는 것으로, 어떤 대상에 대하여 원리적 · 통일적으로 조직되어 객관적 타당성을 요구할 수 있는 판단의 체계를 제시한다. ④는 가치가 포함되어 있지 않은 단순한 데이터베이스라고 볼 수 있다.

답 ④

1 다음 워크시트에서 [A1] 셀에 '111'를 입력하고 마우스로 채우기 핸들을 아래로 드래그하여 숫자가 증가하도록 입력하려고 한다. 이때 같이 눌러야 하는 키는 무엇인가?

	A
1	111
2	112
3	113
4	114
5	115
6	116
7	117
8	118
9	119
10	120

① F1 ② Ctrl

③ Alt ④ Shift

✔해설 마우스로 채우기 핸들을 아래로 드래그하여 숫자가 증가되도록 하려면 〈Ctrl〉을 같이 눌러줘야 한다.

2 왼쪽 워크시트의 성명 데이터를 오른쪽 워크시트처럼 성과 이름의 열로 분리하기 위해 어떤 기능을 사용하면 되는가?

	A	B			A	B
1	유하나			1	유	하나
2	김상철			2	김	상철
3	지상진			3	지	상진
4	공나리			4	공	나리
5	진백림			5	진	백림
6	박한선			6	박	한선
7	윤진상			7	윤	진상
8				8		

① 텍스트 나누기
② 조건부 서식
③ 그룹 해제
④ 필터

> **해설** 오른쪽 워크시트는 왼쪽 워크시트를 텍스트 나누기 기능을 통해 열구분선을 기준으로 하여 텍스트를 나눈 결과이다.

3 한글에서 사용할 수 있는 단축키에 대한 기능이 옳지 않은 것은?

① Ctrl+N,T − 표 만들기
② Ctrl+Z − 되돌리기
③ Ctrl+P − 쪽 나눔
④ Ctrl+N,M − 수식 입력하기

> **해설** Ctrl+P는 인쇄하기 기능이다. 쪽 나눔의 단축키는 Ctrl+Enter이다.

❚4~7❚ 글로벌기업인 K회사는 한국, 일본, 중국, 필리핀에 지점을 두고 있으며 주요 품목인 외장하드를 생산하여 판매하고 있다. 다음 규정은 외장하드에 코드를 부여하는 방식이라 할 때, 다음을 보고 물음에 답하시오.

〈예시〉 외장하드
2025년 2월 12일에 한국 제3공장에서 제조된 스마트S 500GB 500번째 품목
→250212-1C-04001-00500

제조연월일	생산라인				제품종류				완성된 순서
	국가코드		공장 라인		분류코드		용량번호		
			A	제1공장			001	500GB	
	1	한국	B	제2공장	01	xs1	002	1TB	
			C	제3공장			003	2TB	
			D	제4공장			001	500GB	
			A	제1공장	02	xs2	002	1TB	
2024년 11월 11일 제조→241111	2	일본	B	제2공장			003	2TB	00001부터 시작하여 완성된 순서대로 번호가 매겨짐
			C	제3공장			001	500GB	
2025년 12월 20일 제조→251220			D	제4공장	03	oz	002	1TB	
			A	제1공장			003	2TB	
	3	중국	B	제2공장			001	500GB	1511번째 품목 →01511
			C	제3공장	04	스마트S	002	1TB	
			D	제4공장			003	2TB	
			A	제1공장			001	500GB	
	4	필리핀	B	제2공장	05	HS	002	1TB	
			C	제3공장			003	2TB	
			D	제4공장					

4 2025년 10월 9일에 필리핀 제1공장에서 제조된 xs1 모델로 용량이 2TB인 1584번째 품목 코드로 알맞은 것은?

① 2501093A0100201584
② 2510094B0200301584
③ 2510094D0100315840
④ 2510094A0100301584

✔ **해설** 2025년 10월 9일 : 251009
필리핀 제1공장 : 4A
xs1 2TB : 01003
1584번째 품목 : 01584

5 상품코드 2412222D0500201799에 대한 설명으로 옳지 않은 것은?

① 2024년 12월 22일에 제조되었다.

② 완성된 품목 중 1799번째 품목이다.

③ 일본 제4공장에서 제조되었다.

④ 스마트S 1TB이다.

> **✔해설** ④ 05002이므로 HS 1TB이다.

6 이 회사에 입사한지 1개월도 안된 신입사원은 상품 코드에 익숙해지기 위해 코드 읽는 연습을 하고 있는데 상사가 다가오더니 잘못된 부분이 있다며 수정해 주었다. 상사가 잘못 수정한 부분은?

2501193B0300101588

→ 2025년 1월 9일 제조

→ 일본 제2공장

→ oz 1TB

→ 15880번째 완성 품목

---

① 2025년 1월 9일 제조 → 2025년 1월 19일 제조

② 일본 제2공장 → 중국 제2공장

③ oz 1TB → oz 2TB

④ 15880번째 완성 품목 → 1588번째 완성 품목

> **✔해설** ③ 03001이므로 oz 500GB로 수정해야 한다.

Answer 4.④ 5.④ 6.③

7 기계결함으로 인해 코드번호가 다음과 같이 잘못 찍혔다. 사원 J씨가 수동으로 수정하려고 할 때 올바르게 수정한 것은?

2025년 9월 7일 한국 제4공장에서 제조된 xs2 2TB 13698번째 품목
2509071D0200213698

① 제조연월일 : 250907 → 250917

② 생산라인 : 1D → 2D

③ 제품종류 : 02002 → 02003

④ 완성된 순서 : 13698 → 13699

✔ **해설** 2025년 9월 7일 제조 : 250907
한국 제4공장 : 1D
xs2 2TB : 02003
13698번째 품목 : 13698

【8~12 】 다음은 시스템 모니터링 중에 나타난 화면이다. 다음 화면에 나타나는 정보를 이해하고 시스템 상태를 파악하여 적절한 input code를 고르시오.

<시스템 화면>

System is checking........
Run.....

Error Found!
Index GTEMSHFCBA of file WODRTSUEAI

input code : ___________

항목	세부사항
index '__' of file '__'	• 오류 문자 : Index 뒤에 나타나는 10개의 문자 • 오류 발생 위치 : file 뒤에 나타나는 10개의 문자
Error Value	오류 문자와 오류 발생 위치를 의미하는 문자에 사용된 알파벳을 비교하여 일치하는 알파벳의 개수를 확인(단, 알파벳의 위치와 순서는 고려하지 않으며 동일한 알파벳이 속해 있는지만 확인한다.)
input code	Error Value를 통하여 시스템 상태를 판단

판단 기준	시스템 상태	input code
일치하는 알파벳의 개수가 0개인 경우	안전	safe
일치하는 알파벳의 개수가 1~3개인 경우	경계	alert
일치하는 알파벳의 개수가 4~6개인 경우	경계	vigilant
일치하는 알파벳의 개수가 7~10개인 경우	위험	danger

8

〈시스템 화면〉

System is checking........
Run.....

Error Found!
Index DRHIZGJUMY of file OPAULMBCEX

input code : _______________

① safe   ② alert
③ vigilant   ④ danger

✔해설 알파벳 중 U, M 2개가 일치하기 때문에 시스템 상태는 경계 수준이며, input code는 alert이다.

9

〈시스템 화면〉

System is checking........
Run.....

Error Found!
Index QWERTYUIOP of file POQWIUERTY

input code : _______________

① safe   ② alert
③ vigilant   ④ danger

✔해설 10개의 알파벳이 모두 일치하기 때문에 시스템 상태는 위험 수준이며, input code는 danger이다.

10

<시스템 화면>

System is checking........
Run.....

Error Found!
Index QAZWSXEDCR of file EDCWSXPLMO

input code : _______________

① safe　　　　　　　② alert
③ vigilant　　　　　④ danger

> ✔해설 알파벳 중 W, S, X, E, D, C 6개가 일치하기 때문에 시스템 상태는 경계 수준이며, input code는 vigilant이다.

11

<시스템 화면>

System is checking........
Run.....

Error Found!
Index ZXCVBNMASD of file LKAJHGFDSP

input code : _______________

① safe　　　　　　　② alert
③ vigilant　　　　　④ danger

> ✔해설 알파벳 중 A, S, D 3개가 일치하기 때문에 시스템 상태는 경계 수준이며, input code는 alert이다.

12

〈시스템 화면〉

System is checking........
Run.....

Error Found!
Index OKMIJNUHBY of file GVTFCRDXES

input code : ＿＿＿＿＿＿＿＿

① safe   ② alert
③ vigilant   ④ danger

> **✔ 해설** 일치하는 알파벳이 없기 때문에 시스템 상태는 안전 수준이며, input code는 safe이다.

13 다음 시트처럼 한 셀에 두 줄 이상 입력하려는 경우 줄을 바꿀 때 사용하는 키는?

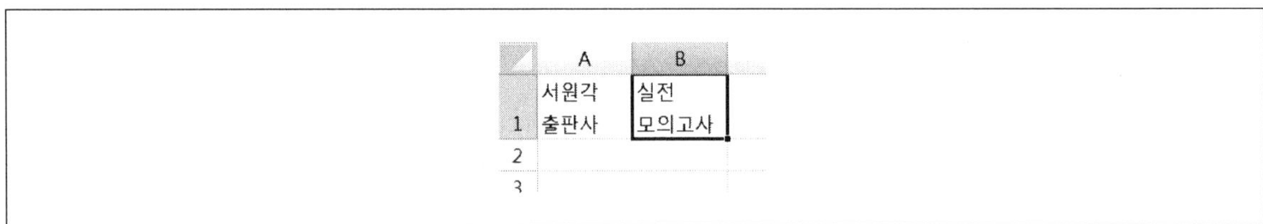

① 〈F1〉 + 〈Enter〉   ② 〈Alt〉 + 〈Enter〉
③ 〈Alt〉 + 〈Shift〉 + 〈Enter〉   ④ 〈Shift〉 + 〈Enter〉

> **✔ 해설** 한 셀에 두 줄 이상 입력하려고 하는 경우 줄을 바꿀 때는 〈Alt〉 + 〈Enter〉를 눌러야 한다.

14 다음의 워크시트에서 추리영역이 90점 이상인 사람의 수를 구하고자 할 때, [D8] 셀에 입력할 수식으로 옳은 것은?

	A	B	C	D	E	F
1	이름	언어영역	수리영역	추리영역		
2	김철수	72	85	91		추리영역
3	김영희	65	94	88		>=90
4	안영이	95	76	91		
5	이윤희	92	77	93		
6	채준수	94	74	95		
7						
8	추리영역 90점 이상인 사람의 수			4		
9						

① =DSUM(A1:D6,4,F2:F3)

② =DSUM(A1:D6,3,F2:F3)

③ =DCOUNT(A1:D6,3,F2:F3)

④ =DCOUNT(A1:D6,4,F2:F3)

> **✔ 해설** DSUM(범위,열번호,조건)은 조건에 맞는 수치를 합하는 함수이며 DCOUNT(범위,열번호,조건)은 조건에 맞는 셀의 개수를 세는 함수이다. 따라서 DSUM이 아닌 DCOUNT 함수를 사용해야 하며, 추리영역이 있는 열은 4열이므로 '=DCOUNT(A1:D6,4,F2:F3)'를 입력해야 한다.

15 다음은 버블정렬에 관한 설명과 예시이다. 보기에 있는 수를 버블 정렬을 이용하여 오름차순으로 정렬하려고 한다. 1회전의 결과는?

버블정렬은 인접한 두 숫자의 크기를 비교하여 교환하는 방식으로 정렬한다. 이때 인접한 두 숫자는 수열의 맨 앞부터 뒤로 이동하며 비교된다. 맨 마지막 숫자까지 비교가 이루어져 가장 큰 수가 맨 뒷자리로 이동하게 되면 한 회전이 끝난다. 다음 회전에는 맨 뒷자리로 이동한 수를 제외하고 같은 방식으로 비교 및 교환이 이루어진다. 더 이상 교환할 숫자가 없을 때 정렬이 완료된다. 교환은 두 개의 숫자가 서로 자리를 맞바꾸는 것을 말한다.

〈예시〉

30, 15, 40, 10을 정렬하려고 한다.
- 1회전
  (30, 15), 40, 10 : 30〉15 이므로 교환
  15, (30, 40), 10 : 40〉30 이므로 교환이 이루어지지 않음
  15, 30, (40, 10) : 40〉10 이므로 교환
  1회전의 결과 값 : 15, 30, 10, 40
- 2회전 (40은 비교대상에서 제외)
  (15, 30), 10, 40 : 30〉15 이므로 교환이 이루어지지 않음
  15, (30, 10), 40 : 30〉10 이므로 교환
  2회전의 결과 값 : 15, 10, 30, 40
- 3회전 (30, 40은 비교대상에서 제외)
  (15, 10), 30, 40 : 15〉10이므로 교환
  3회전 결과 값 : 10, 15, 30, 40 →교환 완료

〈보기〉

9, 6, 7, 3, 5

① 6, 3, 5, 7, 9   ② 3, 5, 6, 7, 9
③ 6, 7, 3, 5, 9   ④ 9, 6, 7, 3, 5

✔ **해설** 버블 정렬은 서로 이웃한 데이터들을 비교하여 가장 큰 데이터를 가장 뒤로 보내는 정렬이다.

㉠ 1회전

9↔6	7	3	5
6	9↔7	3	5
6	7	9↔3	5
6	7	3	9↔5
6	7	3	5	9

㉡ 2회전

6	7↔3	5	9
6	3	7↔5	9
6	3	5	7	9

㉢ 3회전

6↔3	5	7	9
3	6↔5	7	9
3	5	6	7	9

16 다음 순서도에서 인쇄되는 S의 값은?

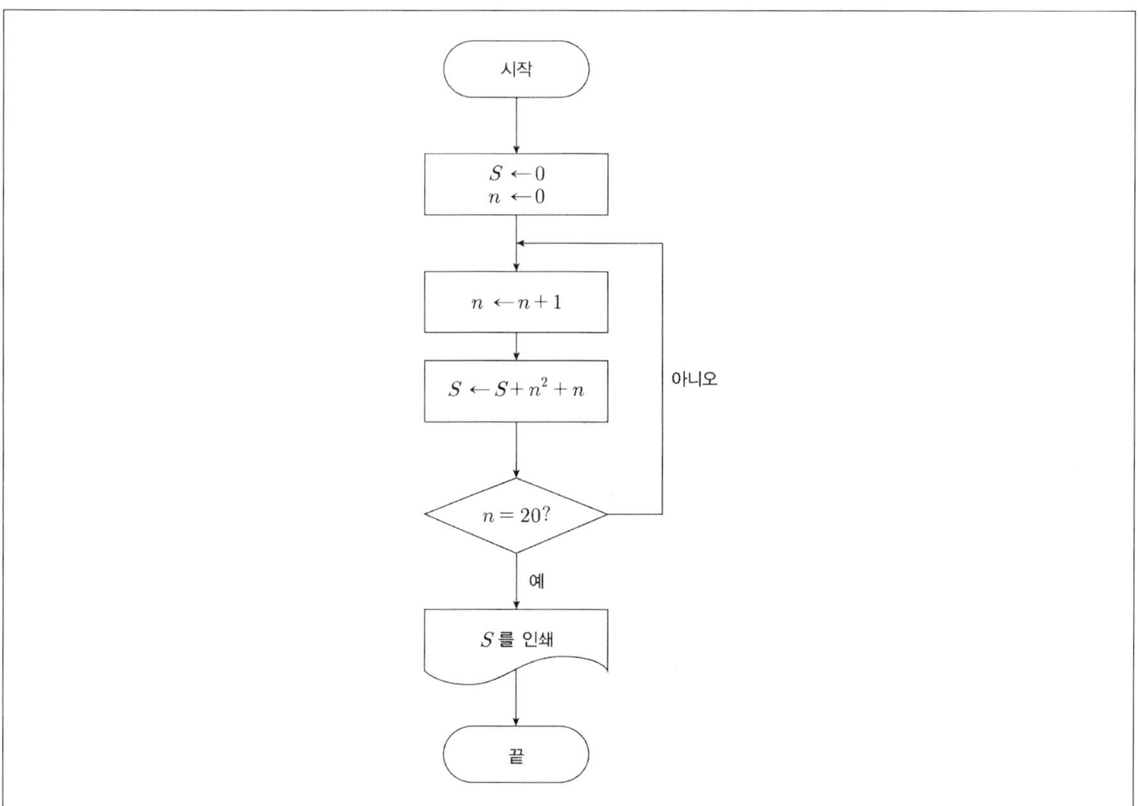

① 3050　　　　　② 3060

③ 3070　　　　　④ 3080

✔ 해설　$S = \left(1^2 + 2^2 + \cdots + 20^2\right) + \left(1 + 2 + \cdots + 20\right)$

$$= \frac{20 \times 21 \times 41}{6} + \frac{20 \times 21}{2} = 3080$$

17 다음 순서도에서 인쇄되는 S의 값은? (단, $[x]$는 x보다 크지 않은 최대의 정수이다)

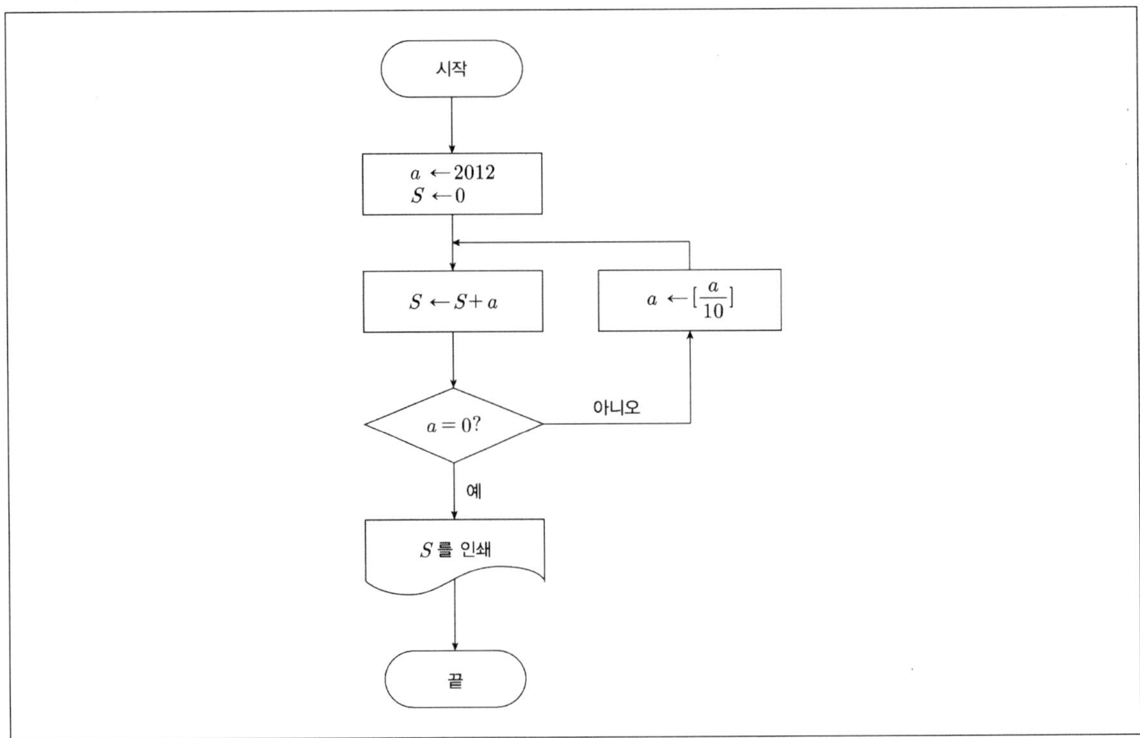

① 2230

② 2235

③ 2240

④ 2245

✔해설 a, S의 값의 변화과정을 표로 나타내면

a	S
2012	0
2012	0+2012
201	0+2012+201
20	0+2012+201+20
2	0+2012+201+20+2
0	0+2012+201+20+2+0

따라서 인쇄되는 S의 값은 $0+2012+201+20+2+0 = 2235$이다.

18 S회사에서 근무하고 있는 김대리는 최근 업무 때문에 HTML을 배우고 있다. 아직 초보라서 신입사원 H 씨로부터 도움을 많이 받고 있지만, H씨가 자리를 비운 사이 김대리가 HTML에서 사용할 수 있는 tag를 써보았다. 잘못된 것은 무엇인가?

① 김대리는 줄을 바꾸기 위해 ⟨br⟩를 사용하였다.
② 김대리는 글자의 크기, 모양, 색상을 설정하기 위해 ⟨font⟩를 사용하였다.
③ 김대리는 표를 만들기 위해 ⟨table⟩을 사용하였다.
④ 김대리는 이미지를 삽입하기 위해 ⟨form⟩을 사용하였다.

> **해설** ④ HTML에서 이미지를 삽입하기 위해서는 ⟨img⟩ 태그를 사용한다.

19 다음 워크시트에서 수식 '=INDEX(B2:D8,4,3)'의 결과 값은?

	A	B	C	D
1	제품	정가	판매대수	판매가격
2	A	38,000	475	18,050,000
3	B	27,000	738	19,926,000
4	C	33,000	996	32,868,000
5	D	91,000	908	82,628,000
6	E	28,000	956	26,768,000
7	F	50,000	832	41,600,000
8	G	35,000	947	33,145,000

① 18,050,000
② 996
③ 908
④ 82,628,000

> **해설** INDEX(array, row_num, column_num) 함수는 조건에 맞는 값을 찾아주는 함수이다. array는 검색영역을 나타내며 row_num은 검색 영역 안에서의 행을 나타내고, column_num는 검색영역 안에서의 열을 나타낸다. 따라서 제시된 문제는 D의 판매가격을 찾으라는 문제이다.

20 직장인 A씨는 워크시트를 작업하던 중 데이터가 많아져 스크롤을 내리면 중요항목들의 행과 열이 보이지 않게 되었다. A씨는 스크롤할 때 행과 열의 위쪽이나 왼쪽 부분이 항상 표시되도록 하고 싶다. 어떤 기능을 사용해야 하는가?

① 틀 고정
② 창 정렬
③ 그룹 해제
④ 피벗 테이블

> **해설** 행과 열의 위쪽이나 왼쪽 부분이 항상 표시되도록 하는 기능은 틀 고정이다.

SE−11−KOR−3A−1512	CH−08−CHA−2C−1308	SE−07−KOR−2C−1503
CO−14−IND−2A−1511	JE−28−KOR−1C−1508	TE−11−IND−2A−1411
CH−19−IND−1C−1301	SE−01−KOR−3B−1411	CH−26−KOR−1C−1307
NA−17−PHI−2B−1405	AI−12−PHI−1A−1502	NA−16−IND−1B−1311
JE−24−PHI−2C−1401	TE−02−PHI−2C−1503	SE−08−KOR−2B−1507
CO−14−PHI−3C−1508	CO−31−PHI−1A−1501	AI−22−IND−2A−1503
TE−17−CHA−1B−1501	JE−17−KOR−1C−1506	JE−18−IND−1C−1504
NA−05−CHA−3A−1411	SE−18−KOR−1A−1503	CO−20−KOR−1C−1502
AI−07−KOR−2A−1501	TE−12−IND−1A−1511	AI−19−IND−1A−1503
SE−17−KOR−1B−1502	CO−09−CHA−3C−1504	CH−28−KOR−1C−1308
TE−18−IND−1C−1510	JE−19−PHI−2B−1407	SE−16−KOR−2C−1505
CO−19−CHA−3A−1509	NA−06−KOR−2A−1401	AI−10−KOR−1A−1509

〈코드 부여 방식〉

[제품 종류]−[모델 번호]−[생산 국가]−[공장과 라인]−[제조연월]

〈예시〉

TE−13−CHA−2C−1501

2015년 1월에 중국 2공장 C라인에서 생산된 텔레비전 13번 모델

제품 종류 코드	제품 종류	생산 국가 코드	생산 국가
SE	세탁기	CHA	중국
TE	텔레비전	KOR	한국
CO	컴퓨터	IND	인도네시아
NA	냉장고	PHI	필리핀
AI	에어컨		
JE	전자레인지		
GA	가습기		
CH	청소기		

21 위의 코드 부여 방식을 참고할 때 옳지 않은 내용은?

① 창고에 있는 기기 중 세탁기는 모두 한국에서 제조된 것들이다.

② 창고에 있는 기기 중 컴퓨터는 모두 2015년에 제조된 것들이다.

③ 창고에 있는 기기 중 청소기는 있지만 가습기는 없다.

④ 창고에 있는 기기 중 2013년에 제조된 것은 청소기 뿐이다.

> **✔ 해설** NA−16−IND−1B−1311가 있으므로 2013년에 제조된 냉장고도 창고에 있다.

22 J회사에 다니는 Y씨는 가전제품 코드 목록을 파일로 불러와 검색을 하고자 한다. 검색의 결과로 옳지 않은 것은?

① 창고에 있는 세탁기가 몇 개인지 알기 위해 'SE'를 검색한 결과 7개임을 알았다.

② 창고에 있는 기기 중 인도네시아에서 제조된 제품이 몇 개 인지 알기 위해 'IND'를 검색한 결과 10개임을 알았다.

③ 모델 번호가 19번인 제품을 알기 위해 '19'를 검색한 결과 4개임을 알았다.

④ 1공장 A공장에서 제조된 제품을 알기 위해 '1A'를 검색한 결과 6개임을 알았다.

✔**해설** ② 인도네시아에서 제조된 제품은 9개이다.

23 다음은 스프레드시트로 작성한 워크시트이다. ⑺~⑸에 대한 설명으로 옳지 않은 것은?

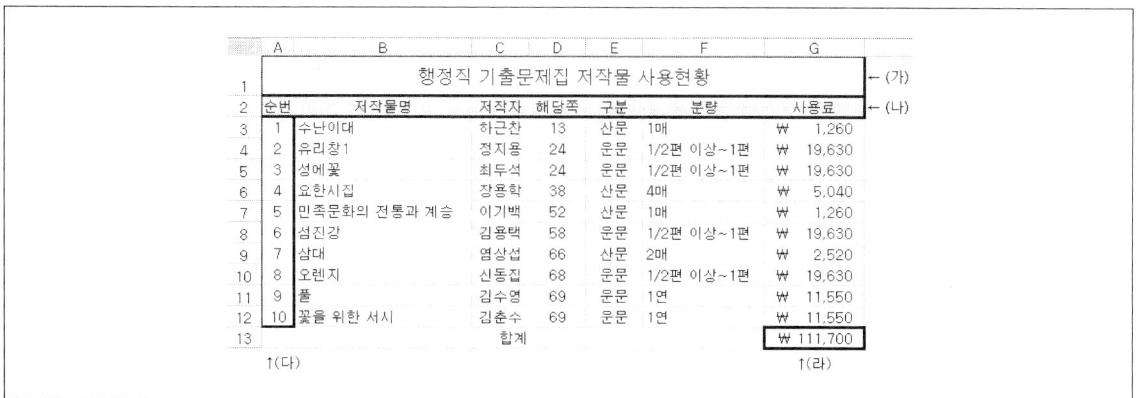

① ⑺는 '셀 병합' 기능을 이용하여 작성할 수 있다.

② ⑻는 '셀 서식'의 '채우기' 탭에서 색상을 변경할 수 있다.

③ ⑷는 A3 값을 입력 후 '자동 채우기' 기능을 사용할 수 있다.

④ ⑸의 값은 '=EVEN(G3:G12)'로 구할 수 있다.

✔**해설** ④ ⑸는 G3부터 G12 값의 합이다. 따라서 '=SUM(G3:G12)'로 구할 수 있다.

24 다음과 같은 판매실적 테이블에 대하여 경기지역에 한하여 판매액 오름차순으로 지점명과 판매액을 출력하고자 할 때, 가장 적절한 SQL 구문은?

[테이블명 : 판매실적]

도시	지점명	판매액
경기	용인지점	350
경기	일산지점	270
서울	은평지점	130
부산	부산지점	175
경기	수원지점	238
인천	인천지점	212
경기	안성지점	183

① SELECT 지점명, 판매액 FROM 판매실적 WHERE 도시='서울' ORDER BY 판매액, ASC;

② SELECT * FROM 판매액 WHERE 도시='경기' ORDER BY 판매액, ASC;

③ SELECT 지점명, 판매액 FROM 판매실적 WHERE 도시='경기' ORDER BY 판매액, ASC;

④ SELECT 지점명, 판매액 FROM 판매실적 WHERE 도시='경기' ORDER BY ASC;

> ✔ **해설** SELECT 필드명 FROM 테이블명
> WHERE 조건
> ORDER BY 조건
> 으로 나타내며, 조건에서 ASC는 오름차순이고 DESC는 내림차순이다.

25 윈도우에서 현재 활성화된 창과 동일한 창을 새로 띄우려고 한다. 어떤 단축키를 사용해야 하는가?

① Ctrl+N

② Alt+N

③ Shift+N

④ Tab+N

> ✔ **해설** Ctrl+N 단축키는 현재 열려있는 프로그램과 같은 프로그램을 새롭게 실행시킨다. 현재 사용하는 인터넷 브라우저 혹은 폴더를 하나 더 열 때 사용한다.

26 A그룹 전산팀 팀장인 B씨는 자사 프로그램 언어를 담당하고 있다. 이번 신입사원들에 대한 프로그래밍 언어를 교육함에 있어 아래와 같은 언어가 나타난 상황이다. 이 때 아래의 내용을 읽고 B씨가 ㉠에 입력해야 하는 내용으로 가장 적절한 것을 고르면?]

```
#include〈iostream.h〉
void main() {
int a[5] = { 5, 4, 6, 7, 3 };
int *pa = a;
cout 〈〈 ㉠ ;
}
```

① *pa+2
② pa+2
③ &pa+2
④ *(pa+2)

✔해설 ① *pa+2는 a[1]의 값에 2를 더하여 7이 출력되어진다.
② pa+2는 a[2]의 주소가 출력되어진다.
③ &pa+2는 포인터변수 pa의 주소에 2(실질적으로 2*4)를 더해 출력한다.

27 T회사에서 근무하고 있는 N 씨는 엑셀을 이용하여 작업을 하고자 한다. 엑셀에서 바로 가기 키에 대한 설명이 다음과 같을 때 괄호 안에 들어갈 내용으로 알맞은 것은?

> 통합 문서 내에서 (㉠) 키는 다음 워크시트로 이동하고 (㉡) 키는 이전 워크시트로 이동한다.

	㉠	㉡
①	〈Ctrl〉 + 〈Page Down〉	〈Ctrl〉 + 〈Page Up〉
②	〈Shift〉 + 〈Page Down〉	〈Shift〉 + 〈Page Up〉
③	〈Tab〉 + ←	〈Tab〉 + →
④	〈Alt〉 + 〈Shift〉 + ↑	〈Alt〉 + 〈Shift〉 + ↓

✔해설 ① 엑셀 통합 문서 내에서 다음 워크시트로 이동하려면 〈Ctrl〉 + 〈Page Down〉을 눌러야 하며, 이전 워크시트로 이동하려면 〈Ctrl〉 + 〈Page Up〉을 눌러야 한다.

Answer 24.③ 25.① 26.④ 27.①

28 우리는 인터넷과 개인용 PC를 생활화하고 있다. 컴퓨터의 여러 기능 중 많이 활용되고 있는 기능인 "휴지통"에 관한 서술로서 가장 옳지 않은 것은?

① 사용자가 물리 기억장치에서 완전하게 지우도록 설정하지 않은 경우에도 자료가 휴지통에서 삭제된다.
② 휴지통에 삭제된 파일을 오랫동안 보관할 경우에는 불필요한 용량을 차지할 수 있다.
③ 사용자가 고의적으로나 실수로 삭제한 파일을 찾아보거나 복구할 수 있게 하며, "휴지통 비우기"를 누름으로써 완전히 지울 수 있는 기능도 있다.
④ 휴지통 폴더 안의 기록은 파일 및 디렉토리의 본래 위치를 기억하고 있다.

> ✔ **해설** 사용자가 물리 기억장치에서 완전하게 지우도록 설정하지 않은 경우에 자료가 휴지통에 보관된다.

29 언제나 앙숙인 A당과 B당의 대표는 서로를 헐뜯는 일이 비일비재하다. 어느 날 중요한 사안을 앞두고 A당 대표는 B당 대표에게 국가의 명운이 걸린 일이라며 협조공문을 만들고 있다. 하지만 컴퓨터에 대한 지식이 전무한 A당 대표는 문서작업에 애를 먹고 있는 상황이다. 다음 중 A당 대표가 문서작업에서 단축키를 사용하는 데 있어 해당 메뉴와 그에 대한 설명으로 가장 잘못된 것을 고르면?

① **F3** : 파일 또는 폴더 등을 검색한다.
② **F8** : 컴퓨터 부팅 시에 메뉴를 표시한다.
③ **Alt** + **F4** : 현재 활성화되어 있는 프로그램의 창을 닫는다.
④ **Alt** + **Enter** : 작업 전환 창을 활용해서 타 응용 프로그램으로 이동한다.

> ✔ **해설** **Alt** + **Enter** 는 선택한 대상에 대한 속성을 표시하는 역할을 한다.

30 다음의 사례가 말하고자 하는 것으로써 옳은 내용을 고르면?

> 2000년 이후 신사복 시장은 의류의 전반적인 캐주얼화 경향과 브랜드 난립 때문에 저성장 추세로 접어들었다. 업체 간 경쟁도 '120수'니 '150수'니 하는 원단 고급화 쪽으로 모아져 수익성마저 악화되고 있는 실정이었다. 이런 상황에서 L사는 2004년부터 30년 이상 경력의 패턴사들로 구성된 태스크 포스 팀을 구성, 세계 최고라고 평가받는 해외 선진 신사복 브랜드인 제냐 카날리 등의 패턴을 분석하는 한편 기존 고객들의 체형도 데이터베이스화했다. 이 자료를 바탕으로 '뉴 패턴'을 연이어 개발하고 상품화를 위해 공장의 제작 공정까지 완전히 새롭게 편성했다. 이런 노력이 결실을 맺어 원단 중심이던 신사복 업계의 패러다임을 착용감과 실루엣으로 바꿨다. L사의 '뉴 패턴' 라인이 출시된 이후 다른 업체들도 서둘러 실루엣을 강조한 제품 라인을 내놨지만 착실히 준비해온 L사의 제품을 쉽게 넘보지 못하고 있다. L사의 신제품은 2005년 7월 말 기준 6.3% 신장(전년 동기 대비)하는 기염을 토했다. 백화점에 입점한 전체 남성복 매출이 3.4% 정도 역신장한 것에 비하면 눈부신 성과가 아닐 수 없다.

① 단순히 자료를 많이 모으는 것이 가장 중요하다는 것을 느끼게 하고 있다.
② 데이터베이스 구축의 중요성에 대한 사례이다.
③ 현재의 고객에 대해서만 조사를 충실히 하면 성공할 수 있다는 것을 보여주고 있다.
④ 시장을 완전경쟁이 아닌 독점체제로 이끌어가는 것이 중요하다는 것을 역설하고 있다.

✔ **해설** 위 내용은 데이터베이스 구축의 중요성에 대한 사례로써 한 의류업체는 기존 고객들의 체형을 데이터베이스화하여 이러한 자료들을 기반으로 신상품을 연이어 개발할 수 있었다. 또한 이 노력들이 결실을 맺어 해당 의류회사는 눈부신 매출액 신장을 이룰 수 있었는데, 이처럼 데이터베이스를 구축해서 효과적으로 활용하는 것이 상당히 중요하다는 것을 알 수 있다.

PART

02

보건의료지식

국민건강보험법

※ 국민건강보험법 [시행 2026. 1. 2.] [법률 제21065호, 2025. 10. 1., 타법개정]

제1장 총칙

제1조(목적)

이 법은 국민의 질병·부상에 대한 예방·진단·치료·재활과 출산·사망 및 건강증진에 대하여 보험급여를 실시함으로써 국민보건 향상과 사회보장 증진에 이바지함을 목적으로 한다.

제2조(관장)

이 법에 따른 건강보험사업은 보건복지부장관이 맡아 주관한다.

제3조(정의)

이 법에서 사용하는 용어의 뜻은 다음과 같다.

1. "근로자"란 직업의 종류와 관계없이 근로의 대가로 보수를 받아 생활하는 사람(법인의 이사와 그 밖의 임원을 포함한다)으로서 공무원 및 교직원을 제외한 사람을 말한다.
2. "사용자"란 다음 각 목의 어느 하나에 해당하는 자를 말한다.
   가. 근로자가 소속되어 있는 사업장의 사업주
   나. 공무원이 소속되어 있는 기관의 장으로서 대통령령으로 정하는 사람
   다. 교직원이 소속되어 있는 사립학교(「사립학교교직원 연금법」 제3조에 규정된 사립학교를 말한다. 이하 이 조에서 같다)를 설립·운영하는 자
3. "사업장"이란 사업소나 사무소를 말한다.
4. "공무원"이란 국가나 지방자치단체에서 상시 공무에 종사하는 사람을 말한다.
5. "교직원"이란 사립학교나 사립학교의 경영기관에서 근무하는 교원과 직원을 말한다.

제3조의2(국민건강보험종합계획의 수립 등)

① 보건복지부장관은 이 법에 따른 건강보험(이하 "건강보험"이라 한다)의 건전한 운영을 위하여 제4조에 따른 건강보험정책심의위원회(이하 이 조에서 "건강보험정책심의위원회"라 한다)의 심의를 거쳐 5년마다 국민건강보험종합계획(이하 "종합계획"이라 한다)을 수립하여야 한다. 수립된 종합계획을 변경할 때도 또한 같다.

② 종합계획에는 다음 각 호의 사항이 포함되어야 한다.

  1. 건강보험정책의 기본목표 및 추진방향

  2. 건강보험 보장성 강화의 추진계획 및 추진방법

  3. 건강보험의 중장기 재정 전망 및 운영

  4. 보험료 부과체계에 관한 사항

  5. 요양급여비용에 관한 사항

  6. 건강증진 사업에 관한 사항

  7. 취약계층 지원에 관한 사항

  8. 건강보험에 관한 통계 및 정보의 관리에 관한 사항

  9. 그 밖에 건강보험의 개선을 위하여 필요한 사항으로 대통령령으로 정하는 사항

③ 보건복지부장관은 종합계획에 따라 매년 연도별 시행계획(이하 "시행계획"이라 한다)을 건강보험정책심의위원회의 심의를 거쳐 수립·시행하여야 한다.

④ 보건복지부장관은 매년 시행계획에 따른 추진실적을 평가하여야 한다.

⑤ 보건복지부장관은 다음 각 호의 사유가 발생한 경우 관련 사항에 대한 보고서를 작성하여 지체 없이 국회 소관 상임위원회에 보고하여야 한다.

  1. 제1항에 따른 종합계획의 수립 및 변경

  2. 제3항에 따른 시행계획의 수립

  3. 제4항에 따른 시행계획에 따른 추진실적의 평가

⑥ 보건복지부장관은 종합계획의 수립, 시행계획의 수립·시행 및 시행계획에 따른 추진실적의 평가를 위하여 필요하다고 인정하는 경우 관계 기관의 장에게 자료의 제출을 요구할 수 있다. 이 경우 자료의 제출을 요구받은 자는 특별한 사유가 없으면 이에 따라야 한다.

⑦ 그 밖에 제1항에 따른 종합계획의 수립 및 변경, 제3항에 따른 시행계획의 수립·시행 및 제4항에 따른 시행계획에 따른 추진실적의 평가 등에 필요한 사항은 대통령령으로 정한다.

제4조(건강보험정책심의위원회)

① 건강보험정책에 관한 다음 각 호의 사항을 심의·의결하기 위하여 보건복지부장관 소속으로 건강보험정책심의위원회(이하 "심의위원회"라 한다)를 둔다.

  1. 제3조의2 제1항 및 제3항에 따른 종합계획 및 시행계획에 관한 사항(의결은 제외한다)

  2. 제41조 제3항에 따른 요양급여의 기준

  3. 제45조 제3항 및 제46조에 따른 요양급여비용에 관한 사항

  4. 제73조 제1항에 따른 직장가입자의 보험료율

  5. 제73조 제3항에 따른 지역가입자의 보험료율과 재산보험료부과점수당 금액

  5의2. 보험료 부과 관련 제도 개선에 관한 다음 각 목의 사항(의결은 제외한다)

    가. 건강보험 가입자(이하 "가입자"라 한다)의 소득 파악 실태에 관한 조사 및 연구에 관한 사항

　　나. 가입자의 소득 파악 및 소득에 대한 보험료 부과 강화를 위한 개선 방안에 관한 사항

　　다. 그 밖에 보험료 부과와 관련된 제도 개선 사항으로서 심의위원회 위원장이 회의에 부치는 사항

　6. 그 밖에 건강보험에 관한 주요 사항으로서 대통령령으로 정하는 사항

② 심의위원회는 위원장 1명과 부위원장 1명을 포함하여 25명의 위원으로 구성한다.

③ 심의위원회의 위원장은 보건복지부차관이 되고, 부위원장은 제4항 제4호의 위원 중에서 위원장이 지명하는 사람이 된다.

④ 심의위원회의 위원은 다음 각 호에 해당하는 사람을 보건복지부장관이 임명 또는 위촉한다.

　1. 근로자단체 및 사용자단체가 추천하는 각 2명

　2. 시민단체(「비영리민간단체지원법」 제2조에 따른 비영리민간단체를 말한다. 이하 같다), 소비자단체, 농어업인단체 및 자영업자단체가 추천하는 각 1명

　3. 의료계를 대표하는 단체 및 약업계를 대표하는 단체가 추천하는 8명

　4. 다음 각 목에 해당하는 8명

　　가. 대통령령으로 정하는 중앙행정기관 소속 공무원 2명

　　나. 국민건강보험공단의 이사장 및 건강보험심사평가원의 원장이 추천하는 각 1명

　　다. 건강보험에 관한 학식과 경험이 풍부한 4명

⑤ 심의위원회 위원(제4항 제4호 가목에 따른 위원은 제외한다)의 임기는 3년으로 한다. 다만, 위원의 사임 등으로 새로 위촉된 위원의 임기는 전임위원 임기의 남은 기간으로 한다.

⑥ 보건복지부장관은 심의위원회가 제1항 제5호의2에 따라 심의한 사항을 국회에 보고하여야 한다.

⑦ 심의위원회의 운영 등에 필요한 사항은 대통령령으로 정한다.

제2장 가입자

제5조(적용 대상 등)

① 국내에 거주하는 국민은 건강보험의 가입자 또는 피부양자가 된다. 다만, 다음 각 호의 어느 하나에 해당하는 사람은 제외한다.

　1. 「의료급여법」에 따라 의료급여를 받는 사람(이하 "수급권자"라 한다)

　2. 「독립유공자예우에 관한 법률」 및 「국가유공자 등 예우 및 지원에 관한 법률」에 따라 의료보호를 받는 사람(이하 "유공자등 의료보호대상자"라 한다). 다만, 다음 각 목의 어느 하나에 해당하는 사람은 가입자 또는 피부양자가 된다.

　　가. 유공자등 의료보호대상자 중 건강보험의 적용을 보험자에게 신청한 사람

　　나. 건강보험을 적용받고 있던 사람이 유공자등 의료보호대상자로 되었으나 건강보험의 적용배제신청을 보험자에게 하지 아니한 사람

② 제1항의 피부양자는 다음 각 호의 어느 하나에 해당하는 사람 중 직장가입자에게 주로 생계를 의존하는 사람으로서 소득 및 재산이 보건복지부령으로 정하는 기준 이하에 해당하는 사람을 말한다.

　　1. 직장가입자의 배우자

　　2. 직장가입자의 직계존속(배우자의 직계존속을 포함한다)

　　3. 직장가입자의 직계비속(배우자의 직계비속을 포함한다)과 그 배우자

　　4. 직장가입자의 형제·자매

③ 제2항에 따른 피부양자 자격의 인정 기준, 취득·상실시기 및 그 밖에 필요한 사항은 보건복지부령으로 정한다.

제6조(가입자의 종류)

① 가입자는 직장가입자와 지역가입자로 구분한다.

② 모든 사업장의 근로자 및 사용자와 공무원 및 교직원은 직장가입자가 된다. 다만, 다음 각 호의 어느 하나에 해당하는 사람은 제외한다.

　　1. 고용 기간이 1개월 미만인 일용근로자

　　2. 「병역법」에 따른 현역병(지원에 의하지 아니하고 임용된 하사를 포함한다), 전환복무된 사람 및 군간부후보생

　　3. 선거에 당선되어 취임하는 공무원으로서 매월 보수 또는 보수에 준하는 급료를 받지 아니하는 사람

　　4. 그 밖에 사업장의 특성, 고용 형태 및 사업의 종류 등을 고려하여 대통령령으로 정하는 사업장의 근로자 및 사용자와 공무원 및 교직원

③ 지역가입자는 직장가입자와 그 피부양자를 제외한 가입자를 말한다.

④ 삭제

제7조(사업장의 신고)

사업장의 사용자는 다음 각 호의 어느 하나에 해당하게 되면 그 때부터 14일 이내에 보건복지부령으로 정하는 바에 따라 보험자에게 신고하여야 한다. 제1호에 해당되어 보험자에게 신고한 내용이 변경된 경우에도 또한 같다.

1. 제6조 제2항에 따라 직장가입자가 되는 근로자·공무원 및 교직원을 사용하는 사업장(이하 “적용대상사업장”이라 한다)이 된 경우

2. 휴업·폐업 등 보건복지부령으로 정하는 사유가 발생한 경우

제8조(자격의 취득 시기 등)

① 가입자는 국내에 거주하게 된 날에 직장가입자 또는 지역가입자의 자격을 얻는다. 다만, 다음 각 호의 어느 하나에 해당하는 사람은 그 해당되는 날에 각각 자격을 얻는다.

　　1. 수급권자이었던 사람은 그 대상자에서 제외된 날

　　2. 직장가입자의 피부양자이었던 사람은 그 자격을 잃은 날

　　3. 유공자등 의료보호대상자이었던 사람은 그 대상자에서 제외된 날

4. 제5조 제1항 제2호 가목에 따라 보험자에게 건강보험의 적용을 신청한 유공자등 의료보호대상자는 그 신청한 날

② 제1항에 따라 자격을 얻은 경우 그 직장가입자의 사용자 및 지역가입자의 세대주는 그 명세를 보건복지부령으로 정하는 바에 따라 자격을 취득한 날부터 14일 이내에 보험자에게 신고하여야 한다.

제9조(자격의 변동 시기 등)

① 가입자는 다음 각 호의 어느 하나에 해당하게 된 날에 그 자격이 변동된다.
1. 지역가입자가 적용대상사업장의 사용자로 되거나, 근로자 · 공무원 또는 교직원(이하 "근로자등"이라 한다)으로 사용된 날
2. 직장가입자가 다른 적용대상사업장의 사용자로 되거나 근로자등으로 사용된 날
3. 직장가입자인 근로자등이 그 사용관계가 끝난 날의 다음 날
4. 적용대상사업장에 제7조 제2호에 따른 사유가 발생한 날의 다음 날
5. 지역가입자가 다른 세대로 전입한 날

② 제1항에 따라 자격이 변동된 경우 직장가입자의 사용자와 지역가입자의 세대주는 다음 각 호의 구분에 따라 그 명세를 보건복지부령으로 정하는 바에 따라 자격이 변동된 날부터 14일 이내에 보험자에게 신고하여야 한다.
1. 제1항 제1호 및 제2호에 따라 자격이 변동된 경우 : 직장가입자의 사용자
2. 제1항 제3호부터 제5호까지의 규정에 따라 자격이 변동된 경우 : 지역가입자의 세대주

③ 법무부장관 및 국방부장관은 직장가입자나 지역가입자가 제54조 제3호 또는 제4호에 해당하면 보건복지부령으로 정하는 바에 따라 그 사유에 해당된 날부터 1개월 이내에 보험자에게 알려야 한다.

제9조의2(자격 취득 · 변동 사항의 고지)

공단은 제96조 제1항에 따라 제공받은 자료를 통하여 가입자 자격의 취득 또는 변동 여부를 확인하는 경우에는 자격 취득 또는 변동 후 최초로 제79조에 따른 납부의무자에게 보험료 납입 고지를 할 때 보건복지부령으로 정하는 바에 따라 자격 취득 또는 변동에 관한 사항을 알려야 한다.

제10조(자격의 상실 시기 등)

① 가입자는 다음 각 호의 어느 하나에 해당하게 된 날에 그 자격을 잃는다.
1. 사망한 날의 다음 날
2. 국적을 잃은 날의 다음 날
3. 국내에 거주하지 아니하게 된 날의 다음 날
4. 직장가입자의 피부양자가 된 날
5. 수급권자가 된 날
6. 건강보험을 적용받고 있던 사람이 유공자등 의료보호대상자가 되어 건강보험의 적용배제신청을 한 날

② 제1항에 따라 자격을 잃은 경우 직장가입자의 사용자와 지역가입자의 세대주는 그 명세를 보건복지부령으로 정하는 바에 따라 자격을 잃은 날부터 14일 이내에 보험자에게 신고하여야 한다.

제11조(자격취득 등의 확인)

① 가입자 자격의 취득·변동 및 상실은 제8조부터 제10조까지의 규정에 따른 자격의 취득·변동 및 상실의 시기로 소급하여 효력을 발생한다. 이 경우 보험자는 그 사실을 확인할 수 있다.

② 가입자나 가입자이었던 사람 또는 피부양자나 피부양자이었던 사람은 제1항에 따른 확인을 청구할 수 있다.

제12조(건강보험증)

① 국민건강보험공단은 가입자 또는 피부양자가 신청하는 경우 건강보험증을 발급하여야 한다.

② 가입자 또는 피부양자가 요양급여를 받을 때에는 제1항의 건강보험증을 제42조 제1항에 따른 요양기관(이하 "요양기관"이라 한다)에 제출하여야 한다. 다만, 천재지변이나 그 밖의 부득이한 사유가 있으면 그러하지 아니하다.

③ 가입자 또는 피부양자는 제2항 본문에도 불구하고 주민등록증(모바일 주민등록증을 포함한다), 운전면허증, 여권, 그 밖에 보건복지부령으로 정하는 본인 여부를 확인할 수 있는 신분증명서(이하 "신분증명서"라 한다)로 요양기관이 그 자격을 확인할 수 있으면 건강보험증을 제출하지 아니할 수 있다.

④ 요양기관은 가입자 또는 피부양자에게 요양급여를 실시하는 경우 보건복지부령으로 정하는 바에 따라 건강보험증이나 신분증명서로 본인 여부 및 그 자격을 확인하여야 한다. 다만, 요양기관이 가입자 또는 피부양자의 본인 여부 및 그 자격을 확인하기 곤란한 경우로서 보건복지부령으로 정하는 정당한 사유가 있을 때에는 그러하지 아니하다.

⑤ 가입자·피부양자는 제10조 제1항에 따라 자격을 잃은 후 자격을 증명하던 서류를 사용하여 보험급여를 받아서는 아니 된다.

⑥ 누구든지 건강보험증이나 신분증명서를 다른 사람에게 양도(讓渡)하거나 대여하여 보험급여를 받게 하여서는 아니 된다.

⑦ 누구든지 건강보험증이나 신분증명서를 양도 또는 대여를 받거나 그 밖에 이를 부정하게 사용하여 보험급여를 받아서는 아니 된다.

⑧ 제1항에 따른 건강보험증의 신청 절차와 방법, 서식과 그 교부 및 사용 등에 필요한 사항은 보건복지부령으로 정한다.

제3장 국민건강보험공단

제13조(보험자)

건강보험의 보험자는 국민건강보험공단(이하 "공단"이라 한다)으로 한다.

제14조(업무 등)

① 공단은 다음 각 호의 업무를 관장한다.

    1. 가입자 및 피부양자의 자격 관리

    2. 보험료와 그 밖에 이 법에 따른 징수금의 부과 · 징수

    3. 보험급여의 관리

    4. 가입자 및 피부양자의 질병의 조기발견 · 예방 및 건강관리를 위하여 요양급여 실시 현황과 건강검진 결과 등을 활용하여 실시하는 예방사업으로서 대통령령으로 정하는 사업

    5. 보험급여 비용의 지급

    6. 자산의 관리 · 운영 및 증식사업

    7. 의료시설의 운영

    8. 건강보험에 관한 교육훈련 및 홍보

    9. 건강보험에 관한 조사연구 및 국제협력

    10. 이 법에서 공단의 업무로 정하고 있는 사항

    11. 「국민연금법」, 「고용보험 및 산업재해보상보험의 보험료징수 등에 관한 법률」, 「임금채권보장법」 및 「석면피해구제법」(이하 "징수위탁근거법"이라 한다)에 따라 위탁받은 업무

    12. 그 밖에 이 법 또는 다른 법령에 따라 위탁받은 업무

    13. 그 밖에 건강보험과 관련하여 보건복지부장관이 필요하다고 인정한 업무

② 제1항 제6호에 따른 자산의 관리 · 운영 및 증식사업은 안정성과 수익성을 고려하여 다음 각 호의 방법에 따라야 한다.

    1. 체신관서 또는 「은행법」에 따른 은행에의 예입 또는 신탁

    2. 국가 · 지방자치단체 또는 「은행법」에 따른 은행이 직접 발행하거나 채무이행을 보증하는 유가증권의 매입

    3. 특별법에 따라 설립된 법인이 발행하는 유가증권의 매입

    4. 「자본시장과 금융투자업에 관한 법률」에 따른 신탁업자가 발행하거나 같은 법에 따른 집합투자업자가 발행하는 수익증권의 매입

    5. 공단의 업무에 사용되는 부동산의 취득 및 일부 임대

    6. 그 밖에 공단 자산의 증식을 위하여 대통령령으로 정하는 사업

③ 공단은 특정인을 위하여 업무를 제공하거나 공단 시설을 이용하게 할 경우 공단의 정관으로 정하는 바에 따라 그 업무의 제공 또는 시설의 이용에 대한 수수료와 사용료를 징수할 수 있다.

④ 공단은 「공공기관의 정보공개에 관한 법률」에 따라 건강보험과 관련하여 보유 · 관리하고 있는 정보를 공개한다.

제15조(법인격 등)

① 공단은 법인으로 한다.

② 공단은 주된 사무소의 소재지에서 설립등기를 함으로써 성립한다.

제16조(사무소)

① 공단의 주된 사무소의 소재지는 정관으로 정한다.

② 공단은 필요하면 정관으로 정하는 바에 따라 분사무소를 둘 수 있다.

제17조(정관)

① 공단의 정관에는 다음 각 호의 사항을 적어야 한다.

    1. 목적

    2. 명칭

    3. 사무소의 소재지

    4. 임직원에 관한 사항

    5. 이사회의 운영

    6. 재정운영위원회에 관한 사항

    7. 보험료 및 보험급여에 관한 사항

    8. 예산 및 결산에 관한 사항

    9. 자산 및 회계에 관한 사항

    10. 업무와 그 집행

    11. 정관의 변경에 관한 사항

    12. 공고에 관한 사항

② 공단은 정관을 변경하려면 보건복지부장관의 인가를 받아야 한다.

제18조(등기)

공단의 설립등기에는 다음 각 호의 사항을 포함하여야 한다.

1. 목적

2. 명칭

3. 주된 사무소 및 분사무소의 소재지

4. 이사장의 성명 · 주소 및 주민등록번호

제19조(해산)

공단의 해산에 관하여는 법률로 정한다.

제20조(임원)

① 공단은 임원으로서 이사장 1명, 이사 14명 및 감사 1명을 둔다. 이 경우 이사장, 이사 중 5명 및 감사는 상임으로 한다.

② 이사장은 「공공기관의 운영에 관한 법률」 제29조에 따른 임원추천위원회(이하 "임원추천위원회"라 한다)가 복수로 추천한 사람 중에서 보건복지부장관의 제청으로 대통령이 임명한다.

③ 상임이사는 보건복지부령으로 정하는 추천 절차를 거쳐 이사장이 임명한다.

④ 비상임이사는 다음 각 호의 사람을 보건복지부장관이 임명한다.

    1. 노동조합·사용자단체·시민단체·소비자단체·농어업인단체 및 노인단체가 추천하는 각 1명

    2. 대통령령으로 정하는 바에 따라 추천하는 관계 공무원 3명

⑤ 감사는 임원추천위원회가 복수로 추천한 사람 중에서 재정경제부장관의 제청으로 대통령이 임명한다.

⑥ 제4항에 따른 비상임이사는 정관으로 정하는 바에 따라 실비변상(實費辨償)을 받을 수 있다.

⑦ 이사장의 임기는 3년, 이사(공무원인 이사는 제외한다)와 감사의 임기는 각각 2년으로 한다.

제21조(징수이사)

① 상임이사 중 제14조 제1항 제2호 및 제11호의 업무를 담당하는 이사(이하 "징수이사"라 한다)는 경영, 경제 및 사회보험에 관한 학식과 경험이 풍부한 사람으로서 보건복지부령으로 정하는 자격을 갖춘 사람 중에서 선임한다.

② 징수이사 후보를 추천하기 위하여 공단에 이사를 위원으로 하는 징수이사추천위원회(이하 "추천위원회"라 한다)를 둔다. 이 경우 추천위원회의 위원장은 이사장이 지명하는 이사로 한다.

③ 추천위원회는 주요 일간신문에 징수이사 후보의 모집 공고를 하여야 하며, 이와 별도로 적임자로 판단되는 징수이사 후보를 조사하거나 전문단체에 조사를 의뢰할 수 있다.

④ 추천위원회는 제3항에 따라 모집한 사람을 보건복지부령으로 정하는 징수이사 후보 심사기준에 따라 심사하여야 하며, 징수이사 후보로 추천될 사람과 계약 조건에 관하여 협의하여야 한다.

⑤ 이사장은 제4항에 따른 심사와 협의 결과에 따라 징수이사 후보와 계약을 체결하여야 하며, 이 경우 제20조 제3항에 따른 상임이사의 임명으로 본다.

⑥ 제4항에 따른 계약 조건에 관한 협의, 제5항에 따른 계약 체결 등에 필요한 사항은 보건복지부령으로 정한다.

제22조(임원의 직무)

① 이사장은 공단을 대표하고 업무를 총괄하며, 임기 중 공단의 경영성과에 대하여 책임을 진다.

② 상임이사는 이사장의 명을 받아 공단의 업무를 집행한다.

③ 이사장이 부득이한 사유로 그 직무를 수행할 수 없을 때에는 정관으로 정하는 바에 따라 상임이사 중 1명이 그 직무를 대행하고, 상임이사가 없거나 그 직무를 대행할 수 없을 때에는 정관으로 정하는 임원이 그 직무를 대행한다.

④ 감사는 공단의 업무, 회계 및 재산 상황을 감사한다.

제23조(임원 결격사유)

다음 각 호의 어느 하나에 해당하는 사람은 공단의 임원이 될 수 없다.

1. 대한민국 국민이 아닌 사람
2. 「공공기관의 운영에 관한 법률」 제34조 제1항 각 호의 어느 하나에 해당하는 사람

제24조(임원의 당연퇴임 및 해임)

① 임원이 제23조 각 호의 어느 하나에 해당하게 되거나 임명 당시 그에 해당하는 사람으로 확인되면 그 임원은 당연퇴임한다.
② 임명권자는 임원이 다음 각 호의 어느 하나에 해당하면 그 임원을 해임할 수 있다.
  1. 신체장애나 정신장애로 직무를 수행할 수 없다고 인정되는 경우
  2. 직무상 의무를 위반한 경우
  3. 고의나 중대한 과실로 공단에 손실이 생기게 한 경우
  4. 직무 여부와 관계없이 품위를 손상하는 행위를 한 경우
  5. 이 법에 따른 보건복지부장관의 명령을 위반한 경우

제25조(임원의 겸직 금지 등)

① 공단의 상임임원과 직원은 그 직무 외에 영리를 목적으로 하는 사업에 종사하지 못한다.
② 공단의 상임임원이 임명권자 또는 제청권자의 허가를 받거나 공단의 직원이 이사장의 허가를 받은 경우에는 비영리 목적의 업무를 겸할 수 있다.

제26조(이사회)

① 공단의 주요 사항(「공공기관의 운영에 관한 법률」 제17조제1항 각 호의 사항을 말한다)을 심의·의결하기 위하여 공단에 이사회를 둔다.
② 이사회는 이사장과 이사로 구성한다.
③ 감사는 이사회에 출석하여 발언할 수 있다.
④ 이사회의 의결 사항 및 운영 등에 필요한 사항은 대통령령으로 정한다.

제27조(직원의 임면)

이사장은 정관으로 정하는 바에 따라 직원을 임면(任免)한다.

제28조(벌칙 적용 시 공무원 의제)

공단의 임직원은 「형법」 제129조부터 제132조까지의 규정을 적용할 때 공무원으로 본다.

제29조(규정 등)

공단의 조직·인사·보수 및 회계에 관한 규정은 이사회의 의결을 거쳐 보건복지부장관의 승인을 받아 정한다.

제30조(대리인의 선임)

이사장은 공단 업무에 관한 모든 재판상의 행위 또는 재판 외의 행위를 대행하게 하기 위하여 공단의 이사 또는 직원 중에서 대리인을 선임할 수 있다.

제31조(대표권의 제한)

① 이사장은 공단의 이익과 자기의 이익이 상반되는 사항에 대하여는 공단을 대표하지 못한다. 이 경우 감사가 공단을 대표한다.

② 공단과 이사장 사이의 소송은 제1항을 준용한다.

제32조(이사장 권한의 위임)

이 법에 규정된 이사장의 권한 중 급여의 제한, 보험료의 납입고지 등 대통령령으로 정하는 사항은 정관으로 정하는 바에 따라 분사무소의 장에게 위임할 수 있다.

제33조(재정운영위원회)

① 제45조 제1항에 따른 요양급여비용의 계약 및 제84조에 따른 결손처분 등 보험재정에 관련된 사항을 심의·의결하기 위하여 공단에 재정운영위원회를 둔다.

② 재정운영위원회의 위원장은 제34조 제1항 제3호에 따른 위원 중에서 호선(互選)한다.

제34조(재정운영위원회의 구성 등)

① 재정운영위원회는 다음 각 호의 위원으로 구성한다.

　　1. 직장가입자를 대표하는 위원 10명

　　2. 지역가입자를 대표하는 위원 10명

　　3. 공익을 대표하는 위원 10명

② 제1항에 따른 위원은 다음 각 호의 사람을 보건복지부장관이 임명하거나 위촉한다.

　　1. 제1항 제1호의 위원은 노동조합과 사용자단체에서 추천하는 각 5명

　　2. 제1항 제2호의 위원은 대통령령으로 정하는 바에 따라 농어업인 단체·도시자영업자단체 및 시민단체에서 추천하는 사람

　　3. 제1항 제3호의 위원은 대통령령으로 정하는 관계 공무원 및 건강보험에 관한 학식과 경험이 풍부한 사람

③ 재정운영위원회 위원(공무원인 위원은 제외한다)의 임기는 2년으로 한다. 다만, 위원의 사임 등으로 새로 위촉된 위원의 임기는 전임위원 임기의 남은 기간으로 한다.

④ 재정운영위원회의 운영 등에 필요한 사항은 대통령령으로 정한다.

제35조(회계)

① 공단의 회계연도는 정부의 회계연도에 따른다.

② 공단은 직장가입자와 지역가입자의 재정을 통합하여 운영한다.

③ 공단은 건강보험사업 및 징수위탁근거법의 위탁에 따른 국민연금사업 · 고용보험사업 · 산업재해보상보험사업 · 임금채권보장사업에 관한 회계를 공단의 다른 회계와 구분하여 각각 회계처리하여야 한다.

제36조(예산)

공단은 회계연도마다 예산안을 편성하여 이사회의 의결을 거친 후 보건복지부장관의 승인을 받아야 한다. 예산을 변경할 때에도 또한 같다.

제37조(차입금)

공단은 지출할 현금이 부족한 경우에는 차입할 수 있다. 다만, 1년 이상 장기로 차입하려면 보건복지부장관의 승인을 받아야 한다.

제38조(준비금)

① 공단은 회계연도마다 결산상의 잉여금 중에서 그 연도의 보험급여에 든 비용의 100분의 5 이상에 상당하는 금액을 그 연도에 든 비용의 100분의 50에 이를 때까지 준비금으로 적립하여야 한다.

② 제1항에 따른 준비금은 부족한 보험급여 비용에 충당하거나 지출할 현금이 부족할 때 외에는 사용할 수 없으며, 현금 지출에 준비금을 사용한 경우에는 해당 회계연도 중에 이를 보전(補塡)하여야 한다.

③ 제1항에 따른 준비금의 관리 및 운영 방법 등에 필요한 사항은 보건복지부장관이 정한다.

제39조(결산)

① 공단은 회계연도마다 결산보고서와 사업보고서를 작성하여 다음해 2월 말일까지 보건복지부장관에게 보고하여야 한다.

② 공단은 제1항에 따라 결산보고서와 사업보고서를 보건복지부장관에게 보고하였을 때에는 보건복지부령으로 정하는 바에 따라 그 내용을 공고하여야 한다.

제39조의2(재난적의료비 지원사업에 대한 출연)

공단은 「재난적의료비 지원에 관한 법률」에 따른 재난적의료비 지원사업에 사용되는 비용에 충당하기 위하여 매년 예산의 범위에서 출연할 수 있다. 이 경우 출연 금액의 상한 등에 필요한 사항은 대통령령으로 정한다.

제40조(「민법」의 준용)

공단에 관하여 이 법과 「공공기관의 운영에 관한 법률」에서 정한 사항 외에는 「민법」 중 재단법인에 관한 규정을 준용한다.

제4장 보험급여

제41조(요양급여)

① 가입자와 피부양자의 질병, 부상, 출산 등에 대하여 다음 각 호의 요양급여를 실시한다.
  1. 진찰 · 검사
  2. 약제(藥劑) · 치료재료의 지급
  3. 처치 · 수술 및 그 밖의 치료
  4. 예방 · 재활
  5. 입원
  6. 간호
  7. 이송(移送)
② 제1항에 따른 요양급여(이하 "요양급여"라 한다)의 범위(이하 "요양급여대상"이라 한다)는 다음 각 호와 같다.
  1. 제1항 각 호의 요양급여(제1항 제2호의 약제는 제외한다) : 제4항에 따라 보건복지부장관이 비급여대상으로 정한 것을 제외한 일체의 것
  2. 제1항 제2호의 약제 : 제41조의3에 따라 요양급여대상으로 보건복지부장관이 결정하여 고시한 것
③ 요양급여의 방법 · 절차 · 범위 · 상한 등의 기준은 보건복지부령으로 정한다.
④ 보건복지부장관은 제3항에 따라 요양급여의 기준을 정할 때 업무나 일상생활에 지장이 없는 질환에 대한 치료 등 보건복지부령으로 정하는 사항은 요양급여대상에서 제외되는 사항(이하 "비급여대상"이라 한다)으로 정할 수 있다.

제41조의2(약제에 대한 요양급여비용 상한금액의 감액 등)

① 보건복지부장관은 「약사법」 제47조 제2항의 위반과 관련된 제41조 제1항 제2호의 약제에 대하여는 요양급여비용 상한금액(제41조 제3항에 따라 약제별 요양급여비용의 상한으로 정한 금액을 말한다. 이하 같다)의 100분의 20을 넘지 아니하는 범위에서 그 금액의 일부를 감액할 수 있다.
② 보건복지부장관은 제1항에 따라 요양급여비용의 상한금액이 감액된 약제가 감액된 날부터 5년의 범위에서 대통령령으로 정하는 기간 내에 다시 제1항에 따른 감액의 대상이 된 경우에는 요양급여비용 상한금액의 100분의 40을 넘지 아니하는 범위에서 요양급여비용 상한금액의 일부를 감액할 수 있다.
③ 보건복지부장관은 제2항에 따라 요양급여비용의 상한금액이 감액된 약제가 감액된 날부터 5년의 범위에서 대통령령으로 정하는 기간 내에 다시 「약사법」 제47조 제2항의 위반과 관련된 경우에는 해당 약제에 대하여 1년의 범위에서 기간을 정하여 요양급여의 적용을 정지할 수 있다.

④ 제1항부터 제3항까지의 규정에 따른 요양급여비용 상한금액의 감액 및 요양급여 적용 정지의 기준, 절차, 그 밖에 필요한 사항은 대통령령으로 정한다.

제41조의3(행위 · 치료재료 및 약제에 대한 요양급여대상 여부의 결정 및 조정)

① 제42조에 따른 요양기관, 치료재료의 제조업자 · 수입업자 등 보건복지부령으로 정하는 자는 요양급여대상 또는 비급여대상으로 결정되지 아니한 제41조 제1항 제1호 · 제3호 · 제4호의 요양급여에 관한 행위 및 제41조 제1항 제2호의 치료재료(이하 "행위 · 치료재료"라 한다)에 대하여 요양급여대상 여부의 결정을 보건복지부장관에게 신청하여야 한다.

② 「약사법」에 따른 약제의 제조업자 · 수입업자 등 보건복지부령으로 정하는 자(이하 "약제의 제조업자등"이라 한다)는 요양급여대상에 포함되지 아니한 제41조 제1항 제2호의 약제(이하 이 조에서 "약제"라 한다)에 대하여 보건복지부장관에게 요양급여대상 여부의 결정을 신청할 수 있다.

③ 제1항 및 제2항에 따른 신청을 받은 보건복지부장관은 정당한 사유가 없으면 보건복지부령으로 정하는 기간 이내에 요양급여대상 또는 비급여대상의 여부를 결정하여 신청인에게 통보하여야 한다.

④ 보건복지부장관은 제1항 및 제2항에 따른 신청이 없는 경우에도 환자의 진료상 반드시 필요하다고 보건복지부령으로 정하는 경우에는 직권으로 행위 · 치료재료 및 약제의 요양급여대상의 여부를 결정할 수 있다.

⑤ 보건복지부장관은 제41조 제2항 제2호에 따라 요양급여대상으로 결정하여 고시한 약제에 대하여 보건복지부령으로 정하는 바에 따라 요양급여대상 여부, 범위, 요양급여비용 상한금액 등을 직권으로 조정할 수 있다.

⑥ 제1항 및 제2항에 따른 요양급여대상 여부의 결정 신청의 시기, 절차, 방법 및 업무의 위탁 등에 필요한 사항, 제3항과 제4항에 따른 요양급여대상 여부의 결정 절차 및 방법, 제5항에 따른 직권 조정 사유 · 절차 및 방법 등에 관한 사항은 보건복지부령으로 정한다.

제41조의4(선별급여)

① 요양급여를 결정함에 있어 경제성 또는 치료효과성 등이 불확실하여 그 검증을 위하여 추가적인 근거가 필요하거나, 경제성이 낮아도 가입자와 피부양자의 건강회복에 잠재적 이득이 있는 등 대통령령으로 정하는 경우에는 예비적인 요양급여인 선별급여로 지정하여 실시할 수 있다.

② 보건복지부장관은 대통령령으로 정하는 절차와 방법에 따라 제1항에 따른 선별급여(이하 "선별급여"라 한다)에 대하여 주기적으로 요양급여의 적합성을 평가하여 요양급여 여부를 다시 결정하고, 제41조제3항에 따른 요양급여의 기준을 조정하여야 한다.

제41조의5(방문요양급여)

가입자 또는 피부양자가 질병이나 부상으로 거동이 불편한 경우 등 보건복지부령으로 정하는 사유에 해당하는 경우에는 가입자 또는 피부양자를 직접 방문하여 제41조에 따른 요양급여를 실시할 수 있다.

제42조(요양기관)

① 요양급여(간호와 이송은 제외한다)는 다음 각 호의 요양기관에서 실시한다. 이 경우 보건복지부장관은 공익이나 국가정책에 비추어 요양기관으로 적합하지 아니한 대통령령으로 정하는 의료기관 등은 요양기관에서 제외할 수 있다.
   1. 「의료법」에 따라 개설된 의료기관
   2. 「약사법」에 따라 등록된 약국
   3. 「약사법」 제91조에 따라 설립된 한국희귀 · 필수의약품센터
   4. 「지역보건법」에 따른 보건소 · 보건의료원 및 보건지소
   5. 「농어촌 등 보건의료를 위한 특별조치법」에 따라 설치된 보건진료소
② 보건복지부장관은 효율적인 요양급여를 위하여 필요하면 보건복지부령으로 정하는 바에 따라 시설 · 장비 · 인력 및 진료과목 등 보건복지부령으로 정하는 기준에 해당하는 요양기관을 전문요양기관으로 인정할 수 있다. 이 경우 해당 전문요양기관에 인정서를 발급하여야 한다.
③ 보건복지부장관은 제2항에 따라 인정받은 요양기관이 다음 각 호의 어느 하나에 해당하는 경우에는 그 인정을 취소한다.
   1. 제2항 전단에 따른 인정기준에 미달하게 된 경우
   2. 제2항 후단에 따라 발급받은 인정서를 반납한 경우
④ 제2항에 따라 전문요양기관으로 인정된 요양기관 또는 「의료법」 제3조의4에 따른 상급종합병원에 대하여는 제41조제3항에 따른 요양급여의 절차 및 제45조에 따른 요양급여비용을 다른 요양기관과 달리 할 수 있다.
⑤ 제1항 · 제2항 및 제4항에 따른 요양기관은 정당한 이유 없이 요양급여를 거부하지 못한다.

제42조의2(요양기관의 선별급여 실시에 대한 관리)

① 제42조 제1항에도 불구하고, 선별급여 중 자료의 축적 또는 의료 이용의 관리가 필요한 경우에는 보건복지부장관이 해당 선별급여의 실시 조건을 사전에 정하여 이를 충족하는 요양기관만이 해당 선별급여를 실시할 수 있다.
② 제1항에 따라 선별급여를 실시하는 요양기관은 제41조의4 제2항에 따른 해당 선별급여의 평가를 위하여 필요한 자료를 제출하여야 한다.
③ 보건복지부장관은 요양기관이 제1항에 따른 선별급여의 실시 조건을 충족하지 못하거나 제2항에 따른 자료를 제출하지 아니할 경우에는 해당 선별급여의 실시를 제한할 수 있다.
④ 제1항에 따른 선별급여의 실시 조건, 제2항에 따른 자료의 제출, 제3항에 따른 선별급여의 실시 제한 등에 필요한 사항은 보건복지부령으로 정한다.

제43조(요양기관 현황에 대한 신고)

① 요양기관은 제47조에 따라 요양급여비용을 최초로 청구하는 때에 요양기관의 시설·장비 및 인력 등에 대한 현황을 제62조에 따른 건강보험심사평가원(이하 "심사평가원"이라 한다)에 신고하여야 한다.

② 요양기관은 제1항에 따라 신고한 내용(제45조에 따른 요양급여비용의 증감에 관련된 사항만 해당한다)이 변경된 경우에는 그 변경된 날부터 15일 이내에 보건복지부령으로 정하는 바에 따라 심사평가원에 신고하여야 한다.

③ 제1항 및 제2항에 따른 신고의 범위, 대상, 방법 및 절차 등에 필요한 사항은 보건복지부령으로 정한다.

제44조(비용의 일부부담)

① 요양급여를 받는 자는 대통령령으로 정하는 바에 따라 비용의 일부(이하 "본인일부부담금"이라 한다)를 본인이 부담한다. 이 경우 선별급여에 대해서는 다른 요양급여에 비하여 본인일부부담금을 상향 조정할 수 있다.

② 본인이 연간 부담하는 다음 각 호의 금액의 합계액이 대통령령으로 정하는 금액(이하 이 조에서 "본인부담상한액"이라 한다)을 초과한 경우에는 공단이 그 초과 금액을 부담하여야 한다. 이 경우 공단은 당사자에게 그 초과 금액을 통보하고, 이를 지급하여야 한다.

  1. 본인일부부담금의 총액

  2. 제49조 제1항에 따른 요양이나 출산의 비용으로 부담한 금액(요양이나 출산의 비용으로 부담한 금액이 보건복지부장관이 정하여 고시한 금액보다 큰 경우에는 그 고시한 금액으로 한다)에서 같은 항에 따라 요양비로 지급받은 금액을 제외한 금액

③ 제2항에 따른 본인부담상한액은 가입자의 소득수준 등에 따라 정한다.

④ 제2항 각 호에 따른 금액 및 합계액의 산정 방법, 본인부담상한액을 넘는 금액의 지급 방법 및 제3항에 따른 가입자의 소득수준 등에 따른 본인부담상한액 설정 등에 필요한 사항은 대통령령으로 정한다.

제45조(요양급여비용의 산정 등)

① 요양급여비용은 공단의 이사장과 대통령령으로 정하는 의약계를 대표하는 사람들의 계약으로 정한다. 이 경우 계약기간은 1년으로 한다.

② 제1항에 따라 계약이 체결되면 그 계약은 공단과 각 요양기관 사이에 체결된 것으로 본다.

③ 제1항에 따른 계약은 그 직전 계약기간 만료일이 속하는 연도의 5월 31일까지 체결하여야 하며, 그 기한까지 계약이 체결되지 아니하는 경우 보건복지부장관이 그 직전 계약기간 만료일이 속하는 연도의 6월 30일까지 심의위원회의 의결을 거쳐 요양급여비용을 정한다. 이 경우 보건복지부장관이 정하는 요양급여비용은 제1항 및 제2항에 따라 계약으로 정한 요양급여비용으로 본다.

④ 제1항 또는 제3항에 따라 요양급여비용이 정해지면 보건복지부장관은 그 요양급여비용의 명세를 지체 없이 고시하여야 한다.

⑤ 공단의 이사장은 제33조에 따른 재정운영위원회의 심의·의결을 거쳐 제1항에 따른 계약을 체결하여야 한다.

⑥ 심사평가원은 공단의 이사장이 제1항에 따른 계약을 체결하기 위하여 필요한 자료를 요청하면 그 요청에 성실히 따라야 한다.
⑦ 제1항에 따른 계약의 내용과 그 밖에 필요한 사항은 대통령령으로 정한다.

제46조(약제 · 치료재료에 대한 요양급여비용의 산정)

제41조 제1항 제2호의 약제 · 치료재료(이하 "약제 · 치료재료"라 한다)에 대한 요양급여비용은 제45조에도 불구하고 요양기관의 약제 · 치료재료 구입금액 등을 고려하여 대통령령으로 정하는 바에 따라 달리 산정할 수 있다.

제47조(요양급여비용의 청구와 지급 등)

① 요양기관은 공단에 요양급여비용의 지급을 청구할 수 있다. 이 경우 제2항에 따른 요양급여비용에 대한 심사청구는 공단에 대한 요양급여비용의 청구로 본다.
② 제1항에 따라 요양급여비용을 청구하려는 요양기관은 심사평가원에 요양급여비용의 심사청구를 하여야 하며, 심사청구를 받은 심사평가원은 이를 심사한 후 지체 없이 그 내용을 공단과 요양기관에 알려야 한다.
③ 제2항에 따라 심사 내용을 통보받은 공단은 지체 없이 그 내용에 따라 요양급여비용을 요양기관에 지급한다. 이 경우 이미 낸 본인일부부담금이 제2항에 따라 통보된 금액보다 더 많으면 요양기관에 지급할 금액에서 더 많이 낸 금액을 공제하여 해당 가입자에게 지급하여야 한다.
④ 공단은 제3항 전단에 따라 요양급여비용을 요양기관에 지급하는 경우 해당 요양기관이 제77조 제1항 제1호에 따라 공단에 납부하여야 하는 보험료 또는 그 밖에 이 법에 따른 징수금을 체납한 때에는 요양급여비용에서 이를 공제하고 지급할 수 있다.
⑤ 공단은 제3항 후단에 따라 가입자에게 지급하여야 하는 금액을 그 가입자가 내야 하는 보험료와 그 밖에 이 법에 따른 징수금(이하 "보험료등"이라 한다)과 상계(相計)할 수 있다.
⑥ 공단은 심사평가원이 제47조의4에 따라 요양급여의 적정성을 평가하여 공단에 통보하면 그 평가 결과에 따라 요양급여비용을 가산하거나 감액 조정하여 지급한다. 이 경우 평가 결과에 따라 요양급여비용을 가산하거나 감액하여 지급하는 기준은 보건복지부령으로 정한다.
⑦ 요양기관은 제2항에 따른 심사청구를 다음 각 호의 단체가 대행하게 할 수 있다.
  1. 「의료법」 제28조 제1항에 따른 의사회 · 치과의사회 · 한의사회 · 조산사회 또는 같은 조 제6항에 따라 신고한 각각의 지부 및 분회
  2. 「의료법」 제52조에 따른 의료기관 단체
  3. 「약사법」 제11조에 따른 약사회 또는 같은 법 제14조에 따라 신고한 지부 및 분회
⑧ 제1항부터 제7항까지의 규정에 따른 요양급여비용의 청구 · 심사 · 지급 등의 방법과 절차에 필요한 사항은 보건복지부령으로 정한다.

제47조의2(요양급여비용의 지급 보류)

① 제47조 제3항에도 불구하고 공단은 요양급여비용의 지급을 청구한 요양기관이 「의료법」 제4조 제2항, 제33조 제2항·제8항 또는 「약사법」 제20조 제1항, 제21조 제1항을 위반하였거나, 「의료법」 제33조 제10항 또는 「약사법」 제6조제3항·제4항을 위반하여 개설·운영되었다는 사실을 수사기관의 수사 결과로 확인한 경우에는 해당 요양기관이 청구한 요양급여비용의 지급을 보류할 수 있다. 이 경우 요양급여비용 지급 보류 처분의 효력은 해당 요양기관이 그 처분 이후 청구하는 요양급여비용에 대해서도 미친다.

② 공단은 제1항에 따라 요양급여비용의 지급을 보류하기 전에 해당 요양기관에 의견 제출의 기회를 주어야 한다.

③ 공단은 요양기관이 「의료법」 제4조 제2항, 제33조 제2항·제8항 또는 「약사법」 제20조 제1항, 제21조 제1항을 위반한 혐의나 「의료법」 제33조 제10항 또는 「약사법」 제6조 제3항·제4항을 위반하여 개설·운영된 혐의에 대하여 법원에서 무죄 판결이 선고된 경우 그 선고 이후 실시한 요양급여에 한정하여 해당 요양기관이 청구하는 요양급여비용을 지급할 수 있다.

④ 법원의 무죄 판결이 확정되는 등 대통령령으로 정하는 사유로 제1항에 따른 요양기관이 「의료법」 제4조 제2항, 제33조 제2항·제8항 또는 「약사법」 제20조 제1항, 제21조 제1항을 위반한 혐의나 「의료법」 제33조 제10항 또는 「약사법」 제6조 제3항·제4항을 위반하여 개설·운영된 혐의가 입증되지 아니한 경우에는 공단은 지급보류 처분을 취소하고, 지급 보류된 요양급여비용에 지급 보류된 기간 동안의 이자를 가산하여 해당 요양기관에 지급하여야 한다. 이 경우 이자는 「민법」 제379조에 따른 법정이율을 적용하여 계산한다.

⑤ 제1항 및 제2항에 따른 지급 보류 절차 및 의견 제출의 절차 등에 필요한 사항, 제3항에 따른 지급 보류된 요양급여비용 및 이자의 지급 절차 등에 필요한 사항은 대통령령으로 정한다.

제47조의3(요양급여비용의 차등 지급)

지역별 의료자원의 불균형 및 의료서비스 격차의 해소 등을 위하여 지역별로 요양급여비용을 달리 정하여 지급할 수 있다.

제47조의4(요양급여의 적정성 평가)

① 심사평가원은 요양급여에 대한 의료의 질을 향상시키기 위하여 요양급여의 적정성 평가(이하 이 조에서 "평가"라 한다)를 실시할 수 있다.

② 심사평가원은 요양기관의 인력·시설·장비, 환자안전 등 요양급여와 관련된 사항을 포함하여 평가할 수 있다.

③ 심사평가원은 평가 결과를 평가대상 요양기관에 통보하여야 하며, 평가 결과에 따라 요양급여비용을 가산 또는 감산할 경우에는 그 결정사항이 포함된 평가 결과를 가감대상 요양기관 및 공단에 통보하여야 한다.

④ 제1항부터 제3항까지에 따른 평가의 기준·범위·절차·방법 등에 필요한 사항은 보건복지부령으로 정한다.

제48조(요양급여 대상 여부의 확인 등)

① 가입자나 피부양자는 본인일부부담금 외에 자신이 부담한 비용이 제41조제4항에 따라 요양급여 대상에서 제외되는 비용인지 여부에 대하여 심사평가원에 확인을 요청할 수 있다.

② 제1항에 따른 확인 요청을 받은 심사평가원은 그 결과를 요청한 사람에게 알려야 한다. 이 경우 확인을 요청한 비용이 요양급여 대상에 해당되는 비용으로 확인되면 그 내용을 공단 및 관련 요양기관에 알려야 한다.

③ 제2항 후단에 따라 통보받은 요양기관은 받아야 할 금액보다 더 많이 징수한 금액(이하 "과다본인부담금"이라 한다)을 지체 없이 확인을 요청한 사람에게 지급하여야 한다. 다만, 공단은 해당 요양기관이 과다본인부담금을 지급하지 아니하면 해당 요양기관에 지급할 요양급여비용에서 과다본인부담금을 공제하여 확인을 요청한 사람에게 지급할 수 있다.

④ 제1항부터 제3항까지에 따른 확인 요청의 범위, 방법, 절차, 처리기간 등 필요한 사항은 보건복지부령으로 정한다.

제49조(요양비)

① 공단은 가입자나 피부양자가 보건복지부령으로 정하는 긴급하거나 그 밖의 부득이한 사유로 요양기관과 비슷한 기능을 하는 기관으로서 보건복지부령으로 정하는 기관(제98조 제1항에 따라 업무정지기간 중인 요양기관을 포함한다. 이하 "준요양기관"이라 한다)에서 질병·부상·출산 등에 대하여 요양을 받거나 요양기관이 아닌 장소에서 출산한 경우에는 그 요양급여에 상당하는 금액을 보건복지부령으로 정하는 바에 따라 가입자나 피부양자에게 요양비로 지급한다.

② 준요양기관은 보건복지부장관이 정하는 요양비 명세서나 요양 명세를 적은 영수증을 요양을 받은 사람에게 내주어야 하며, 요양을 받은 사람은 그 명세서나 영수증을 공단에 제출하여야 한다.

③ 제1항 및 제2항에도 불구하고 준요양기관은 요양을 받은 가입자나 피부양자의 위임이 있는 경우 공단에 요양비의 지급을 직접 청구할 수 있다. 이 경우 공단은 지급이 청구된 내용의 적정성을 심사하여 준요양기관에 요양비를 지급할 수 있다.

④ 제3항에 따른 준요양기관의 요양비 지급 청구, 공단의 적정성 심사 등에 필요한 사항은 보건복지부령으로 정한다.

제50조(부가급여)

공단은 이 법에서 정한 요양급여 외에 대통령령으로 정하는 바에 따라 임신·출산 진료비, 장제비, 상병수당, 그 밖의 급여를 실시할 수 있다.

제51조(장애인에 대한 특례)

① 공단은 「장애인복지법」에 따라 등록한 장애인인 가입자 및 피부양자에게는 「장애인·노인 등을 위한 보조기기 지원 및 활용촉진에 관한 법률」 제3조 제2호에 따른 보조기기(이하 이 조에서 "보조기기"라 한다)에 대하여 보험급여를 할 수 있다.

② 장애인인 가입자 또는 피부양자에게 보조기기를 판매한 자는 가입자나 피부양자의 위임이 있는 경우 공단에 보험급여를 직접 청구할 수 있다. 이 경우 공단은 지급이 청구된 내용의 적정성을 심사하여 보조기기를 판매한 자에게 보조기기에 대한 보험급여를 지급할 수 있다.

③ 제1항에 따른 보조기기에 대한 보험급여의 범위·방법·절차, 제2항에 따른 보조기기 판매업자의 보험급여 청구, 공단의 적정성 심사 및 그 밖에 필요한 사항은 보건복지부령으로 정한다.

제52조(건강검진)

① 공단은 가입자와 피부양자에 대하여 질병의 조기 발견과 그에 따른 요양급여를 하기 위하여 건강검진을 실시한다.

② 제1항에 따른 건강검진의 종류 및 대상은 다음 각 호와 같다.

  1. 일반건강검진 : 직장가입자, 세대주인 지역가입자, 20세 이상인 지역가입자 및 20세 이상인 피부양자

  2. 암검진 : 「암관리법」 제11조제2항에 따른 암의 종류별 검진주기와 연령 기준 등에 해당하는 사람

  3. 영유아건강검진 : 6세 미만의 가입자 및 피부양자

③ 제1항에 따른 건강검진의 검진항목은 성별, 연령 등의 특성 및 생애 주기에 맞게 설계되어야 한다.

④ 제1항에 따른 건강검진의 횟수·절차와 그 밖에 필요한 사항은 대통령령으로 정한다.

제53조(급여의 제한)

① 공단은 보험급여를 받을 수 있는 사람이 다음 각 호의 어느 하나에 해당하면 보험급여를 하지 아니한다.

　1. 고의 또는 중대한 과실로 인한 범죄행위에 그 원인이 있거나 고의로 사고를 일으킨 경우

　2. 고의 또는 중대한 과실로 공단이나 요양기관의 요양에 관한 지시에 따르지 아니한 경우

　3. 고의 또는 중대한 과실로 제55조에 따른 문서와 그 밖의 물건의 제출을 거부하거나 질문 또는 진단을 기피한 경우

　4. 업무 또는 공무로 생긴 질병·부상·재해로 다른 법령에 따른 보험급여나 보상(報償) 또는 보상(補償)을 받게 되는 경우

② 공단은 보험급여를 받을 수 있는 사람이 다른 법령에 따라 국가나 지방자치단체로부터 보험급여에 상당하는 급여를 받거나 보험급여에 상당하는 비용을 지급받게 되는 경우에는 그 한도에서 보험급여를 하지 아니한다.

③ 공단은 가입자가 대통령령으로 정하는 기간 이상 다음 각 호의 보험료를 체납한 경우 그 체납한 보험료를 완납할 때까지 그 가입자 및 피부양자에 대하여 보험급여를 실시하지 아니할 수 있다. 다만, 월별 보험료의 총체납횟수(이미 납부된 체납보험료는 총체납횟수에서 제외하며, 보험료의 체납기간은 고려하지 아니한다)가 대통령령으로 정하는 횟수 미만이거나 가입자 및 피부양자의 소득·재산 등이 대통령령으로 정하는 기준 미만인 경우에는 그러하지 아니하다.

　1. 제69조제4항제2호에 따른 보수 외 소득월액보험료

　2. 제69조제5항에 따른 세대단위의 보험료

④ 공단은 제77조 제1항 제1호에 따라 납부의무를 부담하는 사용자가 제69조 제4항 제1호에 따른 보수월액보험료를 체납한 경우에는 그 체납에 대하여 직장가입자 본인에게 귀책사유가 있는 경우에 한하여 제3항의 규정을 적용한다. 이 경우 해당 직장가입자의 피부양자에게도 제3항의 규정을 적용한다.

⑤ 제3항 및 제4항에도 불구하고 제82조에 따라 공단으로부터 분할납부 승인을 받고 그 승인된 보험료를 1회 이상 낸 경우에는 보험급여를 할 수 있다. 다만, 제82조에 따른 분할납부 승인을 받은 사람이 정당한 사유 없이 5회(같은 조 제1항에 따라 승인받은 분할납부 횟수가 5회 미만인 경우에는 해당 분할납부 횟수를 말한다. 이하 이 조에서 같다) 이상 그 승인된 보험료를 내지 아니한 경우에는 그러하지 아니하다.

⑥ 제3항 및 제4항에 따라 보험급여를 하지 아니하는 기간(이하 이 항에서 "급여제한기간"이라 한다)에 받은 보험급여는 다음 각 호의 어느 하나에 해당하는 경우에만 보험급여로 인정한다.

　1. 공단이 급여제한기간에 보험급여를 받은 사실이 있음을 가입자에게 통지한 날부터 2개월이 지난 날이 속한 달의 납부기한 이내에 체납된 보험료를 완납한 경우

　2. 공단이 급여제한기간에 보험급여를 받은 사실이 있음을 가입자에게 통지한 날부터 2개월이 지난 날이 속한 달의 납부기한 이내에 제82조에 따라 분할납부 승인을 받은 체납보험료를 1회 이상 낸 경우. 다만, 제82조에 따른 분할납부 승인을 받은 사람이 정당한 사유 없이 5회 이상 그 승인된 보험료를 내지 아니한 경우에는 그러하지 아니하다.

제54조(급여의 정지)

보험급여를 받을 수 있는 사람이 다음 각 호의 어느 하나에 해당하면 그 기간에는 보험급여를 하지 아니한다. 다만, 제3호 및 제4호의 경우에는 제60조에 따른 요양급여를 실시한다.

1. 삭제
2. 국외에 체류하는 경우
3. 제6조 제2항 제2호에 해당하게 된 경우
4. 교도소, 그 밖에 이에 준하는 시설에 수용되어 있는 경우

제55조(급여의 확인)

공단은 보험급여를 할 때 필요하다고 인정되면 보험급여를 받는 사람에게 문서와 그 밖의 물건을 제출하도록 요구하거나 관계인을 시켜 질문 또는 진단하게 할 수 있다.

제56조(요양비 등의 지급)

공단은 이 법에 따라 지급의무가 있는 요양비 또는 부가급여의 청구를 받으면 지체 없이 이를 지급하여야 한다.

제56조의2(요양비등수급계좌)

① 공단은 이 법에 따른 보험급여로 지급되는 현금(이하 "요양비등"이라 한다)을 받는 수급자의 신청이 있는 경우에는 요양비등을 수급자 명의의 지정된 계좌(이하 "요양비등수급계좌"라 한다)로 입금하여야 한다. 다만, 정보통신장애나 그 밖에 대통령령으로 정하는 불가피한 사유로 요양비등수급계좌로 이체할 수 없을 때에는 직접 현금으로 지급하는 등 대통령령으로 정하는 바에 따라 요양비등을 지급할 수 있다.
② 요양비등수급계좌가 개설된 금융기관은 요양비등수급계좌에 요양비등만이 입금되도록 하고, 이를 관리하여야 한다.
③ 제1항 및 제2항에 따른 요양비등수급계좌의 신청 방법·절차와 관리에 필요한 사항은 대통령령으로 정한다.

제57조(부당이득의 징수)

① 공단은 속임수나 그 밖의 부당한 방법으로 보험급여를 받은 사람·준요양기관 및 보조기기 판매업자나 보험급여 비용을 받은 요양기관에 대하여 그 보험급여나 보험급여 비용에 상당하는 금액을 징수한다.

② 공단은 제1항에 따라 속임수나 그 밖의 부당한 방법으로 보험급여 비용을 받은 요양기관이 다음 각 호의 어느 하나에 해당하는 경우에는 해당 요양기관을 개설한 자에게 그 요양기관과 연대하여 같은 항에 따른 징수금을 납부하게 할 수 있다.

1. 「의료법」 제33조 제2항을 위반하여 의료기관을 개설할 수 없는 자가 의료인의 면허나 의료법인 등의 명의를 대여받아 개설·운영하는 의료기관

2. 「약사법」 제20조 제1항을 위반하여 약국을 개설할 수 없는 자가 약사 등의 면허를 대여받아 개설·운영하는 약국

3. 「의료법」 제4조 제2항 또는 제33조 제8항·제10항을 위반하여 개설·운영하는 의료기관

4. 「약사법」 제21조 제1항을 위반하여 개설·운영하는 약국

5. 「약사법」 제6조 제3항·제4항을 위반하여 면허를 대여받아 개설·운영하는 약국

③ 사용자나 가입자의 거짓 보고나 거짓 증명(제12조제6항을 위반하여 건강보험증이나 신분증명서를 양도·대여하여 다른 사람이 보험급여를 받게 하는 것을 포함한다), 요양기관의 거짓 진단이나 거짓 확인(제12조 제4항을 위반하여 건강보험증이나 신분증명서로 가입자 또는 피부양자의 본인 여부 및 그 자격을 확인하지 아니한 것을 포함한다) 또는 준요양기관이나 보조기기를 판매한 자의 속임수 및 그 밖의 부당한 방법으로 보험급여가 실시된 경우 공단은 이들에게 보험급여를 받은 사람과 연대하여 제1항에 따른 징수금을 내게 할 수 있다.

④ 공단은 속임수나 그 밖의 부당한 방법으로 보험급여를 받은 사람과 같은 세대에 속한 가입자(속임수나 그 밖의 부당한 방법으로 보험급여를 받은 사람이 피부양자인 경우에는 그 직장가입자를 말한다)에게 속임수나 그 밖의 부당한 방법으로 보험급여를 받은 사람과 연대하여 제1항에 따른 징수금을 내게 할 수 있다.

⑤ 요양기관이 가입자나 피부양자로부터 속임수나 그 밖의 부당한 방법으로 요양급여비용을 받은 경우 공단은 해당 요양기관으로부터 이를 징수하여 가입자나 피부양자에게 지체 없이 지급하여야 한다. 이 경우 공단은 가입자나 피부양자에게 지급하여야 하는 금액을 그 가입자 및 피부양자가 내야 하는 보험료등과 상계할 수 있다.

제57조의2(부당이득 징수금 체납자의 인적사항등 공개)

① 공단은 제57조 제2항 각 호의 어느 하나에 해당하여 같은 조 제1항 및 제2항에 따라 징수금을 납부할 의무가 있는 요양기관 또는 요양기관을 개설한 자가 제79조 제1항에 따라 납입 고지 문서에 기재된 납부 기한의 다음 날부터 1년이 경과한 징수금을 1억원 이상 체납한 경우 징수금 발생의 원인이 되는 위반행위, 체납자의 인적사항 및 체납액 등 대통령령으로 정하는 사항(이하 이 조에서 "인적사항등"이라 한다)을 공개할 수 있다. 다만, 체납된 징수금과 관련하여 제87조에 따른 이의신청, 제88조에 따른 심판청구가 제기되거나 행정소송이 계류 중인 경우 또는 그 밖에 체납된 금액의 일부 납부 등 대통령령으로 정하는 사유가 있는 경우에는 그러하지 아니하다.

② 제1항에 따른 인적사항등의 공개 여부를 심의하기 위하여 공단에 부당이득징수금체납정보공개심의위원회를 둔다.

③ 공단은 부당이득징수금체납정보공개심의위원회의 심의를 거친 인적사항등의 공개대상자에게 공개대상자임을 서면으로 통지하여 소명의 기회를 부여하여야 하며, 통지일부터 6개월이 경과한 후 체납자의 납부이행 등을 고려하여 공개대상자를 선정한다.

④ 제1항에 따른 인적사항등의 공개는 관보에 게재하거나 공단 인터넷 홈페이지에 게시하는 방법으로 한다.

⑤ 제1항부터 제4항까지에서 규정한 사항 외에 인적사항등의 공개 절차 및 부당이득징수금체납정보공개심의위원회의 구성 · 운영 등에 필요한 사항은 대통령령으로 정한다.

제58조(구상권)

① 공단은 제3자의 행위로 보험급여사유가 생겨 가입자 또는 피부양자에게 보험급여를 한 경우에는 그 급여에 들어간 비용 한도에서 그 제3자에게 손해배상을 청구할 권리를 얻는다.

② 제1항에 따라 보험급여를 받은 사람이 제3자로부터 이미 손해배상을 받은 경우에는 공단은 그 배상액 한도에서 보험급여를 하지 아니한다.

제59조(수급권 보호)

①보험급여를 받을 권리는 양도하거나 압류할 수 없다.

② 제56조의2제1항에 따라 요양비등수급계좌에 입금된 요양비등은 압류할 수 없다.

제60조(현역병 등에 대한 요양급여비용 등의 지급)

① 공단은 제54조 제3호 및 제4호에 해당하는 사람이 요양기관에서 대통령령으로 정하는 치료 등(이하 이 조에서 "요양급여"라 한다)을 받은 경우 그에 따라 공단이 부담하는 비용(이하 이 조에서 "요양급여비용"이라 한다)과 제49조에 따른 요양비를 법무부장관·국방부장관·경찰청장·소방청장 또는 해양경찰청장으로부터 예탁 받아 지급할 수 있다. 이 경우 법무부장관·국방부장관·경찰청장·소방청장 또는 해양경찰청장은 예산상 불가피한 경우 외에는 연간(年間) 들어갈 것으로 예상되는 요양급여비용과 요양비를 대통령령으로 정하는 바에 따라 미리 공단에 예탁하여야 한다.

② 요양급여, 요양급여비용 및 요양비 등에 관한 사항은 제41조, 제41조의4, 제42조, 제42조의2, 제44조부터 제47조까지, 제47조의2, 제48조, 제49조, 제55조, 제56조, 제56조의2 및 제59조 제2항을 준용한다.

제61조(요양급여비용의 정산)

공단은 「산업재해보상보험법」 제10조에 따른 근로복지공단이 이 법에 따라 요양급여를 받을 수 있는 사람에게 「산업재해보상보험법」 제40조에 따른 요양급여를 지급한 후 그 지급결정이 취소되어 해당 요양급여의 비용을 청구하는 경우에는 그 요양급여가 이 법에 따라 실시할 수 있는 요양급여에 상당한 것으로 인정되면 그 요양급여에 해당하는 금액을 지급할 수 있다.

제5장 건강보험심사평가원

제62조(설립)

요양급여비용을 심사하고 요양급여의 적정성을 평가하기 위하여 건강보험심사평가원을 설립한다.

제63조(업무 등)

① 심사평가원은 다음 각 호의 업무를 관장한다.
　　1. 요양급여비용의 심사
　　2. 요양급여의 적정성 평가
　　3. 심사기준 및 평가기준의 개발
　　4. 제1호부터 제3호까지의 규정에 따른 업무와 관련된 조사연구 및 국제협력
　　5. 다른 법률에 따라 지급되는 급여비용의 심사 또는 의료의 적정성 평가에 관하여 위탁받은 업무
　　6. 그 밖에 이 법 또는 다른 법령에 따라 위탁받은 업무
　　7. 건강보험과 관련하여 보건복지부장관이 필요하다고 인정한 업무
　　8. 그 밖에 보험급여 비용의 심사와 보험급여의 적정성 평가와 관련하여 대통령령으로 정하는 업무

② 제1항 제8호에 따른 보험급여의 적정성 평가의 기준·절차·방법 등에 필요한 사항은 보건복지부장관이 정하여 고시한다.

제64조(법인격 등)

① 심사평가원은 법인으로 한다.

② 심사평가원은 주된 사무소의 소재지에서 설립등기를 함으로써 성립한다.

제65조(임원)

① 심사평가원에 임원으로서 원장, 이사 15명 및 감사 1명을 둔다. 이 경우 원장, 이사 중 4명 및 감사는 상임으로 한다.

② 원장은 임원추천위원회가 복수로 추천한 사람 중에서 보건복지부장관의 제청으로 대통령이 임명한다.

③ 상임이사는 보건복지부령으로 정하는 추천 절차를 거쳐 원장이 임명한다.

④ 비상임이사는 다음 각 호의 사람 중에서 10명과 대통령령으로 정하는 바에 따라 추천한 관계 공무원 1명을 보건복지부장관이 임명한다.

  1. 공단이 추천하는 1명

  2. 의약관계단체가 추천하는 5명

  3. 노동조합 · 사용자단체 · 소비자단체 및 농어업인단체가 추천하는 각 1명

⑤ 감사는 임원추천위원회가 복수로 추천한 사람 중에서 재정경제부장관의 제청으로 대통령이 임명한다.

⑥ 제4항에 따른 비상임이사는 정관으로 정하는 바에 따라 실비변상을 받을 수 있다.

⑦ 원장의 임기는 3년, 이사(공무원인 이사는 제외한다)와 감사의 임기는 각각 2년으로 한다.

제66조(진료심사평가위원회)

① 심사평가원의 업무를 효율적으로 수행하기 위하여 심사평가원에 진료심사평가위원회(이하 "심사위원회"라 한다)를 둔다.

② 심사위원회는 위원장을 포함하여 90명 이내의 상근 심사위원과 1천명 이내의 비상근 심사위원으로 구성하며, 진료과목별 분과위원회를 둘 수 있다.

③ 제2항에 따른 상근 심사위원은 심사평가원의 원장이 보건복지부령으로 정하는 사람 중에서 임명한다.

④ 제2항에 따른 비상근 심사위원은 심사평가원의 원장이 보건복지부령으로 정하는 사람 중에서 위촉한다.

⑤ 심사평가원의 원장은 심사위원이 다음 각 호의 어느 하나에 해당하면 그 심사위원을 해임 또는 해촉할 수 있다.

  1. 신체장애나 정신장애로 직무를 수행할 수 없다고 인정되는 경우

  2. 직무상 의무를 위반하거나 직무를 게을리한 경우

  3. 고의나 중대한 과실로 심사평가원에 손실이 생기게 한 경우

  4. 직무 여부와 관계없이 품위를 손상하는 행위를 한 경우

⑥ 제1항부터 제5항까지에서 규정한 사항 외에 심사위원회 위원의 자격 · 임기 및 심사위원회의 구성 · 운영 등에 필요한 사항은 보건복지부령으로 정한다.

제66조의2(진료심사평가위원회 위원의 겸직)

① 「고등교육법」 제14조 제2항에 따른 교원 중 교수·부교수 및 조교수는 「국가공무원법」 제64조 및 「사립학교법」 제55조 제1항에도 불구하고 소속대학 총장의 허가를 받아 진료심사평가위원회 위원의 직무를 겸할 수 있다.

② 제1항에 따라 대학의 교원이 진료심사평가위원회 위원을 겸하는 경우 필요한 사항은 대통령령으로 정한다.

제67조(자금의 조달 등)

① 심사평가원은 제63조 제1항에 따른 업무(같은 항 제5호에 따른 업무는 제외한다)를 하기 위하여 공단으로부터 부담금을 징수할 수 있다.

② 심사평가원은 제63조 제1항 제5호에 따라 급여비용의 심사 또는 의료의 적정성 평가에 관한 업무를 위탁받은 경우에는 위탁자로부터 수수료를 받을 수 있다.

③ 제1항과 제2항에 따른 부담금 및 수수료의 금액·징수 방법 등에 필요한 사항은 보건복지부령으로 정한다.

제68조(준용 규정)

심사평가원에 관하여 제14조 제3항·제4항, 제16조, 제17조(같은 조 제1항 제6호 및 제7호는 제외한다), 제18조, 제19조, 제22조부터 제32조까지, 제35조 제1항, 제36조, 제37조, 제39조 및 제40조를 준용한다. 이 경우 "공단"은 "심사평가원"으로, "이사장"은 "원장"으로 본다.

제6장 보험료

제69조(보험료)

① 공단은 건강보험사업에 드는 비용에 충당하기 위하여 제77조에 따른 보험료의 납부의무자로부터 보험료를 징수한다.

② 제1항에 따른 보험료는 가입자의 자격을 취득한 날이 속하는 달의 다음 달부터 가입자의 자격을 잃은 날의 전날이 속하는 달까지 징수한다. 다만, 가입자의 자격을 매월 1일에 취득한 경우 또는 제5조제1항제2호가목에 따른 건강보험 적용 신청으로 가입자의 자격을 취득하는 경우에는 그 달부터 징수한다.

③ 제1항 및 제2항에 따라 보험료를 징수할 때 가입자의 자격이 변동된 경우에는 변동된 날이 속하는 달의 보험료는 변동되기 전의 자격을 기준으로 징수한다. 다만, 가입자의 자격이 매월 1일에 변동된 경우에는 변동된 자격을 기준으로 징수한다.

④ 직장가입자의 월별 보험료액은 다음 각 호에 따라 산정한 금액으로 한다.

　1. 보수월액보험료 : 제70조에 따라 산정한 보수월액에 제73조제1항 또는 제2항에 따른 보험료율을 곱하여 얻은 금액

　2. 보수 외 소득월액보험료 : 제71조제1항에 따라 산정한 보수 외 소득월액에 제73조제1항 또는 제2항에 따른 보험료율을 곱하여 얻은 금액

⑤ 지역가입자의 월별 보험료액은 다음 각 호의 구분에 따라 산정한 금액을 합산한 금액으로 한다. 이 경우 보험료액은 세대 단위로 산정한다.
　　1. 소득 : 제71조 제2항에 따라 산정한 지역가입자의 소득월액에 제73조 제3항에 따른 보험료율을 곱하여 얻은 금액
　　2. 재산 : 제72조에 따라 산정한 재산보험료부과점수에 제73조 제3항에 따른 재산보험료부과점수당 금액을 곱하여 얻은 금액
⑥ 제4항 및 제5항에 따른 월별 보험료액은 가입자의 보험료 평균액의 일정비율에 해당하는 금액을 고려하여 대통령령으로 정하는 기준에 따라 상한 및 하한을 정한다.

제70조(보수월액)

① 제69조 제4항 제1호에 따른 직장가입자의 보수월액은 직장가입자가 지급받는 보수를 기준으로 하여 산정한다.
② 휴직이나 그 밖의 사유로 보수의 전부 또는 일부가 지급되지 아니하는 가입자(이하 "휴직자등"이라 한다)의 보수월액보험료는 해당 사유가 생기기 전 달의 보수월액을 기준으로 산정한다.
③ 제1항에 따른 보수는 근로자등이 근로를 제공하고 사용자ㆍ국가 또는 지방자치단체로부터 지급받는 금품(실비변상적인 성격을 갖는 금품은 제외한다)으로서 대통령령으로 정하는 것을 말한다. 이 경우 보수 관련 자료가 없거나 불명확한 경우 등 대통령령으로 정하는 사유에 해당하면 보건복지부장관이 정하여 고시하는 금액을 보수로 본다.
④ 제1항에 따른 보수월액의 산정 및 보수가 지급되지 아니하는 사용자의 보수월액의 산정 등에 필요한 사항은 대통령령으로 정한다.

제71조(소득월액)

① 직장가입자의 보수 외 소득월액은 제70조에 따른 보수월액의 산정에 포함된 보수를 제외한 직장가입자의 소득(이하 "보수 외 소득"이라 한다)이 대통령령으로 정하는 금액을 초과하는 경우 다음의 계산식에 따른 값을 보건복지부령으로 정하는 바에 따라 평가하여 산정한다.

$$(\text{연간 보수 외 소득} - \text{대통령령으로 정하는 금액}) \times 1/12$$

② 지역가입자의 소득월액은 지역가입자의 연간 소득을 12개월로 나눈 값을 보건복지부령으로 정하는 바에 따라 평가하여 산정한다.
③ 제1항 및 제2항에 따른 소득의 구체적인 범위, 소득월액을 산정하는 기준, 방법 등 소득월액의 산정에 필요한 사항은 대통령령으로 정한다.

제72조(재산보험료부과점수)

① 제69조 제5항 제2호에 따른 재산보험료부과점수는 지역가입자의 재산을 기준으로 산정한다. 다만, 대통령령으로 정하는 지역가입자가 실제 거주를 목적으로 대통령령으로 정하는 기준 이하의 주택을 구입 또는 임차하기 위하여 다음 각 호의 어느 하나에 해당하는 대출을 받고 그 사실을 공단에 통보하는 경우에는 해당 대출금액을 대통령령으로 정하는 바에 따라 평가하여 재산보험료부과점수 산정 시 제외한다.
  1. 「금융실명거래 및 비밀보장에 관한 법률」 제2조 제1호에 따른 금융회사등(이하 "금융회사등"이라 한다)으로부터 받은 대출
  2. 「주택도시기금법」에 따른 주택도시기금을 재원으로 하는 대출 등 보건복지부장관이 정하여 고시하는 대출
② 제1항에 따라 재산보험료부과점수의 산정방법과 산정기준을 정할 때 법령에 따라 재산권의 행사가 제한되는 재산에 대하여는 다른 재산과 달리 정할 수 있다.
③ 지역가입자는 제1항 단서에 따라 공단에 통보할 때 「신용정보의 이용 및 보호에 관한 법률」 제2조 제1호에 따른 신용정보, 「금융실명거래 및 비밀보장에 관한 법률」 제2조 제2호에 따른 금융자산, 같은 조 제3호에 따른 금융거래의 내용에 대한 자료·정보 중 대출금액 등 대통령령으로 정하는 자료·정보(이하 "금융정보등"이라 한다)를 공단에 제출하여야 하며, 제1항 단서에 따른 재산보험료부과점수 산정을 위하여 필요한 금융정보등을 공단에 제공하는 것에 대하여 동의한다는 서면을 함께 제출하여야 한다.
④ 제1항 및 제2항에 따른 재산보험료부과점수의 산정방법·산정기준 등에 필요한 사항은 대통령령으로 정한다.

제72조의2 삭제

제72조의3(보험료 부과제도에 대한 적정성 평가)

① 보건복지부장관은 제5조에 따른 피부양자 인정기준(이하 이 조에서 "인정기준"이라 한다)과 제69조부터 제72조까지의 규정에 따른 보험료, 보수월액, 소득월액 및 재산보험료부과점수의 산정 기준 및 방법 등(이하 이 조에서 "산정기준"이라 한다)에 대하여 적정성을 평가하고, 이 법 시행일로부터 4년이 경과한 때 이를 조정하여야 한다.
② 보건복지부장관은 제1항에 따른 적정성 평가를 하는 경우에는 다음 각 호를 종합적으로 고려하여야 한다.
  1. 제4조제1항제5호의2나목에 따라 심의위원회가 심의한 가입자의 소득 파악 현황 및 개선방안
  2. 공단의 소득 관련 자료 보유 현황
  3. 「소득세법」 제4조에 따른 종합소득(종합과세되는 종합소득과 분리과세되는 종합소득을 포함한다) 과세 현황
  4. 직장가입자에게 부과되는 보험료와 지역가입자에게 부과되는 보험료 간 형평성
  5. 제1항에 따른 인정기준 및 산정기준의 조정으로 인한 보험료 변동
  6. 그 밖에 적정성 평가 대상이 될 수 있는 사항으로서 보건복지부장관이 정하는 사항
③ 제1항에 따른 적정성 평가의 절차, 방법 및 그 밖에 적정성 평가를 위하여 필요한 사항은 대통령령으로 정한다.

제73조(보험료율 등)

① 직장가입자의 보험료율은 1천분의 80의 범위에서 심의위원회의 의결을 거쳐 대통령령으로 정한다.

② 국외에서 업무에 종사하고 있는 직장가입자에 대한 보험료율은 제1항에 따라 정해진 보험료율의 100분의 50으로 한다.

③ 지역가입자의 보험료율과 재산보험료부과점수당 금액은 심의위원회의 의결을 거쳐 대통령령으로 정한다.

제74조(보험료의 면제)

① 공단은 직장가입자가 제54조 제2호부터 제4호까지의 어느 하나에 해당하는 경우(같은 조 제2호에 해당하는 경우에는 1개월 이상의 기간으로서 대통령령으로 정하는 기간 이상 국외에 체류하는 경우에 한정한다. 이하 이 조에서 같다) 그 가입자의 보험료를 면제한다. 다만, 제54조제2호에 해당하는 직장가입자의 경우에는 국내에 거주하는 피부양자가 없을 때에만 보험료를 면제한다.

② 지역가입자가 제54조 제2호부터 제4호까지의 어느 하나에 해당하면 그 가입자가 속한 세대의 보험료를 산정할 때 그 가입자의 제71조 제2항에 따른 소득월액 및 제72조에 따른 재산보험료부과점수를 제외한다.

③ 제1항에 따른 보험료의 면제나 제2항에 따라 보험료의 산정에서 제외되는 소득월액 및 재산보험료부과점수에 대하여는 제54조 제2호부터 제4호까지의 어느 하나에 해당하는 급여정지 사유가 생긴 날이 속하는 달의 다음 달부터 사유가 없어진 날이 속하는 달까지 적용한다. 다만, 다음 각 호의 어느 하나에 해당하는 경우에는 그 달의 보험료를 면제하지 아니하거나 보험료의 산정에서 소득월액 및 재산보험료부과점수를 제외하지 아니한다.

1. 급여정지 사유가 매월 1일에 없어진 경우

2. 제54조 제2호에 해당하는 가입자 또는 그 피부양자가 국내에 입국하여 입국일이 속하는 달에 보험급여를 받고 그 달에 출국하는 경우

제75조(보험료의 경감 등)

① 다음 각 호의 어느 하나에 해당하는 가입자 중 보건복지부령으로 정하는 가입자에 대하여는 그 가입자 또는 그 가입자가 속한 세대의 보험료의 일부를 경감할 수 있다.

　1. 섬ㆍ벽지(僻地)ㆍ농어촌 등 대통령령으로 정하는 지역에 거주하는 사람

　2. 65세 이상인 사람

　3. 「장애인복지법」에 따라 등록한 장애인

　4. 「국가유공자 등 예우 및 지원에 관한 법률」 제4조 제1항 제4호, 제6호, 제12호, 제15호 및 제17호에 따른 국가유공자

　5. 휴직자

　6. 그 밖에 생활이 어렵거나 천재지변 등의 사유로 보험료를 경감할 필요가 있다고 보건복지부장관이 정하여 고시하는 사람

② 제77조에 따른 보험료 납부의무자가 다음 각 호의 어느 하나에 해당하는 경우에는 대통령령으로 정하는 바에 따라 보험료를 감액하는 등 재산상의 이익을 제공할 수 있다.

　1. 제81조의6 제1항에 따라 보험료의 납입 고지 또는 독촉을 전자문서로 받는 경우

　2. 보험료를 계좌 또는 신용카드 자동이체의 방법으로 내는 경우

③ 제1항에 따른 보험료 경감의 방법ㆍ절차 등에 필요한 사항은 보건복지부장관이 정하여 고시한다.

제76조(보험료의 부담)

① 직장가입자의 보수월액보험료는 직장가입자와 다음 각 호의 구분에 따른 자가 각각 보험료액의 100분의 50씩 부담한다. 다만, 직장가입자가 교직원으로서 사립학교에 근무하는 교원이면 보험료액은 그 직장가입자가 100분의 50을, 제3조제2호다목에 해당하는 사용자가 100분의 30을, 국가가 100분의 20을 각각 부담한다.

　1. 직장가입자가 근로자인 경우에는 제3조제2호가목에 해당하는 사업주

　2. 직장가입자가 공무원인 경우에는 그 공무원이 소속되어 있는 국가 또는 지방자치단체

　3. 직장가입자가 교직원(사립학교에 근무하는 교원은 제외한다)인 경우에는 제3조제2호다목에 해당하는 사용자

② 직장가입자의 보수 외 소득월액보험료는 직장가입자가 부담한다.

③ 지역가입자의 보험료는 그 가입자가 속한 세대의 지역가입자 전원이 연대하여 부담한다.

④ 직장가입자가 교직원인 경우 제3조제2호다목에 해당하는 사용자가 부담액 전부를 부담할 수 없으면 그 부족액을 학교에 속하는 회계에서 부담하게 할 수 있다.

제77조(보험료 납부의무)

① 직장가입자의 보험료는 다음 각 호의 구분에 따라 그 각 호에서 정한 자가 납부한다.

   1. 보수월액보험료 : 사용자. 이 경우 사업장의 사용자가 2명 이상인 때에는 그 사업장의 사용자는 해당 직장가입자의 보험료를 연대하여 납부한다.

   2. 보수 외 소득월액보험료 : 직장가입자

② 지역가입자의 보험료는 그 가입자가 속한 세대의 지역가입자 전원이 연대하여 납부한다. 다만, 소득 및 재산이 없는 미성년자와 소득 및 재산 등을 고려하여 대통령령으로 정하는 기준에 해당하는 미성년자는 납부의무를 부담하지 아니한다.

③ 사용자는 보수월액보험료 중 직장가입자가 부담하여야 하는 그 달의 보험료액을 그 보수에서 공제하여 납부하여야 한다. 이 경우 직장가입자에게 공제액을 알려야 한다.

제77조의2(제2차 납부의무)

① 법인의 재산으로 그 법인이 납부하여야 하는 보험료, 연체금 및 체납처분비를 충당하여도 부족한 경우에는 해당 법인에게 보험료의 납부의무가 부과된 날 현재의 무한책임사원 또는 과점주주(「국세기본법」 제39조 각 호의 어느 하나에 해당하는 자를 말한다)가 그 부족한 금액에 대하여 제2차 납부의무를 진다. 다만, 과점주주의 경우에는 그 부족한 금액을 그 법인의 발행주식 총수(의결권이 없는 주식은 제외한다) 또는 출자총액으로 나눈 금액에 해당 과점주주가 실질적으로 권리를 행사하는 주식 수(의결권이 없는 주식은 제외한다) 또는 출자액을 곱하여 산출한 금액을 한도로 한다.

② 사업이 양도 · 양수된 경우에 양도일 이전에 양도인에게 납부의무가 부과된 보험료, 연체금 및 체납처분비를 양도인의 재산으로 충당하여도 부족한 경우에는 사업의 양수인이 그 부족한 금액에 대하여 양수한 재산의 가액을 한도로 제2차 납부의무를 진다. 이 경우 양수인의 범위 및 양수한 재산의 가액은 대통령령으로 정한다.

제78조(보험료의 납부기한)

①제77조 제1항 및 제2항에 따라 보험료 납부의무가 있는 자는 가입자에 대한 그 달의 보험료를 그 다음 달 10일까지 납부하여야 한다. 다만, 직장가입자의 보수 외 소득월액보험료 및 지역가입자의 보험료는 보건복지부령으로 정하는 바에 따라 분기별로 납부할 수 있다.

② 공단은 제1항에도 불구하고 납입 고지의 송달 지연 등 보건복지부령으로 정하는 사유가 있는 경우 납부의무자의 신청에 따라 제1항에 따른 납부기한부터 1개월의 범위에서 납부기한을 연장할 수 있다. 이 경우 납부기한 연장을 신청하는 방법, 절차 등에 필요한 사항은 보건복지부령으로 정한다.

제78조의2(가산금)

① 사업장의 사용자가 대통령령으로 정하는 사유에 해당되어 직장가입자가 될 수 없는 자를 제8조 제2항 또는 제9조 제2항을 위반하여 거짓으로 보험자에게 직장가입자로 신고한 경우 공단은 제1호의 금액에서 제2호의 금액을 뺀 금액의 100분의 10에 상당하는 가산금을 그 사용자에게 부과하여 징수한다.

   1. 사용자가 직장가입자로 신고한 사람이 직장가입자로 처리된 기간 동안 그 가입자가 제69조 제5항에 따라 부담하여야 하는 보험료의 총액

   2. 제1호의 기간 동안 공단이 해당 가입자에 대하여 제69조제4항에 따라 산정하여 부과한 보험료의 총액

② 제1항에도 불구하고, 공단은 가산금이 소액이거나 그 밖에 가산금을 징수하는 것이 적절하지 아니하다고 인정되는 등 대통령령으로 정하는 경우에는 징수하지 아니할 수 있다.

제79조(보험료등의 납입 고지)

① 공단은 보험료등을 징수하려면 그 금액을 결정하여 납부의무자에게 다음 각 호의 사항을 적은 문서로 납입 고지를 하여야 한다.

   1. 징수하려는 보험료등의 종류

   2. 납부해야 하는 금액

   3. 납부기한 및 장소

② 삭제

③ 삭제

④ 직장가입자의 사용자가 2명 이상인 경우 또는 지역가입자의 세대가 2명 이상으로 구성된 경우 그 중 1명에게 한 고지는 해당 사업장의 다른 사용자 또는 세대 구성원인 다른 지역가입자 모두에게 효력이 있는 것으로 본다.

⑤ 휴직자등의 보험료는 휴직 등의 사유가 끝날 때까지 보건복지부령으로 정하는 바에 따라 납입 고지를 유예할 수 있다.

⑥ 공단은 제77조의2에 따른 제2차 납부의무자에게 납입의 고지를 한 경우에는 해당 법인인 사용자 및 사업 양도인에게 그 사실을 통지하여야 한다.

제79조의2(신용카드등으로 하는 보험료등의 납부)

① 공단이 납입 고지한 보험료등을 납부하는 자는 보험료등의 납부를 대행할 수 있도록 대통령령으로 정하는 기관 등(이하 이 조에서 "보험료등납부대행기관"이라 한다)을 통하여 신용카드, 직불카드 등(이하 이 조에서 "신용카드등"이라 한다)으로 납부할 수 있다.

② 제1항에 따라 신용카드등으로 보험료등을 납부하는 경우에는 보험료등납부대행기관의 승인일을 납부일로 본다.

③ 보험료등납부대행기관은 보험료등의 납부자로부터 보험료등의 납부를 대행하는 대가로 수수료를 받을 수 있다.

④ 보험료등납부대행기관의 지정 및 운영, 수수료 등에 필요한 사항은 대통령령으로 정한다.

제80조(연체금)

① 공단은 보험료등의 납부의무자가 납부기한까지 보험료등을 내지 아니하면 그 납부기한이 지난 날부터 매 1일이 경과할 때마다 다음 각 호에 해당하는 연체금을 징수한다.

   1. 제69조에 따른 보험료 또는 제53조제3항에 따른 보험급여 제한 기간 중 받은 보험급여에 대한 징수금을 체납한 경우 : 해당 체납금액의 1천500분의 1에 해당하는 금액. 이 경우 연체금은 해당 체납금액의 1천분의 20을 넘지 못한다.

   2. 제1호 외에 이 법에 따른 징수금을 체납한 경우 : 해당 체납금액의 1천분의 1에 해당하는 금액. 이 경우 연체금은 해당 체납금액의 1천분의 30을 넘지 못한다.

② 공단은 보험료등의 납부의무자가 체납된 보험료등을 내지 아니하면 납부기한 후 30일이 지난 날부터 매 1일이 경과할 때마다 다음 각 호에 해당하는 연체금을 제1항에 따른 연체금에 더하여 징수한다.

   1. 제69조에 따른 보험료 또는 제53조 제3항에 따른 보험급여 제한 기간 중 받은 보험급여에 대한 징수금을 체납한 경우 : 해당 체납금액의 6천분의 1에 해당하는 금액. 이 경우 연체금(제1항 제1호의 연체금을 포함한 금액을 말한다)은 해당 체납금액의 1천분의 50을 넘지 못한다.

   2. 제1호 외에 이 법에 따른 징수금을 체납한 경우 : 해당 체납금액의 3천분의 1에 해당하는 금액. 이 경우 연체금(제1항 제2호의 연체금을 포함한 금액을 말한다)은 해당 체납금액의 1천분의 90을 넘지 못한다.

③ 공단은 제1항 및 제2항에도 불구하고 천재지변이나 그 밖에 보건복지부령으로 정하는 부득이한 사유가 있으면 제1항 및 제2항에 따른 연체금을 징수하지 아니할 수 있다.

제81조(보험료등의 독촉 및 체납처분)

① 공단은 제57조, 제77조, 제77조의2, 제78조의2, 제101조 및 제101조의2에 따라 보험료등을 내야 하는 자가 보험료등을 내지 아니하면 기한을 정하여 독촉할 수 있다. 이 경우 직장가입자의 사용자가 2명 이상인 경우 또는 지역가입자의 세대가 2명 이상으로 구성된 경우에는 그 중 1명에게 한 독촉은 해당 사업장의 다른 사용자 또는 세대 구성원인 다른 지역가입자 모두에게 효력이 있는 것으로 본다.

② 제1항에 따라 독촉할 때에는 10일 이상 15일 이내의 납부기한을 정하여 독촉장을 발부하여야 한다.

③ 공단은 제1항에 따른 독촉을 받은 자가 그 납부기한까지 보험료등을 내지 아니하면 보건복지부장관의 승인을 받아 국세 체납처분의 예에 따라 이를 징수할 수 있다.

④ 공단은 제3항에 따라 체납처분을 하기 전에 보험료등의 체납 내역, 압류 가능한 재산의 종류, 압류 예정 사실 및 「국세징수법」 제41조 제18호에 따른 소액금융재산에 대한 압류금지 사실 등이 포함된 통보서를 발송하여야 한다. 다만, 법인 해산 등 긴급히 체납처분을 할 필요가 있는 경우로서 대통령령으로 정하는 경우에는 그러하지 아니하다.

⑤ 공단은 제3항에 따른 국세 체납처분의 예에 따라 압류하거나 제81조의2제1항에 따라 압류한 재산의 공매에 대하여 전문지식이 필요하거나 그 밖에 특수한 사정으로 직접 공매하는 것이 적당하지 아니하다고 인정하는 경우에는 「한국자산관리공사 설립 등에 관한 법률」에 따라 설립된 한국자산관리공사(이하 "한국자산관리공사"라 한다)에 공매를 대행하게 할 수 있다. 이 경우 공매는 공단이 한 것으로 본다.

⑥ 공단은 제5항에 따라 한국자산관리공사가 공매를 대행하면 보건복지부령으로 정하는 바에 따라 수수료를 지급할 수 있다.

제81조의2(부당이득 징수금의 압류)

① 제81조에도 불구하고 공단은 보험급여 비용을 받은 요양기관이 다음 각 호의 요건을 모두 갖춘 경우에는 제57조 제1항에 따른 징수금의 한도에서 해당 요양기관 또는 그 요양기관을 개설한 자(같은 조 제2항에 따라 해당 요양기관과 연대하여 징수금을 납부하여야 하는 자를 말한다. 이하 이 조에서 같다)의 재산을 보건복지부장관의 승인을 받아 압류할 수 있다.

  1. 「의료법」 제33조 제2항 또는 「약사법」 제20조 제1항을 위반하였다는 사실로 기소된 경우

  2. 요양기관 또는 요양기관을 개설한 자에게 강제집행, 국세 강제징수 등 대통령령으로 정하는 사유가 있어 그 재산을 압류할 필요가 있는 경우

② 공단은 제1항에 따라 재산을 압류하였을 때에는 해당 요양기관 또는 그 요양기관을 개설한 자에게 문서로 그 압류 사실을 통지하여야 한다.

③ 공단은 다음 각 호의 어느 하나에 해당할 때에는 제1항에 따른 압류를 즉시 해제하여야 한다.

  1. 제2항에 따른 통지를 받은 자가 제57조 제1항에 따른 징수금에 상당하는 다른 재산을 담보로 제공하고 압류 해제를 요구하는 경우

  2. 법원의 무죄 판결이 확정되는 등 대통령령으로 정하는 사유로 해당 요양기관이 「의료법」 제33조 제2항 또는 「약사법」 제20조제1항을 위반한 혐의가 입증되지 아니한 경우

④ 제1항에 따른 압류 및 제3항에 따른 압류 해제에 관하여 이 법에서 규정한 것 외에는 「국세징수법」을 준용한다.

제81조의3(체납 또는 결손처분 자료의 제공)

① 공단은 보험료 징수 및 제57조에 따른 징수금(같은 조 제2항 각 호의 어느 하나에 해당하여 같은 조 제1항 및 제2항에 따라 징수하는 금액에 한정한다. 이하 이 조에서 "부당이득금"이라 한다)의 징수 또는 공익목적을 위하여 필요한 경우에 「신용정보의 이용 및 보호에 관한 법률」 제25조 제2항 제1호의 종합신용정보집중기관에 다음 각 호의 어느 하나에 해당하는 체납자 또는 결손처분자의 인적사항·체납액 또는 결손처분액에 관한 자료(이하 이 조에서 "체납등 자료"라 한다)를 제공할 수 있다. 다만, 체납된 보험료나 부당이득금과 관련하여 행정심판 또는 행정소송이 계류 중인 경우, 제82조제1항에 따라 분할납부를 승인받은 경우 중 대통령령으로 정하는 경우, 그 밖에 대통령령으로 정하는 사유가 있을 때에는 그러하지 아니하다.

  1. 이 법에 따른 납부기한의 다음 날부터 1년이 지난 보험료 및 그에 따른 연체금과 체납처분비의 총액이 500만원 이상인 자

  2. 이 법에 따른 납부기한의 다음 날부터 1년이 지난 부당이득금 및 그에 따른 연체금과 체납처분비의 총액이 1억원 이상인 자

  3. 제84조에 따라 결손처분한 금액의 총액이 500만원 이상인 자

② 공단은 제1항에 따라 종합신용정보집중기관에 체납등 자료를 제공하기 전에 해당 체납자 또는 결손처분자에게 그 사실을 서면으로 통지하여야 한다. 이 경우 통지를 받은 체납자가 체납액을 납부하거나 체납액 납부계획서를 제출하는 경우 공단은 종합신용정보집중기관에 체납등 자료를 제공하지 아니하거나 체납등 자료의 제공을 유예할 수 있다.

③ 체납등 자료의 제공절차에 필요한 사항은 대통령령으로 정한다.

④ 제1항에 따라 체납등 자료를 제공받은 자는 이를 업무 외의 목적으로 누설하거나 이용하여서는 아니 된다.

제81조의4(보험료의 납부증명)

① 제77조에 따른 보험료의 납부의무자(이하 이 조에서 "납부의무자"라 한다)는 국가, 지방자치단체 또는 「공공기관의 운영에 관한 법률」 제4조에 따른 공공기관(이하 이 조에서 "공공기관"이라 한다)으로부터 공사·제조·구매·용역 등 대통령령으로 정하는 계약의 대가를 지급받는 경우에는 보험료와 그에 따른 연체금 및 체납처분비의 납부사실을 증명하여야 한다. 다만, 납부의무자가 계약대금의 전부 또는 일부를 체납한 보험료로 납부하려는 경우 등 대통령령으로 정하는 경우에는 그러하지 아니하다.

② 납부의무자가 제1항에 따라 납부사실을 증명하여야 할 경우 제1항의 계약을 담당하는 주무관서 또는 공공기관은 납부의무자의 동의를 받아 공단에 조회하여 보험료와 그에 따른 연체금 및 체납처분비의 납부 여부를 확인하는 것으로 제1항에 따른 납부증명을 갈음할 수 있다.

제81조의5(서류의 송달)

제79조 및 제81조에 관한 서류의 송달에 관한 사항과 전자문서에 의한 납입 고지 등에 관하여 제81조의6에서 정하지 아니한 사항에 관하여는 「국세기본법」 제8조(같은 조 제2항 단서는 제외한다)부터 제12조까지의 규정을 준용한다. 다만, 우편송달에 의하는 경우 그 방법은 대통령령으로 정하는 바에 따른다.

제81조의6(전자문서에 의한 납입 고지 등)

① 납부의무자가 제79조 제1항에 따른 납입 고지 또는 제81조제1항에 따른 독촉을 전자문서교환방식 등에 의한 전자문서로 해줄 것을 신청하는 경우에는 공단은 전자문서로 고지 또는 독촉할 수 있다. 이 경우 전자문서 고지 및 독촉에 대한 신청 방법·절차 등에 필요한 사항은 보건복지부령으로 정한다.

② 공단이 제1항에 따라 전자문서로 고지 또는 독촉하는 경우에는 전자문서가 보건복지부령으로 정하는 정보통신망에 저장되거나 납부의무자가 지정한 전자우편주소에 입력된 때에 납입 고지 또는 독촉이 그 납부의무자에게 도달된 것으로 본다.

제82조(체납보험료의 분할납부)

① 공단은 보험료를 3회 이상 체납한 자가 신청하는 경우 보건복지부령으로 정하는 바에 따라 분할납부를 승인할 수 있다.

② 공단은 보험료를 3회 이상 체납한 자에 대하여 제81조제3항에 따른 체납처분을 하기 전에 제1항에 따른 분할납부를 신청할 수 있음을 알리고, 보건복지부령으로 정하는 바에 따라 분할납부 신청의 절차·방법 등에 관한 사항을 안내하여야 한다.

③ 공단은 제1항에 따라 분할납부 승인을 받은 자가 정당한 사유 없이 5회(제1항에 따라 승인받은 분할납부 횟수가 5회 미만인 경우에는 해당 분할납부 횟수를 말한다) 이상 그 승인된 보험료를 납부하지 아니하면 그 분할납부의 승인을 취소한다.

④ 분할납부의 승인과 취소에 관한 절차·방법·기준 등에 필요한 사항은 보건복지부령으로 정한다.

제83조(고액·상습체납자의 인적사항 공개)

① 공단은 이 법에 따른 납부기한의 다음 날부터 1년이 경과한 보험료, 연체금과 체납처분비(제84조에 따라 결손처분한 보험료, 연체금과 체납처분비로서 징수권 소멸시효가 완성되지 아니한 것을 포함한다)의 총액이 1천만원 이상인 체납자가 납부능력이 있음에도 불구하고 체납한 경우 그 인적사항·체납액 등(이하 이 조에서 "인적사항등"이라 한다)을 공개할 수 있다. 다만, 체납된 보험료, 연체금과 체납처분비와 관련하여 제87조에 따른 이의신청, 제88조에 따른 심판청구가 제기되거나 행정소송이 계류 중인 경우 또는 그 밖에 체납된 금액의 일부 납부 등 대통령령으로 정하는 사유가 있는 경우에는 그러하지 아니하다.

② 제1항에 따른 체납자의 인적사항등에 대한 공개 여부를 심의하기 위하여 공단에 보험료정보공개심의위원회를 둔다.

③ 공단은 보험료정보공개심의위원회의 심의를 거친 인적사항등의 공개대상자에게 공개대상자임을 서면으로 통지하여 소명의 기회를 부여하여야 하며, 통지일부터 6개월이 경과한 후 체납액의 납부이행 등을 감안하여 공개대상자를 선정한다.

④ 제1항에 따른 체납자 인적사항등의 공개는 관보에 게재하거나 공단 인터넷 홈페이지에 게시하는 방법에 따른다.

⑤ 제1항부터 제4항까지의 규정에 따른 체납자 인적사항등의 공개와 관련한 납부능력의 기준, 공개절차 및 위원회의 구성·운영 등에 필요한 사항은 대통령령으로 정한다.

제84조(결손처분)

① 공단은 다음 각 호의 어느 하나에 해당하는 사유가 있으면 재정운영위원회의 의결을 받아 보험료등을 결손처분할 수 있다.

  1. 체납처분이 끝나고 체납액에 충당될 배분금액이 그 체납액에 미치지 못하는 경우

  2. 해당 권리에 대한 소멸시효가 완성된 경우

  3. 그 밖에 징수할 가능성이 없다고 인정되는 경우로서 대통령령으로 정하는 경우

② 공단은 제1항 제3호에 따라 결손처분을 한 후 압류할 수 있는 다른 재산이 있는 것을 발견한 때에는 지체 없이 그 처분을 취소하고 체납처분을 하여야 한다.

제85조(보험료등의 징수 순위)

보험료등은 국세와 지방세를 제외한 다른 채권에 우선하여 징수한다. 다만, 보험료등의 납부기한 전에 전세권·질권·저당권 또는 「동산·채권 등의 담보에 관한 법률」에 따른 담보권의 설정을 등기 또는 등록한 사실이 증명되는 재산을 매각할 때에 그 매각대금 중에서 보험료등을 징수하는 경우 그 전세권·질권·저당권 또는 「동산·채권 등의 담보에 관한 법률」에 따른 담보권으로 담보된 채권에 대하여는 그러하지 아니하다.

제86조(보험료등의 충당과 환급)

① 공단은 납부의무자가 보험료등·연체금 또는 체납처분비로 낸 금액 중 과오납부(過誤納付)한 금액이 있으면 대통령령으로 정하는 바에 따라 그 과오납금을 보험료등·연체금 또는 체납처분비에 우선 충당하여야 한다.
② 공단은 제1항에 따라 충당하고 남은 금액이 있는 경우 대통령령으로 정하는 바에 따라 납부의무자에게 환급하여야 한다.
③ 제1항 및 제2항의 경우 과오납금에 대통령령으로 정하는 이자를 가산하여야 한다.

제7장 이의신청 및 심판청구 등

제87조(이의신청)

① 가입자 및 피부양자의 자격, 보험료등, 보험급여, 보험급여 비용에 관한 공단의 처분에 이의가 있는 자는 공단에 이의신청을 할 수 있다.
② 요양급여비용 및 요양급여의 적정성 평가 등에 관한 심사평가원의 처분에 이의가 있는 공단, 요양기관 또는 그 밖의 자는 심사평가원에 이의신청을 할 수 있다.
③ 제1항 및 제2항에 따른 이의신청(이하 "이의신청"이라 한다)은 처분이 있음을 안 날부터 90일 이내에 문서(전자문서를 포함한다)로 하여야 하며 처분이 있은 날부터 180일을 지나면 제기하지 못한다. 다만, 정당한 사유로 그 기간에 이의신청을 할 수 없었음을 소명한 경우에는 그러하지 아니하다.
④ 제3항 본문에도 불구하고 요양기관이 제48조에 따른 심사평가원의 확인에 대하여 이의신청을 하려면 같은 조 제2항에 따라 통보받은 날부터 30일 이내에 하여야 한다.
⑤ 제1항부터 제4항까지에서 규정한 사항 외에 이의신청의 방법·결정 및 그 결정의 통지 등에 필요한 사항은 대통령령으로 정한다.

제88조(심판청구)

① 이의신청에 대한 결정에 불복하는 자는 제89조에 따른 건강보험분쟁조정위원회에 심판청구를 할 수 있다. 이 경우 심판청구의 제기기간 및 제기방법에 관하여는 제87조 제3항을 준용한다.

② 제1항에 따라 심판청구를 하려는 자는 대통령령으로 정하는 심판청구서를 제87조제1항 또는 제2항에 따른 처분을 한 공단 또는 심사평가원에 제출하거나 제89조에 따른 건강보험분쟁조정위원회에 제출하여야 한다.

③ 제1항 및 제2항에서 규정한 사항 외에 심판청구의 절차·방법·결정 및 그 결정의 통지 등에 필요한 사항은 대통령령으로 정한다.

제89조(건강보험분쟁조정위원회)

① 제88조에 따른 심판청구를 심리·의결하기 위하여 보건복지부에 건강보험분쟁조정위원회(이하 "분쟁조정위원회"라 한다)를 둔다.

② 분쟁조정위원회는 위원장을 포함하여 60명 이내의 위원으로 구성하고, 위원장을 제외한 위원 중 1명은 당연직위원으로 한다. 이 경우 공무원이 아닌 위원이 전체 위원의 과반수가 되도록 하여야 한다.

③ 분쟁조정위원회의 회의는 위원장, 당연직위원 및 위원장이 매 회의마다 지정하는 7명의 위원을 포함하여 총 9명으로 구성하되, 공무원이 아닌 위원이 과반수가 되도록 하여야 한다.

④ 분쟁조정위원회는 제3항에 따른 구성원 과반수의 출석과 출석위원 과반수의 찬성으로 의결한다.

⑤ 분쟁조정위원회를 실무적으로 지원하기 위하여 분쟁조정위원회에 사무국을 둔다.

⑥ 제1항부터 제5항까지에서 규정한 사항 외에 분쟁조정위원회 및 사무국의 구성 및 운영 등에 필요한 사항은 대통령령으로 정한다.

⑦ 분쟁조정위원회의 위원 중 공무원이 아닌 사람은 「형법」 제129조부터 제132조까지의 규정을 적용할 때 공무원으로 본다.

제90조(행정소송)

공단 또는 심사평가원의 처분에 이의가 있는 자와 제87조에 따른 이의신청 또는 제88조에 따른 심판청구에 대한 결정에 불복하는 자는 「행정소송법」에서 정하는 바에 따라 행정소송을 제기할 수 있다.

제8장 보칙

제91조(시효)

① 다음 각 호의 권리는 3년 동안 행사하지 아니하면 소멸시효가 완성된다.

   1. 보험료, 연체금 및 가산금을 징수할 권리

   2. 보험료, 연체금 및 가산금으로 과오납부한 금액을 환급받을 권리

   3. 보험급여를 받을 권리

   4. 보험급여 비용을 받을 권리

   5. 제47조 제3항 후단에 따라 과다납부된 본인일부부담금을 돌려받을 권리

   6. 제61조에 따른 근로복지공단의 권리

② 제1항에 따른 시효는 다음 각 호의 어느 하나의 사유로 중단된다.

   1. 보험료의 고지 또는 독촉

   2. 보험급여 또는 보험급여 비용의 청구

③ 휴직자등의 보수월액보험료를 징수할 권리의 소멸시효는 제79조 제5항에 따라 고지가 유예된 경우 휴직 등의 사유가 끝날 때까지 진행하지 아니한다.

④ 제1항에 따른 소멸시효기간, 제2항에 따른 시효 중단 및 제3항에 따른 시효 정지에 관하여 이 법에서 정한 사항 외에는 「민법」에 따른다.

제92조(기간 계산)

이 법이나 이 법에 따른 명령에 규정된 기간의 계산에 관하여 이 법에서 정한 사항 외에는 「민법」의 기간에 관한 규정을 준용한다.

제93조(근로자의 권익 보호)

제6조 제2항 각 호의 어느 하나에 해당하지 아니하는 모든 사업장의 근로자를 고용하는 사용자는 그가 고용한 근로자가 이 법에 따른 직장가입자가 되는 것을 방해하거나 자신이 부담하는 부담금이 증가되는 것을 피할 목적으로 정당한 사유 없이 근로자의 승급 또는 임금 인상을 하지 아니하거나 해고나 그 밖의 불리한 조치를 할 수 없다.

제94조(신고 등)

① 공단은 사용자, 직장가입자 및 세대주에게 다음 각 호의 사항을 신고하게 하거나 관계 서류(전자적 방법으로 기록된 것을 포함한다. 이하 같다)를 제출하게 할 수 있다. 〈개정 2013. 5. 22.〉

   1. 가입자의 거주지 변경

   2. 가입자의 보수·소득

   3. 그 밖에 건강보험사업을 위하여 필요한 사항

② 공단은 제1항에 따라 신고한 사항이나 제출받은 자료에 대하여 사실 여부를 확인할 필요가 있으면 소속 직원이 해당 사항에 관하여 조사하게 할 수 있다.

③ 제2항에 따라 조사를 하는 소속 직원은 그 권한을 표시하는 증표를 지니고 관계인에게 보여주어야 한다.

제95조(소득 축소 · 탈루 자료의 송부 등)

① 공단은 제94조제1항에 따라 신고한 보수 또는 소득 등에 축소 또는 탈루(脫漏)가 있다고 인정하는 경우에는 보건복지부장관을 거쳐 소득의 축소 또는 탈루에 관한 사항을 문서로 국세청장에게 송부할 수 있다.

② 국세청장은 제1항에 따라 송부받은 사항에 대하여 「국세기본법」 등 관련 법률에 따른 세무조사를 하면 그 조사 결과 중 보수 · 소득에 관한 사항을 공단에 송부하여야 한다.

③ 제1항 및 제2항에 따른 송부 절차 등에 필요한 사항은 대통령령으로 정한다.

제96조(자료의 제공)

① 공단은 국가, 지방자치단체, 요양기관, 「보험업법」에 따른 보험회사 및 보험료율 산출 기관, 「공공기관의 운영에 관한 법률」에 따른 공공기관, 그 밖의 공공단체 등에 대하여 다음 각 호의 업무를 수행하기 위하여 주민등록 · 가족관계등록 · 국세 · 지방세 · 토지 · 건물 · 출입국관리 등의 자료로서 대통령령으로 정하는 자료를 제공하도록 요청할 수 있다.

  1. 가입자 및 피부양자의 자격 관리, 보험료의 부과 · 징수, 보험급여의 관리 등 건강보험사업의 수행

  2. 제14조 제1항 제11호에 따른 업무의 수행

② 심사평가원은 국가, 지방자치단체, 요양기관, 「보험업법」에 따른 보험회사 및 보험료율 산출 기관, 「공공기관의 운영에 관한 법률」에 따른 공공기관, 그 밖의 공공단체 등에 대하여 요양급여비용을 심사하고 요양급여의 적정성을 평가하기 위하여 주민등록 · 출입국관리 · 진료기록 · 의약품공급 등의 자료로서 대통령령으로 정하는 자료를 제공하도록 요청할 수 있다.

③ 보건복지부장관은 관계 행정기관의 장에게 제41조의2에 따른 약제에 대한 요양급여비용 상한금액의 감액 및 요양급여의 적용 정지를 위하여 필요한 자료를 제공하도록 요청할 수 있다.

④ 제1항부터 제3항까지의 규정에 따라 자료 제공을 요청받은 자는 성실히 이에 따라야 한다.

⑤ 공단 또는 심사평가원은 요양기관, 「보험업법」에 따른 보험회사 및 보험료율 산출 기관에 제1항 또는 제2항에 따른 자료의 제공을 요청하는 경우 자료 제공 요청 근거 및 사유, 자료 제공 대상자, 대상기간, 자료 제공 기한, 제출 자료 등이 기재된 자료제공요청서를 발송하여야 한다.

⑥ 제1항 및 제2항에 따른 국가, 지방자치단체, 요양기관, 「보험업법」에 따른 보험료율 산출 기관 그 밖의 공공기관 및 공공단체가 공단 또는 심사평가원에 제공하는 자료에 대하여는 사용료와 수수료 등을 면제한다.

제96조의2(금융정보등의 제공 등)

① 공단은 제72조 제1항 단서에 따른 지역가입자의 재산보험료부과점수 산정을 위하여 필요한 경우 「신용정보의 이용 및 보호에 관한 법률」 제32조 및 「금융실명거래 및 비밀보장에 관한 법률」 제4조 제1항에도 불구하고 지역가입자가 제72조 제3항에 따라 제출한 동의 서면을 전자적 형태로 바꾼 문서에 의하여 「신용정보의 이용 및 보호에 관한 법률」 제2조 제6호에 따른 신용정보집중기관 또는 금융회사등(이하 이 조에서 "금융기관등"이라 한다)의 장에게 금융정보등을 제공하도록 요청할 수 있다.

② 제1항에 따라 금융정보등의 제공을 요청받은 금융기관등의 장은 「신용정보의 이용 및 보호에 관한 법률」 제32조 및 「금융실명거래 및 비밀보장에 관한 법률」 제4조에도 불구하고 명의인의 금융정보등을 제공하여야 한다.

③ 제2항에 따라 금융정보등을 제공한 금융기관등의 장은 금융정보등의 제공 사실을 명의인에게 통보하여야 한다. 다만, 명의인이 동의한 경우에는 「신용정보의 이용 및 보호에 관한 법률」 제32조 제7항, 제35조 제2항 및 「금융실명거래 및 비밀보장에 관한 법률」 제4조의2 제1항에도 불구하고 통보하지 아니할 수 있다.

④ 제1항부터 제3항까지에서 규정한 사항 외에 금융정보등의 제공 요청 및 제공 절차 등에 필요한 사항은 대통령령으로 정한다.

제96조의3(가족관계등록 전산정보의 공동이용)

① 공단은 제96조 제1항 각 호의 업무를 수행하기 위하여 「전자정부법」에 따라 「가족관계의 등록 등에 관한 법률」 제9조에 따른 전산정보자료를 공동이용(「개인정보 보호법」 제2조 제2호에 따른 처리를 포함한다)할 수 있다.

② 법원행정처장은 제1항에 따라 공단이 전산정보자료의 공동이용을 요청하는 경우 그 공동이용을 위하여 필요한 조치를 취하여야 한다.

③ 누구든지 제1항에 따라 공동이용하는 전산정보자료를 그 목적 외의 용도로 이용하거나 활용하여서는 아니 된다.

제96조의4(서류의 보존)

① 요양기관은 요양급여가 끝난 날부터 5년간 보건복지부령으로 정하는 바에 따라 제47조에 따른 요양급여비용의 청구에 관한 서류를 보존하여야 한다. 다만, 약국 등 보건복지부령으로 정하는 요양기관은 처방전을 요양급여비용을 청구한 날부터 3년간 보존하여야 한다.

② 사용자는 3년간 보건복지부령으로 정하는 바에 따라 자격 관리 및 보험료 산정 등 건강보험에 관한 서류를 보존하여야 한다.

③ 제49조 제3항에 따라 요양비를 청구한 준요양기관은 요양비를 지급받은 날부터 3년간 보건복지부령으로 정하는 바에 따라 요양비 청구에 관한 서류를 보존하여야 한다.

④ 제51조 제2항에 따라 보조기기에 대한 보험급여를 청구한 자는 보험급여를 지급받은 날부터 3년간 보건복지부령으로 정하는 바에 따라 보험급여 청구에 관한 서류를 보존하여야 한다.

제97조(보고와 검사)

① 보건복지부장관은 사용자, 직장가입자 또는 세대주에게 가입자의 이동·보수·소득이나 그 밖에 필요한 사항에 관한 보고 또는 서류 제출을 명하거나, 소속 공무원이 관계인에게 질문하게 하거나 관계 서류를 검사하게 할 수 있다.

② 보건복지부장관은 요양기관(제49조에 따라 요양을 실시한 기관을 포함한다)에 대하여 요양·약제의 지급 등 보험급여에 관한 보고 또는 서류 제출을 명하거나, 소속 공무원이 관계인에게 질문하게 하거나 관계 서류를 검사하게 할 수 있다.

③ 보건복지부장관은 보험급여를 받은 자에게 해당 보험급여의 내용에 관하여 보고하게 하거나, 소속 공무원이 질문하게 할 수 있다.

④ 보건복지부장관은 제47조제7항에 따라 요양급여비용의 심사청구를 대행하는 단체(이하 "대행청구단체"라 한다)에 필요한 자료의 제출을 명하거나, 소속 공무원이 대행청구에 관한 자료 등을 조사·확인하게 할 수 있다.

⑤ 보건복지부장관은 제41조의2에 따른 약제에 대한 요양급여비용 상한금액의 감액 및 요양급여의 적용 정지를 위하여 필요한 경우에는 「약사법」 제47조 제2항에 따른 의약품공급자에 대하여 금전, 물품, 편익, 노무, 향응, 그 밖의 경제적 이익등 제공으로 인한 의약품 판매 질서 위반 행위에 관한 보고 또는 서류 제출을 명하거나, 소속 공무원이 관계인에게 질문하게 하거나 관계 서류를 검사하게 할 수 있다.

⑥ 제1항부터 제5항까지의 규정에 따라 질문·검사·조사 또는 확인을 하는 소속 공무원은 그 권한을 표시하는 증표를 지니고 관계인에게 보여주어야 한다.

⑦ 보건복지부장관은 제1항부터 제5항까지에 따른 질문·검사·조사 또는 확인 업무를 효율적으로 수행하기 위하여 대통령령으로 정하는 바에 따라 공단 또는 심사평가원으로 하여금 그 업무를 지원하게 할 수 있다.

⑧ 제1항부터 제6항까지에 따른 질문·검사·조사 또는 확인의 내용·절차·방법 등에 관하여 이 법에서 정하는 사항을 제외하고는 「행정조사기본법」에서 정하는 바에 따른다.

제98조(업무정지)

① 보건복지부장관은 요양기관이 다음 각 호의 어느 하나에 해당하면 그 요양기관에 대하여 1년의 범위에서 기간을 정하여 업무정지를 명할 수 있다. 이 경우 보건복지부장관은 그 사실을 공단 및 심사평가원에 알려야 한다.
　1. 속임수나 그 밖의 부당한 방법으로 보험자·가입자 및 피부양자에게 요양급여비용을 부담하게 한 경우
　2. 제97조 제2항에 따른 명령에 위반하거나 거짓 보고를 하거나 거짓 서류를 제출하거나, 소속 공무원의 검사 또는 질문을 거부·방해 또는 기피한 경우
　3. 정당한 사유 없이 요양기관이 제41조의3 제1항에 따른 결정을 신청하지 아니하고 속임수나 그 밖의 부당한 방법으로 행위·치료재료를 가입자 또는 피부양자에게 실시 또는 사용하고 비용을 부담시킨 경우
② 제1항에 따라 업무정지 처분을 받은 자는 해당 업무정지기간 중에는 요양급여를 하지 못한다.
③ 제1항에 따른 업무정지 처분의 효과는 그 처분이 확정된 요양기관을 양수한 자 또는 합병 후 존속하는 법인이나 합병으로 설립되는 법인에 승계되고, 업무정지 처분의 절차가 진행 중인 때에는 양수인 또는 합병 후 존속하는 법인이나 합병으로 설립되는 법인에 대하여 그 절차를 계속 진행할 수 있다. 다만, 양수인 또는 합병 후 존속하는 법인이나 합병으로 설립되는 법인이 그 처분 또는 위반사실을 알지 못하였음을 증명하는 경우에는 그러하지 아니다.
④ 제1항에 따른 업무정지 처분을 받았거나 업무정지 처분의 절차가 진행 중인 자는 행정처분을 받은 사실 또는 행정처분절차가 진행 중인 사실을 보건복지부령으로 정하는 바에 따라 양수인 또는 합병 후 존속하는 법인이나 합병으로 설립되는 법인에 지체 없이 알려야 한다.
⑤ 제1항에 따른 업무정지를 부과하는 위반행위의 종류, 위반 정도 등에 따른 행정처분기준이나 그 밖에 필요한 사항은 대통령령으로 정한다.

제99조(과징금)

① 보건복지부장관은 요양기관이 제98조 제1항 제1호 또는 제3호에 해당하여 업무정지 처분을 하여야 하는 경우로서 그 업무정지 처분이 해당 요양기관을 이용하는 사람에게 심한 불편을 주거나 보건복지부장관이 정하는 특별한 사유가 있다고 인정되면 업무정지 처분을 갈음하여 속임수나 그 밖의 부당한 방법으로 부담하게 한 금액의 5배 이하의 금액을 과징금으로 부과·징수할 수 있다. 이 경우 보건복지부장관은 12개월의 범위에서 분할납부를 하게 할 수 있다.
② 보건복지부장관은 제41조의2 제3항에 따라 약제를 요양급여에서 적용 정지하는 경우 다음 각 호의 어느 하나에 해당하는 때에는 요양급여의 적용 정지에 갈음하여 대통령령으로 정하는 바에 따라 다음 각 호의 구분에 따른 범위에서 과징금을 부과·징수할 수 있다. 이 경우 보건복지부장관은 12개월의 범위에서 분할납부를 하게 할 수 있다.
　1. 환자 진료에 불편을 초래하는 등 공공복리에 지장을 줄 것으로 예상되는 때: 해당 약제에 대한 요양급여비용 총액의 100분의 200을 넘지 아니하는 범위

2. 국민 건강에 심각한 위험을 초래할 것이 예상되는 등 특별한 사유가 있다고 인정되는 때: 해당 약제에 대한 요양급여비용 총액의 100분의 60을 넘지 아니하는 범위

③ 보건복지부장관은 제2항 전단에 따라 과징금 부과 대상이 된 약제가 과징금이 부과된 날부터 5년의 범위에서 대통령령으로 정하는 기간 내에 다시 제2항 전단에 따른 과징금 부과 대상이 되는 경우에는 대통령령으로 정하는 바에 따라 다음 각 호의 구분에 따른 범위에서 과징금을 부과·징수할 수 있다.

1. 제2항 제1호에서 정하는 사유로 과징금 부과대상이 되는 경우 : 해당 약제에 대한 요양급여비용 총액의 100분의 350을 넘지 아니하는 범위

2. 제2항 제2호에서 정하는 사유로 과징금 부과대상이 되는 경우 : 해당 약제에 대한 요양급여비용 총액의 100분의 100을 넘지 아니하는 범위

④ 제2항 및 제3항에 따라 대통령령으로 해당 약제에 대한 요양급여비용 총액을 정할 때에는 그 약제의 과거 요양급여 실적 등을 고려하여 1년간의 요양급여 총액을 넘지 않는 범위에서 정하여야 한다.

⑤ 보건복지부장관은 제1항에 따른 과징금을 납부하여야 할 자가 납부기한까지 이를 내지 아니하면 대통령령으로 정하는 절차에 따라 그 과징금 부과 처분을 취소하고 제98조 제1항에 따른 업무정지 처분을 하거나 국세 체납처분의 예에 따라 이를 징수한다. 다만, 요양기관의 폐업 등으로 제98조 제1항에 따른 업무정지 처분을 할 수 없으면 국세 체납처분의 예에 따라 징수한다.

⑥ 보건복지부장관은 제2항 또는 제3항에 따른 과징금을 납부하여야 할 자가 납부기한까지 이를 내지 아니하면 국세 체납처분의 예에 따라 징수한다.

⑦ 보건복지부장관은 과징금을 징수하기 위하여 필요하면 다음 각 호의 사항을 적은 문서로 관할 세무관서의 장 또는 지방자치단체의 장에게 과세정보의 제공을 요청할 수 있다.

1. 납세자의 인적사항

2. 사용 목적

3. 과징금 부과 사유 및 부과 기준

⑧ 제1항부터 제3항까지의 규정에 따라 징수한 과징금은 다음 각 호 외의 용도로는 사용할 수 없다. 이 경우 제2항 제1호 및 제3항 제1호에 따라 징수한 과징금은 제3호의 용도로 사용하여야 한다.

1. 제47조 제3항에 따라 공단이 요양급여비용으로 지급하는 자금

2. 「응급의료에 관한 법률」에 따른 응급의료기금의 지원

3. 「재난적의료비 지원에 관한 법률」에 따른 재난적의료비 지원사업에 대한 지원

⑨ 제1항부터 제3항까지의 규정에 따른 과징금의 금액과 그 납부에 필요한 사항 및 제8항에 따른 과징금의 용도별 지원 규모, 사용 절차 등에 필요한 사항은 대통령령으로 정한다.

제100조(위반사실의 공표)

① 보건복지부장관은 관련 서류의 위조·변조로 요양급여비용을 거짓으로 청구하여 제98조 또는 제99조에 따른 행정처분을 받은 요양기관이 다음 각 호의 어느 하나에 해당하면 그 위반 행위, 처분 내용, 해당 요양기관의 명칭·주소 및 대표자 성명, 그 밖에 다른 요양기관과의 구별에 필요한 사항으로서 대통령령으로 정하는 사항을 공표할 수 있다. 이 경우 공표 여부를 결정할 때에는 그 위반행위의 동기, 정도, 횟수 및 결과 등을 고려하여야 한다.

1. 거짓으로 청구한 금액이 1천 500만원 이상인 경우

2. 요양급여비용 총액 중 거짓으로 청구한 금액의 비율이 100분의 20 이상인 경우

② 보건복지부장관은 제1항에 따른 공표 여부 등을 심의하기 위하여 건강보험공표심의위원회(이하 이 조에서 "공표심의위원회"라 한다)를 설치·운영한다.

③ 보건복지부장관은 공표심의위원회의 심의를 거친 공표대상자에게 공표대상자인 사실을 알려 소명자료를 제출하거나 출석하여 의견을 진술할 기회를 주어야 한다.

④ 보건복지부장관은 공표심의위원회가 제3항에 따라 제출된 소명자료 또는 진술된 의견을 고려하여 공표대상자를 재심의한 후 공표대상자를 선정한다.

⑤ 제1항부터 제4항까지에서 규정한 사항 외에 공표의 절차·방법, 공표심의위원회의 구성·운영 등에 필요한 사항은 대통령령으로 정한다.

제101조(제조업자 등의 금지행위 등)

① 「약사법」에 따른 의약품의 제조업자·위탁제조판매업자·수입자·판매업자 및 「의료기기법」에 따른 의료기기 제조업자·수입업자·수리업자·판매업자·임대업자(이하 "제조업자등"이라 한다)는 약제·치료재료와 관련하여 제41조의3에 따라 요양급여대상 여부를 결정하거나 제46조에 따라 요양급여비용을 산정할 때에 다음 각 호의 행위를 하여 보험자·가입자 및 피부양자에게 손실을 주어서는 아니 된다.

1. 제98조 제1항 제1호에 해당하는 요양기관의 행위에 개입

2. 보건복지부, 공단 또는 심사평가원에 거짓 자료의 제출

3. 그 밖에 속임수나 보건복지부령으로 정하는 부당한 방법으로 요양급여대상 여부의 결정과 요양급여비용의 산정에 영향을 미치는 행위

② 보건복지부장관은 제조업자등이 제1항에 위반한 사실이 있는지 여부를 확인하기 위하여 그 제조업자등에게 관련 서류의 제출을 명하거나, 소속 공무원이 관계인에게 질문을 하게 하거나 관계 서류를 검사하게 하는 등 필요한 조사를 할 수 있다. 이 경우 소속 공무원은 그 권한을 표시하는 증표를 지니고 이를 관계인에게 보여주어야 한다.

③ 공단은 제1항을 위반하여 보험자·가입자 및 피부양자에게 손실을 주는 행위를 한 제조업자등에 대하여 손실에 상당하는 금액(이하 이 조에서 "손실 상당액"이라 한다)을 징수한다.

④ 공단은 제3항에 따라 징수한 손실 상당액 중 가입자 및 피부양자의 손실에 해당되는 금액을 그 가입자나 피부양자에게 지급하여야 한다. 이 경우 공단은 가입자나 피부양자에게 지급하여야 하는 금액을 그 가입자 및 피부양자가 내야하는 보험료등과 상계할 수 있다.

⑤ 제3항에 따른 손실 상당액의 산정, 부과·징수절차 및 납부방법 등에 관하여 필요한 사항은 대통령령으로 정한다.

제101조의2(약제에 대한 쟁송 시 손실상당액의 징수 및 지급)

① 공단은 제41조의2에 따른 요양급여비용 상한금액의 감액 및 요양급여의 적용 정지 또는 제41조의3에 따른 조정(이하 이 조에서 "조정등"이라 한다)에 대하여 약제의 제조업자등이 청구 또는 제기한 「행정심판법」에 따른 행정심판 또는 「행정소송법」에 따른 행정소송에 대하여 행정심판위원회 또는 법원의 결정이나 재결, 판결이 다음 각 호의 요건을 모두 충족하는 경우에는 조정등이 집행정지된 기간 동안 공단에 발생한 손실에 상당하는 금액을 약제의 제조업자등에게서 징수할 수 있다.

1. 행정심판위원회 또는 법원이 집행정지 결정을 한 경우

2. 행정심판이나 행정소송에 대한 각하 또는 기각(일부 기각을 포함한다) 재결 또는 판결이 확정되거나 청구취하 또는 소취하로 심판 또는 소송이 종결된 경우

② 공단은 제1항의 심판 또는 소송에 대한 결정이나 재결, 판결이 다음 각 호의 요건을 모두 충족하는 경우에는 조정등으로 인하여 약제의 제조업자등에게 발생한 손실에 상당하는 금액을 지급하여야 한다.

1. 행정심판위원회 또는 법원의 집행정지 결정이 없거나 집행정지 결정이 취소된 경우

2. 행정심판이나 행정소송에 대한 인용(일부 인용을 포함한다) 재결 또는 판결이 확정된 경우

③ 제1항에 따른 손실에 상당하는 금액은 집행정지 기간 동안 공단이 지급한 요양급여비용과 집행정지가 결정되지 않았다면 공단이 지급하여야 할 요양급여비용의 차액으로 산정한다. 다만, 요양급여대상에서 제외되거나 요양급여의 적용을 정지하는 내용의 조정등의 경우에는 요양급여비용 차액의 100분의 40을 초과할 수 없다.

④ 제2항에 따른 손실에 상당하는 금액은 해당 조정등이 없었다면 공단이 지급하여야 할 요양급여비용과 조정등에 따라 공단이 지급한 요양급여비용의 차액으로 산정한다. 다만, 요양급여대상에서 제외되거나 요양급여의 적용을 정지하는 내용의 조정등의 경우에는 요양급여비용 차액의 100분의 40을 초과할 수 없다.

⑤ 공단은 제1항 또는 제2항에 따라 손실에 상당하는 금액을 징수 또는 지급하는 경우 대통령령으로 정하는 이자를 가산하여야 한다.

⑥ 그 밖에 제1항에 따른 징수절차, 제2항에 따른 지급절차, 제3항 및 제4항에 따른 손실에 상당하는 금액의 산정기준 및 기간, 제5항에 따른 가산금 등 징수 및 지급에 필요한 세부사항은 보건복지부령으로 정한다.

제102조(정보의 유지 등)

공단, 심사평가원 및 대행청구단체에 종사하였던 사람 또는 종사하는 사람은 다음 각 호의 행위를 하여서는 아니 된다.

1. 가입자 및 피부양자의 개인정보(「개인정보 보호법」 제2조제1호의 개인정보를 말한다. 이하 "개인정보"라 한다)를 누설하거나 직무상 목적 외의 용도로 이용 또는 정당한 사유 없이 제3자에게 제공하는 행위
2. 업무를 수행하면서 알게 된 정보(제1호의 개인정보는 제외한다)를 누설하거나 직무상 목적 외의 용도로 이용 또는 제3자에게 제공하는 행위

제103조(공단 등에 대한 감독 등)

① 보건복지부장관은 공단과 심사평가원의 경영목표를 달성하기 위하여 다음 각 호의 사업이나 업무에 대하여 보고를 명하거나 그 사업이나 업무 또는 재산상황을 검사하는 등 감독을 할 수 있다.
   1. 제14조 제1항 제1호부터 제13호까지의 규정에 따른 공단의 업무 및 제63조 제1항 제1호부터 제8호까지의 규정에 따른 심사평가원의 업무
   2. 「공공기관의 운영에 관한 법률」 제50조에 따른 경영지침의 이행과 관련된 사업
   3. 이 법 또는 다른 법령에서 공단과 심사평가원이 위탁받은 업무
   4. 그 밖에 관계 법령에서 정하는 사항과 관련된 사업
② 보건복지부장관은 제1항에 따른 감독상 필요한 경우에는 정관이나 규정의 변경 또는 그 밖에 필요한 처분을 명할 수 있다.

제104조(포상금 등의 지급)

① 공단은 다음 각 호의 어느 하나에 해당하는 자 또는 재산을 신고한 사람에 대하여 포상금을 지급할 수 있다. 다만, 공무원이 그 직무와 관련하여 제4호에 따른 은닉재산을 신고한 경우에는 그러하지 아니한다.
   1. 속임수나 그 밖의 부당한 방법으로 보험급여를 받은 사람
   2. 속임수나 그 밖의 부당한 방법으로 다른 사람이 보험급여를 받도록 한 자
   3. 속임수나 그 밖의 부당한 방법으로 보험급여 비용을 받은 요양기관 또는 보험급여를 받은 준요양기관 및 보조기기 판매업자
   4. 제57조에 따라 징수금을 납부하여야 하는 자의 은닉재산
② 공단은 건강보험 재정을 효율적으로 운영하는 데에 이바지한 요양기관에 대하여 장려금을 지급할 수 있다.
③ 제1항제4호의 "은닉재산"이란 징수금을 납부하여야 하는 자가 은닉한 현금, 예금, 주식, 그 밖에 재산적 가치가 있는 유형·무형의 재산을 말한다. 다만, 다음 각 호의 어느 하나에 해당하는 재산은 제외한다.
   1. 「민법」 제406조 등 관계 법령에 따라 사해행위(詐害行爲) 취소소송의 대상이 되어 있는 재산
   2. 공단이 은닉사실을 알고 조사 또는 강제징수 절차에 착수한 재산
   3. 그 밖에 은닉재산 신고를 받을 필요가 없다고 인정되어 대통령령으로 정하는 재산
④ 제1항 및 제2항에 따른 포상금 및 장려금의 지급 기준과 범위, 절차 및 방법 등에 필요한 사항은 대통령령으로 정한다.

제105조(유사명칭의 사용금지)

① 공단이나 심사평가원이 아닌 자는 국민건강보험공단, 건강보험심사평가원 또는 이와 유사한 명칭을 사용하지 못한다.

② 이 법으로 정하는 건강보험사업을 수행하는 자가 아닌 자는 보험계약 또는 보험계약의 명칭에 국민건강보험이라는 용어를 사용하지 못한다.

제106조(소액 처리)

공단은 징수하여야 할 금액이나 반환하여야 할 금액이 1건당 2천원 미만인 경우(제47조 제5항, 제57조 제5항 후단 및 제101조 제4항 후단에 따라 각각 상계 처리할 수 있는 본인일부부담금 환급금 및 가입자나 피부양자에게 지급하여야 하는 금액은 제외한다)에는 징수 또는 반환하지 아니한다.

제107조(끝수 처리)

보험료등과 보험급여에 관한 비용을 계산할 때 「국고금관리법」 제47조에 따른 끝수는 계산하지 아니한다.

제108조 삭제

제108조의2(보험재정에 대한 정부지원)

① 국가는 매년 예산의 범위에서 해당 연도 보험료 예상 수입액의 100분의 14에 상당하는 금액을 국고에서 공단에 지원한다.

② 공단은 「국민건강증진법」에서 정하는 바에 따라 같은 법에 따른 국민건강증진기금에서 자금을 지원받을 수 있다.

③ 공단은 제1항에 따라 지원된 재원을 다음 각 호의 사업에 사용한다.

  1. 가입자 및 피부양자에 대한 보험급여
  2. 건강보험사업에 대한 운영비
  3. 제75조 및 제110조 제4항에 따른 보험료 경감에 대한 지원

④ 공단은 제2항에 따라 지원된 재원을 다음 각 호의 사업에 사용한다.

  1. 건강검진 등 건강증진에 관한 사업
  2. 가입자와 피부양자의 흡연으로 인한 질병에 대한 보험급여
  3. 가입자와 피부양자 중 65세 이상 노인에 대한 보험급여

제109조(외국인 등에 대한 특례)

① 정부는 외국 정부가 사용자인 사업장의 근로자의 건강보험에 관하여는 외국 정부와 한 합의에 따라 이를 따로 정할 수 있다.

② 국내에 체류하는 재외국민 또는 외국인(이하 "국내체류 외국인등"이라 한다)이 적용대상사업장의 근로자, 공무원 또는 교직원이고 제6조 제2항 각 호의 어느 하나에 해당하지 아니하면서 다음 각 호의 어느 하나에 해당하는 경우에는 제5조에도 불구하고 직장가입자가 된다.

　1. 「주민등록법」 제6조 제1항 제3호에 따라 등록한 사람

　2. 「재외동포의 출입국과 법적 지위에 관한 법률」 제6조에 따라 국내거소신고를 한 사람

　3. 「출입국관리법」 제31조에 따라 외국인등록을 한 사람

③ 제2항에 따른 직장가입자에 해당하지 아니하는 국내체류 외국인등이 다음 각 호의 요건을 모두 갖춘 경우에는 제5조에도 불구하고 지역가입자가 된다.

　1. 보건복지부령으로 정하는 기간 동안 국내에 거주하였거나 해당 기간 동안 국내에 지속적으로 거주할 것으로 예상할 수 있는 사유로서 보건복지부령으로 정하는 사유에 해당될 것

　2. 다음 각 목의 어느 하나에 해당할 것

　　가. 제2항 제1호 또는 제2호에 해당하는 사람

　　나. 「출입국관리법」 제31조에 따라 외국인등록을 한 사람으로서 보건복지부령으로 정하는 체류자격이 있는 사람

④ 제2항 각 호의 어느 하나에 해당하는 국내체류 외국인등이 다음 각 호의 요건을 모두 갖춘 경우에는 제5조에도 불구하고 공단에 신청하면 피부양자가 될 수 있다.

　1. 직장가입자와의 관계가 제5조 제2항 각 호의 어느 하나에 해당할 것

　2. 제5조 제3항에 따른 피부양자 자격의 인정 기준에 해당할 것

　3. 국내 거주기간 또는 거주사유가 제3항 제1호에 따른 기준에 해당할 것. 다만, 직장가입자의 배우자 및 19세 미만 자녀(배우자의 자녀를 포함한다)에 대해서는 그러하지 아니하다.

⑤ 제2항부터 제4항까지의 규정에도 불구하고 다음 각 호에 해당되는 경우에는 가입자 및 피부양자가 될 수 없다.

　1. 국내체류가 법률에 위반되는 경우로서 대통령령으로 정하는 사유가 있는 경우

　2. 국내체류 외국인등이 외국의 법령, 외국의 보험 또는 사용자와의 계약 등에 따라 제41조에 따른 요양급여에 상당하는 의료보장을 받을 수 있어 사용자 또는 가입자가 보건복지부령으로 정하는 바에 따라 가입 제외를 신청한 경우

⑥ 제2항부터 제5항까지의 규정에서 정한 사항 외에 국내체류 외국인등의 가입자 또는 피부양자 자격의 취득 및 상실에 관한 시기·절차 등에 필요한 사항은 제5조부터 제11조까지의 규정을 준용한다. 다만, 국내체류 외국인등의 특성을 고려하여 특별히 규정해야 할 사항은 대통령령으로 다르게 정할 수 있다.

⑦ 가입자인 국내체류 외국인등이 매월 2일 이후 지역가입자의 자격을 취득하고 그 자격을 취득한 날이 속하는 달에 보건복지부장관이 고시하는 사유로 해당 자격을 상실한 경우에는 제69조 제2항 본문에도 불구하고 그 자격을 취득한 날이 속하는 달의 보험료를 부과하여 징수한다.

⑧ 국내체류 외국인등(제9항 단서의 적용을 받는 사람에 한정한다)에 해당하는 지역가입자의 보험료는 제78조 제1항 본문에도 불구하고 그 직전 월 25일까지 납부하여야 한다. 다만, 다음 각 호에 해당되는 경우에는 공단이 정하는 바에 따라 납부하여야 한다.

1. 자격을 취득한 날이 속하는 달의 보험료를 징수하는 경우

2. 매월 26일 이후부터 말일까지의 기간에 자격을 취득한 경우

⑨ 제7항과 제8항에서 정한 사항 외에 가입자인 국내체류 외국인등의 보험료 부과·징수에 관한 사항은 제69조부터 제86조까지의 규정을 준용한다. 다만, 대통령령으로 정하는 국내체류 외국인등의 보험료 부과·징수에 관한 사항은 그 특성을 고려하여 보건복지부장관이 다르게 정하여 고시할 수 있다.

⑩ 공단은 지역가입자인 국내체류 외국인등(제9항 단서의 적용을 받는 사람에 한정한다)이 보험료를 대통령령으로 정하는 기간 이상 체납한 경우에는 제53조 제3항에도 불구하고 체납일부터 체납한 보험료를 완납할 때까지 보험급여를 하지 아니한다. 이 경우 제53조 제3항 각 호 외의 부분 단서 및 같은 조 제5항·제6항은 적용하지 아니한다.

⑪ 제10항에도 불구하고 체류자격 및 체류기간 등 국내체류 외국인등의 특성을 고려하여 특별히 규정하여야 할 사항은 대통령령으로 다르게 정할 수 있다.

제110조(실업자에 대한 특례)

① 사용관계가 끝난 사람 중 직장가입자로서의 자격을 유지한 기간이 보건복지부령으로 정하는 기간 동안 통산 1년 이상인 사람은 지역가입자가 된 이후 최초로 제79조에 따라 지역가입자 보험료를 고지받은 날부터 그 납부기한에서 2개월이 지나기 이전까지 공단에 직장가입자로서의 자격을 유지할 것을 신청할 수 있다.

② 제1항에 따라 공단에 신청한 가입자(이하 "임의계속가입자"라 한다)는 제9조에도 불구하고 대통령령으로 정하는 기간 동안 직장가입자의 자격을 유지한다. 다만, 제1항에 따른 신청 후 최초로 내야 할 직장가입자 보험료를 그 납부기한부터 2개월이 지난 날까지 내지 아니한 경우에는 그 자격을 유지할 수 없다.

③ 임의계속가입자의 보수월액은 보수월액보험료가 산정된 최근 12개월간의 보수월액을 평균한 금액으로 한다.

④ 임의계속가입자의 보험료는 보건복지부장관이 정하여 고시하는 바에 따라 그 일부를 경감할 수 있다.

⑤ 임의계속가입자의 보수월액보험료는 제76조 제1항 및 제77조 제1항 제1호에도 불구하고 그 임의계속가입자가 전액을 부담하고 납부한다.

⑥ 임의계속가입자가 보험료를 납부기한까지 내지 아니하는 경우 그 급여제한에 관하여는 제53조 제3항·제5항 및 제6항을 준용한다. 이 경우 "제69조제5항에 따른 세대단위의 보험료"는 "제110조 제5항에 따른 보험료"로 본다.

⑦ 임의계속가입자의 신청 방법·절차 등에 필요한 사항은 보건복지부령으로 정한다.

제111조(권한의 위임)

이 법에 따른 보건복지부장관의 권한은 대통령령으로 정하는 바에 따라 그 일부를 특별시장 · 광역시장 · 특별자치시장 · 도지사 또는 특별자치도지사에게 위임할 수 있다.

제112조(업무의 위탁)

① 공단은 대통령령으로 정하는 바에 따라 다음 각 호의 업무를 체신관서, 금융기관 또는 그 밖의 자에게 위탁할 수 있다.
　　1. 보험료의 수납 또는 보험료납부의 확인에 관한 업무
　　2. 보험급여비용의 지급에 관한 업무
　　3. 징수위탁근거법의 위탁에 따라 징수하는 연금보험료, 고용보험료, 산업재해보상보험료, 부담금 및 분담금 등(이하 "징수위탁보험료등"이라 한다)의 수납 또는 그 납부의 확인에 관한 업무
② 공단은 그 업무의 일부를 국가기관, 지방자치단체 또는 다른 법령에 따른 사회보험 업무를 수행하는 법인이나 그 밖의 자에게 위탁할 수 있다. 다만, 보험료와 징수위탁보험료등의 징수 업무는 그러하지 아니하다.
③ 제2항에 따라 공단이 위탁할 수 있는 업무 및 위탁받을 수 있는 자의 범위는 보건복지부령으로 정한다.

제113조(징수위탁보험료등의 배분 및 납입 등)

① 공단은 자신이 징수한 보험료와 그에 따른 징수금 또는 징수위탁보험료등의 금액이 징수하여야 할 총액에 부족한 경우에는 대통령령으로 정하는 기준, 방법에 따라 이를 배분하여 납부 처리하여야 한다. 다만, 납부의무자가 다른 의사를 표시한 때에는 그에 따른다.
② 공단은 징수위탁보험료등을 징수한 때에는 이를 지체 없이 해당 보험별 기금에 납입하여야 한다.

제114조(출연금의 용도 등)

① 공단은 「국민연금법」, 「산업재해보상보험법」, 「고용보험법」 및 「임금채권보장법」에 따라 국민연금기금, 산업재해보상보험및예방기금, 고용보험기금 및 임금채권보장기금으로부터 각각 지급받은 출연금을 제14조제1항 제11호에 따른 업무에 소요되는 비용에 사용하여야 한다.
② 제1항에 따라 지급받은 출연금의 관리 및 운용 등에 필요한 사항은 대통령령으로 정한다.

제114조의2(벌칙 적용에서 공무원 의제)

제4조제1항에 따른 심의위원회 및 제100조제2항에 따른 건강보험공표심의위원회 위원 중 공무원이 아닌 사람은 「형법」 제127조 및 제129조부터 제132조까지의 규정을 적용할 때에는 공무원으로 본다.

제9장 벌칙

제115조(벌칙)

① 제102조 제1호를 위반하여 가입자 및 피부양자의 개인정보를 누설하거나 직무상 목적 외의 용도로 이용 또는 정당한 사유 없이 제3자에게 제공한 자는 5년 이하의 징역 또는 5천만원 이하의 벌금에 처한다.

② 다음 각 호의 어느 하나에 해당하는 자는 3년 이하의 징역 또는 3천만원 이하의 벌금에 처한다.

   1. 대행청구단체의 종사자로서 거짓이나 그 밖의 부정한 방법으로 요양급여비용을 청구한 자

   2. 제102조 제2호를 위반하여 업무를 수행하면서 알게 된 정보를 누설하거나 직무상 목적 외의 용도로 이용 또는 제3자에게 제공한 자

③ 제96조의3 제3항을 위반하여 공동이용하는 전산정보자료를 같은 조 제1항에 따른 목적 외의 용도로 이용하거나 활용한 자는 3년 이하의 징역 또는 1천만원 이하의 벌금에 처한다.

④ 거짓이나 그 밖의 부정한 방법으로 보험급여를 받거나 타인으로 하여금 보험급여를 받게 한 사람은 2년 이하의 징역 또는 2천만원 이하의 벌금에 처한다.

⑤ 다음 각 호의 어느 하나에 해당하는 자는 1년 이하의 징역 또는 1천만원 이하의 벌금에 처한다.

   1. 제42조의2 제1항 및 제3항을 위반하여 선별급여를 제공한 요양기관의 개설자

   2. 제47조 제7항을 위반하여 대행청구단체가 아닌 자로 하여금 대행하게 한 자

   3. 제93조를 위반한 사용자

   4. 제98조 제2항을 위반한 요양기관의 개설자

   5. 삭제

제116조(벌칙)

제97조제2항을 위반하여 보고 또는 서류 제출을 하지 아니한 자, 거짓으로 보고하거나 거짓 서류를 제출한 자, 검사나 질문을 거부·방해 또는 기피한 자는 1천만원 이하의 벌금에 처한다.

제117조(벌칙)

제42조제5항을 위반한 자 또는 제49조 제2항을 위반하여 요양비 명세서나 요양 명세를 적은 영수증을 내주지 아니한 자는 500만원 이하의 벌금에 처한다.

제118조(양벌 규정)

① 법인의 대표자나 법인 또는 개인의 대리인, 사용인, 그 밖의 종사자가 그 법인 또는 개인의 업무에 관하여 제115조부터 제117조까지의 규정 중 어느 하나에 해당하는 위반행위를 하면 그 행위자를 벌하는 외에 그 법인 또는 개인에게도 해당 조문의 벌금형을 과(科)한다. 다만, 법인 또는 개인이 그 위반행위를 방지하기 위하여 해당 업무에 관하여 상당한 주의와 감독을 게을리하지 아니한 경우에는 그러하지 아니하다.

제119조(과태료)

① 삭제

② 삭제

③ 다음 각 호의 어느 하나에 해당하는 자에게는 500만원 이하의 과태료를 부과한다.

　　1. 제7조를 위반하여 신고를 하지 아니하거나 거짓으로 신고한 사용자

　　2. 정당한 사유 없이 제94조 제1항을 위반하여 신고·서류제출을 하지 아니하거나 거짓으로 신고·서류
　　　 제출을 한 자

　　3. 정당한 사유 없이 제97조 제1항, 제3항, 제4항, 제5항을 위반하여 보고·서류제출을 하지 아니하거나
　　　 거짓으로 보고·서류제출을 한 자

　　4. 제98조 제4항을 위반하여 행정처분을 받은 사실 또는 행정처분절차가 진행 중인 사실을 지체 없이 알
　　　 리지 아니한 자

　　5. 정당한 사유 없이 제101조 제2항을 위반하여 서류를 제출하지 아니하거나 거짓으로 제출한 자

④ 다음 각 호의 어느 하나에 해당하는 자에게는 100만원 이하의 과태료를 부과한다.

　　1. 삭제

　　2. 삭제

　　3. 제12조 제4항을 위반하여 정당한 사유 없이 건강보험증이나 신분증명서로 가입자 또는 피부양자의 본
　　　 인 여부 및 그 자격을 확인하지 아니하고 요양급여를 실시한 자

　　4. 제96조의4를 위반하여 서류를 보존하지 아니한 자

　　5. 제103조에 따른 명령을 위반한 자

　　6. 제105조를 위반한 자

⑤ 제3항 및 제4항에 따른 과태료는 대통령령으로 정하는 바에 따라 보건복지부장관이 부과·징수한다.

국민건강보험법 시행령

※ [시행 2026. 2. 19.] [대통령령 제36116호, 2026. 2. 19., 일부개정]

제1장 총칙

제1조(목적)

이 영은 「국민건강보험법」에서 위임된 사항과 그 시행에 필요한 사항을 규정함을 목적으로 한다.

제2조(사용자인 기관장)

「국민건강보험법」(이하 "법"이라 한다) 제3조 제2호 나목에서 "대통령령으로 정하는 사람"이란 별표 1에 따른 기관장을 말한다. 다만, 법 제13조에 따른 국민건강보험공단(이하 "공단"이라 한다)은 소관 업무를 능률적으로 처리하기 위하여 필요하다고 인정할 때에는 기관의 소재지, 인원, 그 밖의 사정을 고려하여 별표 1에 따른 기관장에게 소속되어 있는 기관의 장을 사용자인 기관의 장으로 따로 지정할 수 있다.

제2조의2(국민건강보험종합계획의 수립 등)

① 보건복지부장관은 법 제3조의2 제1항 전단에 따른 국민건강보험종합계획(이하 "종합계획"이라 한다) 및 같은 조 제3항에 따른 연도별 시행계획(이하 "시행계획"이라 한다)을 수립하는 경우에는 다음 각 호의 구분에 따른 시기까지 수립하여야 한다.
    1. 종합계획 : 시행 연도 전년도의 9월 30일까지
    2. 시행계획 : 시행 연도 전년도의 12월 31일까지
② 보건복지부장관은 종합계획 및 시행계획을 수립하거나 변경한 경우에는 다음 각 호의 구분에 따른 방법으로 공표하여야 한다.
    1. 종합계획 : 관보에 고시
    2. 시행계획 : 보건복지부 인터넷 홈페이지에 게시
③ 보건복지부장관은 종합계획 및 시행계획을 수립하거나 변경한 경우에는 관계 중앙행정기관의 장, 공단의 이사장 및 법 제62조에 따른 건강보험심사평가원(이하 "심사평가원"이라 한다)의 원장에게 그 내용을 알려야 한다.
④ 보건복지부장관은 법 제3조의2 제4항에 따라 시행계획에 따른 추진실적을 평가한 경우에는 그 평가결과를 다음에 수립하는 종합계획 및 시행계획에 각각 반영하여야 한다.
⑤ 제1항부터 제4항까지에서 규정한 사항 외에 종합계획 또는 시행계획의 수립·시행·평가 등에 필요한 세부사항은 보건복지부장관이 정하여 고시한다.

제2조의3(종합계획에 포함될 사항)

법 제3조의2 제2항 제9호에서 "대통령령으로 정하는 사항"이란 다음 각 호의 사항을 말한다.

1. 건강보험의 제도적 기반 조성에 관한 사항
2. 건강보험과 관련된 국제협력에 관한 사항
3. 그 밖에 건강보험의 개선을 위하여 보건복지부장관이 특히 필요하다고 인정하는 사항

제3조(심의위원회의 심의 · 의결사항)

법 제4조 제1항 제6호에서 "대통령령으로 정하는 사항"이란 다음 각 호의 사항을 말한다.

1. 제21조 제2항에 따른 요양급여 각 항목에 대한 상대가치점수
2. 제22조에 따른 약제 · 치료재료별 요양급여비용의 상한
3. 그 밖에 제23조에 따른 부가급여에 관한 사항 등 건강보험에 관한 주요사항으로서 법 제4조에 따른 건강
   보험정책심의위원회(이하 "심의위원회"라 한다)의 위원장이 회의에 부치는 사항

제4조(공무원인 위원)

법 제4조 제4항 제4호 가목에서 "대통령령으로 정하는 중앙행정기관 소속 공무원"이란 재정경제부와 보건복
지부 소속의 3급 공무원 또는 고위공무원단에 속하는 일반직공무원 중에서 그 소속 기관의 장이 1명씩 지명
하는 사람을 말한다.

제4조의2(심의위원회 위원의 해임 및 해촉)

보건복지부장관은 법 제4조 제4항 각 호에 따른 심의위원회 위원이 다음 각 호의 어느 하나에 해당하는 경
우에는 해당 심의위원회 위원을 해임하거나 해촉(解囑)할 수 있다.

1. 심신장애로 인하여 직무를 수행할 수 없게 된 경우
2. 직무와 관련된 비위사실이 있는 경우
3. 직무태만, 품위손상이나 그 밖의 사유로 인하여 위원으로 적합하지 아니하다고 인정되는 경우
4. 위원 스스로 직무를 수행하는 것이 곤란하다고 의사를 밝히는 경우

제5조(심의위원회의 위원장 등)

① 심의위원회의 위원장은 심의위원회를 대표하며, 그 업무를 총괄한다.
② 의위원회의 부위원장은 위원장을 보좌하며, 위원장이 부득이한 사유로 직무를 수행할 수 없을 때에는 그
   직무를 대행한다.

제6조(심의위원회의 회의)

① 심의위원회의 위원장은 심의위원회의 회의를 소집하고, 그 의장이 된다.

② 심의위원회의 회의는 재적위원 3분의 1 이상이 요구할 때 또는 위원장이 필요하다고 인정할 때에 소집한다.

③ 심의위원회의 회의는 재적위원 과반수의 출석으로 개의(開議)하고, 출석위원 과반수의 찬성으로 의결한다.

④ 심의위원회의 위원장은 제3항에 따른 의결에 참여하지 아니한다. 다만, 가부동수(可否同數)일 때에는 위원장이 정한다.

⑤ 심의위원회는 효율적인 심의를 위하여 필요한 경우에는 분야별로 소위원회를 구성할 수 있다.

⑥ 제1항부터 제5항까지에서 규정한 사항 외에 심의위원회와 소위원회의 운영 등에 필요한 사항은 심의위원회의 의결을 거쳐 위원장이 정한다.

제7조(심의위원회의 간사)

① 심의위원회의 사무를 처리하기 위하여 심의위원회에 간사 1명을 둔다.

② 간사는 보건복지부 소속 4급 이상 공무원 또는 고위공무원단에 속하는 일반직공무원 중에서 위원장이 지명한다.

제8조(심의위원회 위원의 수당 등)

심의위원회의 회의에 출석한 위원에 게는 예산의 범위에서 수당·여비, 그 밖에 필요한 경비를 지급할 수 있다. 다만, 공무원인 위원이 소관 업무와 직접 관련하여 출석하는 경우에는 그러하지 아니하다.

제2장 가입자

제9조(직장가입자에서 제외되는 사람)

법 제6조 제2항 제4호에서 "대통령령으로 정하는 사업장의 근로자 및 사용자와 공무원 및 교직원"이란 다음 각 호의 어느 하나에 해당하는 사람을 말한다.

1. 비상근 근로자 또는 1개월 동안의 소정(所定)근로시간이 60시간 미만인 단시간근로자

2. 비상근 교직원 또는 1개월 동안의 소정근로시간이 60시간 미만인 시간제공무원 및 교직원

3. 소재지가 일정하지 아니한 사업장의 근로자 및 사용자

4. 근로자가 없거나 제1호에 해당하는 근로자만을 고용하고 있는 사업장의 사업주

제9조의2(공단의 업무)

법 제14조 제1항 제4호에서 "대통령령으로 정하는 사업"이란 다음 각 호의 사업을 말한다.

1. 가입자 및 피부양자의 건강관리를 위한 전자적 건강정보시스템의 구축·운영
2. 생애주기별·사업장별·직능별 건강관리 프로그램 또는 서비스의 개발 및 제공
3. 연령별·성별·직업별 주요 질환에 대한 정보 수집, 분석·연구 및 관리방안 제공
4. 고혈압·당뇨 등 주요 만성질환에 대한 정보 제공 및 건강관리 지원
5. 「지역보건법」 제2조 제1호에 따른 지역보건의료기관과의 연계·협력을 통한 지역별 건강관리 사업 지원
6. 그 밖에 제1호부터 제5호까지에 준하는 사업으로서 가입자 및 피부양자의 건강관리를 위하여 보건복지부장관이 특히 필요하다고 인정하는 사업

제10조(공무원인 임원)

법 제20조 제4항 제2호에 따라 보건복지부장관, 기획예산처장관 및 인사혁신처장은 해당 기관 소속의 3급 공무원 또는 고위공무원단에 속하는 일반직공무원 중에서 각 1명씩을 지명하는 방법으로 공단의 비상임이사를 추천한다.

제11조(이사회의 심의·의결사항)

법 제26조 제4항에 따라 다음 각 호의 사항은 공단의 이사회(이하 "이사회"라 한다)의 심의·의결을 거쳐야 한다. 다만, 법 제4조 제1항에 따른 심의위원회의 심의·의결사항 및 법 제33조에 따른 재정운영위원회(이하 "재정운영위원회"라 한다)의 심의·의결사항은 제외한다.

1. 사업운영계획 등 공단 운영의 기본방침에 관한 사항
2. 예산 및 결산에 관한 사항
3. 정관 변경에 관한 사항
4. 규정의 제정·개정 및 폐지에 관한 사항
5. 보험료와 그 밖의 법에 따른 징수금(이하 "보험료등"이라 한다) 및 보험급여에 관한 사항
6. 법 제37조에 따른 차입금에 관한 사항
7. 법 제38조에 따른 준비금, 그 밖에 중요재산의 취득·관리 및 처분에 관한 사항
8. 그 밖에 공단 운영에 관한 중요 사항

제12조(이사회의 회의)

① 이사회의 회의는 정기회의와 임시회의로 구분한다.

② 정기회의는 매년 2회 정관으로 정하는 시기에 이사회의 의장이 소집한다.

③ 임시회의는 재적이사(이사장을 포함한다. 이하 같다) 3분의 1 이상이 요구할 때 또는 이사장이 필요하다고 인정할 때에 이사회의 의장이 소집한다.

④ 이사회의 회의는 재적이사 과반수의 출석으로 개의하고, 재적이사 과반수의 찬성으로 의결한다.

⑤ 이사회의 의장은 이사장이 된다.

⑥ 이사회의 회의 소집 절차 등 이사회 운영에 필요한 그 밖의 사항은 공단의 정관으로 정한다.

제13조(이사장 권한의 위임)

법 제32조에서 "대통령령으로 정하는 사항"이란 다음 각 호의 권한을 말한다.

1. 법 제5조 및 제8조부터 제10조까지의 규정에 따른 자격 관리에 관한 권한

2. 법 제7조에 따른 사업장 관리에 관한 권한

3. 법 제53조에 따른 보험급여의 제한에 관한 권한

4. 법 제57조·제69조·제79조 및 제81조에 따른 보험료 등의 부과·징수, 납입 고지, 독촉 및 국세체납처분의 예에 따른 징수에 관한 권한

5. 법 제58조에 따른 손해배상을 청구할 권리의 행사에 관한 권한

6. 법 제75조에 따른 보험료의 경감에 관한 권한

7. 법 제82조에 따른 분할납부 승인 및 승인취소에 관한 권한

8. 법 제109조 및 제110조에 따른 가입자 및 피부양자의 자격관리, 보험급여 제한 및 보험료의 부과·징수에 관한 권한

9. 「국민연금법」, 「고용보험 및 산업재해보상보험의 보험료징수 등에 관한 법률」, 「임금채권보장법」 및 「석면피해구제법」(이하 "징수위탁근거법"이라 한다)에 따라 위탁받은 연금보험료, 고용보험료, 산업재해보상보험료, 부담금 및 분담금 등(이하 "징수위탁보험료등"이라 한다)의 납입 고지 및 독촉·체납처분 등 징수에 관한 권한

10. 그 밖에 법에 따른 공단 업무의 효율적인 수행을 위하여 공단의 정관으로 정하는 권한

제14조(재정운영위원회의 구성)

① 법 제34조 제2항 제2호에 따라 농어업인 단체, 도시자영업자단체 및 시민단체는 다음 각 호의 구분에 따라 같은 조 제1항 제2호에 따른 위원을 추천한다.

   1. 농어업인 단체 및 도시자영업자단체 : 각각 3명씩 추천

   2. 시민단체 : 4명 추천

② 법 제34조제2항제3호에서 "대통령령으로 정하는 관계 공무원"이란 재정경제부장관 및 보건복지부장관이 해당 기관 소속의 4급 이상 공무원 또는 고위공무원단에 속하는 일반직공무원 중에서 각각 1명씩 지명하는 사람을 말한다.

제15조(재정운영위원회의 운영)

① 재정운영위원회의 회의는 정기회의와 임시회의로 구분한다.

② 정기회의는 매년 1회 정관으로 정하는 시기에 재정운영위원회의 위원장이 소집한다.

③ 임시회의는 공단 이사장 또는 재적위원 3분의 1 이상이 요구할 때 또는 재정운영위원회의 위원장이 필요하다고 인정할 때에 위원장이 소집한다.

④ 재정운영위원회의 위원장은 재정운영위원회 회의의 의장이 되며, 회의는 재적위원 과반수의 출석으로 개의하고, 출석위원 과반수의 찬성으로 의결한다.

⑤ 재정운영위원회의 회의 소집 절차 등 재정운영위원회 운영에 필요한 그 밖의 사항은 공단의 정관으로 정한다.

제16조(재정운영위원회의 간사)

① 재정운영위원회의 사무를 처리하기 위하여 재정운영위원회에 간사 1명을 둔다.

② 간사는 공단 소속 직원 중에서 위원장이 지명한다.

제17조(재정운영위원회의 회의록)

① 위원장은 재정운영위원회의 회의록을 작성하여 보관하여야 한다.

② 제1항에 따른 회의록에는 회의 경과, 심의사항 및 의결사항을 기록하고 위원장과 출석한 위원이 서명하거나 날인하여야 한다.

제17조의2(재난적의료비 지원사업에 대한 출연 금액의 상한)

법 제39조의2에 따라 공단이 「재난적의료비 지원에 관한 법률」에 따른 재난적의료비 지원사업에 출연하는 금액의 상한은 전전년도 보험료 수입액의 1천분의 1로 한다.

제4장 보험급여

제18조(요양기관에서 제외되는 의료기관 등)

① 법 제42조 제1항 각 호 외의 부분 후단에서 "대통령령으로 정하는 의료기관 등"이란 다음 각 호의 의료기관 또는 약국을 말한다.

1. 「의료법」 제35조에 따라 개설된 부속 의료기관
2. 「사회복지사업법」 제34조에 따른 사회복지시설에 수용된 사람의 진료를 주된 목적으로 개설된 의료기관
3. 제19조 제1항에 따른 본인일부부담금을 받지 아니하거나 경감하여 받는 등의 방법으로 가입자나 피부양자를 유인(誘引)하는 행위 또는 이와 관련하여 과잉 진료행위를 하거나 부당하게 많은 진료비를 요구하는 행위를 하여 다음 각 목의 어느 하나에 해당하는 업무정지 처분 등을 받은 의료기관
   가. 법 제98조에 따른 업무정지 또는 법 제99조에 따른 과징금 처분을 5년 동안 2회 이상 받은 의료기관
   나. 「의료법」 제66조에 따른 면허자격정지 처분을 5년 동안 2회 이상 받은 의료인이 개설·운영하는 의료기관
   4. 법 제98조에 따른 업무정지 처분 절차가 진행 중이거나 업무정지 처분을 받은 요양기관의 개설자가 개설한 의료기관 또는 약국

② 제1항 제1호 및 제2호에 따른 의료기관은 요양기관에서 제외되려면 보건복지부장관이 정하는 바에 따라 요양기관 제외신청을 하여야 한다.

③ 의료기관 등이 요양기관에서 제외되는 기간은 제1항 제3호의 경우에는 1년 이하로 하고, 제1항 제4호의 경우에는 해당 업무정지기간이 끝나는 날까지로 한다.

제18조의2(약제에 대한 요양급여비용 상한금액의 감액 및 요양급여의 적용 정지 기준 등)

① 보건복지부장관은 법 제41조의2에 따라 약제에 대한 요양급여비용의 상한금액(법 제41조 제3항에 따라 약제별 요양급여비용의 상한으로 정한 금액을 말한다. 이하 "상한금액"이라 한다)을 감액하거나 요양급여의 적용을 정지한 경우에는 그 사실을 공단과 심사평가원에 통보하여 상한금액 감액 및 요양급여의 적용 정지 내역을 기록·관리하도록 하여야 한다.

② 법 제41조의2 제2항 및 제3항에서 "대통령령으로 정하는 기간"이란 각각 5년을 말한다.

③ 보건복지부장관은 법 제41조의2 제1항 또는 제2항에 따른 상한금액 감액의 대상이 되는 약제 중 다음 각 호의 어느 하나에 해당하는 약제에 대해서는 상한금액을 감액하지 아니할 수 있다.

   1. 퇴장방지의약품(환자의 진료에 반드시 필요하나 경제성이 없어 「약사법」에 따른 제조업자·위탁제조판매업자·수입자가 생산 또는 수입을 기피하는 약제로서 보건복지부장관이 지정·고시하는 의약품을 말한다. 이하 같다)
   2. 희귀의약품(적절한 대체의약품이 없어 긴급히 생산 또는 수입하여야 하는 약제로서 식품의약품안전처장이 정하는 의약품을 말한다. 이하 같다)

3. 저가의약품(상한금액이 보건복지부장관이 정하여 고시하는 기준금액 이하인 약제로서 보건복지부장관이 정하여 고시하는 의약품을 말한다)

④ 법 제41조의2 제1항부터 제3항까지의 규정에 따른 약제에 대한 상한금액의 감액 및 요양급여의 적용 정지 기준은 별표 4의2와 같다.

제18조의3 삭제

제18조의4(선별급여)

① 법 제41조의4 제1항에 따른 선별급여(이하 "선별급여"라 한다)를 실시할 수 있는 경우는 다음 각 호와 같다.
  1. 경제성 또는 치료효과성 등이 불확실하여 그 검증을 위하여 추가적인 근거가 필요한 경우
  2. 경제성이 낮아도 가입자와 피부양자의 건강회복에 잠재적 이득이 있는 경우
  3. 제1호 또는 제2호에 준하는 경우로서 요양급여에 대한 사회적 요구가 있거나 국민건강 증진의 강화를 위하여 보건복지부장관이 특히 필요하다고 인정하는 경우
  4. 사회적 편익 제고를 목적으로 적정한 의료 이용을 위한 관리가 필요한 경우

② 법 제41조의4 제2항에 따른 선별급여의 적합성평가(이하 "적합성평가"라 한다)는 다음 각 호의 구분에 따른다.
  1. 평가주기 : 선별급여를 실시한 날부터 5년마다 평가할 것. 다만, 보건복지부장관은 해당 선별급여의 내용·성격 또는 효과 등을 고려하여 그 평가주기를 달리 정할 수 있다.
  2. 평가항목 : 다음 각 목의 사항을 평가할 것
    가. 치료 효과 및 치료 과정의 개선에 관한 사항
    나. 비용 효과에 관한 사항
    다. 다른 요양급여와의 대체가능성에 관한 사항
    라. 국민건강에 대한 잠재적 이득에 관한 사항
    마. 그 밖에 가목부터 라목까지의 규정에 준하는 사항으로서 보건복지부장관이 적합성평가를 위하여 특히 필요하다고 인정하는 사항
  3. 평가방법 : 서면평가의 방법으로 실시할 것. 다만, 보건복지부장관이 필요하다고 인정하는 경우에는 현장조사·문헌조사 또는 설문조사 등의 방법을 추가하여 실시할 수 있다.

③ 보건복지부장관은 적합성평가와 관련하여 전문적·심층적 검토가 필요하다고 인정하는 경우에는 보건의료 관련 연구기관·단체 또는 전문가 등에게 그 평가를 의뢰하여 실시할 수 있다.

④ 보건복지부장관은 적합성평가를 위하여 필요하다고 인정하는 경우에는 관계 중앙행정기관, 지방자치단체, 「공공기관의 운영에 관한 법률」에 따른 공공기관 또는 보건의료 관련 법인·단체·전문가 등에게 필요한 자료 또는 의견의 제출을 요청할 수 있다.

⑤ 제2항부터 제4항까지에서 규정한 사항 외에 적합성평가의 절차 및 방법 등에 필요한 사항은 보건복지부장관이 정하여 고시한다.

제19조(비용의 본인부담)

① 법 제44조 제1항에 따른 본인일부부담금(이하 "본인일부부담금"이라 한다)의 부담률 및 부담액은 별표 2와 같다.

② 본인일부부담금은 요양기관의 청구에 따라 요양급여를 받는 사람이 요양기관에 납부한다. 이 경우 요양기관은 법 제41조 제3항 및 제4항에 따라 보건복지부령으로 정하는 요양급여사항 또는 비급여사항 외에 입원보증금 등 다른 명목으로 비용을 청구해서는 아니 된다.

③ 법 제44조 제2항 제1호에 따른 본인일부부담금의 총액은 요양급여를 받는 사람이 연간 부담하는 본인일부부담금을 모두 더한 금액으로 한다. 다만, 다음 각 호의 어느 하나에 해당하는 본인일부부담금은 더하지 않는다.

1. 별표 2 제1호 가목1)에 따라 상급종합병원·종합병원·병원·한방병원·요양병원(「장애인복지법」 제58조 제1항 제4호에 따른 장애인 의료재활시설로서 「의료법」 제3조의2의 요건을 갖춘 의료기관인 요양병원으로 한정한다)·정신병원 일반입원실의 2인실·3인실 및 정신과 입원실의 2인실·3인실을 이용한 경우 그 입원료로 부담한 금액

1의2. 별표 2 제1호 다목3)에 따라 보건복지부장관이 정하여 고시하는 질병을 주 질병·부상으로 상급종합병원에서 받은 외래진료에 대해 같은 표 제1호 나목 또는 제3호 너목에 따라 부담한 금액. 다만, 다음 각 목의 어느 하나에 해당하는 사람이 부담한 금액은 제외한다.

   가. 임신부

   나. 6세 미만의 사람

   다. 별표 2 제1호 나목에 따른 의약분업 예외환자

   라. 별표 2 제3호 카목에 따라 보건복지부장관이 정하여 고시하는 난임진료를 받은 사람

   마. 다음 법률 규정에 따라 의료지원을 받는 의료지원 대상자

      1) 「5·18민주유공자예우 및 단체설립에 관한 법률」 제33조

      2) 「고엽제후유의증 등 환자지원 및 단체설립에 관한 법률」 제6조제2항

      3) 「국가유공자 등 예우 및 지원에 관한 법률」 제41조

      4) 「독립유공자예우에 관한 법률」 제17조

      5) 「보훈보상대상자 지원에 관한 법률」 제50조

      6) 「제대군인지원에 관한 법률」 제20조

      7) 「참전유공자 예우 및 단체설립에 관한 법률」 제7조

      8) 「특수임무유공자 예우 및 단체설립에 관한 법률」 제32조

2. 별표 2 제3호 라목5)·6)·9) 및 10)에 따라 부담한 금액

3. 별표 2 제3호 사목 및 거목에 따라 부담한 금액

4. 별표 2 제4호에 따라 부담한 금액

4의2. 별표 2 제5호의2에 따라 부담한 금액

5. 별표 2 제6호에 따라 부담한 금액

④ 법 제44조 제2항 각 호 외의 부분 전단에 따른 본인부담상한액(이하 "본인부담상한액"이라 한다)은 별표 3의 산정방법에 따라 산정된 금액을 말한다.

⑤ 법 제44조 제2항 각 호 외의 부분 후단에 따라 공단이 본인부담상한액을 넘는 금액을 지급하는 경우에는 당사자가 지정하는 예금계좌(「우체국예금ㆍ보험에 관한 법률」에 따른 체신관서 및 「은행법」에 따른 은행에서 개설된 예금계좌 등 보건복지부장관이 정하는 예금계좌를 말한다)로 지급해야 한다. 다만, 해당 예금계좌로 입금할 수 없는 불가피한 사유가 있는 경우에는 보건복지부장관이 정하는 방법으로 지급할 수 있다.

⑥ 제2항 및 제5항에서 정한 사항 외에 본인일부부담금의 납부방법이나 본인부담상한액을 넘는 금액의 지급방법 등에 필요한 사항은 보건복지부장관이 정하여 고시한다.

제20조(요양급여비용계약의 당사자)

법 제45조제1항에 따른 요양급여비용의 계약 당사자인 의약계를 대표하는 사람은 다음 각 호와 같다.

1. 「의료법」 제3조 제2항 제1호 가목에 따른 의원에 대한 요양급여비용 : 같은 법 제28조제1항에 따른 의사회의 장

2. 「의료법」 제3조 제2항 제1호 나목 및 제3호 나목에 따른 치과의원 및 치과병원에 대한 요양급여비용 : 같은 법 제28조제1항에 따른 치과의사회의 장

3. 「의료법」 제3조 제2항 제1호 다목 및 제3호 다목에 따른 한의원 및 한방병원에 대한 요양급여비용 : 같은 법 제28조 제1항에 따른 한의사회의 장

4. 「의료법」 제3조 제2항 제2호에 따른 조산원에 대한 요양급여비용 : 같은 법 제28조 제1항에 따른 조산사회 또는 「간호법」 제18조에 따른 간호사중앙회의 장 중 1명

5. 「의료법」 제3조 제2항 제3호 가목 및 라목부터 바목까지의 규정에 따른 병원ㆍ요양병원ㆍ정신병원 및 종합병원에 대한 요양급여비용 : 같은 법 제52조에 따른 단체의 장

6. 「약사법」 제2조 제3호에 따른 약국 및 같은 법 제91조에 따른 한국희귀ㆍ필수의약품센터에 대한 요양급여비용 : 같은 법 제11조 제1항에 따른 대한약사회의 장

7. 「지역보건법」에 따른 보건소ㆍ보건의료원 및 보건지소와 「농어촌 등 보건의료를 위한 특별조치법」에 따라 설치된 보건진료소에 대한 요양급여비용 : 보건복지부장관이 지정하는 사람

제21조(계약의 내용 등)

① 법 제45조 제1항에 따른 계약은 공단의 이사장과 제20조 각 호에 따른 사람이 유형별 요양기관을 대표하여 체결하며, 계약의 내용은 요양급여의 각 항목에 대한 상대가치점수의 점수당 단가를 정하는 것으로 한다.

② 제1항에 따른 요양급여 각 항목에 대한 상대가치점수는 요양급여에 드는 시간ㆍ노력 등 업무량, 인력ㆍ시설ㆍ장비 등 자원의 양, 요양급여의 위험도 및 요양급여에 따른 사회적 편익 등을 고려하여 산정한 요양급여의 가치를 각 항목 사이에 상대적인 점수로 나타낸 것으로 하며, 보건복지부장관이 심의위원회의 심의ㆍ의결을 거쳐 보건복지부령으로 정하는 바에 따라 고시한다.

③ 제2항에도 불구하고 다음 각 호의 경우에는 다음 각 호의 구분에 따른 방법으로 요양급여의 상대가치점수를 산정할 수 있다.

  1. 「의료법」 제3조 제2항 제3호 라목에 따른 요양병원(「장애인복지법」 제58조 제1항 제4호에 따른 장애인 의료재활시설로서 「의료법」 제3조의2의 요건을 갖춘 의료기관인 요양병원은 제외한다)에서 입원진료를 받는 경우 : 해당 진료에 필요한 요양급여 각 항목의 점수와 약제·치료재료의 비용을 합산하여 증세의 경중도(輕重度)의 구분에 따른 1일당 상대가치점수로 산정

  2. 「의료법」 제3조 제2항 제1호 가목에 따른 의원, 같은 항 제3호가목 및 라목부터 바목까지의 규정에 따른 병원·요양병원·정신병원·종합병원, 같은 법 제3조의4에 따른 상급종합병원 또는 「지역보건법」 제12조에 따른 보건의료원에서 보건복지부장관이 정하여 고시하는 질병군[진단명, 시술명, 중증도(重症度), 나이 등을 기준으로 분류한 환자집단을 말한다]에 대하여 입원진료를 받는 경우 : 해당 진료에 필요한 요양급여 각 항목의 점수와 약제·치료재료의 비용을 포괄하여 입원 건당 하나의 상대가치점수로 산정

  3. 「호스피스·완화의료 및 임종과정에 있는 환자의 연명의료결정에 관한 법률」 제28조에 따라 호스피스·완화의료를 받는 경우 : 해당 진료에 필요한 요양급여 각 항목의 점수와 약제·치료재료의 비용을 합산하여 1일당 상대가치점수로 산정

④ 제1항에 따라 계약을 체결할 때 상대가치점수가 고시되지 아니한 새로운 요양급여 항목의 비용에 대한 계약은 제2항에 따라 보건복지부장관이 같은 항목의 상대가치점수를 고시하는 날에 체결된 것으로 본다. 이 경우 그 계약은 그 고시일 이후 최초로 실시된 해당 항목의 요양급여부터 적용한다.

제22조(약제·치료재료의 요양급여비용)

① 법 제46조에 따라 법 제41조 제1항 제2호의 약제·치료재료(제21조 제2항 및 제3항에 따른 상대가치점수가 적용되는 약제·치료재료는 제외한다. 이하 이 조에서 같다)에 대한 요양급여비용은 다음 각 호의 구분에 따라 결정한다. 이 경우 구입금액(요양기관이 해당 약제 및 치료재료를 구입한 금액을 말한다. 이하 이 조에서 같다)이 상한금액(보건복지부장관이 심의위원회의 심의를 거쳐 해당 약제 및 치료재료별 요양급여비용의 상한으로 고시하는 금액을 말한다. 이하 같다)보다 많을 때에는 구입금액은 상한금액과 같은 금액으로 한다.

  1. 한약제 : 상한금액

  2. 한약제 외의 약제 : 구입금액

  3. 삭제

  4. 치료재료 : 구입금액

② 제1항에 따른 약제 및 치료재료에 대한 요양급여비용의 결정 기준·절차, 그 밖에 필요한 사항은 보건복지부장관이 정하여 고시한다.

제22조의2(요양급여비용의 지급 보류 등)

① 공단은 법 제47조의2 제1항 전단에 따라 요양급여비용의 지급을 보류하려는 경우에는 해당 요양기관에 미리 다음 각 호의 사항을 적은 문서로 통지해야 한다.

1. 해당 요양기관의 명칭, 대표자 및 주소

2. 지급 보류의 원인이 되는 사실과 지급 보류의 대상이 되는 요양급여비용 및 법적 근거

3. 제2호의 사항에 대하여 의견을 제출할 수 있다는 뜻과 의견을 제출하지 아니하는 경우의 처리방법

② 제1항에 따라 통지를 받은 요양기관은 지급 보류에 이의가 있는 경우에는 통지를 받은 날부터 7일 이내에 요양급여비용의 지급 보류에 대한 의견서에 이의 신청의 취지와 이유를 적고 필요한 자료를 첨부하여 공단에 제출하여야 한다.

③ 공단은 제2항에 따라 요양기관이 제출한 의견서를 검토한 후 그 결과를 문서로 통보하여야 한다.

④ 법 제47조의2 제4항 전단에서 "법원의 무죄 판결이 확정되는 등 대통령령으로 정하는 사유"란 다음 각 호의 어느 하나에 해당하는 사유를 말한다. 다만, 제2호 또는 제3호의 경우 불송치 또는 불기소를 받은 이후 해당 사건이 다시 수사 및 기소되어 법원의 판결에 따라 유죄가 확정된 경우는 제외한다.

1. 무죄 판결의 확정

2. 불송치(혐의없음 또는 죄가안됨으로 한정한다. 이하 같다)

3. 불기소(혐의없음 또는 죄가안됨으로 한정한다. 이하 같다)

⑤ 법 제47조의2 제1항 전단에 따라 요양급여비용의 지급 보류 결정을 받은 요양기관은 무죄 판결이나 불송치 또는 불기소를 받은 경우 그 사실을 공단에 통지해야 한다.

⑥ 제5항에 따라 통지를 받은 공단은 지체 없이 지급 보류된 요양급여비용과 지급 보류된 기간 동안의 이자를 지급해야 한다.

⑦ 제1항부터 제6항까지에서 규정한 사항 외에 요양급여비용의 지급 보류 등에 필요한 해당 요양기관에 통지할 의견서 서식과 의견이 제출된 경우의 처리방법 등 세부사항은 공단이 정한다.

제23조(부가급여)

① 법 제50조에 따른 부가급여는 임신·출산(유산 및 사산을 포함한다. 이하 같다) 진료비로 한다.

② 제1항에 따른 임신·출산 진료비 지원 대상은 다음 각 호와 같다.

1. 임신·출산한 가입자 또는 피부양자

2. 2세 미만인 가입자 또는 피부양자(이하 "2세 미만 영유아"라 한다)의 법정대리인(출산한 가입자 또는 피부양자가 사망한 경우에 한정한다)

③ 공단은 제2항 각 호의 어느 하나에 해당하는 사람에게 다음 각 호의 구분에 따른 비용을 결제할 수 있는 임신·출산 진료비 이용권(이하 "이용권"이라 한다)을 발급할 수 있다.

1. 임신·출산한 가입자 또는 피부양자의 진료에 드는 비용

2. 임신·출산한 가입자 또는 피부양자의 약제·치료재료의 구입에 드는 비용

3. 2세 미만 영유아의 진료에 드는 비용

　　4. 2세 미만 영유아에게 처방된 약제·치료재료의 구입에 드는 비용

④ 이용권을 발급받으려는 사람(이하 이 조에서 "신청인"이라 한다)은 보건복지부령으로 정하는 발급 신청서에 제2항 각 호의 어느 하나에 해당한다는 사실을 확인할 수 있는 증명서를 첨부해 공단에 제출해야 한다.

⑤ 제4항에 따라 이용권 발급 신청을 받은 공단은 신청인이 제2항 각 호의 어느 하나에 해당하는지를 확인한 후 신청인에게 이용권을 발급해야 한다.

⑥ 이용권을 사용할 수 있는 기간은 제5항에 따라 이용권을 발급받은 날부터 다음 각 호의 구분에 따른 날까지로 한다.

　　1. 임신·출산한 가입자 또는 피부양자 : 출산일(유산 및 사산의 경우 그 해당일)부터 2년이 되는 날

　　2. 2세 미만 영유아의 법정대리인 : 2세 미만 영유아의 출생일부터 2년이 되는 날

⑦ 이용권으로 결제할 수 있는 금액의 상한은 다음 각 호의 구분에 따른다. 다만, 보건복지부장관이 필요하다고 인정하여 고시하는 경우에는 다음 각 호의 상한을 초과하여 결제할 수 있다.

　　1. 하나의 태아를 임신·출산한 경우 : 100만원

　　2. 둘 이상의 태아를 임신·출산한 경우 : 140만원

⑧ 제2항부터 제7항까지에서 규정한 사항 외에 임신·출산 진료비의 지급 절차와 방법, 이용권의 발급과 사용 등에 필요한 사항은 보건복지부령으로 정한다.

제24조 삭제

제25조(건강검진)

① 법 제52조에 따른 건강검진(이하 "건강검진"이라 한다)은 2년마다 1회 이상 실시하되, 사무직에 종사하지 않는 직장가입자에 대해서는 1년에 1회 실시한다. 다만, 암검진은 「암관리법 시행령」에서 정한 바에 따르며, 영유아건강검진은 영유아의 나이 등을 고려하여 보건복지부장관이 정하여 고시하는 바에 따라 검진주기와 검진횟수를 다르게 할 수 있다.

② 건강검진은 「건강검진기본법」 제14조에 따라 지정된 건강검진기관(이하 "검진기관"이라 한다)에서 실시해야 한다.

③ 공단은 건강검진을 실시하려면 건강검진의 실시에 관한 사항을 다음 각 호의 구분에 따라 통보해야 한다.

　　1. 일반건강검진 및 암검진 : 직장가입자에게 실시하는 건강검진의 경우에는 해당 사용자에게, 직장가입자의 피부양자 및 지역가입자에게 실시하는 건강검진의 경우에는 검진을 받는 사람에게 통보

　　2. 영유아건강검진 : 직장가입자의 피부양자인 영유아에게 실시하는 건강검진의 경우에는 그 직장가입자에게, 지역가입자인 영유아에게 실시하는 건강검진의 경우에는 해당 세대주에게 통보

④ 건강검진을 실시한 검진기관은 공단에 건강검진의 결과를 통보해야 하며, 공단은 이를 건강검진을 받은 사람에게 통보해야 한다. 다만, 검진기관이 건강검진을 받은 사람에게 직접 통보한 경우에는 공단은 그 통보를 생략할 수 있다.

⑤ 건강검진의 검사항목, 방법, 그에 드는 비용, 건강검진 결과 등의 통보 절차, 그 밖에 건강검진을 실시하는 데 필요한 사항은 보건복지부장관이 정하여 고시한다.

제26조(급여의 제한)

① 법 제53조 제3항 각 호 외의 부분 본문에서 "대통령령으로 정하는 기간"이란 1개월을 말한다.

② 법 제53조 제3항 각 호 외의 부분 단서에서 "대통령령으로 정하는 횟수"란 6회를 말한다.

③ 법 제53조 제3항 각 호 외의 부분 단서에서 "대통령령으로 정하는 기준 미만인 경우"란 다음 각 호의 요건을 모두 충족한 경우를 말한다. 이 경우 소득은 제41조제1항에 따른 소득을 말하고, 재산은 제42조 제1항제1호에 따른 재산을 말한다.

  1. 법 제53조 제3항 제2호의 보험료를 체납한 가입자가 속한 세대의 소득이 336만원 미만이고, 그 세대의 재산에 대한 「지방세법」 제10조의2부터 제10조의6까지의 규정에 따른 과세표준(이하 "과세표준"이라 한다)이 450만원 미만일 것. 다만, 가입자가 미성년자, 65세 이상인 사람 또는 「장애인복지법」에 따라 등록한 장애인인 경우에는 그 소득 및 재산에 대한 과세표준이 각각 공단이 정하는 금액 미만일 것

  2. 법 제53조 제3항 제2호의 보험료를 체납한 가입자가 「소득세법」 제168조 제1항에 따른 사업자등록을 한 사업에서 발생하는 소득이 없을 것

④ 제3항에 따른 소득 및 재산의 확인 절차, 방법 및 시기 등에 관한 구체적인 사항은 공단이 정한다.

제26조의2(요양비등수급계좌의 신청 방법 및 절차 등)

① 법 제56조의2 제1항 본문에 따라 요양비등을 수급자 명의의 지정된 계좌(이하 "요양비등수급계좌"라 한다)로 받으려는 사람은 요양비 지급청구서와 보조기기 급여 지급청구서 등에 요양비등수급계좌의 계좌번호를 기재하고, 예금통장(계좌번호가 기록되어 있는 면을 말한다) 사본을 첨부하여 공단에 제출해야 한다. 요양비등수급계좌를 변경하는 경우에도 또한 같다.

② 공단은 법 제56조의2 제1항 단서에 따라 수급자가 요양비등수급계좌를 개설한 금융기관이 폐업 또는 업무정지나 정보통신장애 등으로 정상영업이 불가능하거나 이에 준하는 불가피한 사유로 이체할 수 없을 때에는 직접 현금으로 지급한다.

제26조의3(부당이득 징수금 체납자의 인적사항 공개 및 공개 제외 사유 등)

① 법 제57조의2 제1항 본문에서 "대통령령으로 정하는 사항"이란 징수금 발생의 원인이 되는 위반행위, 체납자의 성명(법인의 대표자 성명을 포함한다), 상호(법인의 명칭을 포함한다), 나이, 주소, 체납액(체납된 징수금, 연체금 및 체납처분비를 말한다. 이하 이 조에서 같다)의 종류·납부기한·금액 및 체납요지 등을 말한다.

② 법 제57조의2 제1항 단서에서 "체납된 금액의 일부 납부 등 대통령령으로 정하는 사유가 있는 경우"란 다음 각 호의 어느 하나에 해당하는 경우를 말한다.

  1. 법 제57조의2 제3항에 따른 통지 당시 체납액의 100분의 10 이상을 그 통지일부터 6개월 이내에 납부한 경우

  2. 「채무자 회생 및 파산에 관한 법률」 제243조에 따른 회생계획인가의 결정에 따라 체납액의 징수를 유예받고 그 유예기간 중에 있거나 체납액을 회생계획의 납부일정에 따라 납부하고 있는 경우

  3. 징수금 발생의 원인이 되는 위반행위로 인하여 수사가 진행 중이거나 형사재판이 계속 중인 경우

  4. 재해 등으로 재산에 심한 손실을 입은 경우 등으로서 법 제57조의2제2항에 따른 부당이득징수금체납정보공개심의위원회(이하 "부당이득징수금체납정보공개심의위원회"라 한다)가 같은 조 제1항에 따른 인적사항등을 공개할 실익이 없다고 인정하는 경우

③ 공단은 법 제57조의2 제3항에 따른 통지를 할 때에는 체납액의 납부를 촉구하고, 같은 조 제1항 단서에 따른 경우에 해당하면 그에 관한 소명자료를 제출하도록 안내해야 한다.

제26조의4(부당이득징수금체납정보공개심의위원회의 구성 및 운영)

① 부당이득징수금체납정보공개심의위원회는 위원장 1명을 포함한 9명의 위원으로 구성한다.

② 부당이득징수금체납정보공개심의위원회의 위원장은 공단의 임원 중 해당 업무를 담당하는 상임이사가 되고, 위원은 공단의 이사장이 임명하거나 위촉하는 다음 각 호의 사람으로 한다.

  1. 공단 소속 직원 3명

  2. 보험급여 비용의 부당이득 징수에 관한 사무를 담당하는 보건복지부 소속 4급 또는 5급 공무원 1명

  3. 법률, 회계 또는 사회보험에 관한 학식과 경험이 풍부한 사람 4명

③ 제2항 제3호에 따른 위원의 임기는 2년으로 하며, 한 차례만 연임할 수 있다.

④ 부당이득징수금체납정보공개심의위원회의 회의는 위원장을 포함한 재적위원 과반수의 출석으로 개의하고, 출석위원 과반수의 찬성으로 의결한다.

⑤ 제1항부터 제4항까지에서 규정한 사항 외에 부당이득징수금체납정보공개심의위원회의 구성 및 운영에 필요한 사항은 공단이 정한다.

제27조(현역병 등에 대한 요양급여비용 등의 지급)

① 법 제60조 제1항 전단에서 "대통령령으로 정하는 치료 등"이란 법 제41조 제1항 제1호부터 제3호까지 및 제5호에 따른 요양급여를 말한다.

② 법 제60조 제1항 후단에 따라 법무부장관·국방부장관·경찰청장·소방청장 또는 해양경찰청장(이하 이 조에서 "기관장"이라 한다)은 해당 기관에서 연간 들어갈 것으로 예상되는 요양급여비용과 법 제49조에 따른 요양비(이하 "요양비"라 한다)를 공단이 지정한 계좌에 예탁해야 한다.

③ 공단은 예탁금 집행 현황을 분기별로 보건복지부장관 및 해당 기관장에게 통보하여야 한다.

④ 공단은 제2항에 따라 기관장이 예탁한 요양급여비용과 요양비가 공단이 부담해야 할 요양급여비용과 요양비에 미치지 못할 때에는 기관장에게 이를 즉시 청구하고, 기관장은 공단의 청구에 따라 요양급여비용과 요양비를 공단에 지급해야 한다.

⑤ 공단은 제2항에 따라 기관장이 예탁한 요양급여비용과 요양비에서 발생한 이자를 공단이 부담해야 할 요양급여비용에 사용할 수 있다.

제5장 건강보험심사평가원

제28조(업무)

① 법 제63조 제1항 제8호에서 "대통령령으로 정하는 업무"란 다음 각 호의 업무를 말한다.

1. 법 제47조에 따른 요양급여비용의 심사청구와 관련된 소프트웨어의 개발·공급·검사 등 전산 관리
2. 법 제47조의4에 따른 요양급여의 적정성 평가 결과의 공개
3. 법 제49조 제1항에 따라 지급되는 요양비 중 보건복지부령으로 정하는 기관에서 받은 요양비에 대한 심사

4. 법 제63조 제1항 제1호부터 제7호까지 및 이 항 제1호부터 제3호까지의 업무를 수행하기 위한 환자 분류체계 및 요양급여 관련 질병·부상 분류체계의 개발·관리
5. 법 제63조 제1항 제1호부터 제7호까지 및 이 항 제1호부터 제4호까지의 업무와 관련된 교육·홍보

② 제1항 제1호·제2호·제4호에 따른 전산 관리, 적정성 평가 결과의 공개, 환자 분류체계 및 요양급여 관련 질병·부상 분류체계의 개발·관리의 절차·기준·방법과 그 밖에 필요한 사항은 보건복지부장관이 정하여 고시한다.

제29조(공무원인 임원)

법 제65조 제4항에 따라 보건복지부장관은 보건복지부의 3급 공무원 또는 고위공무원단에 속하는 공무원 중에서 1명을 지명하는 방법으로 심사평가원의 비상임이사를 추천한다.

제29조의2(진료심사평가위원회 위원의 겸직)

① 법 제66조의2 제1항에 따라 진료심사평가위원회(이하 이 조에서 "심사위원회"라 한다) 위원의 직무를 겸하려는 교수·부교수 및 조교수(이하 "교수등"이라 한다)는 소속대학 총장에게 겸직 허가를 신청해야 한다. 이 경우 신청을 받은 소속대학 총장은 지체 없이 허가 여부를 해당 교수등에게 통보해야 한다.

② 제1항에서 규정한 사항 외에 근무조건, 보수 등 교수등이 심사위원회의 위원을 겸하기 위하여 필요한 세부 사항은 심사평가원의 정관으로 정한다.

제30조(원장 권한의 위임)

법 제68조에 따라 준용되는 법 제32조에 따라 심사평가원의 원장이 분사무소의 장에게 위임할 수 있는 사항은 「의료법」 제3조의4에 따른 상급종합병원을 제외한 요양기관에 대한 다음 각 호의 권한으로 한다.

1. 법 제43조 제1항 및 제2항에 따른 요양기관 현황신고 및 변경신고에 대한 처리 권한
2. 법 제47조 제2항에 따른 요양급여비용에 대한 심사 권한
3. 법 제48조 제1항 및 제2항에 따른 요양급여 대상 여부의 확인 요청에 대한 처리 권한
4. 법 제87조 제2항에 따른 이의신청에 대한 결정 권한
5. 그 밖에 법에 따른 심사평가원 업무의 효율적인 수행을 위하여 심사평가원의 정관으로 정하는 권한

제31조(준용 규정)

심사평가원 이사회의 심의·의결사항 및 회의에 관하여는 제11조(제5호는 제외한다) 및 제12조를 준용한다. 이 경우 "공단"은 "심사평가원"으로, "이사장"은 "원장"으로 본다.

제6장 보험료

제32조(월별 보험료액의 상한과 하한)

법 제69조제6항에 따른 월별 보험료액의 상한 및 하한은 다음 각 호의 구분에 따른다.

1. 월별 보험료액의 상한은 다음 각 목과 같다.
   가. 직장가입자의 보수월액보험료 : 보험료가 부과되는 연도의 전전년도 직장가입자 평균 보수월액보험료(이하 이 조에서 "전전년도 평균 보수월액보험료"라 한다)의 30배에 해당하는 금액을 고려하여 보건복지부장관이 정하여 고시하는 금액
   나. 직장가입자의 보수 외 소득월액보험료 및 지역가입자의 월별 보험료액 : 보험료가 부과되는 연도의 전전년도 평균 보수월액보험료의 15배에 해당하는 금액을 고려하여 보건복지부장관이 정하여 고시하는 금액

2. 월별 보험료액의 하한은 다음 각 목과 같다.

　가. 직장가입자의 보수월액보험료 : 보험료가 부과되는 연도의 전전년도 평균 보수월액보험료의 1천분의 50 이상 1천분의 85 미만의 범위에서 보건복지부장관이 정하여 고시하는 금액

　나. 지역가입자의 월별 보험료액 : 가목에 따른 보수월액보험료의 100분의 90 이상 100분의 100 이하의 범위에서 보건복지부장관이 정하여 고시하는 금액

제33조(보수에 포함되는 금품 등)

① 법 제70조 제3항 전단에서 "대통령령으로 정하는 것"이란 근로의 대가로 받은 봉급, 급료, 보수, 세비(歲費), 임금, 상여, 수당, 그 밖에 이와 유사한 성질의 금품으로서 다음 각 호의 것을 제외한 것을 말한다.

　1.퇴직금

　2.현상금, 번역료 및 원고료

　3. 「소득세법」에 따른 비과세근로소득. 다만, 「소득세법」 제12조제3호차목ㆍ파목 및 거목에 따라 비과세되는 소득은 제외한다.

② 법 제70조 제3항 후단에서 "보수 관련 자료가 없거나 불명확한 경우 등 대통령령으로 정하는 사유"란 다음 각 호의 어느 하나에 해당하는 경우를 말한다.

　1. 보수 관련 자료가 없거나 불명확한 경우

　2. 「최저임금법」 제5조에 따른 최저임금액 등을 고려할 때 보수 관련 자료의 신뢰성이 없다고 공단이 인정하는 경우

③ 보수의 전부 또는 일부가 현물(現物)로 지급되는 경우에는 그 지역의 시가(時價)를 기준으로 공단이 정하는 가액(價額)을 그에 해당하는 보수로 본다.

④ 법 제70조 제3항 후단에 따라 보건복지부장관이 고시하는 금액이 적용되는 기간 중에 사업장 근로자의 보수가 확인되는 경우에는 공단이 확인한 날이 속하는 달의 다음 달부터 그 고시 금액을 적용하지 아니한다.

제34조(직장가입자에 대한 보수월액보험료 부과의 원칙)

① 법 제70조 제1항에 따라 직장가입자에 대한 보수월액보험료는 매년 다음 각 호의 구분에 따라 산정된 보수월액을 기준으로 하여 부과하고, 다음 해에 확정되는 해당 연도의 보수 총액을 기준으로 제39조에 따라 보수월액을 다시 산정하여 정산한다. 다만, 법 제70조 제3항 후단에 따라 보건복지부장관이 고시하는 금액이 적용되는 직장가입자에 대해서는 그 고시하는 금액이 적용되는 기간 동안 부과한 보수월액보험료의 정산을 생략할 수 있다.

　1. 직장가입자의 자격을 취득하거나, 다른 직장가입자로 자격이 변동되거나, 지역가입자에서 직장가입자로 자격이 변동된 사람 : 제37조에 따른 자격 취득 또는 변동 시의 보수월액

　2. 제1호에 해당하지 아니하는 직장가입자 : 전년도에 받은 보수의 총액을 기준으로 제36조에 따라 산정한 보수월액

② 제1항 각 호에 따른 보수월액의 적용기간은 다음 각 호와 같다.

1. 제1항 제1호의 가입자 : 자격 취득 또는 변동일이 속하는 달(매월 2일 이후에 자격이 변동된 경우에는 그 자격 변동일이 속한 달의 다음 달을 말한다)부터 다음 해 3월까지
2. 제1항 제2호의 가입자 : 매년 4월부터 다음 해 3월까지

제35조(보수월액 산정을 위한 보수 등의 통보)

① 사용자는 법 제70조 제1항에 따른 보수월액의 산정을 위하여 매년 3월 10일까지 전년도 직장가입자에게 지급한 보수의 총액(법 제70조 및 이 영 제33조에 따라 산정된 금액으로서 가입자별로 1월부터 12월까지 지급한 보수의 총액을 말한다. 이하 같다)과 직장가입자가 해당 사업장·국가·지방자치단체·사립학교 또는 그 학교경영기관(이하 "사업장등"이라 한다)에 종사한 기간 등 보수월액 산정에 필요한 사항을 공단에 통보하여야 한다. 이 경우 법 제70조 제3항 후단의 적용을 받는 직장가입자에 대해서는 통보를 생략할 수 있다.

② 사용자는 법 제70조 제1항에 따른 보수월액 산정을 위하여 그 사업장이 다음 각 호의 어느 하나에 해당하면 그때까지 사용·임용 또는 채용한 모든 직장가입자(제3호의 경우에는 해당 직장가입자를 말한다)에게 지급한 보수의 총액 등 보수월액 산정에 필요한 사항을 공단에 통보하여야 한다.

1. 사업장이 폐업·도산하거나 이에 준하는 사유가 발생한 경우
2. 사립학교가 폐교된 경우
3. 일부 직장가입자가 퇴직한 경우

③ 제1항 전단에도 불구하고 사용자가 「소득세법」 제164조의3 제1항에 따라 전년도 직장가입자에게 지급한 보수의 총액에 관한 간이지급명세서를 원천징수 관할 세무서장, 지방국세청장 또는 국세청장에게 제출한 경우에는 제1항 전단에 따른 통보를 한 것으로 본다. 다만, 공단이 해당 간이지급명세서에서 기재 사항의 누락·오류 등으로 인하여 보수월액 산정에 필요한 사항을 확인할 수 없는 경우에는 그러하지 아니하다.

제36조(보수월액의 결정 등)

① 공단은 제35조에 따라 통보받은 보수의 총액을 전년도 중 직장가입자가 그 사업장등에 종사한 기간의 개월수로 나눈 금액을 매년 보수월액으로 결정한다. 다만, 사용자가 그 사업장등의 해당 연도 보수의 평균 인상률 또는 인하율을 공단에 통보한 경우에는 본문에 따라 계산한 금액에 그 평균 인상률 또는 인하율을 반영하여 산정한 금액을 매년 보수월액으로 결정한다.

② 사용자는 해당 직장가입자의 보수가 인상되거나 인하되었을 때에는 공단에 보수월액의 변경을 신청할 수 있다. 다만, 상시 100명 이상의 근로자가 소속되어 있는 사업장의 사용자는 다음 각 호에 따라 공단에 그 보수월액의 변경을 신청하여야 한다.

1. 해당 월의 보수가 14일 이전에 변경된 경우 : 해당 월의 15일까지
2. 해당 월의 보수가 15일 이후에 변경된 경우 : 해당 월의 다음 달 15일까지

③ 공단은 사용자가 제35조에 따른 통보를 하지 아니하거나 통보 내용이 사실과 다른 경우에는 법 제94조에 따라 그 사실을 조사하여 보수월액을 산정·변경할 수 있으며, 제2항에 따른 보수월액의 변경신청을 받은 경우에는 보수가 인상된 달 또는 인하된 달부터 보수월액을 변경할 수 있다.

④ 직장가입자가 둘 이상의 건강보험 적용 사업장에서 보수를 받고 있는 경우에는 각 사업장에서 받고 있는 보수를 기준으로 각각 보수월액을 결정한다.

⑤ 직장가입자의 보수월액을 제33조부터 제38조까지의 규정에 따라 산정하기 곤란하거나 보수를 확인할 수 있는 자료가 없는 경우 보수월액의 산정방법과 보수의 인상·인하 시 보수월액의 변경신청 등 필요한 사항은 재정운영위원회의 의결을 거쳐 공단의 정관으로 정한다.

제37조(직장가입자의 자격 취득·변동 시 보수월액의 결정)

공단은 직장가입자의 자격을 취득하거나, 다른 직장가입자로 자격이 변동되거나, 지역가입자에서 직장가입자로 자격이 변동된 사람이 있을 때에는 다음 각 호의 구분에 따른 금액을 해당 직장가입자의 보수월액으로 결정한다.

1. 연·분기·월·주 또는 그 밖의 일정기간으로 보수가 정해지는 경우 : 그 보수액을 그 기간의 총 일수로 나눈 금액의 30배에 상당하는 금액

2. 일(日)·시간·생산량 또는 도급(都給)으로 보수가 정해지는 경우 : 직장가입자의 자격을 취득하거나 자격이 변동된 달의 전 1개월 동안에 그 사업장에서 해당 직장가입자와 같은 업무에 종사하고 같은 보수를 받는 사람의 보수액을 평균한 금액

3. 제1호 및 제2호에 따라 보수월액을 산정하기 곤란한 경우 : 직장가입자의 자격을 취득하거나 자격이 변동된 달의 전 1개월 동안 같은 업무에 종사하고 있는 사람이 받는 보수액을 평균한 금액

제38조(보수가 지급되지 않는 사용자의 보수월액 결정)

① 법 제70조 제4항에 따른 보수가 지급되지 아니하는 사용자의 보수월액은 다음 각 호의 방법으로 산정한다. 이 경우 사용자는 매년 5월 31일까지[「소득세법」 제70조의2에 따라 세무서장에게 성실신고확인서를 제출한 사용자(이하 이 항에서 "성실신고사용자"라 한다)인 경우에는 6월 30일까지] 수입을 증명할 수 있는 자료를 제출하거나 수입금액을 공단에 통보하여야 하며, 산정된 보수월액은 매년 6월부터 다음 해 5월까지(성실신고사용자의 경우에는 매년 7월부터 다음 해 6월까지) 적용한다.

1. 해당 연도 중 해낭 사업장에서 발생한 보건복지부령으로 정하는 수입으로서 객관적인 자료를 통하여 확인된 금액

2. 수입을 확인할 수 있는 객관적인 자료가 없는 경우에는 사용자의 신고금액

② 보수가 지급되지 아니하는 사용자의 보수월액을 결정하거나 변경하는 절차 등에 관하여는 제34조제1항, 제35조 제2항 및 제36조를 준용한다.

③ 제1항 및 제2항에도 불구하고 다음 각 호의 어느 하나에 해당하는 경우 사용자의 보수월액은 그 각 호에서 정하는 금액으로 한다.

1. 제1항 제1호 및 제2호에 따른 확인금액 또는 신고금액을 기준으로 산정한 보수월액이 해당 사업장에서 가장 높은 보수월액을 적용받는 근로자의 보수월액보다 낮은 경우(제2호나목에 해당하는 경우는 제외한다) : 해당 사업장에서 가장 높은 보수월액을 적용받는 근로자의 보수월액

1. 다음 각 목의 어느 하나에 해당하는 경우: 해당 사업장 근로자의 보수월액을 평균한 금액

   가. 사용자가 제1항 각 호 외의 부분 후단에 따른 자료 제출과 수입금액 통보를 하지 않고, 같은 항 제1호에 따른 수입을 확인할 수 있는 객관적인 자료도 없는 경우

   나. 제1항 제1호에 따른 확인금액이 0원 이하인 경우

제39조(보수월액보험료의 정산 및 분할납부)

① 공단은 원래 산정·징수한 보수월액보험료의 금액이 제34조부터 제38조까지의 규정에 따라 다시 산정한 보수월액보험료의 금액을 초과하는 경우에는 그 초과액을 사용자에게 반환하여야 하며, 부족한 경우에는 그 부족액을 사용자로부터 추가로 징수하여야 한다.

② 사용자는 직장가입자의 사용·임용·채용 관계가 끝난 경우에는 해당 직장가입자가 납부한 보수월액보험료를 다시 산정하여 근로자와 정산한 후 공단과 정산 절차를 거쳐야 한다. 다만, 법 제70조 제3항 후단에 따라 보건복지부장관이 고시하는 금액이 적용되는 직장가입자에 대해서는 그 고시하는 금액이 적용되는 기간에 부과한 보수월액보험료의 정산을 생략할 수 있다.

③ 사용자는 제1항에 따라 반환받은 금액 또는 추가 납부한 금액 중 직장가입자가 반환받을 금액 및 부담하여야 할 금액에 대해서는 해당 직장가입자와 정산하여야 한다.

④ 공단은 제1항에 따라 추가로 징수해야 할 금액(이하 "추가징수금액"이라 한다) 중 직장가입자가 부담하는 금액이 해당 직장가입자가 부담하는 보수월액보험료(추가징수금액을 고지하는 날이 속하는 달의 보수월액보험료를 말한다) 이상인 경우에는 사용자의 신청에 따라 12회 이내의 범위에서 분할하여 납부하게 할 수 있다.

⑤ 제1항부터 제4항까지에서 규정한 사항 외에 보수월액보험료의 정산 및 분할납부에 필요한 세부 사항은 공단의 정관으로 정한다.

제40조(공무원의 전출 시의 보수월액보험료 납부)

공무원인 직장가입자가 다른 기관으로 전출된 경우 전출된 날이 속하는 달의 보수월액보험료는 전출 전 기관의 장이 전출된 공무원에게 지급할 보수에서 이를 공제하여 납부한다. 다만, 전출한 기관의 장이 전출한 날이 속하는 달의 보수를 지급하지 아니한 경우에는 전입받은 기관의 장이 보수에서 공제하여 납부한다.

제41조(소득월액)

① 소득월액(직장가입자의 경우에는 법 제71조 제1항에 따른 보수 외 소득월액을 말하고, 지역가입자의 경우에는 같은 조 제2항에 따른 소득월액을 말한다. 이하 같다) 산정에 포함되는 소득은 다음 각 호와 같다. 이 경우 「소득세법」에 따른 비과세소득은 제외한다.

1. 이자소득 : 「소득세법」 제16조에 따른 소득

2. 배당소득 : 「소득세법」 제17조에 따른 소득

3. 사업소득 : 「소득세법」 제19조에 따른 소득

4. 근로소득 : 「소득세법」 제20조에 따른 소득

5. 연금소득 : 「소득세법」 제20조의3에 따른 소득. 다만, 같은 조 제1항 제1호의 공적연금소득의 경우에는 같은 조 제2항을 적용하지 않고 해당 과세기간에 발생한 연금소득 전부를 연금소득으로 한다.

6. 기타소득 : 「소득세법」 제21조에 따른 소득

② 제1항 각 호의 소득의 구체적인 산정방법은 보건복지부령으로 정한다.

③ 제1항 각 호의 소득 자료의 반영시기는 다음 각 호의 구분에 따른다. 다만, 천재지변 등 부득이한 사유가 발생한 경우에는 공단의 정관으로 정하는 바에 따라 반영시기를 조정할 수 있다.

1. 매년 1월부터 10월까지의 소득월액 산정 시 : 소득월액보험료(직장가입자의 경우에는 보수 외 소득월액보험료를 말하고, 지역가입자의 경우에는 소득에 대한 월별 보험료를 말한다. 이하 같다)가 부과되는 연도의 전전년도 자료. 다만, 제1항제5호의 연금소득 자료는 소득월액보험료가 부과되는 연도의 전년도 자료로 한다.

2. 매년 11월 및 12월의 소득월액 산정 시 : 소득월액보험료가 부과되는 연도의 전년도 자료

④ 법 제71조제1항 계산식 외의 부분 및 같은 항의 계산식에서 "대통령령으로 정하는 금액"이란 각각 연간 2천만원을 말한다.

⑤ 제1항부터 제4항까지에서 규정한 사항 외에 소득 자료의 구체적인 종류 등 소득월액의 산정에 필요한 세부 사항은 공단의 정관으로 정한다.

제41조의2(소득월액의 조정 등)

① 가입자는 폐업, 경영 실적의 변동 등 공단의 정관으로 정하는 사유로 제41조 제1항 각 호의 어느 하나에 해당하는 소득(이하 이 조에서 "사업소득등"이라 한다)이 감소하거나 증가한 경우 그 사유에 해당함을 증명하는 서류를 첨부하여 소득월액보험료가 부과되는 시점의 사업소득등 자료를 소득월액 산정에 반영하여 조정해 줄 것을 공단에 신청할 수 있다.

② 제1항의 조정 신청을 받은 공단은 제41조 제3항에도 불구하고 소득월액보험료 부과 시점의 사업소득등 자료를 소득월액 산정에 반영하여 소득월액을 조정할 수 있으며, 이후 부과하는 해당 연도의 소득월액보험료는 조정된 소득월액을 기준으로 산정한다.

③ 제1항의 조정 신청을 한 가입자는 제2항에 따라 소득월액을 조정한 이후에 해당 연도의 사업소득등이 발생한 경우에는 그 사업소득등이 발생한 날이 속하는 달의 다음 달 1일부터 1개월 이내에 사업소득등의 발생 사실과 그 금액을 공단에 신고해야 하며, 그 이후 공단이 부과하는 해당 연도의 소득월액보험료는 신고한 사업소득등을 반영하여 조정된 소득월액을 기준으로 산정한다.

④ 공단은 제2항 또는 제3항에 따라 소득월액을 조정한 이후에 해당 연도의 사업소득등이 확인된 경우에는 그 확인된 사업소득등을 기준으로 해당 연도의 소득월액을 다시 산정하여 소득월액보험료를 정산할 수 있다.

⑤ 공단은 제2항 또는 제3항에 따라 소득월액을 조정하여 산정한 소득월액보험료의 금액이 제4항에 따라 정산한 소득월액보험료의 금액보다 적은 경우에는 그 부족액을 가입자로부터 추가로 징수해야 한다.

⑥ 공단은 제5항에 따라 추가로 징수하는 소득월액보험료를 12회 이내의 범위에서 분할하여 납부하게 할 수 있다.

⑦ 공단은 제2항 또는 제3항에 따라 소득월액을 조정하여 산정한 소득월액보험료의 금액이 제4항에 따라 정산한 소득월액보험료의 금액보다 많은 경우에는 그 초과액을 가입자에게 지급해야 한다. 이 경우 공단은 가입자에게 지급해야 하는 금액을 그 가입자가 내야 하는 보험료등과 상계할 수 있다.

⑧ 제1항에도 불구하고 「소득세법」 제164조의3에 따라 간이지급명세서가 원천징수 관할 세무서장, 지방국세청장 또는 국세청장에게 제출된 경우에는 제1항에 따른 해당 증명서류를 첨부한 것으로 본다. 다만, 공단이 해당 간이지급명세서에서 기재 사항의 누락·오류 등으로 인하여 소득월액 산정에 필요한 사항을 확인할 수 없는 경우에는 그러하지 아니하다.

⑨ 제1항부터 제8항까지에서 규정한 사항 외에 소득월액의 조정 신청 절차, 소득월액의 조정 이후 사업소득 등의 발생 신고 절차, 소득월액보험료의 산정·정산 및 분할 납부 등에 필요한 세부 사항은 공단의 정관으로 정한다.

제42조(재산보험료부과점수의 산정기준)

① 법 제72조 제1항에 따른 재산보험료부과점수(이하 "재산보험료부과점수"라 한다)는 다음 각 호의 재산을 고려하여 산정하되, 구체적인 산정방법은 별표 4와 같다.

  1. 「지방세법」 제105조에 따른 재산세의 과세대상이 되는 토지, 건축물, 주택, 선박 및 항공기. 다만, 종중재산(宗中財産), 마을 공동재산, 그 밖에 이에 준하는 공동의 목적으로 사용하는 건축물 및 토지는 제외한다.

  2. 주택을 소유하지 않은 지역가입자의 경우에는 임차주택에 대한 보증금 및 월세금액

② 제1항에서 규정한 사항 외에 재산보험료부과점수의 산정에 필요한 세부 사항은 공단의 정관으로 정한다.

제42조의2(주택 관련 대출금액의 재산보험료부과점수 제외)

① 법 제72조 제1항 단서에서 "대통령령으로 정하는 지역가입자"란 다음 각 호의 어느 하나에 해당하는 지역가입자를 말한다.

  1. 보건복지부장관이 정하여 고시하는 1세대 1주택 세대에 속하는 지역가입자로서 다음 각 목의 요건을 모두 갖춘 지역가입자(이하 "1세대1주택자"라 한다)

  가. 해당 세대가 소유한 주택에 거주하기 위하여 소유자(소유자와 주민등록상 동일 세대를 구성하는 배우자나 직계존비속을 포함한다)가 「금융실명거래 및 비밀보장에 관한 법률」에 따른 금융회사등(이하 "금융회사등"이라 한다)으로부터 주택을 담보로 하는 대출 등 보건복지부장관이 정하여 고시하는 대출[대출 이자율을 낮추거나 대출 기간을 연장하기 위하여 해당 주택을 담보로 새로 대출을 받아 대출일과 같은 날 종전의 대출을 상환한 경우 새로 받은 대출(이하 이 조에서 "주택담보전환대출"이라 한다)을 포함한다. 이하 이 조에서 "주택담보대출등"이라 한다]을 받을 것

　　나. 해당 세대가 주택에 대하여 최초로 주택담보대출등(주택담보전환대출은 제외한다)을 받은 날이 주택 소유권을 취득한 날의 전후 3개월 이내일 것

　2. 보건복지부장관이 정하여 고시하는 1세대 무주택 세대에 속하는 지역가입자로서 다음 각 목의 요건을 모두 갖춘 지역가입자(이하 "1세대무주택자"라 한다)

　　가. 해당 세대가 임차한 주택에 거주하기 위하여 임차인(임차인과 주민등록상 동일 세대를 구성하는 배우자나 직계존비속을 포함한다)이 금융회사등으로부터 임차주택의 보증금을 담보로 하는 대출 등 보건복지부장관이 정하여 고시하는 대출[대출 이자율을 낮추거나 대출 기간을 연장하기 위하여 해당 임차주택의 보증금을 담보로 새로 대출을 받아 대출일과 같은 날 종전의 대출을 상환한 경우 새로 받은 대출(이하 이 조에서 "보증금담보전환대출"이라 한다)을 포함한다. 이하 이 조에서 "보증금담보대출등"이라 한다]을 받을 것

　　나. 해당 세대가 주택에 대하여 최초로 보증금담보대출등(보증금담보전환대출은 제외한다)을 받은 날이 「주택임대차보호법」 제3조의2 제2항에 따른 임대차계약증서의 입주일과 전입일(외국인의 경우에는 「출입국관리법」에 따른 외국인등록표의 체류지 등록일 또는 변경신고일, 「재외동포의 출입국과 법적 지위에 관한 법률」에 따른 국내거소신고일 또는 이전신고일을 말한다) 중 빠른 날부터 전후 3개월(임대차계약을 변경·연장 또는 갱신하면서 대출받는 경우에는 임대차계약 변경일, 연장일 또는 갱신일부터 전후 3개월을 말한다) 이내일 것

② 법 제72조 제1항 단서에서 "대통령령으로 정하는 기준 이하의 주택"이란 다음 각 호의 구분에 따른 요건을 충족하는 주택을 말한다.

　1. 1세대1주택자의 경우 : 주택담보대출등을 받아 구입한 주택의 재산세 과세표준금액이 「소득세법」 제52조 제5항 본문에 따른 주택 기준시가에 「지방세법 시행령」 제109조의 공정시장가액비율을 곱한 금액 이하일 것

　2. 1세대무주택자의 경우 : 보증금담보대출등을 받아 임차한 임차주택의 보증금 및 월세금액을 보건복지부령으로 정하는 기준에 따라 평가한 금액이 「소득세법」 제52조 제5항 본문에 따른 주택 기준시가의 30퍼센트 이하인 주택일 것

③ 법 제72조 제1항 단서에 따라 대출금액을 평가한 금액은 다음 각 호의 구분에 따른 금액으로 한다. 이 경우 주택담보전환대출 금액이나 보증금담보전환대출 금액이 종전의 대출금액보다 큰 경우에는 그 차액을 제외한 대출금액을 기준으로 평가한다.

　1. 1세대1주택자의 경우 : 주택담보대출등 금액의 합산액(상환한 금액은 제외한다)에 「지방세법 시행령」 제109조의 공정시장가액비율을 곱한 금액. 이 경우 그 금액이 해당 주택의 재산세 과세표준금액보다 큰 경우에는 재산세 과세표준금액으로 하며, 그 금액이 5천만원을 넘는 경우에는 5천만원으로 한다.

　2. 1세대무주택자의 경우 : 보증금담보대출등 금액의 합산액(상환한 금액은 제외한다)의 30퍼센트. 이 경우 그 금액이 보증금의 30퍼센트에 해당하는 금액보다 큰 경우에는 보증금의 30퍼센트로 한다.

④ 법 제72조 제3항에서 "대출금액 등 대통령령으로 정하는 자료·정보"란 다음 각 호의 자료·정보를 말한다.
   1. 주택담보대출등 또는 보증금담보대출등을 받은 사람의 성명과 주민등록번호
   2. 주택담보대출등 또는 보증금담보대출등의 종류, 기간, 금액, 담보 등 현황에 관한 정보
   3. 그 밖에 재산보험료부과점수 산정에 필요한 자료·정보로서 보건복지부장관이 정하여 고시하는 자료·정보
⑤ 제1항부터 제4항까지에서 규정한 사항 외에 법 제72조 제1항 단서에 따른 대출금액 평가에 필요한 세부사항은 보건복지부장관이 정하여 고시한다.

제42조의3 삭제

제42조의4 삭제

제42조의5 삭제

제42조의6 삭제

제42조의7(보험료 부과제도에 대한 적정성 평가)

① 보건복지부장관은 법 제72조의3 제1항에 따른 적정성 평가(이하 "적정성 평가"라 한다)를 위한 조사 및 연구를 실시할 수 있다.
② 보건복지부장관은 제1항에 따라 실시하는 조사 및 연구를 보험료 부과제도에 관한 전문성을 갖춘 연구기관, 대학, 비영리법인 또는 단체 등에 의뢰하여 실시할 수 있다.
③ 보건복지부장관은 관계 중앙행정기관, 지방자치단체 및 「공공기관의 운영에 관한 법률」에 따른 공공기관 등에 대하여 적정성 평가에 관한 의견 또는 자료의 제출을 요청할 수 있다.
④ 보건복지부장관은 제1항에 따른 적정성 평가를 실시한 경우 그 결과를 심의위원회에 알려야 한다.

제43조(지역가입자의 세대 분리)

공단은 지역가입자가 다음 각 호의 어느 하나의 사람에 해당하는 경우에는 그 가입자를 해당 세대에서 분리하여 별도 세대로 구성할 수 있다.

1. 해당 세대와 가계단위 및 생계를 달리하여 공단에 세대 분리를 신청한 사람
2. 별표 2 제3호 라목에 따른 희귀난치성질환자등으로서 본인부담액을 경감받는 사람
3. 「병역법」 제21조 또는 제26조에 따라 소집되어 상근예비역 또는 사회복무요원으로 복무하는 사람
4. 「대체역의 편입 및 복무 등에 관한 법률」 제17조에 따라 소집되어 대체복무요원으로 복무하는 사람

제44조(보험료율 및 재산보험료부과점수당 금액)

① 법 제73조 제1항에 따른 직장가입자의 보험료율 및 같은 조 제3항에 따른 지역가입자의 보험료율은 각각 1만분의 719로 한다.

② 법 제73조 제3항에 따른 지역가입자의 재산보험료부과점수당 금액은 211.5원으로 한다.

제44조의2(보험료가 면제되는 국외 체류기간)

법 제74조 제1항 본문에서 "대통령령으로 정하는 기간"이란 3개월을 말한다. 다만, 업무에 종사하기 위해 국외에 체류하는 경우라고 공단이 인정하는 경우에는 1개월을 말한다.

제45조(보험료 경감 대상지역)

법 제75조 제1항 제1호에서 "섬·벽지(僻地)·농어촌 등 대통령령으로 정하는 지역"이란 다음 각 호의 어느 하나에 해당하는 지역을 말한다.

1. 요양기관까지의 거리가 멀거나 대중교통으로 이동하는 시간이 오래 걸리는 지역으로서 보건복지부장관이 정하여 고시하는 섬·벽지 지역
2. 다음 각 목의 어느 하나에 해당하는 농어촌지역
   가. 군 및 도농복합 형태 시의 읍·면 지역
   나. 「지방자치법」 제2조 제1항 제2호에 따른 시와 군의 지역 중 동(洞) 지역으로서 「국토의 계획 및 이용에 관한 법률」 제36조 제1항 제1호에 따라 지정된 주거지역·상업지역 및 공업지역을 제외한 지역
   다. 「농어촌주민의 보건복지 증진을 위한 특별법」 제33조에 해당하는 지역
3. 요양기관의 이용이 제한되는 근무지의 특성을 고려하여 보건복지부장관이 인정하는 지역

제45조의2(계좌이체자 등에 대한 보험료 감액 등)

공단은 법 제75조 제2항에 따라 전자문서로 납입 고지를 받거나 계좌 또는 신용카드 자동이체의 방법으로 보험료를 내는 납부의무자에 대해서는 그에 따라 절감되는 우편요금 등 행정비용의 범위에서 공단의 정관으로 정하는 바에 따라 보험료를 감액하거나 감액하는 금액에 상당하는 금품을 제공할 수 있다.

제46조(지역가입자의 보험료 연대납부의무 면제 대상 미성년자)

법 제77조 제2항 단서에서 "대통령령으로 정하는 기준에 해당하는 미성년자"란 다음 각 호의 어느 하나에 해당하는 미성년자를 말한다. 다만, 제41조 제1항 제2호의 배당소득 또는 같은 항 제3호의 사업소득으로서 「소득세법」 제168조 제1항에 따른 사업자등록을 한 사업에서 발생하는 소득이 있는 미성년자는 제외한다.

1. 다음 각 목의 요건을 모두 갖춘 미성년자
   가. 제41조 제1항에 따른 소득의 합이 연간 100만원 이하일 것
   나. 제42조 제1항 제1호에 해당하는 재산이 없을 것
2. 부모가 모두 사망한 미성년자로서 제1호 가목의 요건을 갖춘 미성년자

제46조의2(사업의 양도 · 양수에 따른 제2차 납부의무)

① 법 제77조의2 제2항 후단에 따라 제2차 납부의무를 지는 사업의 양수인은 사업장별로 그 사업에 관한 모든 권리(미수금에 관한 것은 제외한다)와 모든 의무(미지급금에 관한 것은 제외한다)를 포괄적으로 승계한 자로 한다.

② 법 제77조의2 제2항 후단에 따라 제2차 납부의무의 한도가 되는 사업양수 재산의 가액은 다음 각 호의 금액으로 한다. 다만, 제2호에 따른 금액은 제1호에 따른 금액이 없거나 불분명한 경우에 한정하여 적용한다.

　1. 양수인이 양도인에게 지급하였거나 지급하여야 할 금액이 있는 경우에는 그 금액

　2. 양수한 자산 및 부채를 공단이 「상속세 및 증여세법」 제60조부터 제66조까지의 규정을 준용하여 평가한 후 그 자산총액에서 부채총액을 뺀 가액

③ 제2항에도 불구하고 다음 각 호의 어느 하나에 해당하는 경우에 사업양수 재산의 가액은 같은 항 제1호의 방법에 따라 산정한 금액과 제2호의 방법에 따라 산정한 금액 중 큰 금액으로 한다.

　1. 제2항 제1호에 따른 금액과 「상속세 및 증여세법」 제60조에 따른 시가의 차액이 3억원 이상인 경우

　2. 제2항 제1호에 따른 금액과 「상속세 및 증여세법」 제60조에 따른 시가의 차액이 그 시가의 100분의 30에 상당하는 금액 이상인 경우

제46조의3(가산금)

① 법 제78조의2 제1항 각 호 외의 부분에서 "대통령령으로 정하는 사유"란 다음 각 호의 어느 하나에 해당하는 경우를 말한다.

　1. 근로자, 공무원 또는 교직원이 아닌 경우

　2. 법 제6조 제2항 각 호의 어느 하나에 해당하는 경우

② 법 제78조의2 제2항에서 "가산금이 소액이거나 그 밖에 가산금을 징수하는 것이 적절하지 아니하다고 인정되는 등 대통령령으로 정하는 경우"란 다음 각 호의 어느 하나에 해당하는 경우를 말한다.

　1. 가산금(법 제78조의2 제1항에 따른 가산금을 말한다. 이하 같다)이 3천원 미만인 경우

　2. 가산금을 징수하는 것이 적절하지 아니하다고 공단이 인정하는 부득이한 사유가 있는 경우

제46조의4(신용카드등에 의한 보험료등의 납부)

① 삭제

② 법 제79조의2 제1항에서 "대통령령으로 정하는 기관 등"이란 다음 각 호의 기관을 말한다.

　1. 「민법」 제32조에 따라 금융위원회의 허가를 받아 설립된 금융결제원

　2. 정보통신망을 이용하여 신용카드, 직불카드 등(이하 이 조에서 "신용카드등"이라 한다)에 의한 결제를 수행하는 기관 중 시설, 업무수행능력 및 자본금 규모 등을 고려하여 공단이 지정하는 기관

③ 법 제79조의2 제3항에 따른 납부대행 수수료는 공단이 납부대행기관의 운영경비 등을 종합적으로 고려하여 승인한다. 이 경우 납부대행 수수료는 해당 보험료등 납부금액의 1천분의 10을 초과할 수 없다.

④ 공단은 신용카드등에 의한 보험료등의 납부에 필요한 사항을 정할 수 있다.

제46조의5(보험료등의 체납처분 전 통보 예외)

법 제81조 제4항 단서에서 "대통령령으로 정하는 경우"란 보험료등을 체납한 자가 다음 각 호의 어느 하나에 해당하는 경우를 말한다.

1. 국세의 체납으로 체납처분을 받는 경우
2. 지방세 또는 공과금(「국세기본법」 제2조 제8호 또는 「지방세기본법」 제2조 제1항 제26호에 따른 공과금을 말한다. 이하 같다)의 체납으로 체납처분을 받는 경우
3. 강제집행을 받는 경우
4. 「어음법」 및 「수표법」에 따른 어음교환소에서 거래정지처분을 받는 경우
5. 경매가 시작된 경우
6. 법인이 해산한 경우
7. 재산의 은닉·탈루, 거짓 계약이나 그 밖의 부정한 방법으로 체납처분의 집행을 면하려는 행위가 있다고 인정되는 경우

제46조의6(부당이득 징수금의 압류 등)

① 법 제81조의2 제1항 제2호에서 "강제집행, 국세 강제징수 등 대통령령으로 정하는 사유"란 다음 각 호의 어느 하나에 해당하는 경우를 말한다.
　1. 국세, 지방세 또는 공과금의 체납으로 강제징수 또는 체납처분이 시작된 경우
　2. 강제집행이 시작된 경우
　3. 「어음법」 및 「수표법」에 따른 어음교환소에서 거래정지처분을 받은 경우
　4. 경매가 시작된 경우
　5. 법인이 해산한 경우
　6. 재산의 은닉·탈루, 거짓 계약이나 그 밖의 부정한 방법으로 징수금을 면탈하려는 행위가 있다고 인정되는 경우
　7. 「채무자 회생 및 파산에 관한 법률」에 따른 회생절차개시, 간이회생절차개시 또는 파산선고의 결정이 있는 경우
　8. 국내에 주소 또는 거소를 두지 않게 된 경우
　9. 법 제57조 제1항 또는 제2항에 따른 징수금이 5억원 이상인 경우
② 법 제81조의2 제3항 제2호에서 "법원의 무죄 판결이 확정되는 등 대통령령으로 정하는 사유"란 다음 각 호의 어느 하나에 해당하는 경우를 말한다.
　1. 법원의 무죄 판결이 확정된 경우
　2. 검사가 공소를 취소한 경우

제47조(체납 또는 결손처분 자료 제공의 제외 사유)

① 법 제81조의3 제1항 각 호 외의 부분 단서에서 "대통령령으로 정하는 경우"란 법 제82조 제1항에 따라 공단의 분할납부 승인을 받고 1회 이상 승인된 보험료를 납부하는 경우를 말한다. 다만, 법 제82조 제3항에 따라 분할납부의 승인이 취소된 경우는 제외한다.

② 법 제81조의3 제1항 각 호 외의 부분 단서에서 "대통령령으로 정하는 사유가 있을 때"란 다음 각 호의 어느 하나에 해당하는 때를 말한다.

  1. 체납자가 「채무자 회생 및 파산에 관한 법률」 제243조에 따른 회생계획인가의 결정에 따라 체납액의 징수를 유예받고 그 유예기간 중에 있거나 체납액을 회생계획의 납부일정에 따라 내고 있는 때

  2. 체납자가 다음 각 목의 어느 하나에 해당하는 사유로 체납액을 낼 수 없다고 공단이 인정하는 때

    가. 재해 또는 도난으로 재산이 심하게 손실되었을 때

    나. 사업이 현저하게 손실을 입거나 중대한 위기에 처하였을 때

제47조의2(체납 또는 결손처분 자료의 제공절차)

① 삭제

② 공단은 법 제81조의3 제1항에 따라 「신용정보의 이용 및 보호에 관한 법률」 제25조 제2항 제1호의 종합신용정보집중기관(이하 "신용정보집중기관"이라 한다)에 체납등 자료(법 제81조의3 제1항 각 호 외의 부분 본문에 따른 체납등 자료를 말한다. 이하 이 조에서 같다)를 제공할 때에는 문서로 제공하거나 정보통신망을 이용하여 전자적인 형태의 파일(자기테이프, 자기디스크, 그 밖에 이와 유사한 매체에 체납등 자료가 기록·보관된 것을 말한다)로 제공할 수 있다.

③ 공단은 제2항에 따라 체납등 자료를 제공한 후 체납액의 납부, 결손처분의 취소 등의 사유가 발생한 경우에는 해당 사실을 그 사유가 발생한 날부터 15일 이내에 해당 체납등 자료를 제공한 신용정보집중기관에 알려야 한다.

④ 제2항 및 제3항에서 규정한 사항 외에 체납등 자료의 제공에 필요한 사항은 공단이 정한다.

제47조의3(보험료의 납부증명 등)

① 법 제81조의4 제1항 본문에서 "공사·제조·구매·용역 등 대통령령으로 정하는 계약"이란 다음 각 호의 어느 하나에 해당하는 계약을 말한다.

  1. 「국가를 당사자로 하는 계약에 관한 법률」 제2조에 따른 계약. 다만, 「국고금 관리법 시행령」 제31조에 따른 관서운영경비로 그 대가를 지급받는 계약은 제외한다.

  2. 「지방자치단체를 당사자로 하는 계약에 관한 법률」 제2조에 따른 계약. 다만, 「지방회계법 시행령」 제38조에 따른 일상경비로 그 대가를 지급받는 계약은 제외한다.

  3. 「공공기관의 운영에 관한 법률」에 따른 공공기관이 체결하는 계약. 다만, 일상경비적 성격의 자금으로서 보건복지부장관이 정하여 고시하는 자금으로 그 대가를 지급받는 계약은 제외한다.

② 법 제81조의4 제1항 단서에서 "납부의무자가 계약대금의 전부 또는 일부를 체납한 보험료로 납부하려는 경우 등 대통령령으로 정하는 경우"란 다음 각 호의 어느 하나에 해당하는 경우를 말한다.

1. 납부의무자가 지급받는 대가의 전부를 보험료와 그에 따른 연체금 및 체납처분비로 납부하거나 그 대가의 일부를 보험료와 그에 따른 연체금 및 체납처분비 전액으로 납부하려는 경우
2. 법 제81조에 따른 체납처분에 따라 공단이 그 계약 대가를 지급받는 경우
3. 「채무자 회생 및 파산에 관한 법률」에 따른 파산관재인이 납부증명을 하지 못하여 관할법원이 파산절차를 원활하게 진행하기 곤란하다고 인정하는 경우로서 파산관재인이 공단에 납부증명의 예외를 요청하는 경우
4. 「채무자 회생 및 파산에 관한 법률」에 따른 회생계획에서 보험료와 그에 따른 연체금 및 체납처분비의 징수를 유예하거나 체납처분에 의한 재산의 환가를 유예하는 내용을 정한 경우. 이 경우 납부사실을 증명하지 아니하여도 되는 보험료와 그에 따른 연체금 및 체납처분비는 해당 징수유예 또는 환가유예된 금액만 해당한다.

③ 법 제77조에 따른 보험료 납부의무자가 법 제81조의4 제1항 본문에 따라 보험료와 그에 따른 연체금 및 체납처분비 납부사실의 증명을 받으려는 경우에는 보건복지부장관이 정하여 고시하는 바에 따라 공단에 그 증명을 요청해야 한다. 다만, 계약 대가를 지급받는 자가 원래의 계약자가 아닌 경우에는 다음 각 호의 구분에 따른 자가 납부사실의 증명을 요청해야 한다.

1. 채권양도로 인한 경우 : 양도인과 양수인
2. 법원의 전부명령(轉付命令)에 따르는 경우 : 압류채권자
3. 「하도급거래 공정화에 관한 법률」 제14조제1항제1호 및 제2호에 따라 건설공사의 하도급대금을 직접 지급받는 경우 : 수급사업자

제47조의4(우편송달)

공단이 법 제81조의5 단서에 따라 법 제79조 및 제81조에 따른 서류를 우편으로 송달할 때에는 일반우편으로 송달할 수 있다.

제48조(고액ㆍ상습체납자의 인적사항 공개 및 공개 제외 사유 등)

① 법 제83조 제1항 단서에서 "체납된 금액의 일부 납부 등 대통령령으로 정하는 사유가 있는 경우"란 다음 각 호의 어느 하나에 해당하는 경우를 말한다.

1. 법 제83조 제3항에 따른 통지 당시 체납된 보험료, 연체금 및 체납처분비(이하 이 조에서 "체납액"이라 한다)의 100분의 30 이상을 그 통지일부터 6개월 이내에 납부한 경우
2. 「채무자 회생 및 파산에 관한 법률」 제243조에 따른 회생계획인가의 결정에 따라 체납액의 징수를 유예받고 그 유예기간 중에 있거나 체납액을 회생계획의 납부일정에 따라 내고 있는 경우
3. 재해 등으로 재산에 심한 손실을 입었거나 사업이 중대한 위기에 처한 경우 등으로서 법 제83조제2항에 따른 보험료정보공개심의위원회(이하 "보험료정보공개심의위원회"라 한다)가 체납자의 인적사항ㆍ체납액 등(이하 "인적사항등"이라 한다)을 공개할 실익이 없다고 인정하는 경우

② 공단과 보험료정보공개심의위원회는 법 제83조 제3항에 따른 인적사항등의 공개대상자를 선정할 때에는 체납자의 재산상태, 소득수준, 미성년자 여부, 그 밖의 사정을 종합적으로 고려하여 납부능력이 있는지를 판단하여야 한다.

③ 공단은 법 제83조 제3항에 따라 인적사항등 공개대상자임을 통지할 때에는 체납액의 납부를 촉구하고, 같은 조 제1항 단서에 따른 인적사항등의 공개 제외 사유에 해당하면 그에 관한 소명자료를 제출하도록 안내하여야 한다.

④ 공단은 법 제83조 제4항에 따라 인적사항등을 공개할 때에는 체납자의 성명, 상호(법인의 명칭을 포함한다), 나이, 업종·직종, 주소, 체납액의 종류·납부기한·금액, 체납요지 등을 공개해야 하고, 체납자가 법인인 경우에는 법인의 대표자를 함께 공개해야 한다.

제49조(보험료정보공개심의위원회의 구성 및 운영)

① 위원회는 위원장 1명을 포함한 11명의 위원으로 구성한다.

② 보험료정보공개심의위원회의 위원장은 공단의 임원 중 해당 업무를 담당하는 상임이사가 되고, 위원은 공단의 이사장이 임명하거나 위촉하는 다음 각 호의 사람으로 한다.

　　1. 공단 소속 직원 4명

　　2. 보험료 징수에 관한 사무를 담당하는 보건복지부 소속 3급 또는 4급 공무원 1명

　　3. 국세청의 3급 또는 4급 공무원 1명

　　4. 법률, 회계 또는 사회보험에 관한 학식과 경험이 풍부한 사람 4명

③ 제2항 제4호에 따른 위원의 임기는 2년으로 한다.

④ 보험료정보공개심의위원회의 회의는 재적위원 과반수의 출석으로 개의하고, 출석위원 과반수의 찬성으로 의결한다.

⑤ 제1항부터 제4항까지에서 규정한 사항 외에 보험료정보공개심의위원회의 구성 및 운영에 필요한 사항은 공단이 정한다.

제50조(결손처분)

법 제84조 제1항 제3호에서 "대통령령으로 정하는 경우"란 다음 각 호의 경우를 말한다.

1. 체납자의 재산이 없거나 체납처분의 목적물인 총재산의 견적가격이 체납처분비에 충당하고 나면 남을 여지가 없음이 확인된 경우

2. 체납처분의 목적물인 총재산이 보험료등보다 우선하는 국세, 지방세, 전세권·질권·저당권 또는 「동산·채권 등의 담보에 관한 법률」에 따른 담보권에 따라 담보된 채권 등의 변제에 충당하고 나면 남을 여지가 없음이 확인된 경우

3. 그 밖에 징수할 가능성이 없다고 재정운영위원회에서 의결한 경우

제51조(과오납금의 충당 순서)

① 공단은 법 제86조 제1항에 따라 같은 항에 따른 과오납금(이하 "과오납금"이라 한다)을 다음 각 호의 구분에 따라 각 목의 순서대로 충당해야 한다.

  1. 보험료와 그에 따른 연체금을 과오납부(過誤納付)한 경우

    가. 체납처분비

    나. 체납된 보험료와 그에 따른 연체금

    다. 앞으로 내야 할 1개월분의 보험료(납부의무자가 동의한 경우만 해당한다)

  2. 법 제57조에 따른 징수금(이하 이 호에서 "징수금"이라 한다)과 그에 따른 연체금을 과오납부한 경우

    가. 체납처분비

    나. 체납된 징수금과 그에 따른 연체금

  3. 가산금과 그에 따른 연체금을 과오납부한 경우

    가. 체납처분비

    나. 체납된 가산금과 그에 따른 연체금

② 공단은 제1항 제1호부터 제3호까지의 규정에 따라 충당한 후 남은 금액이 있는 경우에는 다음 각 호의 구분에 따라 충당할 수 있다.

  1. 제1항 제1호에 따라 충당하고 남은 금액이 있는 경우 : 같은 항 제2호 각 목의 순서에 따라 충당하고, 그 다음에 같은 항 제3호 각 목의 순서에 따라 충당할 것

  2. 제1항 제2호에 따라 충당하고 남은 금액이 있는 경우 : 같은 항 제1호 각 목의 순서에 따라 충당하고, 그 다음에 같은 항 제3호 각 목의 순서에 따라 충당할 것

  3. 제1항 제3호에 따라 충당하고 남은 금액이 있는 경우 : 같은 항 제1호 각 목의 순서에 따라 충당하고, 그 다음에 같은 항 제2호 각 목의 순서에 따라 충당할 것

제52조(과오납금의 충당·지급 시 가산 이자 등)

① 공단은 법 제86조 제1항에 따라 과오납금을 보험료등·연체금 또는 체납처분비에 충당하거나 같은 조 제2항에 따라 충당하고 남은 금액을 환급하려는 경우에는 그 사실을 문서로 납부의무자에게 알려야 한다.

② 법 제86조 제3항에서 "대통령령으로 정하는 이자"란 다음 각 호의 구분에 따른 날부터 과오납금을 보험료등·연체금 또는 체납처분비에 충당하는 날(환급의 경우에는 환급통지서를 발송한 날을 말한다)까지의 기간에 대하여 과오납금에 「국세기본법 시행령」 제43조의3 제2항 본문에 따른 국세환급가산금의 이자율을 곱하여 산정한 금액을 말한다.

  1. 보험료등, 연체금 또는 체납처분비가 2회 이상 분할 납부된 경우에는 다음 각 목의 구분에 따른 분할 납부일의 다음 날

    가. 해당 환급금이 최종 분할납부된 금액보다 적거나 같은 경우 : 최종 분할납부일

    나. 해당 환급금이 최종 분할납부된 금액보다 많은 경우 : 해당 환급금이 가목의 경우에 해당될 때까지 최근 분할납부일의 순서로 소급하여 산정한 각 분할납부일

2. 공단이 제39조 제1항에 따라 그 초과액을 사용자에게 반환하는 경우에는 다음 각 목의 구분에 따른 날

　가. 사용자가 제35조 및 제38조에 따라 직장가입자에게 지급한 보수의 총액 등을 그 통보기한까지 공단에 통보한 경우 그 통보기한일부터 7일이 지난 날. 다만, 그 통보기한을 지나서 통보한 경우에는 통보일부터 7일이 지난 날

　나. 사용자가 제36조 제2항(제38조 제2항에서 준용하는 경우를 포함한다)에 따라 공단에 보수월액 변경을 신청한 경우 그 신청일부터 7일이 지난 날

3. 제38조 제2항에서 준용하는 제35조 제2항 각 호의 사유로 사용자의 보수월액보험료를 정산하는 경우나 직장가입자의 사용·임용·채용 관계가 끝나 공단이 제39조제2항에 따라 사용자와 보수월액보험료를 다시 정산하여 반환하는 경우에는 다음 각 목의 구분에 따른 날

　가. 법 제9조 제1항에 따른 자격 변동이 있는 경우 : 자격 변동 신고를 한 날부터 7일이 지난 날

　나. 법 제10조 제1항에 따른 자격 상실이 있는 경우 : 자격 상실 신고를 한 날부터 7일이 지난 날

4. 공단이 제41조의2 제7항 전단에 따라 그 초과액을 가입자에게 지급하는 경우에는 같은 조 제4항에 따라 그 소득월액보험료를 정산한 날부터 7일이 지난 날

5. 제1호부터 제4호까지의 규정 외의 경우에는 과오납부한 날의 다음 날

제7장 이의신청 및 심판청구 등

제53조(이의신청위원회)

법 제87조 제1항 및 제2항에 따른 이의신청을 효율적으로 처리하기 위하여 공단 및 심사평가원에 각각 이의신청위원회를 설치한다.

제54조(이의신청위원회의 구성 등)

① 제53조에 따른 이의신청위원회(이하 "이의신청위원회"라 한다)는 각각 위원장 1명을 포함한 25명의 위원으로 구성한다.

② 공단에 설치하는 이의신청위원회의 위원장은 공단의 이사장이 지명하는 공단의 상임이사가 되고, 위원은 공단의 이사장이 임명하거나 위촉하는 다음 각 호의 사람으로 한다.

　1. 공단의 임직원 1명

　2. 사용자단체 및 근로자단체가 각각 4명씩 추천하는 8명

　3. 시민단체, 소비자단체, 농어업인단체 및 자영업자단체가 각각 2명씩 추천하는 8명

　4. 변호사, 사회보험 및 의료에 관한 학식과 경험이 풍부한 사람 7명

③ 심사평가원에 설치하는 이의신청위원회의 위원장은 심사평가원의 원장이 지명하는 심사평가원의 상임이사
가 되고, 위원은 심사평가원의 원장이 임명하거나 위촉하는 다음 각 호의 사람으로 한다.
1. 심사평가원의 임직원 1명
2. 가입자를 대표하는 단체(시민단체를 포함한다)가 추천하는 사람 5명
3. 변호사, 사회보험에 관한 학식과 경험이 풍부한 사람 4명
4. 의약 관련 단체가 추천하는 사람 14명
④ 제2항과 제3항에 따라 위촉된 위원의 임기는 3년으로 한다.

제55조(이의신청위원회의 운영)

① 이의신청위원회의 위원장은 이의신청위원회 회의를 소집하고, 그 의장이 된다. 이 경우 위원장이 부득이
한 사유로 직무를 수행할 수 없을 때에는 위원장이 지명하는 위원이 그 직무를 대행한다.
② 이의신청위원회의 회의는 위원장과 위원장이 회의마다 지명하는 6명의 위원으로 구성한다.
③ 이의신청위원회의 회의는 제2항에 따른 구성원 과반수의 출석으로 개의하고, 출석위원 과반수의 찬성으로
의결한다.
④ 이의신청위원회의 회의에 출석한 위원장 및 소속 임직원을 제외한 나머지 위원에게는 예산의 범위에서 수
당과 여비, 그 밖에 필요한 경비를 지급할 수 있다.
⑤ 이의신청위원회의 회의에 부치는 안건의 범위, 그 밖에 이의신청위원회의 운영에 필요한 사항은 이의신청
위원회의 의결을 거쳐 위원장이 정한다.

제56조(이의신청 등의 방식)

법 제87조 제1항 및 제2항에 따른 이의신청 및 그에 대한 결정은 보건복지부령으로 정하는 서식에 따른다.

제57조(이의신청 결정의 통지)

공단과 심사평가원은 이의신청에 대한 결정을 하였을 때에는 지체 없이 신청인에게 결정서의 정본(正本)을
보내고, 이해관계인에게는 그 사본을 보내야 한다.

제58조(이의신청 결정기간)

① 공단과 심사평가원은 이의신청을 받은 날부터 60일 이내에 결정을 하여야 한다. 다만, 부득이한 사정이
있는 경우에는 30일의 범위에서 그 기간을 연장할 수 있다.
② 공단과 심사평가원은 제1항 단서에 따라 결정기간을 연장하려면 결정기간이 끝나기 7일 전까지 이의신청
을 한 자에게 그 사실을 알려야 한다.

제59조(심판청구서의 제출 등)

① 법 제88조 제1항에 따라 심판청구를 하려는 자는 다음 각 호의 사항을 적은 심판청구서를 공단, 심사평가원 또는 법 제89조에 따른 건강보험분쟁조정위원회(이하 "분쟁조정위원회"라 한다)에 제출하여야 한다. 이 경우 정당한 권한이 없는 자에게 심판청구서가 제출되었을 때에는 심판청구서를 받은 자는 그 심판청구서를 정당한 권한이 있는 자에게 보내야 한다.

    1. 청구인과 처분을 받은 자의 성명·주민등록번호 및 주소(법인인 경우에는 법인의 명칭, 법인등록번호 및 주사무소의 소재지를 말한다. 이하 제60조제1호에서 같다)

    2. 처분을 한 자(공단 이사장 또는 심사평가원 원장의 위임을 받아 분사무소의 장이 처분을 한 경우에는 그 분사무소의 장을 말한다. 이하 같다)

    3. 처분의 요지 및 처분이 있음을 안 날

    4. 심판청구의 취지 및 이유

    5. 청구인이 처분을 받은 자가 아닌 경우에는 처분을 받은 자와의 관계

    6. 첨부서류의 표시

    7. 심판청구에 관한 고지의 유무 및 그 내용

② 공단과 심사평가원은 제1항에 따라 심판청구서를 받으면 그 심판청구서를 받은 날부터 10일 이내에 그 심판청구서에 처분을 한 자의 답변서 및 이의신청 결정서 사본을 첨부하여 분쟁조정위원회에 제출하여야 한다.

③ 분쟁조정위원회는 제1항에 따라 심판청구서를 받으면 지체 없이 그 사본 또는 부본(副本)을 공단 또는 심사평가원 및 이해관계인에게 보내고, 공단 또는 심사평가원은 그 사본 또는 부본을 받은 날부터 10일 이내에 처분을 한 자의 답변서 및 이의신청 결정서 사본을 분쟁조정위원회에 제출하여야 한다.

④ 제1항 후단에 따라 심판청구서를 정당한 권한이 있는 자에게 보냈을 때에는 지체 없이 그 사실을 청구인에게 알려야 한다.

⑤ 법 제88조 제1항 후단에 따른 심판청구 제기기간을 계산할 때에는 제1항에 따라 공단, 심사평가원, 분쟁조정위원회 또는 정당한 권한이 없는 자에게 심판청구서가 제출된 때에 심판청구가 제기된 것으로 본다.

제60조(심판청구 결정의 통지)

분쟁조정위원회의 위원장은 심판청구에 대하여 결정을 하였을 때에는 다음 각 호의 사항을 적은 결정서에 서명 또는 기명날인하여 지체 없이 청구인에게는 결정서의 정본을 보내고, 처분을 한 자 및 이해관계인에게는 그 사본을 보내야 한다.

1. 청구인의 성명·주민등록번호 및 주소

2. 처분을 한 자

3. 결정의 주문(主文)

4. 심판청구의 취지

5. 결정 이유

6. 결정 연월일

제61조(심판청구 결정기간)

① 분쟁조정위원회는 제59조 제1항에 따라 심판청구서가 제출된 날부터 60일 이내에 결정을 하여야 한다. 다만, 부득이한 사정이 있는 경우에는 30일의 범위에서 그 기간을 연장할 수 있다.

② 제1항 단서에 따라 결정기간을 연장하려면 결정기간이 끝나기 7일 전까지 청구인에게 그 사실을 알려야 한다.

제62조(분쟁조정위원회의 구성 등)

① 분쟁조정위원회의 위원장은 보건복지부장관의 제청으로 대통령이 임명하고, 위원은 다음 각 호의 사람 중에서 보건복지부장관이 임명하거나 위촉한다.

　1. 4급 이상 공무원 또는 고위공무원단에 속하는 일반직공무원으로 재직 중이거나 재직하였던 사람

　2. 판사·검사 또는 변호사 자격이 있는 사람

　3. 「고등교육법」 제2조 제1호부터 제3호까지의 규정에 따른 학교에서 사회보험 또는 의료와 관련된 분야에 부교수 이상으로 재직하고 있는 사람

　4. 사회보험 또는 의료에 관한 학식과 경험이 풍부한 사람

② 법 제89조 제2항에 따른 당연직위원은 제1항 제1호의 위원 중 법 제88조에 따른 심판청구에 관한 업무를 담당하는 공무원으로 한다.

제62조의2(분쟁조정위원회 위원의 해임 및 해촉)

보건복지부장관은 제62조 제1항 각 호에 따른 분쟁조정위원회 위원이 다음 각 호의 어느 하나에 해당하는 경우에는 해당 분쟁조정위원회 위원을 해임하거나 해촉할 수 있다.

1. 심신장애로 인하여 직무를 수행할 수 없게 된 경우

2. 직무와 관련된 비위사실이 있는 경우

3. 직무태만, 품위손상이나 그 밖의 사유로 인하여 위원으로 적합하지 아니하다고 인정되는 경우

4. 제65조의2 제1항 각 호의 어느 하나에 해당하는 데에도 불구하고 회피하지 아니한 경우

5. 위원 스스로 직무를 수행하는 것이 곤란하다고 의사를 밝히는 경우

제63조(분쟁조정위원회 위원장의 직무)

① 분쟁조정위원회의 위원장은 분쟁조정위원회를 대표하고, 분쟁조정위원회의 사무를 총괄한다.

② 분쟁조정위원회의 위원장이 부득이한 사유로 직무를 수행할 수 없을 때에는 위원장이 지명하는 위원이 그 직무를 대행한다.

제64조(분쟁조정위원회 위원장 및 위원의 임기 등)

① 분쟁조정위원회의 위원장 및 위원의 임기는 3년으로 한다. 다만, 제62조 제1항 제1호에 따른 위원 중 공무원인 위원의 임기는 그 직위에 재임하는 기간으로 한다.

② 위원장 및 위원은 제1항 본문에 따른 임기가 만료된 경우에도 후임자가 임명되거나 위촉될 때까지 그 직무를 수행할 수 있다.

제65조(분쟁조정위원회의 회의)

① 분쟁조정위원회의 위원장은 분쟁조정위원회의 회의를 소집하고, 그 의장이 된다.

② 이 영에서 규정한 사항 외에 분쟁조정위원회 운영에 필요한 사항은 분쟁조정위원회의 의결을 거쳐 위원장이 정한다.

제65조의2(분쟁조정위원회 위원의 제척 · 기피 · 회피)

① 분쟁조정위원회의 위원(이하 이 조에서 "위원"이라 한다)이 다음 각 호의 어느 하나에 해당하는 경우에는 분쟁조정위원회의 심리 · 의결에서 제척(除斥)된다.

  1. 위원 또는 그 배우자나 배우자였던 사람이 해당 안건의 당사자가 되거나 그 안건의 당사자와 공동권리자 또는 공동의무자인 경우

  2. 위원이 해당 안건의 당사자와 친족이거나 친족이었던 경우

  3. 위원이 해당 안건에 대하여 증언 · 진술 · 자문 · 연구 또는 용역을 한 경우

  4. 위원이나 위원이 속한 법인이 해당 안건의 당사자의 대리인이거나 대리인이었던 경우

  5. 위원이 해당 안건의 원인이 된 처분이나 부작위에 관여하거나 관여하였던 경우

② 당사자는 위원에게 공정한 심리 · 의결을 기대하기 어려운 사정이 있는 경우에는 분쟁조정위원회에 기피(忌避) 신청을 할 수 있고, 분쟁조정위원회는 의결로 이를 결정한다. 이 경우 기피 신청의 대상인 위원은 그 의결에 참여하지 못한다.

③ 위원은 제1항 각 호에 따른 제척 사유에 해당하는 경우에는 스스로 해당 안건의 심리 · 의결에서 회피(回避)하여야 한다.

제66조(분쟁조정위원회의 간사)

① 분쟁조정위원회의 사무를 처리하기 위하여 분쟁조정위원회에 간사 1명을 둔다.

② 간사는 보건복지부 소속 공무원 중에서 보건복지부장관이 지명한다.

제67조(분쟁조정위원회 위원의 수당)

분쟁조정위원회에 출석한 위원에게는 예산의 범위에서 수당과 여비, 그 밖에 필요한 경비를 지급할 수 있다. 다만, 공무원인 위원이 소관 업무와 직접 관련하여 출석하는 경우에는 그러하지 아니하다.

제8장 보칙

제68조(소득 축소 · 탈루 자료의 송부 절차)

① 공단은 법 제95조 제1항에 따라 다음 각 호의 어느 하나에 해당하는 경우에는 제2항에 따른 소득축소탈루심사위원회의 심사를 거쳐 관련 자료를 보건복지부장관에게 제출하고 국세청장에게 송부하여야 한다.

  1. 법 제94조 제1항에 따라 사용자, 직장가입자 및 세대주가 신고한 보수 또는 소득 등(이하 "소득등"이라 한다)이 다음 각 목의 어느 하나에 해당하는 경우

    가. 국세청에 신고한 소득등과 차이가 있는 경우

    나. 해당 업종 · 직종별 평균 소득등보다 낮은 경우

    다. 임금대장이나 그 밖의 소득 관련 서류 또는 장부 등의 내용과 다른 경우

  2. 다음 각 목의 어느 하나에 해당하는 경우로서 소득등의 축소 또는 탈루가 있다고 인정되는 경우

    가. 법 제94조 제1항에 따른 자료 제출을 하지 아니하거나 3개월 이상 늦게 제출한 경우

    나. 법 제94조 제2항에 따른 조사를 3회 이상 거부 · 방해 · 기피한 경우

② 법 제95조 제1항에 따른 소득등의 축소 또는 탈루 여부에 관한 사항을 심사하기 위하여 공단에 소득축소탈루심사위원회(이하 "소득축소탈루심사위원회"라 한다)를 둔다.

③ 소득축소탈루심사위원회는 위원장 1명을 포함한 5명의 위원으로 구성한다.

④ 소득축소탈루심사위원회의 위원장은 공단 소속 임직원 중에서 공단의 이사장이 임명한다.

⑤ 소득축소탈루심사위원회의 위원은 공단의 이사장이 임명하거나 위촉하는 다음 각 호의 사람으로 한다.

  1. 공단의 직원 1명

  2. 보건복지부 및 국세청 소속의 5급 이상 공무원 또는 고위공무원단에 속하는 일반직공무원 중에서 소속 기관의 장이 각각 1명씩 지명하는 사람 2명

  3. 세무사 또는 공인회계사 1명

⑥ 제3항부터 제5항까지에서 규정한 사항 외에 소득축소탈루심사위원회 운영에 필요한 사항은 공단의 이사장이 정한다.

제69조(국세청 회신자료의 반영)

법 제95조 제2항에 따라 국세청장으로부터 보수 · 소득에 관한 사항을 송부받은 공단은 그 결과를 해당 가입자의 보수 또는 소득에 반영하여야 한다.

제69조의2(제공 요청 자료 등)

① 법 제96조 제1항에서 "대통령령으로 정하는 자료"란 별표 4의3 제1호에 따른 자료를 말한다.

② 법 제96조 제2항에서 "대통령령으로 정하는 자료"란 별표 4의3 제2호에 따른 자료를 말한다.

③ 법 제96조 제1항 또는 제2항에 따라 자료의 제공을 요청받은 국가, 지방자치단체, 요양기관, 「보험업법」
  에 따른 보험회사 및 보험료율 산출 기관, 「공공기관의 운영에 관한 법률」에 따른 공공기관, 그 밖의 공
  공단체 등은 제1항 또는 제2항의 자료가 디스켓, 자기테이프, 마이크로필름, 광디스크 등 전산기록장치
  또는 전산프로그램을 이용하여 저장되어 있는 경우에는 해당 형태로 자료를 제공할 수 있다.

제69조의3(질문 · 검사 · 조사 · 확인 업무의 지원)

보건복지부장관은 법 제97조 제7항에 따라 공단 또는 심사평가원으로 하여금 같은 조 제1항부터 제5항까지
의 규정에 따른 질문 · 검사 · 조사 · 확인 업무를 지원하게 하려는 경우에는 공단 또는 심사평가원에 다음 각
호의 사항을 미리 통보해야 한다.
1. 해당 업무를 수행하는 공무원의 성명 및 직위
2. 공단 또는 심사평가원의 업무지원 내용 및 방법
3. 공단 또는 심사평가원의 업무지원 인력의 편성 규모 및 운영 계획
4. 그 밖에 공단 또는 심사평가원의 업무지원을 위해 보건복지부장관이 필요하다고 인정하는 사항

제70조(행정처분기준)

① 법 제98조 제1항 및 제99조 제1항에 따른 요양기관에 대한 업무정지 처분 및 과징금 부과의 기준은 별
  표 5와 같다.
② 제1항에 따른 과징금의 징수 절차는 보건복지부령으로 정한다.

제70조의2(과징금의 부과기준)

① 보건복지부장관은 법 제41조의2 제3항에 따른 요양급여의 적용 정지 대상인 약제가 요양급여의 적용 정
  지 처분을 한 날이 속한 연도 또는 그 전년도에 요양기관으로부터 요양급여비용이 청구된 약제(제2항 각
  호에 해당하는 약제는 제외한다)인 경우에는 법 제99조 제2항 제1호 또는 같은 조 제3항 제1호에 따라
  요양급여의 적용 정지를 갈음하여 과징금을 부과할 수 있다.
② 보건복지부장관은 법 제41조의2 제3항에 따른 요양급여의 적용 정지 대상인 약제가 다음 각 호의 어느
  하나에 해당하는 경우에는 법 제99조 제2항 제2호 또는 같은 조 제3항 제2호에 따라 요양급여의 적용
  정지를 갈음하여 과징금을 부과할 수 있다.
  1. 퇴장방지의약품
  2. 희귀의약품
  3. 법 제41조 제3항에 따라 요양급여의 대상으로 고시한 약제가 단일 품목으로서 동일제제(투여경로 · 성
    분 · 함량 및 제형이 동일한 제품을 말한다)가 없는 의약품
  4. 그 밖에 보건복지부장관이 특별한 사유가 있다고 인정한 약제
③ 법 제99조 제3항에서 "대통령령으로 정하는 기간"이란 5년을 말한다.
④ 제1항 및 제2항에 따른 과징금의 부과기준은 별표 4의2와 같다.

제70조의3(과징금의 부과 및 납부)

① 보건복지부장관은 법 제99조 제1항부터 제3항까지의 규정에 따라 과징금을 부과하려는 때에는 과징금 부과대상이 되는 위반행위, 과징금의 금액, 납부기한 및 수납기관 등을 명시하여 이를 납부할 것을 서면으로 통지하여야 한다.

② 제1항에 따라 통지를 받은 자는 과징금 납입고지서에 기재된 납부기한까지 과징금을 수납기관에 납부해야 한다.

③ 제2항에 따른 수납기관은 과징금을 받은 경우 납부자에게 영수증을 내어주고, 지체 없이 납부사실을 보건복지부장관에게 통보하여야 한다.

제70조의4(과징금 미납자에 대한 처분)

① 보건복지부장관은 법 제99조 제1항에 따라 과징금을 납부하여야 할 자가 납부기한까지 과징금을 내지 아니하면 같은 조 제5항 본문에 따라 납부기한이 지난 후 15일 이내에 독촉장을 발급하여야 한다. 이 경우 납부기한은 독촉장을 발급하는 날부터 10일 이내로 하여야 한다.

② 보건복지부장관은 과징금을 납부하여야 할 자가 제1항에 따른 독촉장을 받고도 그 납부기한까지 과징금을 내지 아니하면 법 제99조 제5항 본문에 따라 과징금 부과처분을 취소하고 법 제98조 제1항에 따른 업무정지 처분을 하거나 국세 체납처분의 예에 따라 징수하여야 한다.

③ 보건복지부장관은 법 제99조 제5항 본문에 따라 과징금 부과처분을 취소하고 법 제98조 제1항에 따른 업무정지 처분을 하는 경우에는 처분대상자에게 서면으로 그 내용을 통지하여야 한다. 이 경우 그 서면에는 처분의 변경사유와 업무정지 처분의 기간 등 업무정지 처분에 필요한 사항이 포함되어야 한다.

제71조(과징금의 지원 규모 등)

① 법 제99조 제1항, 같은 조 제2항 제2호 또는 같은 조 제3항 제2호에 따라 징수한 과징금의 용도별 지원 규모는 다음 각 호와 같다.
  1. 「재난적의료비 지원에 관한 법률」에 따른 재난적의료비 지원사업에 대한 지원 : 과징금 수입의 100분의 65
  2. 「응급의료에 관한 법률」에 따른 응급의료기금 지원 : 과징금 수입의 100분의 35

② 공단의 이사장과 「응급의료에 관한 법률」 제19조 제2항에 따라 응급의료기금의 관리·운용을 위탁받은 자는 제1항에 따라 지원받은 과징금의 다음 해 운용계획서와 전년도 사용실적을 매년 4월 30일까지 보건복지부장관에게 제출하여야 한다.

③ 보건복지부장관은 제2항에 따라 제출받은 과징금 운용계획서와 과징금 사용실적을 고려하여 다음 해 과징금 지원액을 정한 후 이를 국가재정법령에서 정하는 바에 따라 예산에 반영하여야 한다.

제72조(공표 사항)

법 제100조 제1항 각 호 외의 부분 전단에서 "대통령령으로 정하는 사항"이란 다음 각 호의 사항을 말한다.

1. 해당 요양기관의 종류와 그 요양기관 대표자의 면허번호
2. 의료기관의 개설자가 법인인 경우에는 의료기관의 장의 성명
3. 그 밖에 다른 요양기관과의 구별을 위하여 법 제100조 제2항에 따른 건강보험공표심의위원회(이하 "공표심의위원회"라 한다)가 필요하다고 인정하는 사항

제73조(공표심의위원회의 구성 · 운영 등)

① 공표심의위원회는 위원장 1명을 포함한 11명의 위원으로 구성한다.
② 공표심의위원회의 위원장은 제1호부터 제4호까지의 위원 중에서 호선(互選)하고, 위원은 보건복지부장관이 임명하거나 위촉하는 다음 각 호의 사람으로 한다.

1. 소비자단체가 추천하는 사람 1명
2. 언론인 1명
3. 변호사 등 법률 전문가 1명
4. 건강보험에 관한 학식과 경험이 풍부한 사람으로서 의약계를 대표하는 단체가 추천하는 사람 5명
5. 보건복지부의 고위공무원단에 속하는 일반직공무원 1명
6. 공단의 이사장 및 심사평가원의 원장이 각각 1명씩 추천하는 사람 2명

③ 공표심의위원회 위원(제2항 제5호의 위원은 제외한다)의 임기는 2년으로 한다.
④ 공표심의위원회의 위원장은 공표심의위원회를 대표하고, 공표심의위원회의 업무를 총괄한다.
⑤ 공표심의위원회의 위원장이 부득이한 사유로 직무를 수행할 수 없을 때에는 위원장이 지명하는 위원이 그 직무를 대행한다.
⑥ 공표심의위원회의 회의는 재적위원 과반수의 출석으로 개의하고, 출석위원 과반수의 찬성으로 의결한다.
⑦ 제1항부터 제6항까지에서 규정한 사항 외에 공표심의위원회의 구성 · 운영 등에 필요한 사항은 공표심의위원회의 의결을 거쳐 위원장이 정한다.

제73조의2(공표심의위원회 위원의 해임 및 해촉)

보건복지부장관은 제73조 제2항 각 호에 따른 공표심의위원회 위원이 다음 각 호의 어느 하나에 해당하는 경우에는 해당 공표심의위원회 위원을 해임하거나 해촉할 수 있다.

1. 심신장애로 인하여 직무를 수행할 수 없게 된 경우
2. 직무와 관련된 비위사실이 있는 경우
3. 직무태만, 품위손상이나 그 밖의 사유로 인하여 위원으로 적합하지 아니하다고 인정되는 경우
4. 위원 스스로 직무를 수행하는 것이 곤란하다고 의사를 밝히는 경우

제74조(공표 절차 및 방법 등)

① 보건복지부장관은 법 제100조 제3항에 따라 공표대상자인 사실을 통지받은 요양기관에 대하여 그 통지를 받은 날부터 20일 동안 소명자료를 제출하거나 출석하여 의견을 진술할 기회를 주어야 한다.

② 보건복지부장관은 법 제100조 제4항에 따라 공표대상자로 선정된 요양기관에 대하여 보건복지부, 공단, 심사평가원, 관할 특별시·광역시·특별자치시·도·특별자치도와 시·군·자치구 및 보건소의 홈페이지에 6개월 동안 같은 조 제1항에 따른 공표 사항을 공고해야 하며, 추가로 게시판 등에도 공고할 수 있다.

③ 보건복지부장관은 법 제100조 제4항에 따라 공표대상자로 선정된 요양기관이 같은 조 제1항 각 호에 해당하는 거짓 청구를 반복적으로 하거나 그 거짓 청구가 중대한 위반행위에 해당하는 경우 등 추가 공표가 필요하다고 인정하는 경우에는 제2항에 따른 공고 외에 「신문 등의 진흥에 관한 법률」에 따른 신문 또는 「방송법」에 따른 방송에 추가로 공표할 수 있다.

④ 제2항에 따른 공고 대상인 요양기관을 관할하는 특별시장·광역시장·특별자치시장·도지사·특별자치도지사, 시장·군수·구청장 또는 보건소의 장은 「의료법」 제33조 제5항에 따른 변경허가·변경신고 등으로 제2항에 따른 공고기간 중 법 제100조 제1항에 따른 공표 사항이 변경된 사실이 확인되었을 때에는 지체 없이 보건복지부장관에게 그 사실을 알려야 한다. 이 경우 보건복지부장관은 그 변경 사항이 제2항에 따른 공고 내용에 즉시 반영되도록 필요한 조치를 해야 한다.

⑤ 제1항부터 제4항까지에서 규정한 사항 외에 공표 절차 및 방법, 공표 사항의 변경 등에 필요한 사항은 보건복지부장관이 정한다.

제74조의2(손실 상당액 산정기준 등)

① 법 제101조 제3항에 따라 공단이 「약사법」에 따른 의약품의 제조업자·위탁제조판매업자·수입자·판매업자 및 「의료기기법」에 따른 의료기기 제조업자·수입업자·수리업자·판매업자·임대업자(이하 "제조업자등"이라 한다)에 대하여 징수하는 손실에 상당하는 금액(이하 이 조에서 "손실 상당액"이라 한다)은 같은 조 제1항 제1호부터 제3호까지의 위반행위로 보험자·가입자 및 피부양자가 부당하게 부담하게 된 요양급여비용 전액으로 한다.

② 공단은 제조업자등이 동일한 약제·치료재료에 대하여 법 제101조 제1항 제1호부터 제3호까지의 위반행위 중 둘 이상의 위반행위를 한 경우에는 각 위반행위에 따른 손실 상당액 중 가장 큰 금액을 손실 상당액으로 징수한다.

③ 공단은 법 제101조 제3항에 따라 손실 상당액을 징수하려는 경우에는 다음 각 호의 사항을 포함한 문서로 약제·치료재료의 제조업자등에게 알려야 한다.

1. 위반행위의 내용 및 법적근거에 관한 사항
2. 징수금액 및 산정내역 등에 관한 사항
3. 납부기한, 납부방법 및 납부장소 등 납부에 필요한 사항

제74조의3(약제에 대한 쟁송 시 가산금 산정)

법 제101조의2 제5항에서 "대통령령으로 정하는 이자"란 법 제101조의2 제3항 또는 제4항에 따라 산정된 금액에 「국세기본법 시행령」 제43조의3제2항 본문에 따른 이자율을 곱하여 산정한 금액을 말한다.

제75조(포상금의 지급 기준 등)

① 법 제104조 제1항 각 호의 어느 하나에 해당하는 자 또는 은닉재산을 신고하려는 사람은 공단이 정하는 바에 따라 공단에 신고해야 한다. 이 경우 2명 이상이 공동명의로 신고할 때에는 대표자를 지정해야 한다.

② 공단은 제1항에 따라 신고를 받으면 그 내용을 확인한 후 포상금 지급 여부를 결정하여 신고인(2명 이상이 공동명의로 신고한 경우에는 제1항 후단에 따른 대표자를 말한다. 이하 이조에서 같다)에게 통보하여야 한다.

③ 제2항에 따라 포상금 지급 결정을 통보받은 신고인은 공단이 정하는 바에 따라 공단에 포상금 지급을 신청하여야 한다.

④ 공단은 제3항에 따라 포상금 지급 신청을 받은 날부터 1개월 이내에 신고인에게 별표 6의 포상금 지급 기준에 따른 포상금을 지급하여야 한다.

⑤ 제1항에 따른 신고를 받은 후에 신고된 내용과 같은 내용의 신고를 한 사람에게는 포상금을 지급하지 아니한다.

⑥ 법 제104조 제3항 제3호에서 "대통령령으로 정하는 재산"이란 법 제57조에 따른 징수금을 납부해야 하는 자의 명의로 등기 또는 등록된 재산으로서 국내에 있는 재산을 말한다.

⑦ 제1항부터 제6항까지에서 규정한 사항 외에 포상금의 지급 기준과 방법 · 절차 등에 관하여 필요한 사항은 공단이 정한다.

제75조의2(장려금의 지급 등)

① 공단은 법 제104조 제2항에 따라 다음 각 호의 어느 하나에 해당하는 방법으로 건강보험 재정 지출을 절감하는 데에 이바지한 요양기관에 장려금을 지급한다.

  1. 성분 또는 효능이 같아 대체사용이 가능한 약제 중 요양급여비용이 보다 저렴한 약제를 처방하거나 조제하였을 것

  2. 제70조의2 제2항 제1호에 따라 퇴장방지의약품으로 지정 · 고시된 약제 중에서 다른 약제에 비하여 저가이면서 약제의 특성상 다른 약제를 대체하는 효과가 있는 약제를 처방하거나 조제하였을 것

  3. 보건복지부장관이 정하여 고시하는 기간 동안 의약품을 상한금액보다 저렴하게 구입하거나 전년도 약제 사용량보다 사용량을 줄였을 것

② 장려금은 제1항에 따른 처방 또는 조제로 인하여 건강보험 재정 지출에서 절감된 금액의 100분의 70을 넘지 아니하는 금액으로 한다.

③ 제1항 제1호 및 제2호에 따라 장려금을 지급받으려는 요양기관은 법 제47조제2항에 따라 심사평가원에 요양급여비용의 심사청구를 할 때 함께 장려금 지급을 청구하여야 한다.

④ 제1항 제3호에 따라 지급하는 장려금은 심사평가원이 그 금액을 산출하여 보건복지부장관의 승인을 받아 공단에 통보한다.

⑤ 제1항부터 제4항까지에서 규정한 사항 외에 장려금의 지급 기준과 방법·절차 등에 관하여 필요한 사항은 보건복지부장관이 정하여 고시한다.

제76조(외국인 등의 가입자 및 피부양자 자격취득 제한)

법 제109조 제5항 제1호에서 "대통령령으로 정하는 사유"란 다음 각 호의 어느 하나에 해당하는 경우를 말한다.

1. 「출입국관리법」 제25조 및 「재외동포의 출입국과 법적 지위에 관한 법률」 제10조제2항에 따라 체류기간 연장허가를 받지 아니하고 체류하는 경우
2. 「출입국관리법」 제59조 제3항에 따라 강제퇴거명령서를 발급받은 경우

제76조의2(외국인 등의 가입자 자격취득 시기 등)

① 국내에 체류하는 재외국민 또는 외국인(이하 "국내체류 외국인등"이라 한다)은 법 제109조 제6항 단서에 따라 다음 각 호의 구분에 따른 날에 가입자의 자격을 얻는다.

   1. 법 제109조 제3항 제2호에 해당하는 사람으로서 같은 항 제1호에 따른 기간 동안 국내에 거주한 경우 : 해당 기간이 경과한 날
   2. 법 제109조 제3항 제2호에 해당하는 사람으로서 같은 항 제1호에 따라 국내에 지속적으로 거주할 것으로 예상할 수 있는 사유에 해당하는 경우 : 국내에 입국한 날
   3. 그 밖에 보건복지부장관이 체류자격, 체류기간 및 체류경위 등을 고려하여 그 자격취득 시기를 국내거주 국민과 다르게 정할 필요가 있다고 인정하여 고시하는 경우 : 해당 고시에서 정하는 날

② 국내체류 외국인등은 법 제109조 제6항 본문에서 준용하는 법 제10조에 따라 같은 조 제1항 제1호·제4호 및 제5호에 따른 날에 가입자의 자격을 잃는다. 다만, 법 제109조 제6항 단서에 따라 다음 각 호의 구분에 따른 날에도 그 자격을 잃는다.

   1. 직장가입자: 다음 각 목의 어느 하나에 해당하는 날
      가. 「출입국관리법」 제10조의2 제1항 제2호 및 「재외동포의 출입국과 법적 지위에 관한 법률」 제10조 제1항에 따른 체류기간이 종료된 날의 다음 날
      나. 「출입국관리법」 제59조 제3항에 따른 강제퇴거명령서를 발급받은 날의 다음 날
      다. 법 제109조 제5항 제2호에 따라 사용자가 직장가입자의 가입 제외를 신청한 날. 다만, 법 제8조제2항에 따라 직장가입자 자격취득 신고를 한 날부터 14일 이내에 가입 제외를 신청한 경우에는 그 자격취득일로 한다.
      라. 그 밖에 보건복지부장관이 체류자격, 체류기간 및 체류경위 등을 고려하여 그 자격상실 시기를 국내거주 국민과 다르게 정할 필요가 있다고 인정하여 고시하는 경우 : 해당 고시에서 정하는 날

2. 지역가입자 : 다음 각 목의 어느 하나에 해당하는 날

가. 제1호 가목 및 나목에 따른 날

나. 재외국민 또는 체류기간이 종료되지 아니한 외국인이 출국 후 1개월이 지난 경우 : 그 출국한 날의 다음 날

다. 법 제109조 제5항 제2호에 따라 지역가입자가 가입 제외를 신청한 날. 다만, 보험료를 납부하지 않은 지역가입자 또는 최초로 보험료를 납부한 날부터 14일이 지나지 않은 지역가입자가 보건복지부장관이 정하여 고시하는 요건을 갖추고 가입 제외를 신청하는 경우에는 그 자격을 취득한 날로 한다.

라. 그 밖에 보건복지부장관이 체류자격, 체류기간 및 체류경위 등을 고려하여 그 자격상실 시기를 국내 거주 국민과 다르게 정할 필요가 있다고 인정하여 고시하는 경우 : 해당 고시에서 정하는 날

제76조의3(외국인 등의 피부양자 자격취득 시기 등)

① 국내체류 외국인등은 법 제109조 제6항 단서에 따라 다음 각 호의 구분에 따른 날에 피부양자의 자격을 얻는다.

1. 직장가입자의 자녀(배우자의 자녀를 포함한다)인 「모자보건법」 제2조 제4호에 따른 신생아의 경우: 출생한 날

2. 법 제109조 제2항 각 호에 따른 주민등록, 국내거소신고 또는 외국인등록(이하 이 조에서 "주민등록등"이라 한다)을 한 날부터 90일 이내에 피부양자 자격취득을 신청한 경우

가. 피부양자 자격취득 신청일 기준으로 법 제109조 제4항 각 호에 따른 요건을 모두 충족한 경우 : 해당 주민등록등을 한 날. 다만, 주민등록등을 한 이후에 직장가입이 된 경우에는 해당 직장가입이 된 날로 한다.

나. 피부양자 자격취득 신청일 기준으로 법 제109조제4항제3호에 따른 요건만을 충족하지 못한 경우 : 법 제109조 제4항 제3호에 따른 요건을 충족하게 된 날

3. 주민등록등을 한 날부터 90일이 경과하여 피부양자 자격취득을 신청한 경우

가. 피부양자 자격취득 신청일 기준으로 법 제109조 제4항 각 호에 따른 요건을 모두 충족한 경우 : 자격취득 신청일. 다만, 주민등록등을 한 이후에 직장가입이 된 경우로서 해당 직장가입이 된 날부터 90일 이내에 피부양자 자격취득을 신청한 경우에는 그 직장가입이 된 날로 한다.

나. 피부양자 자격취득 신청일 기준으로 법 제109조 제4항 제3호에 따른 요건만을 충족하지 못한 경우 : 법 제109조 제4항 제3호에 따른 요건을 충족하게 된 날

4. 그 밖에 보건복지부장관이 체류자격, 체류기간 및 체류경위 등을 고려하여 그 자격취득 시기를 국내거주 국민과 다르게 정할 필요가 있다고 인정하여 고시하는 경우 : 해당 고시에서 정하는 날

② 국내체류 외국인등은 법 제109조 제6항 본문에서 준용하는 법 제5조에 따라 같은 조 제3항에서 정한 날
(사망, 부양자의 직장가입자 자격상실 또는 의료급여를 받는 경우만 해당한다)에 피부양자의 자격을 잃는
다. 다만, 법 제109조 제6항 단서에 따라 다음 각 호의 어느 하나에 해당하는 날에도 그 자격을 잃는다.

　1.「출입국관리법」제10조의2 제1항 제2호 및「재외동포의 출입국과 법적 지위에 관한 법률」제10조 제
　　 1항에 따른 체류기간이 종료된 날의 다음 날

　2.「출입국관리법」제59조 제3항에 따른 강제퇴거명령서를 발급받은 날의 다음 날

　3. 그 밖에 보건복지부장관이 체류자격, 체류기간 및 체류경위 등을 고려하여 그 자격상실 시기를 국내거
　　 주 국민과 다르게 정할 필요가 있다고 인정하여 고시하는 경우 : 해당 고시에서 정하는 날

제76조의4(보험료 부과 · 징수 특례 대상 외국인)

법 제109조 제9항 단서에서 "대통령령으로 정하는 국내체류 외국인등"이란 지역가입자인 국내체류 외국인등
중에서 다음 각 호의 어느 하나에 해당하지 않는 사람을 말한다.

1.「출입국관리법 시행령」별표 1의2에 따른 결혼이민(F-6)의 체류자격이 있는 사람

2.「출입국관리법 시행령」별표 1의3에 따른 영주(F-5)의 체류자격이 있는 사람

3. 그 밖에 보건복지부장관이 체류경위, 체류목적 및 체류기간 등을 고려하여 국내거주 국민과 같은 보험료 부
　 과 · 징수 기준을 적용할 필요가 있다고 인정하여 고시하는 체류자격이 있는 사람

제76조의5(외국인 등에 대한 급여제한 체납기간)

법 제109조 제10항 전단에서 "대통령령으로 정하는 기간"이란 1개월을 말한다.

제76조의6(외국인에 대한 급여제한의 예외사유)

① 공단은 법 제109조 제11항에 따라 별표 6의2의 체류자격이 있는 지역가입자인 국내체류 외국인이 월별
　 보험료의 총 체납횟수(이미 납부된 체납보험료는 총 체납횟수에서 제외하며, 보험료의 체납기간은 고려하
　 지 않는다)가 3회 미만인 경우에는 보험급여를 실시할 수 있다.

② 별표 6의2의 체류자격이 있는 지역가입자인 국내체류 외국인이 법 제109조 제10항 전단에 따라 보험급여
　 가 제한되는 기간에 받은 보험급여는 공단이 해당 급여를 받은 사실이 있음을 가입자에게 통지한 날부터
　 2개월이 지난 날이 속한 달의 납부기한 이내에 체납된 보험료를 완납한 경우에는 보험급여로 인정한다.

제77조(임의계속가입자 적용기간)

① 법 제110조 제2항 본문에서 "대통령령으로 정하는 기간"이란 사용관계가 끝난 날의 다음 날부터 기산(起算)하여 36개월이 되는 날을 넘지 아니하는 범위에서 다음 각 호의 구분에 따른 기간을 말한다.

  1. 법 제110조 제1항에 따라 공단에 신청한 가입자(이하 "임의계속가입자"라 한다)가 법 제9조 제1항 제2호에 따라 자격이 변동되기 전날까지의 기간

  2. 임의계속가입자가 법 제10조 제1항에 따라 그 자격을 잃기 전날까지의 기간

② 「의료급여법」 제3조 제1항 제2호에 따른 수급권자가 되어 법 제10조 제1항 제5호에 따라 가입자의 자격이 상실된 임의계속가입자가 법 제8조 제1항 제1호에 따라 가입자의 자격을 다시 취득한 경우로서 다시 취득한 날이 제1항에 따른 사용관계가 끝난 날의 다음 날부터 36개월 이내이면 공단이 정하는 기간 안에 임의계속가입의 재적용을 신청할 수 있다. 이 경우 신청자는 가입자의 자격을 다시 취득한 날부터 제1항에 따른 기간 동안 임의계속가입자로서의 자격을 유지한다.

③ 제2항에서 규정한 사항 외에 임의계속가입의 재적용 신청에 필요한 신청기간, 절차, 방법 등은 공단이 정하는 바에 따른다.

제78조(업무의 위탁)

공단은 법 제112조 제1항에 따라 같은 항 각 호의 업무를 체신관서, 금융기관 또는 그 밖의 자에게 위탁하려면 위탁받을 기관의 선정 및 위탁계약의 내용에 관하여 공단 이사회의 의결을 거쳐야 한다.

제79조(보험료 및 징수위탁보험료등의 배분 등)

공단이 납부의무자의 신청에 따라 보험료 및 징수위탁보험료등을 1개의 납입고지서로 통합하여 징수한 경우(법 제81조 및 징수위탁근거법에 따라 체납처분의 방법으로 징수한 경우는 제외한다)에 징수한 보험료와 그에 따른 징수금 또는 징수위탁보험료등의 금액이 징수하여야 할 총액에 미치지 못하는 경우로서 납부의무자가 이를 납부하는 날까지 특별한 의사를 표시하지 아니한 경우에는 법 제113조 제1항 본문에 따라 공단이 징수하려는 각 보험별 금액(법 및 징수위탁근거법에 따른 연체금 및 가산금을 제외한 금액을 말한다)의 비율로 배분하여 납부 처리하여야 한다.

제80조(출연금의 관리)

공단은 법 제114조 제1항에 따른 출연금을 각각 별도의 계정을 설정하여 관리하여야 한다.

제81조(민감정보 및 고유식별정보의 처리)

① 공단(법 제112조에 따라 공단의 업무를 위탁받은 자를 포함한다)은 다음 각 호의 사무를 수행하기 위하여 불가피한 경우 「개인정보 보호법」 제23조에 따른 건강에 관한 정보, 같은 법 시행령 제18조제2호에 따른 범죄경력자료에 해당하는 정보, 같은 영 제19조 각 호에 따른 주민등록번호, 여권번호, 운전면허의 면허번호 또는 외국인등록번호가 포함된 자료를 처리할 수 있다.

  1. 법 제7조에 따른 사업장의 신고에 관한 사무

  2. 법 제14조 제1항에 따른 업무에 관한 사무

  3. 법 제60조에 따른 현역병 등에 대한 요양급여비용 지급에 관한 사무

  4. 법 제61조에 따른 요양급여비용의 정산에 관한 사무

  4의2. 법 제72조 및 제96조의2에 따른 금융정보등의 제공 요청에 관한 사무

  4의3. 법 제81조의3에 따른 자료의 제공에 관한 사무

  5. 법 제83조에 따른 체납자 인적사항등의 공개에 관한 사무

  6. 법 제87조 및 제90조에 따른 이의신청 및 행정소송에 관한 사무

  7. 법 제94조에 따른 신고 등에 관한 사무

  8. 법 제95조에 따른 소득 축소·탈루 자료의 송부에 관한 사무

  8의2. 법 제96조에 따른 자료의 제공 요청에 관한 사무

  9. 법 제104조에 따른 포상금 지급에 관한 사무

  10. 법 제112조에 따른 업무의 위탁에 관한 사무

② 심사평가원은 다음 각 호의 사무를 수행하기 위하여 불가피한 경우 「개인정보 보호법」 제23조에 따른 건강에 관한 정보, 같은 법 시행령 제19조에 따른 주민등록번호, 여권번호, 운전면허의 면허번호 또는 외국인등록번호가 포함된 자료를 처리할 수 있다.

  1. 법 제43조에 따른 요양기관의 시설·장비 및 인력 등의 현황 신고에 관한 사무

  1의2. 법 제48조에 따른 요양급여 대상 여부의 확인 등에 관한 사무

  2. 법 제63조 제1항에 따른 업무에 관한 사무

  3. 법 제87조 및 제90조에 따른 이의신청 및 행정소송에 관한 사무

  4. 법 제96조에 따른 자료의 제공 요청에 관한 사무

③ 요양기관(제2호의 경우에는 법 제47조 제7항에 따라 요양기관을 대행하는 단체를 포함한다)은 다음 각 호의 사무를 수행하기 위하여 불가피한 경우 「개인정보 보호법」 제23조에 따른 건강에 관한 정보나 같은 법 시행령 제19조에 따른 주민등록번호, 여권번호, 운전면허의 면허번호 또는 외국인등록번호가 포함된 자료를 처리할 수 있다.

  1. 법 제41조 제1항에 따른 요양급여의 실시에 관한 사무

  2. 법 제47조 제1항 또는 제2항에 따른 요양급여비용의 청구에 관한 사무

④ 법 제49조 제1항에 따른 준요양기관(이하 "준요양기관"이라 한다)은 법 제49조 제3항에 따른 요양비 지

급 청구에 관한 사무를 수행하기 위하여 불가피한 경우에는 「개인정보 보호법」 제23조에 따른 건강에 관한 정보나 같은 법 시행령 제19조에 따른 주민등록번호, 여권번호, 운전면허의 면허번호 또는 외국인등록번호가 포함된 자료를 처리할 수 있다.

⑤ 법 제51조 제2항에 따른 보조기기를 판매한 자(이하 "보조기기 판매업자"라 한다)는 법 제51조제2항 전단에 따른 보험급여 지급 청구에 관한 사무를 수행하기 위하여 불가피한 경우에는 「개인정보 보호법」 제23조에 따른 건강에 관한 정보나 같은 법 시행령 제19조에 따른 주민등록번호, 여권번호, 운전면허의 면허번호 또는 외국인등록번호가 포함된 자료를 처리할 수 있다.

⑥ 보건복지부장관(법 제111조에 따라 보건복지부장관의 권한을 위임받거나 위탁받은 자를 포함한다)은 다음 각 호의 사무를 수행하기 위하여 불가피한 경우 제1항에 따른 자료를 처리할 수 있다.

  1. 법 제81조제3항에 따른 체납처분 승인에 관한 사무
  2. 법 제88조에 따른 심판청구에 관한 사무
  3. 법 제97조에 따른 보고와 검사 등에 관한 사무
  4. 법 제98조에 따른 업무정지 처분에 관한 사무
  5. 법 제99조에 따른 과징금 부과 · 징수에 관한 사무
  6. 법 제100조에 따른 위반사실 공표에 관한 사무

제81조의2(규제의 재검토)

① 보건복지부장관은 제18조의2 제4항 및 별표 4의2 제2호에 따른 약제의 상한금액 감액 및 요양급여의 적용 정지 기준에 대하여 2019년 7월 1일을 기준으로 5년마다(매 5년이 되는 해의 기준일과 같은 날 전까지를 말한다) 그 타당성을 검토하여 개선 등의 조치를 해야 한다.

② 보건복지부장관은 제19조제1항 및 별표 2에 따른 본인일부부담금의 부담률 및 부담액에 대하여 2022년 1월 1일을 기준으로 3년마다(매 3년이 되는 해의 1월 1일 전까지를 말한다) 그 타당성을 검토하여 개선 등의 조치를 해야 한다.

제9장 벌칙

제82조(과태료의 부과기준)

법 제119조에 따른 과태료의 부과기준은 별표 7과 같다.

과태료 부과기준〈국민건강보험법 시행령 별표7 제2호〉

(단위 : 만원)

위반행위	과태료 금액 (단위 : 만원)		
	1차 위반	2차 위반	3차 이상 위반
가. 법 제7조를 위반하여 신고를 하지 않거나 거짓으로 신고한 경우	150	300	500
나. 법 제12조제4항을 위반하여 정당한 사유 없이 건강보험증이나 신분증명서로 가입자 또는 피부양자의 본인 여부 및 그 자격을 확인하지 않고 요양급여를 실시한 경우	30	60	100
다. 정당한 사유 없이 법 제94조 제1항을 위반하여 신고·서류제출을 하지 않거나 거짓으로 신고·서류제출을 한 경우	150	300	500
라. 법 제96조의4를 위반하여 서류를 보존하지 않은 경우	30	60	100
마. 정당한 사유 없이 법 제97조제1항, 제3항부터 제5항까지의 규정을 위반하여 보고·서류제출을 하지 않거나 거짓으로 보고·서류제출을 한 경우	150	300	500
바. 법 제98조제4항을 위반하여 행정처분을 받은 사실 또는 행정처분절차가 진행 중인 사실을 지체 없이 알리지 않은 경우	500	500	500
사. 정당한 사유 없이 법 제101조 제2항을 위반하여 서류를 제출하지 않거나 거짓으로 제출한 경우	150	300	500
아. 법 제103조에 따른 명령을 위반한 경우	30	60	100
자. 법 제105조를 위반한 경우	30	60	100

국민건강보험법 시행규칙

※ [시행 2026. 1. 1.] [보건복지부령 제1149호, 2025. 12. 31., 타법개정]

제1조(목적)

이 규칙은 「국민건강보험법」 및 같은 법 시행령에서 위임된 사항과 그 시행에 필요한 사항을 규정함을 목적으로 한다.

제2조(피부양자 자격의 인정기준 등)

① 「국민건강보험법」(이하 "법"이라 한다) 제5조 제2항에 따른 피부양자 자격의 인정기준은 다음 각 호의 요건을 모두 충족하는 것으로 한다.

1. 별표 1에 따른 부양요건에 해당할 것
2. 별표 1의2에 따른 소득 및 재산요건에 해당할 것

② 피부양자는 다음 각 호의 어느 하나에 해당하는 날에 그 자격을 취득한다.

1. 신생아의 경우 : 출생한 날
2. 직장가입자의 자격 취득일 또는 가입자의 자격 변동일부터 90일 이내에 피부양자의 자격취득 신고를 한 경우 : 직장가입자의 자격 취득일 또는 해당 가입자의 자격 변동일
3. 직장가입자의 자격 취득일 또는 가입자의 자격 변동일부터 90일을 넘겨 피부양자 자격취득 신고를 한 경우 : 법 제13조에 따른 국민건강보험공단(이하 "공단"이라 한다)에 별지 제1호서식의 피부양자 자격(취득·상실) 신고서를 제출한 날. 다만, 천재지변, 질병·사고 등 공단이 정하는 본인의 책임이 없는 부득이한 사유로 90일을 넘겨 피부양자 자격취득 신고를 한 경우에는 직장가입자의 자격 취득일 또는 가입자의 자격 변동일로 한다.

③ 피부양자는 다음 각 호의 어느 하나에 해당하게 된 날에 그 자격을 상실한다.

1. 사망한 날의 다음 날
2. 대한민국의 국적을 잃은 날의 다음 날
3. 국내에 거주하지 아니하게 된 날의 다음 날
4. 직장가입자가 자격을 상실한 날
5. 법 제5조 제1항 제1호에 따른 수급권자가 된 날
6. 법 제5조 제1항 제2호에 따른 유공자등 의료보호대상자인 피부양자가 공단에 건강보험의 적용배제 신청을 한 날의 다음 날
7. 직장가입자 또는 다른 직장가입자의 피부양자 자격을 취득한 경우에는 그 자격을 취득한 날

8. 피부양자 자격을 취득한 사람이 본인의 신고에 따라 피부양자 자격 상실 신고를 한 경우에는 신고한 날의 다음 날

9. 제1항에 따른 요건을 충족하지 아니하는 경우에는 공단이 그 요건을 충족하지 아니한다고 확인한 날의 다음 날

10. 제9호에도 불구하고 「국민건강보험법 시행령」(이하 "영"이라 한다) 제41조의2 제3항에 따라 영 제41조 제1항 제3호 및 제4호의 소득(이하 "사업소득등"이라 한다)의 발생 사실과 그 금액을 신고하여 공단이 제1항 제2호에 따른 소득요건을 충족하지 않는다고 확인한 경우에는 그 사업소득등이 발생한 날이 속하는 달의 다음 달 말일

11. 제9호에도 불구하고 영 제41조의2 제3항에 따라 사업소득등의 발생 사실과 그 금액을 신고하지 않았으나 공단이 제1항 제2호에 따른 소득요건을 충족하지 않음을 확인한 경우에는 그 사업소득등이 발생한 날이 속하는 달의 말일

12. 제9호부터 제11호까지의 규정에도 불구하고 거짓이나 그 밖의 부정한 방법으로 영 제41조의2 제1항에 따른 소득월액의 조정 신청 또는 이 규칙에 따른 피부양자 자격 취득 신고를 하여 피부양자 자격을 취득한 것을 공단이 확인한 경우에는 그 자격을 취득한 날

④ 직장가입자가 피부양자 자격 취득 또는 상실 신고를 하거나 피부양자가 제3항 제8호에 따른 자격 상실 신고를 하려면 별지 제1호서식의 피부양자 자격(취득·상실) 신고서에 다음 각 호의 서류(자격 취득 신고의 경우만 해당한다)를 첨부하여 공단에 제출하여야 한다. 다만, 공단이 법 제96조에 따라 국가 등으로부터 제공받은 자료로 피부양자 자격 취득 또는 상실 대상자를 확인할 수 있는 경우에는 신고서를 제출하지 아니한다.

1. 가족관계등록부의 증명서 1부(주민등록표 등본으로 제1항 각 호의 요건 충족 여부를 확인할 수 없는 경우만 해당한다)

2. 「장애인복지법」 제32조에 따라 등록된 장애인, 「국가유공자 등 예우 및 지원에 관한 법률」 제4조·제73조 및 제74조에 따른 국가유공자 등(법률 제11041호로 개정되기 전의 「국가유공자 등 예우 및 지원에 관한 법률」 제73조의2에 따른 국가유공자 등을 포함한다)으로서 같은 법 제6조의4에 따른 상이등급 판정을 받은 사람과 「보훈보상대상자 지원에 관한 법률」 제2조에 따른 보훈보상대상자로서 같은 법 제6조에 따른 상이등급 판정을 받은 사람임을 증명할 수 있는 서류 1부(장애인, 국가유공자 등 또는 보훈보상대상자의 경우만 해당한다)

3. 「도시 및 주거환경정비법」에 따른 주택재건축사업의 사업자등록증 사본 등 별표 1의2 제1호 다목에 해당하는 사실을 확인하기 위하여 공단이 요구하는 서류(피부양자가 되려는 사람이 별표 1의2 제1호 다목에 따른 인정을 받으려는 경우만 해당한다)

⑤ 삭제

제3조(사업장의 적용 · 변경 · 탈퇴 신고)

① 사용자는 해당 사업장이 법 제6조 제2항에 따라 직장가입자가 되는 근로자 · 공무원 및 교직원을 사용하는 사업장이 된 경우에는 그 때부터 14일 이내에 별지 제2호서식의 사업장(기관) 적용신고서에 통장 사본 1부(자동이체를 신청하는 경우만 해당한다)를 첨부하여 공단에 제출해야 한다. 이 경우 공단은 「전자정부법」 제36조 제2항에 따른 행정정보의 공동이용을 통하여 사업자등록증명 및 법인 등기사항증명서를 확인해야 하며, 신고인이 사업자등록증명을 확인하는 것에 동의하지 않는 경우에는 사업자등록증 사본을 첨부하도록 해야 한다.

② 사용자는 제1항에 따라 공단에 신고한 내용이 변경된 경우에는 변경된 날부터 14일 이내에 별지 제3호서식의 사업장(기관)변경신고서를 공단에 제출해야 한다. 이 경우 공단은 「전자정부법」 제36조 제2항에 따른 행정정보의 공동이용을 통하여 사업자등록증명 및 법인 등기사항증명서를 확인해야 하며, 신고인이 사업자등록증명을 확인하는 것에 동의하지 않는 경우에는 사업자등록증 사본을 첨부하도록 해야 한다.

③ 사용자는 사업장이 다음 각 호의 어느 하나에 해당하게 된 경우에는 그 날부터 14일 이내에 별지 제4호서식의 사업장 탈퇴신고서에 사업장 탈퇴 사실을 증명할 수 있는 서류를 첨부하여 공단에 제출하여야 한다. 이 경우 공단은 「전자정부법」 제36조 제2항에 따른 행정정보의 공동이용을 통하여 휴업 · 폐업 사실 증명원(사업장이 휴업 · 폐업한 경우만 해당한다) 및 법인 등기사항증명서를 확인하여야 하며, 신고인이 휴업 · 폐업 사실 증명원을 확인하는 것에 동의하지 아니하는 경우에는 이를 첨부하도록 하여야 한다.
1. 사업장이 휴업 · 폐업되는 경우
2. 사업장이 합병되는 경우
3. 사업장이 폐쇄되는 경우
4. 사업장에 근로자가 없게 되거나 영 제9조제1호에 따른 근로자만을 고용하게 되는 경우

제4조(가입자 자격의 취득 · 변동 · 상실의 신고)

① 세대주는 그 세대의 구성원이 법 제6조 제3항 · 제8조제1항 및 제9조제1항에 따라 지역가입자의 자격을 취득한 경우 또는 지역가입자로 자격이 변동된 경우에는 별지 제5호서식의 지역가입자 자격 취득 · 변동 신고서에 보험료 감면 증명자료를 첨부(법 제74조 및 제75조에 따라 보험료가 면제되거나 일부를 경감받는 사람만 해당하며, 공단이 법 제96조에 따라 국가 등으로부터 제공받은 자료로 보험료 감면 대상자임을 확인할 수 있는 경우에는 첨부하지 않는다)해 공단에 제출해야 한다. 다만, 제4항 제2호에 따라 사용자가 별지 제8호서식의 직장가입자 자격상실 신고서를 공단에 제출한 경우에는 별지 제5호서식의 지역가입자자격취득 · 변동신고서를 제출한 것으로 본다.

② 사용자는 법 제6조 제2항 · 제4항, 제8조 제1항 및 제9조 제1항에 따라 근로자 · 공무원 및 교직원이 다음 각 호의 어느 하나에 해당하는 경우에는 별지 제6호서식의 직장가입자 자격취득 신고서를 공단에 제출해야 한다. 이 경우 제2조 제1항 각 호의 요건을 갖추었는지 여부를 주민등록표 등본으로 확인할 수 없을 때에는 가족관계등록부의 증명서 1부를 첨부해야 한다.

1. 직장가입자가 아닌 사람이 직장가입자인 근로자 · 사용자 · 공무원 및 교직원이 된 경우

2. 직장가입자인 근로자 · 사용자가 다른 사업장의 직장가입자가 되거나 직장가입자인 공무원 · 교직원이 된 경우

3. 직장가입자인 공무원 · 교직원이 직장가입자인 근로자 · 사용자가 되거나 소속 기관장을 달리하는 기관으로 전출된 경우

③ 법 제9조 제3항에 따라 국방부장관 또는 법무부장관이 공단에 통지해야 할 사항은 다음 각 호와 같다.

1. 국방부장관 : 법 제54조 제3호에 해당하는 사람의 성명 · 주민등록번호 · 입대일 · 전역일 및 전환복무일

2. 법무부장관 : 법 제54조 제4호에 해당하는 사람의 성명 · 주민등록번호 · 입소일 · 출소일 · 수용기관명칭 · 코드 및 신분 구분

④ 법 제10조 제2항에 따른 자격상실의 신고는 다음 각 호의 구분에 따라 해야 한다.

1. 지역가입자 : 세대주가 별지 제7호서식의 지역가입자 자격상실 신고서를 공단에 제출

2. 직장가입자 : 사용자가 별지 제8호서식의 직장가입자 자격상실 신고서를 공단에 제출

⑤ 사용자는 제2항에 따라 공단에 신고한 직장가입자의 내용이 변경된 경우에는 변경된 날부터 14일 이내에 별지 제9호서식의 직장가입자 내용변경 신고서를 공단에 제출해야 한다.

제4조의2(가입자 자격의 취득 · 변동의 고지사항)

공단은 법 제9조의2에 따라 자격 취득 또는 변동에 관한 사항을 알리는 경우에는 제48조에 따른 납입고지서에 다음 각 호의 사항을 명시해야 한다.

1. 가입자 자격의 취득 또는 변동이 발생한 가입자의 성명

2. 취득 또는 변동이 발생한 자격

제5조(건강보험증의 발급 신청 등)

① 가입자 또는 피부양자는 법 제12조 제1항에 따른 건강보험증을 발급받으려면 별지 제10호서식의 건강보험증 발급 신청서를 공단에 제출해야 한다. 이 경우 「정보통신망 이용촉진 및 정보보호 등에 관한 법률」 제2조 제1항 제1호에 따른 정보통신망(이하 "정보통신망"이라 한다)을 통하여 해당 서류를 제출할 수 있다.

② 공단은 제1항에 따른 신청을 받으면 지체 없이 별지 제11호서식 또는 별지 제11호의2서식의 건강보험증을 신청인에게 발급해야 한다.

③ 공단은 법 제96조에 따라 제공받은 자료를 이용하여 가입자 또는 피부양자의 자격 취득 · 변동 사실을 확인한 경우에는 제2항에도 불구하고 가입자 또는 피부양자의 신청 없이 건강보험증을 발급할 수 있다.

④ 제2항 또는 제3항에 따라 건강보험증을 발급받은 가입자 또는 피부양자는 건강보험증에 기재된 내용이 변경된 경우에는 변경된 날부터 30일 이내에 별지 제10호서식의 건강보험증 기재사항 변경 신청서를 공단에 제출해야 한다.

제6조 삭제

제7조(건강보험증을 대체하는 신분증명서)

법 제12조 제3항에서 "보건복지부령으로 정하는 본인 여부를 확인할 수 있는 신분증명서"란 다음 각 호의 증명서 또는 서류(관계 법령에서 인정하고 있는 전자적 방식의 증명서 또는 전자문서를 포함한다. 이하 이 조에서 같다)를 말한다. 이 경우 그 증명서 또는 서류에 유효기간이 적혀 있는 경우에는 그 유효기간이 지나지 않아야 한다.

1. 행정기관이나 공공기관이 발행한 증명서로서 사진이 붙어 있고, 주민등록번호 또는 외국인등록번호가 포함되어 본인임을 확인할 수 있는 국가보훈등록증, 장애인 등록증(모바일 등록증을 포함한다), 외국인 등록증, 그 밖에 신분을 확인할 수 있는 증명서

2. 행정기관이나 공공기관이 기록·관리하는 것으로서 사진이 붙어 있고, 주민등록번호 또는 외국인등록번호가 포함되어 본인임을 확인할 수 있는 서류

3. 「전자서명법」 제2조 제2호에 따른 전자서명(서명자의 실지명의를 확인할 수 있는 것을 말한다)이 첨부되어 있거나 「정보통신망 이용촉진 및 정보보호 등에 관한 법률」 제23조의3에 따른 본인확인기관이 제공하는 등 보건복지부장관이 정하여 고시하는 방법에 따라 본인 여부를 확인할 수 있는 증명서 또는 서류

제7조의2(본인 여부 및 자격 확인 등)

① 법 제12조 제4항 본문에 따라 요양기관이 가입자 또는 피부양자의 본인 여부 및 그 자격을 확인하는 경우에는 공단이 운영하는 정보시스템(공단이 가입자 또는 피부양자 자격 및 보험급여 관리를 위하여 구축·운영하는 정보시스템을 말한다. 이하 이 조에서 같다)을 통하여 그 자격을 확인해야 한다. 다만, 불가피한 사유로 정보시스템을 통한 자격 확인이 불가능한 경우에는 공단의 이사장이 정하는 방법으로 그 자격을 확인해야 한다.

② 법 제12조 제4항 단서에서 "보건복지부령으로 정하는 정당한 사유"란 다음 각 호의 어느 하나에 해당하는 경우를 말한다.

　　1. 「응급의료에 관한 법률」 제2조 제1호에 따른 응급환자에게 요양급여를 실시하는 경우 등 요양급여 실시가 지체되면 가입자 또는 피부양자의 생명 또는 신체에 위해가 발생할 우려가 있거나 그 밖에 이에 준하는 사유로 건강보험증이나 신분증명서를 제출하기 곤란한 경우

　　2. 그 밖에 가입자 또는 피부양자에 대한 본인 여부 및 자격 확인이 환자 진료에 불편이나 지장을 초래하는 등 부득이한 경우로서 보건복지부장관이 정하여 고시하는 경우

제8조(상임이사 후보 추천 절차 등)

① 법 제20조 제3항에 따른 상임이사 후보를 추천하기 위하여 공단에 상임이사추천위원회(이하 "상임이사추천위원회"라 한다)를 둔다.

② 상임이사추천위원회는 위원장을 포함한 5명의 위원으로 구성한다. 이 경우 위원장은 공단의 인사업무를 담당하는 상임이사(인사업무를 담당하는 상임이사 후보를 추천하는 경우에는 이사장이 지명하는 이사)로 하고, 위원은 이사장이 위촉하는 다음 각 호의 사람으로 한다.

1. 공단의 비상임이사 2명

2. 공단의 업무에 관한 전문지식과 경험이 풍부한 사람으로서 공단의 임직원이 아닌 사람 2명

③ 제1항과 제2항에서 규정한 사항 외에 후보자 심사 및 추천 방법, 위원의 제척(除斥)·기피·회피 등 상임이사추천위원회 운영 등에 필요한 사항은 공단의 정관 또는 내규(內規)로 정한다.

제9조(징수이사 후보의 자격기준 및 심사기준 등)

① 법 제21조 제1항에서 "보건복지부령으로 정하는 자격을 갖춘 사람"이란 법 제21조 제2항에 따른 징수이사추천위원회(이하 "징수이사추천위원회"라 한다)가 정하는 단위 부서장 이상의 경력이 있는 사람으로서 법 제14조 제1항 제2호 및 제11호에 따른 업무에 관한 전문지식 및 경험을 갖추고 경영혁신을 추진할 수 있는 사람을 말한다.

② 법 제21조 제4항에 따른 심사는 징수이사추천위원회가 징수이사 후보가 다음 각 호의 요소를 갖추고 있는지를 평가하여 이를 점수로 환산하는 방법으로 한다. 이 경우 각 호의 요소별 배점이나 그 밖에 심사에 필요한 사항은 징수이사추천위원회가 정한다.

1. 경영, 경제 및 사회보험에 관한 학식

2. 문제에 대한 예측 및 예방조치 능력

3. 조직관리 능력

4. 그 밖에 징수이사로서의 자질과 능력을 평가할 수 있는 것으로서 징수이사추천위원회가 정하는 요소

③ 징수이사추천위원회는 법 제21조 제4항에 따라 징수이사 후보로 추천될 사람과 다음 각 호의 계약 조건에 대하여 협의하여야 한다.

1. 법에 따라 징수하는 보험료, 「국민연금법」, 「고용보험 및 산업재해보상보험의 보험료징수 등에 관한 법률」, 「임금채권보장법」, 「석면피해구제법」의 위탁에 따라 징수하는 연금보험료, 고용보험료, 산업재해보상보험료, 부담금 및 분담금 등의 징수 목표 및 민원관리에 관한 사항

2. 보수와 상벌 등 근로 조건에 관한 사항

3. 해임 사유에 관한 사항

4. 그 밖에 고용관계의 성립·소멸 등에 필요한 사항

④ 징수이사추천위원회의 회의는 재적위원 과반수의 출석으로 개의(開議)하고, 출석위원 과반수의 찬성으로 의결한다.

제10조(결산보고서 등의 공고)

공단은 법 제39조 제2항에 따라 결산보고서 및 사업보고서를 작성하여 보건복지부장관에게 보고한 경우에는 그 개요를 「신문 등의 진흥에 관한 법률」 제9조제1항에 따라 전국을 보급지역으로 등록한 일반일간신문, 인터넷 홈페이지나 그 밖의 효과적인 방법으로 공고해야 한다.

제11조(요양기관의 인정 등)

① 법 제42조 제2항에 따른 전문요양기관의 인정기준은 별표 2와 같다.

② 법 제42조 제2항에 따라 전문요양기관으로 인정받으려는 요양기관은 별지 제12호서식의 전문요양기관 인정신청서에 다음 각 호의 서류를 첨부하여 보건복지부장관에게 제출하여야 한다.

　1. 시설, 장비 및 진료과목별 인력 현황 1부

　2. 최근 6개월 동안의 입원환자 진료실적 1부

③ 보건복지부장관은 요양기관을 전문요양기관으로 인정한 경우에는 별지 제13호서식의 전문요양기관 인정서를 발급하여야 한다.

④ 제1항부터 제3항까지의 규정에 따른 인정기준의 세부 내용, 그 밖에 전문요양기관의 인정에 필요한 사항은 보건복지부장관이 정하여 고시한다.

제12조(요양기관 현황 신고 등)

① 요양기관은 법 제43조 제1항에 따라 시설·장비 및 인력 등에 대한 현황을 신고하려면 별지 제14호서식의 요양기관 현황신고서[약국 및 「약사법」 제91조 제1항에 따라 설립된 한국희귀·필수의약품센터(이하 "한국희귀·필수의약품센터"라 한다)의 경우에는 별지 제15호서식의 요양기관 현황 신고서(약국 및 한국희귀·필수의약품센터용)를 말한다] 및 별지 제16호서식의 의료장비 현황(변경) 신고서에 다음 각 호의 구분에 따른 서류를 첨부하여 건강보험심사평가원(이하 "심사평가원"이라 한다)에 제출하여야 한다. 다만, 법 제42조 제1항 제4호 및 제5호에 따른 요양기관은 다음 각 호의 구분에 따른 서류를 첨부하지 아니한다.

　1. 요양기관 현황 신고서의 경우에는 다음 각 목의 서류

　　가. 의료기관 개설신고증, 의료기관 개설허가증, 약국 개설등록증 또는 한국희귀의약품센터 설립허가증 사본 1부

　　나. 삭제

　　다. 요양기관의 인력에 관한 면허나 자격을 확인할 수 있는 서류

　　라. 통장 사본 1부

　2. 의료장비 현황 신고서의 경우에는 다음 각 목의 서류

　　가. 장비의 허가·신고·등록을 확인할 수 있는 서류

　　나. 장비의 검사나 검사면제에 관한 사항을 확인할 수 있는 서류

　　다. 장비를 구입하였거나 임차한 사실을 확인할 수 있는 서류

② 요양기관은 법 제43조 제2항에 따라 요양기관의 인력·시설·장비 등의 내용이 변경된 경우에는 별지 16호서식의 의료장비 현황(변경) 신고서 및 별지 제17호서식의 요양기관 현황 변경신고서에 변경된 사항을 증명하는 서류를 첨부하여 심사평가원에 제출하여야 한다. 다만, 요양급여비용 수령 계좌를 변경하려는 경우에는 개설자나 대표자의 인감증명서(법인인 경우에는 법인 인감증명서를 말한다) 또는 「본인서명사실 확인 등에 관한 법률」 제2조 제3호에 따른 본인서명사실확인서를 첨부하여야 하며, 별지 제17호서식의 요양기관 현황 변경신고서에 그 등록된 인감을 날인하거나 본인서명사실확인서와 동일한 서명을 하여야 한다.

③ 제1항 및 제2항에 따른 신고서를 제출받은 심사평가원은 「전자정부법」 제36조 제2항에 따른 행정정보의 공동이용을 통하여 사업자등록증명(신고인이 법 제42조 제1항 제4호 및 제5호에 따른 요양기관인 경우는 제외한다) 및 법인 등기사항증명서(법인인 경우만 해당한다)를 확인해야 하며, 신고인이 사업자등록증명을 확인하는 것에 동의하지 않는 경우에는 사업자등록증 사본을 첨부하도록 해야 한다.

④ 제1항 및 제2항에도 불구하고 심사평가원은 특별시장·광역시장·특별자치시장·도지사·특별자치도지사 (이하 "시·도지사"라 한다) 또는 시장·군수·구청장(자치구의 구청장을 말한다. 이하 같다)으로부터 다음 각 호의 사항을 통보받은 경우에는 요양기관이 별표 2의2 각 호의 구분에 따라 요양기관 현황(변경) 신고서 또는 의료장비 현황(변경) 신고서 및 첨부 서류를 심사평가원에 제출한 것으로 본다.

　1. 「의료법 시행규칙」 제30조의2 제2항에 따라 처리한 사항

　2. 「약사법 시행규칙」 제9조의2 제2항에 따라 처리한 사항

　3. 「진단용 방사선 발생장치의 안전관리에 관한 규칙」 제3조의2 제2항에 따라 처리한 사항

　4. 「특수의료장비의 설치 및 운영에 관한 규칙」 제4조의2 제2항에 따라 처리한 사항

　5. 「약사법」 제23조 제5항에 따라 보건복지부장관이 정하는 의료기관이 없는 지역 또는 약국이 없는 지역에 해당한다는 사실

⑤ 심사평가원은 제2항에 따라 제출받은 요양기관 현황 변경 신고사항 중 다음 각 호의 사항을 소관 시·도지사 또는 시장·군수·구청장에게 통보하여야 한다.

　1. 「의료법」 제33조 제5항 및 같은 법 시행규칙 제26조 제1항 제2호에 따른 의료기관 개설자가 입원, 해외 출장 등으로 다른 의사·치과의사·한의사 또는 조산사에게 진료하게 할 경우 그 기간 및 해당 의사 등의 인적 사항

　2. 「의료법」 제33조 제5항 및 같은 법 시행규칙 제26조 제1항 제6호에 따른 의료기관의 의료인 수

　3. 「의료법」 제33조 제5항 및 같은 법 시행규칙 제28조 제1항 제5호에 따른 의료기관의 의료인 수

⑥ 심사평가원은 제1항과 제2항에 따라 신고받은 사항 중 요양급여비용 지급을 위하여 필요한 다음 각 호의 사항을 공단에 통보하여야 한다.

　1. 요양기관의 명칭, 기호 및 소재지

　2. 대표자의 성명 및 주민등록번호

　3. 개설 신고(허가·등록)일, 폐업일

　4. 사업자등록번호

　5. 금융기관의 계좌명세 등

⑦ 요양기관이 제1항 및 제2항에 따라 심사평가원에 신고하여야 하는 장비 등 요양기관의 현황을 관리하는 데에 필요한 사항은 보건복지부장관이 정하여 고시한다.

제12조의2(보건의료자원 통합신고포털의 설치 · 운영)

① 심사평가원은 제12조에 따른 요양기관 현황신고 등과 관련된 업무를 처리하기 위하여 「전자정부법」 제9조 제2항에 따른 전자민원창구(이하 "보건의료자원 통합신고포털"이라 한다)를 설치하여 운영할 수 있다.

② 요양기관은 보건의료자원 통합신고포털을 통하여 제12조 제1항부터 제4항까지의 규정에 따른 요양기관 현황 등에 대하여 신고하거나 그 내역 등을 확인할 수 있다.

③ 보건복지부장관, 시 · 도지사, 시장 · 군수 · 구청장 및 심사평가원은 보건의료자원 통합신고포털과 보건복지부장관 및 각 지방자치단체가 운영하는 정보시스템을 연계하여 다음 각 호의 업무를 처리할 수 있다.

  1. 시 · 도지사 및 시장 · 군수 · 구청장이 제12조 제4항에 따라 심사평가원에 하는 통보

  2. 심사평가원이 제12조 제5항에 따라 시 · 도지사 및 시장 · 군수 · 구청장에 하는 통보

  3. 심사평가원이 법 제96조 제2항 및 영 제69조의2에 따라 요청하는 영 별표 4의3 제2호 마목 · 카목 및 타목에 해당하는 자료의 제공

  4. 그 밖에 요양기관의 시설 · 장비 및 인력 등 보건의료자원의 통합신고를 위하여 필요하다고 심사평가원이 보건복지부장관의 승인을 받아 정한 사항

④ 보건복지부장관, 시 · 도지사, 시장 · 군수 · 구청장 및 심사평가원은 제3항 각 호의 업무를 위하여 불가피한 경우 「개인정보 보호법 시행령」 제19조 제1호 또는 제4호에 따른 주민등록번호 또는 외국인등록번호가 포함된 자료를 처리할 수 있다.

⑤ 보건의료자원 통합신고포털의 설치 · 운영 방법, 정보시스템의 연계 운영 방법, 그 밖에 보건의료자원 통합신고포털을 관리하는 데에 필요한 사항은 보건복지부장관이 정하여 고시한다.

제13조(외래진료 등의 경우 요양급여비용 총액에 관한 조건 등)

① 외래진료 및 고가(高價)의 특수 의료장비를 이용한 진료의 경우에 영 별표 2 제1호 나목 및 제3호 파목에 따른 요양급여비용 총액에 관한 조건 및 본인부담액은 별표 3과 같다.

② 약국 또는 한국희귀 · 필수의약품센터를 이용한 경우에 영 별표 2 제1호 다목에 따른 요양급여비용 총액에 관한 조건 및 본인부담액은 별표 4와 같다.

제14조(본인부담액 경감 인정)

① 영 별표 2 제3호 라목에 따라 본인부담액을 경감받을 수 있는 요건을 갖춘 희귀난치성질환자등은 본인부담액 경감 인정을 받으려면 경감 인정 신청서(전자문서를 포함한다)에 다음 각 호의 서류(전자문서를 포함한다)를 첨부하여 특별자치도지사 · 시장 · 군수 · 구청장에게 제출하여야 한다.

  1. 영 별표 2 제3호 라목에 따른 부양의무자(이하 "부양의무자"라 한다)와의 관계를 확인할 수 있는 가족관계등록부의 증명서(세대별 주민등록표 등본으로 부양의무자와의 관계를 확인할 수 없는 경우만 해당한다)

  2. 임대차계약서(주택을 임대하거나 임차하고 있는 사람만 해당한다)

  3. 요양기관이 발급한 진단서 1부(6개월 이상 치료를 받고 있거나 6개월 이상 치료가 필요한 사람만 해당한다)

② 제1항에 따른 신청인의 가족, 친족, 이해관계인 또는 「사회보장급여의 이용·제공 및 수급권자 발굴에 관한 법률」 제43조에 따른 사회복지전담공무원은 신청인이 신체적·정신적인 이유로 신청을 할 수 없는 경우에는 신청인을 대신하여 제1항에 따른 신청을 할 수 있다. 이 경우 다음 각 호의 구분에 따른 서류를 제시하거나 제출해야 한다.

1. 신청인의 가족·친족 또는 이해관계인 : 신청인과의 관계를 증명하는 서류
2. 사회복지 전담공무원 : 공무원임을 증명하는 신분증

③ 제1항과 제2항에 따른 신청을 받은 특별자치도지사·시장·군수·구청장은 신청인이 제15조에 따른 기준에 해당하는지를 확인하여 부득이한 사유가 없으면 그 결과를 신청일부터 30일 이내에 공단에 통보하여야 한다. 다만, 다음 각 호의 어느 하나에 해당하는 경우에는 신청일부터 60일 이내에 통보할 수 있다.

1. 부양의무자의 소득 조사에 시간이 걸리는 특별한 사유가 있는 경우
2. 제1항에 따른 경감 인정 신청서를 제출한 희귀난치성질환자등 또는 부양의무자가 같은 항 또는 관계 법령에 따른 조사나 자료제출 요구를 거부·방해 또는 기피하는 경우

④ 공단은 제3항에 따른 확인 결과를 통보받았을 때에는 부득이한 사유가 없으면 통보를 받은 날부터 7일 이내에 영 별표 2 제3호라목에 따른 인정 여부를 결정하여 그 결과를 신청인에게 통보하여야 한다.

⑤ 제1항부터 제4항까지에서 규정한 사항 외에 본인부담액의 경감 인정 절차 등에 관하여 필요한 사항은 보건복지부장관이 정한다.

제15조(본인부담액 경감 대상자의 기준)

영 별표 2 제3호 라목에 따른 소득인정액 산정의 기준이 되는 세대의 범위, 소득 및 재산의 범위, 소득인정액 산정방법 및 부양의무자가 부양능력이 없거나 부양을 받을 수 없는 경우의 구체적인 기준은 별표 5와 같다.

제16조(요양급여비용의 본인부담)

영 별표 2 제6호에 따라 본인이 요양급여비용을 부담하는 항목 및 부담률은 별표 6과 같다.

제17조(본인부담액 경감 적용 시기)

공단은 제14조 제4항에 따라 본인부담액 경감 인정 결정을 한 사람에 대해서는 경감 인정 결정을 한 날부터 발생하는 본인부담액부터 경감한다.

제18조(요양급여비용의 가감지급 기준)

법 제47조 제6항 후단에 따라 요양급여의 적정성 평가 결과에 따라 요양급여비용을 가산하거나 감액하여 지급하는 금액은 평가대상 요양기관의 평가대상기간에 대한 심사결정 공단부담액의 100분의 10 범위에서 보건복지부장관이 정하여 고시한 기준에 따라 산정한 금액으로 한다.

제19조(요양급여비용의 청구)

① 법 제47조 제1항에 따라 요양기관 또는 같은 조 제6항에 따른 대행청구단체가 요양급여비용을 청구하려면 요양급여비용 심사청구서에 급여를 받은 사람에 대한 요양급여비용 명세서를 첨부하여 심사평가원에 제출하여야 한다.

② 요양기관 또는 대행청구단체는 제1항에 따른 요양급여비용 명세서에 다음 각 호의 사항을 적어야 한다.

  1. 제2호 외의 경우 : 다음 각 목의 사항

    가. 가입자(지역가입자의 경우에는 세대주를 말한다)의 성명 및 건강보험증 번호

    나. 요양급여를 받은 사람의 성명 및 주민등록번호

  2. 요양급여를 받은 사람이 「위기 임신 및 보호출산 지원과 아동 보호에 관한 특별법」 제2조제3호에 따른 비식별화된 가명 또는 「사회보장급여의 이용·제공 및 수급권자 발굴에 관한 법률」 제7조의2제1항에 따른 전산관리번호를 부여받은 경우 : 요양급여를 받은 사람의 성명 또는 가명, 전산관리번호 및 건강보험증 번호

  3. 질병명 또는 부상명

  4. 요양 개시 연월일 및 요양 일수

  5. 요양급여비용의 내용

  6. 본인부담금 및 비용청구액

  7. 처방전 내용 등

③ 요양급여비용의 청구방법, 요양급여비용 심사청구서 및 요양급여비용 명세서의 서식·작성요령, 그 밖에 요양급여비용의 청구에 필요한 사항은 보건복지부장관이 정하여 고시한다.

제20조(요양급여비용의 심사·지급)

① 심사평가원은 요양급여비용에 대한 심사청구를 받으면 그 심사청구 내용이 법 제41조 제2항부터 제4항까지에 따른 요양급여의 기준 및 법 제45조 제4항에 따라 보건복지부장관이 고시한 요양급여비용의 명세에 적합한지를 보건복지부장관이 정하여 고시한 바에 따라 심사한다. 이 경우 심사평가원의 원장은 제12조, 제19조 및 법 제96조에 따라 제공받은 자료의 사실 여부를 확인할 필요가 있으면 소속 직원으로 하여금 현장 조사를 통하여 해당 사항을 확인하게 할 수 있다.

② 심사평가원의 원장은 제1항에 따라 심사를 하는 경우에는 요양급여비용에 대한 심사청구를 받은 날부터 40일(정보통신망을 통하여 통보하는 경우에는 15일) 이내에 심사하여 그 내용이 기재된 요양급여비용 심사결과통보서를 공단 및 해당 요양기관에 각각 송부해야 하며, 요양급여비용 심사결과통보서를 받은 공단은 지체 없이 요양급여비용 지급명세가 기재된 요양급여비용 지급통보서에 따른 요양급여비용을 해당 요양기관에 지급해야 한다. 이 경우 심사기간을 산정할 때 심사평가원의 원장이 요양급여비용에 대한 심사를 청구한 요양기관에 심사에 필요한 자료를 요청한 경우 등 특별한 사유가 있는 경우에는 그에 걸리는 기간은 제외한다.

③ 공단은 법 제47조 제3항에 따라 요양기관에 지급할 요양급여비용에서 과다하게 납부된 본인부담액을 공제한 경우에는 그 공제 내용을 요양기관에 통보하여야 한다.

④ 요양급여비용 심사결과통보서 및 요양급여비용 지급통보서의 서식과 요양급여비용의 심사·지급에 필요한 사항은 보건복지부장관이 정하여 고시한다.

제21조(요양급여비용 지급 등의 특례)

① 보건복지부장관은 제19조 제1항에 따른 요양기관 또는 대행청구단체의 요양급여비용 청구가 있음에도 불구하고 천재지변·파업 등 특별한 사유로 심사평가원이 제20조 제2항에 따른 기간 내에 요양급여비용 심사를 하는 것이 불가능하거나 현저히 곤란하다고 판단하는 경우에는 공단으로 하여금 요양급여비용의 전부 또는 일부를 요양기관에 우선 지급하게 할 수 있다.

② 심사평가원은 공단이 제1항에 따라 요양급여비용을 요양기관에 우선 지급한 후 그 요양급여비용에 대하여 심사한 경우에는 요양급여비용 심사결과통보서를 공단 및 해당 요양기관에 각각 송부하여야 한다. 이 경우 공단은 심사평가원의 심사결과에 따라 제1항에 따라 요양기관에 지급한 요양급여비용을 정산하여야 한다.

③ 제1항과 제2항에 따른 요양급여비용의 청구, 지급 및 정산의 방법·절차 등에 관하여 필요한 사항은 보건복지부장관이 정하여 고시한다.

제22조(정보통신망 등에 의한 통보)

① 요양기관은 요양급여비용 심사청구서 및 명세서 등의 서류를 전산매체 또는 정보통신망을 통하여 공단 또는 심사평가원에 제출할 수 있다. 이 경우 영 제28조 제2항에 따라 전산 관리에 관하여 보건복지부장관이 고시한 기준에 따라 적정하다고 결정된 소프트웨어를 사용해야 한다.

② 심사평가원은 요양급여비용 심사결과통보서 등을, 공단은 요양급여비용 지급통보서 등을 전산매체 또는 정보통신망을 이용하여 요양기관에 송부할 수 있다.

제22조의2(요양급여의 적정성 평가 기준 등)

① 법 제47조의4에 따른 요양급여의 적정성 평가(이하 "적정성평가"라 한다)는 의료의 안전성·효과성·효율성·환자중심성 등을 기준으로 하며, 세부적인 기준은 의약학적 타당성 및 계량화 가능성 등을 고려하여 심사평가원이 정하여 인터넷 홈페이지에 공개한다.

② 심사평가원은 요양기관별, 진료과목별, 지역별 및 질병·부상별로 구분하여 적정성평가를 실시한다.

③ 심사평가원의 원장은 적정성평가를 위하여 법 제96조 제2항에 따라 제공받은 자료의 사실 여부를 확인할 필요가 있으면 소속 직원으로 하여금 해당 사항을 확인하게 할 수 있다.

④ 심사평가원은 매년 법 제66조 제1항에 따른 진료심사평가위원회(이하 "심사위원회"라 한다)의 심의를 거쳐 다음 해의 적정성평가 계획을 수립해야 한다.

⑤ 제1항부터 제4항까지에서 규정한 사항 외에 적정성평가에 필요한 세부적인 사항은 보건복지부장관이 정하여 고시한다.

제22조의3(요양급여 대상 여부의 확인 방법 · 절차 등)

① 가입자나 피부양자는 법 제48조 제1항에 따라 요양급여 대상에서 제외되는 비용인지 여부에 대한 확인을 요청하려면 별지 제17호의2서식의 요양급여 대상 여부 확인 요청서에 진료비 또는 약제비 계산서 · 영수증을 첨부하여 심사평가원에 제출해야 한다.

② 제1항에 따라 확인 요청을 받은 심사평가원은 요청을 받은 날부터 15일 이내에 제1항에 따른 확인 요청인(이하 이 조에서 "요청인"이라 한다)에게 그 결과를 알려야 한다.

③ 법 제48조 제2항 후단에 따라 과다본인부담금(요양기관이 요청인으로부터 받아야 할 금액보다 더 많이 징수한 금액을 말한다. 이하 이 조에서 같다)이 있다는 통보를 받은 요양기관은 그 과다본인부담금을 요청인에게 지급할지 여부를 지체 없이 심사평가원에 알려야 한다.

④ 심사평가원은 요양기관이 과다본인부담금을 지급하지 않겠다는 사실을 통보하거나 지급 여부에 대한 통보를 하지 않은 경우에는 그 사실을 공단에 알려야 한다.

⑤ 제4항에 따른 통보를 받은 공단은 지체 없이 해당 요양기관에 지급할 요양급여비용에서 과다본인부담금을 공제하여 이를 요청인에게 지급하고, 그 결과를 관련 요양기관에 알려야 한다.

⑥ 제1항부터 제5항까지에서 규정한 사항 외에 요양급여 대상 여부 확인 요청 및 처리에 필요한 세부적인 사항은 보건복지부장관이 정하여 고시한다.

제23조(요양비)

① 법 제49조 제1항에서 "보건복지부령으로 정하는 긴급하거나 그 밖의 부득이한 사유"란 다음 각 호의 어느 하나에 해당하는 경우를 말한다.

1. 요양기관을 이용할 수 없거나 요양기관이 없는 경우
2. 만성신부전증 환자가 의사의 요양비처방전(의사의 소견이나 처방기간 등을 적은 서류로서 보건복지부장관이 정하여 고시하는 서류를 말한다. 이하 같다)에 따라 복막관류액 또는 자동복막투석에 사용되는 소모성 재료를 요양기관 외의 의약품판매업소에서 구입 · 사용한 경우
3. 산소치료를 필요로 하는 환자가 의사의 산소치료 요양비처방전에 따라 보건복지부장관이 정하여 고시하는 방법으로 산소치료를 받는 경우
4. 당뇨병 환자가 의사의 요양비처방전에 따라 혈당검사 또는 인슐린주사에 사용되는 소모성 재료나 당뇨병 관리기기를 요양기관 외의 의료기기판매업소에서 구입 · 사용한 경우
5. 신경인성 방광환자가 의사의 요양비처방전에 따라 자가도뇨에 사용되는 소모성 재료를 요양기관 외의 의료기기판매업소에서 구입 · 사용한 경우
6. 보건복지부장관이 정하여 고시하는 질환이 있는 사람으로서 인공호흡기 또는 기침유발기를 필요로 하는 환자가 의사의 요양비처방전에 따라 인공호흡기 또는 기침유발기를 대여받아 사용하는 경우
7. 수면무호흡증 환자가 의사의 요양비처방전에 따라 양압기(수면 중 좁아진 기도에 지속적으로 공기를 불어 넣어 기도를 확보해 주는 기구를 말한다)를 대여받아 사용하는 경우

② 법 제49조 제1항에서 "보건복지부령으로 정하는 기관"(이하 "준요양기관"이라 한다)이란 다음 각 호의 어느 하나에 해당하는 기관을 말한다.

1. 법 제42조 제1항 후단에 따라 요양기관에서 제외된 의료기관 등

2. 만성신부전증 환자 중 복막투석으로 요양급여를 받고 있는 사람에게 다음 각 목의 물품을 판매하는 요양기관 외의 의약품판매업소(나목의 경우 공단에 등록한 의약품판매업소만 해당한다)

　　가. 복막관류액

　　나. 자동복막투석에 사용되는 소모성 재료

3. 산소치료를 필요로 하는 환자에게 의료용 산소발생기 등으로 산소치료 서비스를 제공하는 요양기관 외의 기관으로서 공단에 등록한 기관(해당 환자가 제공받는 경우만 해당한다)

4. 당뇨병 환자에게 혈당검사 또는 인슐린주사에 사용되는 소모성 재료나 당뇨병 관리기기를 판매하는 요양기관 외의 의료기기판매업소로서 공단에 등록한 업소

5. 신경인성 방광환자에게 자가도뇨에 사용되는 소모성 재료를 판매하는 요양기관 외의 의료기기판매업소로서 공단에 등록한 업소

6. 인공호흡기 또는 기침유발기를 필요로 하는 환자에게 이를 대여하는 요양기관 외의 기관으로서 공단에 등록한 기관

7. 양압기를 필요로 하는 환자에게 이를 대여하는 요양기관 외의 기관으로서 공단에 등록한 기관

③ 가입자나 피부양자가 법 제49조 제1항에 따른 요양비를 지급받으려면 다음 각 호의 서류를 공단에 제출해야 한다.

1. 제1항 제1호에 해당하는 사유로 질병·부상·출산[사산(死産)의 경우에는 임신 16주 이상인 경우를 말한다]에 대하여 요양을 받은 경우에는 별지 제18호서식의 요양비 지급청구서와 다음 각 목의 서류

　　가. 요양비 명세서(약국의 경우에는 요양비처방전을 말한다) 또는 세금계산서[「부가가치세법」 제32조 제2항에 따른 전자세금계산서(이하 "전자세금계산서"라 한다)를 포함한다. 이하 같다] 사본 1부

　　나. 요양기관에서 요양을 받을 수 없었던 사유를 증명할 수 있는 서류 1부

2. 제1항 제2호 또는 제5호에 해당하는 경우에는 별지 제18호서식의 요양비 지급청구서와 다음 각 목의 서류

　　가. 의사의 요양비처방전 1부

　　나. 세금계산서, 현금영수증 등 가입자나 피부양자가 지출한 금액 명세를 확인할 수 있는 서류 각 1부

3. 제1항 제3호에 해당하는 경우에는 별지 제19호서식의 요양비 지급청구서와 다음 각 목의 서류

　　가. 의사의 요양비처방전 1부

　　나. 산소치료를 하였음을 증명할 수 있는 서류 1부

　　다. 세금계산서, 현금영수증 등 가입자나 피부양자가 지출한 금액 명세를 확인할 수 있는 서류 각 1부

4. 제1항 제4호에 해당하는 경우에는 별지 제19호의2서식 또는 별지 제19호의3서식의 요양비 지급청구서와 다음 각 목의 서류

　　가. 의사의 요양비처방전 1부

나. 세금계산서, 현금영수증 등 가입자나 피부양자가 지출한 금액 명세를 확인할 수 있는 서류 각 1부

다. 연속혈당측정용 전극을 구입한 경우에는 해당 전극의 고유식별번호를 확인할 수 있는 서류 1부

5. 제1항 제6호에 해당하는 경우에는 별지 제19호의4서식의 요양비지급청구서와 다음 각 목의 서류

가. 의사의 요양비처방전 1부

나. 인공호흡기 또는 기침유발기를 대여하였음을 증명할 수 있는 서류 1부

다. 세금계산서, 현금영수증 등 가입자나 피부양자가 지출한 금액 명세를 확인할 수 있는 서류 각 1부

6. 제1항 제7호에 해당하는 경우에는 별지 제19호의5서식의 요양비 지급청구서와 다음 각 목의 서류

가. 의사의 요양비처방전 1부

나. 양압기를 대여하였음을 증명할 수 있는 서류 1부

다. 세금계산서, 현금영수증 등 가입자나 피부양자가 지출한 금액 명세를 확인할 수 있는 서류 각 1부

7. 요양기관 외의 장소에서 출산한 경우에는 별지 제18호서식의 요양비 지급청구서와 출산 사실을 증명할 수 있는 서류 1부

④ 준요양기관이 법 제49조 제3항에 따라 공단에 요양비의 지급을 직접 청구하는 경우에는 다음 각 호의 서류를 공단에 제출해야 한다.

1. 제3항 각 호의 구분에 따른 서류

2. 별지 제19호의6서식의 요양비 지급청구 위임장 1부

3. 가입자나 피부양자의 신분증 사본 1부

4. 삭제

⑤ 제3항 및 제4항에도 불구하고 다음 각 호의 어느 하나에 해당하는 경우에는 해당 서류의 제출을 생략한다.

1. 다음 각 목의 어느 하나에 해당하는 경우 : 요양비처방전

가. 요양비처방전을 발행한 의사가 그 요양비처방전을 요양비 관련 정보통신망(요양비 지급 청구 업무를 수행하기 위하여 공단이 관리·운영하는 정보통신망을 말한다. 이하 같다)을 통해 전송한 경우. 다만, 제1항 제1호 및 제2호에 해당하는 경우는 제외한다.

나. 제1항 제3호, 제6호 또는 제7호에 해당하여 요양비를 지급받은 가입자나 피부양자가 같은 종류의 요양비를 지급받으려는 경우로서 이미 제출한 요양비처방전의 처방기간이 지나지 않은 경우

2. 별지 제18호서식, 별지 제19호서식 및 별지 제19호의2서식부터 별지 제19호의5서식까지의 요양비 지급청구서에 전자세금계산서 또는 현금영수증의 승인번호, 작성·거래일 및 합계금액을 모두 기재하여 공단에 제출한 경우 : 요양비 지급청구서에 기재된 승인번호에 해당하는 전자세금계산서 및 현금영수증

⑥ 공단은 제3항 또는 제4항에 따라 요양비의 지급청구를 받은 경우에는 청구를 받은 날부터 40일(요양비 관련 정보통신망을 통하여 제출받은 경우에는 15일) 이내에 그 내용의 적정성을 확인한 후 요양비를 지급해야 한다. 다만, 부득이한 사유가 있는 경우에는 30일의 범위에서 그 기한을 연장할 수 있다.

⑦ 제6항에도 불구하고 공단은 제2항 제1호에 해당하는 요양기관 등 또는 법 제98조 제1항에 따라 업무정지 중인 요양기관에서 요양을 받은 경우의 요양비 지급청구에 대해서는 심사평가원의 심사를 거쳐 요양비를 지급해야 한다.

⑧ 요양비의 지급금액은 보건복지부장관이 정하여 고시하는 금액으로 한다.

⑨ 제1항부터 제8항까지에서 규정한 사항 외에 요양비의 지급 기준·절차·방법 및 의약품판매업소 등의 등록 기준·절차·취소와 그 밖에 요양비 지급청구 등에 관하여 필요한 사항은 보건복지부장관이 정하여 고시한다.

제24조(임신·출산 진료비 이용권의 신청 및 발급 등)

① 영 제23조 제4항에 따라 임신·출산 진료비 이용권(이하 "이용권"이라 한다)의 발급을 신청하려는 사람은 산부인과전문의 또는 「의료법」 제6조에 따른 조산사가 임신·출산 사실을 확인한 신청서를 공단에 제출해야 한다. 이 경우 임신 사실은 산부인과전문의만 확인할 수 있다.

② 영 제23조 제5항에 따라 이용권을 발급받은 사람은 영 제23조 제3항 각 호의 비용을 결제하려는 경우 요양기관에 이용권을 제시해야 한다.

③ 공단은 임신·출산과 관련된 진료 등의 사실을 확인한 후 지체 없이 요양기관에게 제2항에 따라 결제된 비용을 지급해야 한다.

④ 제1항부터 제3항까지에서 규정한 사항 외에 이용권의 신청 및 발급 등에 필요한 세부적인 사항은 보건복지부장관이 정하여 고시한다.

제25조 삭제

제26조(장애인 보조기기에 대한 보험급여기준 등)

① 법 제51조 제1항에 따른 보조기기(소모품을 포함하며, 이하 "보조기기"라 한다)에 대한 보험급여의 범위 및 공단의 부담금액 등은 별표 7과 같다.

② 보조기기[제3항에 따른 활동형 수동휠체어, 틸팅형 수동휠체어(등받이 및 좌석 경사 조절형 수동휠체어를 말한다), 리클라이닝형 수동휠체어(등받이 경사 조절형 수동휠체어를 말한다), 전동휠체어, 의료용 스쿠터, 자세보조용구 및 이동식전동리프트는 제외한다]에 대한 보험급여를 받으려는 사람은 별지 제21호서식의 보조기기 급여 지급청구서에 다음 각 호의 서류를 첨부하여 공단에 제출해야 한다.

1. 「의료법」 제77조 제4항 및 「전문의의 수련 및 자격 인정 등에 관한 규정」 제3조에 따른 전문과목 중 보조기기 유형별로 보건복지부장관이 정하여 고시하는 과목의 전문의가 발행한 별지 제22호서식 및 별지 제22호의2서식부터 별지 제22호의4서식까지에 따른 보조기기 처방전과 해당 검사 결과 관련 서류 1부. 다만, 지팡이·목발·흰지팡이 또는 보조기기의 소모품[전동휠체어 및 의료용 스쿠터용 전지(電池)로 한정한다]에 대한 보험급여를 받으려는 경우에는 제외한다.

1의2. 별지 제23호서식의 보조기기 검수확인서 1부. 다만, 지팡이·목발·흰지팡이 또는 보조기기의 소모품(전동휠체어 및 의료용 스쿠터용 전지로 한정한다), 일반형 수동휠체어, 욕창예방방석, 욕창예방매트리스, 전·후방보행차, 돋보기 또는 망원경에 대한 보험급여를 받으려는 경우에는 제외한다.

2. 요양기관 또는 보조기기 제조·판매자가 발행한 세금계산서, 현금영수증 등 가입자나 피부양자가 지출한 금액 명세를 확인할 수 있는 서류 각 1부

3. 별표 7 제1호 나목 전단에 따른 보조기기에 대한 보험급여를 받으려는 경우에는 표준코드와 바코드를 확인할 수 있는 보조기기 사진 1장

③ 보조기기 중 활동형 수동휠체어, 틸팅형 수동휠체어, 리클라이닝형 수동휠체어, 전동휠체어, 의료용 스쿠터, 자세보조용구 및 이동식전동리프트에 대한 보험급여를 받으려는 사람은 별지 제24호서식의 보조기기 급여 사전 승인 신청서에 별지 제22호서식 및 별지 제22호의2서식부터 별지 제22호의4서식까지에 따른 보조기기 처방전과 해당 검사 결과 관련 서류를 첨부하여 공단에 보조기기 급여 사전 승인을 신청해야 한다.

④ 공단은 제3항에 따른 신청을 받으면 해당 처방전에 적힌 장애상태 등을 확인하여 신청인이 급여 대상에 해당하는지를 결정·통보해야 하고, 급여 대상으로 통보받은 신청인은 별지 제21호서식의 보조기기 급여비 지급청구서에 다음 각 호의 서류를 첨부하여 공단에 제출해야 한다.

1. 별지 제23호서식의 보조기기 검수확인서(자세보조용구만 해당한다)

2. 별표 7 제1호 나목 전단에 따른 보조기기에 대한 보험급여를 받으려는 경우에는 표준코드와 바코드를 확인할 수 있는 보조기기 사진 1장

3. 별표 7 제1호 다목에 따라 공단에 등록한 보조기기 업소에서 발행한 세금계산서, 현금영수증 등 가입자나 피부양자가 지출한 금액 명세를 확인할 수 있는 서류 각 1부

⑤ 보조기기 판매업자가 법 제51조 제2항 전단에 따라 공단에 보조기기 보험급여의 지급을 직접 청구하는 경우에는 다음 각 호의 서류를 공단에 제출해야 한다.

1. 제2항 각 호의 서류 또는 제4항 각 호의 서류 1부

2. 별지 제21호의2서식의 보조기기 급여 지급청구 위임장 1부

3. 가입자나 피부양자의 신분증 사본 1부

4. 삭제

5. 「장애인복지법」에 따라 개설된 의지(義肢)·보조기 제조·수리업자이거나 「의료기기법」에 따라 허가받은 수입·제조·판매업자(보조기기 소모품 중 전동휠체어 및 의료용 스쿠터용 전지의 경우는 「의료기기법」에 따라 신고한 수리업자를 말한다)임을 증명하는 서류 1부. 다만, 다음 각 목의 어느 하나에 해당하는 경우에는 제외한다.

가. 별표 7 제1호 다목에 따라 공단에 등록한 보조기기 판매업자

나. 지팡이, 목발 또는 흰지팡이를 판매한 경우

다. 보조기기를 제조·수입한 자로서 해당 보조기기의 소모품 중 전동휠체어 및 의료용 스쿠터용 전지를 판매한 경우

⑥ 공단은 제2항, 제4항 및 제5항에 따른 지급청구를 받으면 청구된 내용의 적정성을 지체 없이 확인한 후 지급청구를 한 사람 또는 보조기기 판매업자에게 제1항에 따른 공단의 부담금액을 지급해야 한다.

⑦ 제1항부터 제6항까지에서 규정한 사항 외에 보조기기의 급여 기준 및 방법에 관한 세부적인 사항은 보건복지부장관이 정하여 고시한다.

제27조(급여 제한에 관한 통지)

① 공단은 법 제53조 및 제109조 제10항·제11항에 따라 보험급여를 제한하는 경우에는 문서로 그 내용과 사유를 가입자에게 알려야 한다.

② 공단은 법 제79조에 따라 보험료의 납입고지를 할 때에는 법 제53조 제3항 및 제109조 제10항·제11항에 따른 급여 제한의 내용을 안내해야 한다.

제28조(제3자의 행위로 인한 급여 통보)

법 제58조에 따라 가입자(지역가입자의 경우에는 세대주를 포함한다)는 자신이나 피부양자에 대한 보험급여 사유가 제3자의 행위로 인한 것인 경우에는 별지 제25호서식의 제3자의 행위로 인한 급여 통보서를 지체 없이 공단에 제출하여야 한다.

제29조 삭제

제30조(요양비의 심사 대상)

영 제28조 제1항 제2호에서 "보건복지부령으로 정하는 기관"이란 법 제98조제1항에 따라 업무정지 중인 요양기관 및 영 제18조 제1항에 따라 요양기관에서 제외된 의료기관을 말한다.

제31조(상임이사 후보의 추천 절차 등)

법 제65조 제3항에 따른 심사평가원의 상임이사 추천 등에 관하여는 제8조를 준용한다. 이 경우 "공단"은 "심사평가원"으로, "이사장"은 "원장"으로 본다.

제32조(심사위원회 위원의 자격)

심사위원회의 위원은 다음 각 호의 어느 하나에 해당하는 사람이어야 한다. 다만, 법 제23조에 따른 결격사유에 해당하는 사람은 제외한다.

1. 의사 면허를 취득한 후 10년이 지난 사람으로서 의과대학 또는 의료기관에서 종사한 사람
2. 치과의사 면허를 취득한 후 10년이 지난 사람으로서 치과대학 또는 의료기관에서 종사한 사람
3. 한의사 면허를 취득한 후 10년이 지난 사람으로서 한의과대학 또는 의료기관에서 종사한 사람
4. 약사 면허를 취득한 후 10년이 지난 사람으로서 약학대학·의료기관·약국 또는 한국희귀·필수의약품센터에서 종사한 사람
5. 「고등교육법」 제2조 제1호부터 제3호까지의 학교에서 전임강사 이상의 경력을 가진 사람으로서 보건의약관련 분야에 10년 이상 종사한 사람
6. 보건의약 또는 건강보험과 관련된 분야에 10년 이상 종사한 사람 중 보건복지부장관이 심사위원 자격이 있다고 인정하는 사람

제33조(심사위원의 임명 및 위촉)

① 법 제66조 제3항에서 "보건복지부령으로 정하는 사람"이란 다음 각 호의 사람을 말한다.

    1. 심사평가원 원장이 공개경쟁의 방법으로 선발한 사람

    2. 공단 또는 의약계단체가 추천한 사람

② 법 제66조 제4항에서 "보건복지부령으로 정하는 사람"이란 관련 의약분야별 전문학회 또는 의약계단체, 공단, 소비자단체 및 심사평가원 이사회가 추천하는 사람을 말한다.

③ 제1항 제1호에 따라 공개경쟁의 방법으로 상근 심사위원을 임명하는 절차·방법 등은 심사평가원의 정관으로 정한다.

제34조(심사위원의 임기)

법 제66조 제6항에 따라 심사위원의 임기는 2년으로 한다.

제35조(심사위원회의 위원장)

① 심사위원회에는 위원장 1명을 둔다.

② 심사위원회의 위원장은 심사평가원의 원장이 임명한다.

③ 심사위원회의 위원장이 부득이한 사유로 그 직무를 수행할 수 없을 때에는 심사평가원의 원장이 지명하는 위원이 그 직무를 대행한다.

④ 심사위원회 위원장의 임기는 2년으로 한다.

제36조(심사위원회의 회의 등)

① 심사위원회와 법 제66조 제2항에 따른 진료과목별 분과위원회의 회의는 재적위원 3분의 1 이상이 요구할 때 또는 심사평가원 원장이나 심사위원회 위원장이 요구할 때에 소집한다.

② 위원장 및 분과위원회의 위원장은 제1항에 따른 각 회의의 의장이 되며, 각 회의는 재적위원 과반수의 출석으로 개의하고, 출석위원 과반수의 찬성으로 의결한다.

③ 제1항과 제2항에서 규정한 사항 외에 심사위원회와 분과위원회의 구성·운영 등에 필요한 사항은 심사평가원의 정관으로 정한다.

제37조(심사위원의 보수 등)

심사위원에게는 예산의 범위에서 보수·수당·여비, 그 밖에 필요한 경비를 지급할 수 있다.

제38조(부담금 등)

① 법 제67조 제1항에 따른 부담금(이하 이 조에서 "부담금"이라 한다)은 법 제36조 및 제68조에 따라 보건복지부장관이 승인한 심사평가원의 예산에 계상(計上)된 금액으로 하되, 공단의 전전년도 보험료 수입의 1천분의 30을 넘을 수 없다.

② 법 제67조 제2항에 따른 수수료는 심사평가원 원장이 업무를 위탁한 자와 계약으로 정하는 금액으로 하되, 의료급여비용 심사에 관한 비용은 보건복지부장관이 정하는 바에 따른다.

③ 심사평가원은 부담금이 회계연도가 시작되기 전까지 확정되지 아니한 경우에는 전년도 부담금에 준하여 해당 연도 부담금을 징수하고 부담금 확정 후 정산한다.

④ 심사평가원은 부담금을 분기별로 징수하고, 제2항에 따른 수수료는 월별로 징수한다.

⑤ 부담금 및 수수료의 징수·납부 절차 및 방법 등에 관하여 필요한 사항은 보건복지부장관이 정하는 바에 따른다.

제39조(준용 규정)

심사평가원의 결산보고서 등의 공고에 관하여는 제10조를 준용한다. 이 경우 "공단"은 "심사평가원"으로 본다.

제40조(보수 총액 등의 통보)

사용자는 영 제35조에 따라 직장가입자의 보수 총액 및 종사기간 등을 공단에 통보할 때에는 다음 각 호의 구분에 따른 서류를 공단에 제출하여야 한다.

1. 사용관계가 계속되는 경우 : 별지 제26호서식의 직장가입자 보수 총액 통보서

2. 연도 중 영 제35조 제2항 각 호의 어느 하나에 해당하게 된 경우 : 별지 제8호서식의 직장가입자 자격상실 신고서

제41조(보수월액의 변경신청)

사용자는 영 제36조에 따라 직장가입자의 보수월액 변경을 신청하려면 별지 제27호서식의 직장가입자 보수월액 변경신청서를 공단에 제출하여야 한다.

제42조(보수월액의 결정·변경 등의 통지)

공단은 영 제36조부터 제40조까지의 규정에 따라 가입자의 보수월액을 결정·변경한 경우 또는 보수월액보험료의 초과액을 반환하거나 보수월액보험료의 부족액을 추가 징수하는 경우에는 지체 없이 그 사실을 문서로 사용자에게 알려야 하며, 통지를 받은 사용자는 지체 없이 직장가입자에게 알려야 한다.

제43조(보수가 지급되지 아니하는 사용자의 소득)

영 제38조 제1항 제1호에서 "보건복지부령으로 정하는 수입"이란 「소득세법」 제19조에 따른 사업소득을 말한다.

제44조(소득 산정방법 및 평가기준)

① 영 제41조 제2항에 따라 소득월액(직장가입자의 경우에는 법 제71조 제1항에 따른 보수 외 소득월액을 말하고, 지역가입자의 경우에는 같은 조 제2항에 따른 소득월액을 말한다) 산정에 포함되는 소득은 다음 각 호의 구분에 따른 금액을 합산한 금액으로 한다. 다만, 제1호 및 제2호에도 불구하고 「소득세법」 제14조 제3항 제6호에 따른 소득이 1천만원 이하인 경우에는 해당 이자소득과 배당소득은 합산하지 않는다.
  1. 영 제41조 제1항 제1호의 이자소득 : 「소득세법」 제16조 제2항에 따라 산정한 이자소득금액
  2. 영 제41조 제1항 제2호의 배당소득 : 「소득세법」 제17조 제3항에 따라 산정한 배당소득금액
  3. 영 제41조 제1항 제3호의 사업소득 : 「소득세법」 제19조 제2항에 따라 산정한 사업소득금액. 다만, 「소득세법」 제64조의2 제1항 제2호의 세액이 적용되는 같은 법 제14조 제3항 제7호에 따른 분리과세 주택임대소득에 대한 사업소득금액은 같은 법 제64조의2 제2항에 따라 산정한다.
  4. 영 제41조 제1항 제4호의 근로소득: 「소득세법」 제20조 제1항 각 호에 따른 소득의 금액의 합계액
  5. 영 제41조 제1항 제5호의 연금소득: 「소득세법」 제20조의3 제1항 각 호에 따른 소득의 금액의 합계액
  6. 영 제41조 제1항 제6호의 기타소득: 「소득세법」 제21조 제3항에 따라 산정한 기타소득금액
② 법 제71조 제1항에 따른 직장가입자의 보수 외 소득월액은 다음 각 호의 구분에 따라 평가한 금액을 합산하여 산정한다. 이 경우 각 호의 구분에 따른 소득은 법 제71조 제1항의 계산식을 적용하여 산출한 금액에 법 제71조 제1항에 따른 연간 보수 외 소득에서 각 호의 구분에 따른 소득이 차지하는 비율을 곱하여 산출한다.
  1. 영 제41조 제1항 제1호부터 제3호까지 및 제6호의 소득 : 해당 소득 전액
  2. 영 제41조 제1항 제4호 및 제5호의 소득 : 해당 소득의 100분의 50
③ 법 제71조 제2항에 따른 지역가입자의 소득월액 산정방법에 관하여는 제2항 전단을 준용한다. 다만, 지역가입자의 소득월액이 28만원 이하인 경우에는 영 제32조 제2호 나목에 따른 월별 보험료액의 하한액을 영 제44조 제1항에 따른 보험료율로 나누어 얻은 값을 해당 지역가입자의 소득월액으로 한다.

제45조(보증금 및 월세금액의 평가방법)

영 별표 4 제1호 나목에서 "보건복지부령으로 정하는 기준"이란 별표 8에 따른 보증금 및 월세금액의 평가방법을 말한다.

제46조(보험료 경감 대상자)

법 제75조 제1항 각 호 외의 부분에서 "보건복지부령으로 정하는 가입자"란 다음 각 호의 어느 하나에 해당하는 사람을 말한다.

1. 영 제45조 제1호에 해당하는 지역에 거주하는 가입자
2. 영 제45조 제2호에 해당하는 지역에 거주하는 지역가입자로서 다음 각 목의 어느 하나에 해당하는 사람. 다만, 영 제45조 제2호 나목 및 다목에 해당하는 지역의 경우 라목에 해당하는 사람은 제외한다.
   가. 「농어업·농어촌 및 식품산업 기본법」 제3조 제2호에 따른 농어업인
   나. 「수산업법」 제2조 제12호에 따른 어업인
   다. 「광업법」 제3조 제2호에 따른 광업에 종사하는 사람
   라. 「소득세법」 제19조에 따른 사업소득이 연간 500만원 이하인 사람
3. 영 제45조 제3호에 해당하는 지역에 거주하는 직장가입자로서 보건복지부장관이 정하여 고시하는 사람
4. 법 제75조 제1항 제2호부터 제4호까지에 해당하는 지역가입자
5. 법 제75조 제1항 제5호에 해당하는 직장가입자 중 휴직기간이 1개월 이상인 사람
6. 법 제75조 제1항 제6호에 해당하는 가입자

제47조(보험료의 분기별 납부)

① 법 제78조 제1항 단서에 따라 보험료(직장가입자의 경우에는 보수 외 소득월액보험료를 말한다. 이하 이 조에서 같다)를 분기별로 납부하려는 직장가입자 및 지역가입자는 분기가 시작되는 달의 전달 말일까지 별지 제28호서식의 건강보험료 분기납부 신청서를 공단에 제출하여야 한다.
② 법 제78조 제1항 단서에 따라 분기별로 납부하는 보험료의 납부기한은 해당 분기가 끝나는 달의 다음 달 10일로 한다.
③ 공단은 분기별로 납부하는 보험료의 납부의무자가 제2항에 따른 납부기한까지 보험료를 내지 아니하면 공단의 정관으로 정하는 절차에 따라 납부 의사를 확인한 후 분기별 납부를 제한할 수 있다.

제48조(보험료등의 납입고지 기한)

공단은 법 제79조에 따라 보험료와 그 밖에 법에 따른 징수금(이하 "보험료등"이라 한다)의 납입고지를 할 때에는 납부의무자에게 보험료등의 납부기한 10일 전까지 납입고지서를 발급하여야 한다.

제48조의2(납부기한의 연장)

① 법 제78조 제2항 전단에서 "납입 고지의 송달 지연 등 보건복지부령으로 정하는 사유가 있는 경우"란 다음 각 호의 어느 하나에 해당하는 경우를 말한다.
　1. 납부의무자의 책임 없는 사유로 납입고지서가 납부기한이 지나서 송달된 경우
　2. 자동 계좌이체의 방법으로 보험료를 내는 경우로서 정보통신망의 장애 등 납부의무자의 책임 없는 사유로 납부기한까지 이체되지 아니한 경우
　3. 그 밖에 보건복지부장관이 인정하는 부득이한 사유가 있는 경우
② 제1항 각 호의 사유로 납부기한의 연장을 신청하려는 사람은 해당 보험료의 납부기한으로부터 1개월 이내에 별지 제28호의2서식의 보험료 납부기한 연장신청서를 공단에 제출하여야 한다.
③ 공단은 제2항에 따른 납부기한 연장 신청을 받으면 그 연장 여부를 결정하여 지체 없이 납부의무자에게 문서 등으로 통지하여야 한다.

제49조

종전 제49조는 제54조의2로 이동

제50조(보수월액보험료 납입고지 유예와 그 해지 신청 등)

① 사용자는 법 제79조 제5항에 따라 휴직이나 그 밖의 사유로 보수의 전부 또는 일부가 지급되지 아니하는 직장가입자(이하 "휴직자등"이라 한다)의 보수월액보험료에 대한 납입고지를 유예받으려면 휴직 등의 사유가 발생한 날부터 14일 이내에 별지 제30호서식의 휴직자등 직장가입자 보험료 납입고지 유예 신청서를 공단에 제출해야 한다.
② 사용자는 제1항에 따라 제출한 신청서에 기재한 고지 유예 해지예정일을 변경하려는 경우에는 해당 변경 사유가 발생한 날부터 14일 이내에 별지 제30호서식의 휴직자등 직장가입자 보험료 납입고지 유예 해지예정일 변경 신청서를 공단에 제출해야 한다.
③ 사용자는 제1항 또는 제2항에 따른 신청서가 제출된 후 납입 고지 유예 사유가 없어진 경우에는 그 사유가 없어진 날부터 14일 이내에 별지 제30호서식의 휴직자등 직장가입자 보험료 납입고지 유예 해지 신청서를 공단에 제출해야 한다.
④ 제1항의 신청에 따라 납입고지가 유예되는 보수월액보험료는 그 사유가 발생한 날이 속하는 달의 다음 달(사유가 발생한 날이 매월 1일인 경우에는 그 사유가 발생한 날이 속하는 달을 말한다)부터 그 사유가 없어진 날이 속하는 달(사유가 없어진 날이 매월 1일인 경우에는 그 사유가 없어진 날이 속하는 달의 직전 달을 말한다)까지에 해당하는 보수월액보험료 및 그 기간 중 영 제39조 제1항에 따른 추가 징수 보수월액보험료로 한다.
⑤ 공단은 제4항에 따라 납입고지가 유예된 보수월액보험료를 법 제70조 제2항에 따른 보수월액과 납입고지 유예기간 중의 보험료율을 적용하여 산정한다.

⑥ 사용자는 제4항에 따라 납입고지가 유예된 보수월액보험료를 그 사유가 없어진 후 보수가 지급되는 최초의 달의 보수에서 공제하여 납부해야 한다. 다만, 납입고지가 유예된 보수월액보험료가 해당 직장가입자의 월 보수월액보험료의 3배 이상이고 해당 직장가입자가 원하는 경우에는 제2항에 따른 납입 고지 유예 해지 신청을 할 때에 해당 보수월액보험료의 분할납부를 함께 신청해야 한다.

⑦ 사용자가 제6항 단서에 따라 분할납부를 신청한 경우에는 10회의 범위에서 해당 보수월액보험료를 균등하게 분할하여 납부할 수 있다. 이 경우 매월 분할납부하는 금액은 해당 직장가입자의 월 보수월액보험료 이상이어야 한다.

제51조(연체금 징수의 예외)

법 제80조 제3항에서 "보건복지부령으로 정하는 부득이한 사유"란 다음 각 호의 어느 하나에 해당하는 경우를 말한다.

1. 전쟁 또는 사변으로 인하여 체납한 경우
2. 연체금의 금액이 공단의 정관으로 정하는 금액 이하인 경우
3. 사업장 또는 사립학교의 폐업·폐쇄 또는 폐교로 체납액을 징수할 수 없는 경우
4. 화재로 피해가 발생해 체납한 경우
5. 그 밖에 보건복지부장관이 연체금을 징수하기 곤란한 부득이한 사유가 있다고 인정하는 경우

제52조(체납자에 대한 공매대행의 통지 등)

① 공단은 법 제81조 제5항에 따라 압류재산의 공매를 대행하게 하는 경우에는 다음 각 호의 사항을 적어 「금융회사부실자산 등의 효율적 처리 및 한국자산관리공사의 설립에 관한 법률」에 따라 설립된 한국자산관리공사(이하 "한국자산관리공사"라 한다)에 공매대행을 의뢰하여야 한다.

  1. 체납자의 성명, 주소 또는 거소
  2. 공매할 재산의 종류·수량·품질 및 소재지
  3. 압류에 관계되는 보험료등의 납부 연도·금액 및 납부기한
  4. 그 밖에 공매대행에 필요한 사항

② 공단은 제1항에 따라 공매대행을 의뢰한 경우에는 그 사실을 체납자, 담보물 소유자 및 그 재산에 전세권·질권·저당권 또는 그 밖의 권리를 가진 자와 압류한 재산을 보관하고 있는 자에게 알려야 한다.

③ 공단이 점유하고 있거나 제3자로 하여금 보관하게 한 압류재산은 한국자산관리공사에 인도할 수 있으며, 이를 인수한 한국자산관리공사는 인계·인수서를 작성하여야 한다. 다만, 제3자로 하여금 보관하게 한 재산에 대해서는 그 제3자가 발행하는 그 재산의 보관증을 인도함으로써 압류재산의 인도를 갈음할 수 있다.

제53조(공매대행 수수료)

법 제81조 제6항에 따른 수수료 산정에 관하여는 「국세징수법 시행규칙」 제41조의5를 준용한다.

제54조(공매대행의 세부 사항)

이 규칙에서 규정한 사항 외에 한국자산관리공사가 공매를 대행하는 데에 필요한 사항은 공단이 한국자산관리공사와 협의하여 정한다.

제54조의2(납입고지서의 전자고지 등)

① 법 제81조의6에 따른 전자문서에 의한 납입 고지 및 독촉(이하 "전자고지"라 한다)을 신청·변경·해지하려는 사람은 별지 제30호의2서식의 전자고지 서비스 신규·변경·해지 신청서를 공단에 제출해야 한다. 다만, 다음 각 호의 신고 또는 신청을 할 때에 전자고지를 신청한 경우에는 신청서를 제출한 것으로 본다.
  1. 제3조 제1항에 따른 사업장 적용신고
  2. 제4조 제1항에 따른 지역가입자의 자격 취득 또는 변동 신고
  3. 제63조에 따른 임의계속가입 신청
② 공단은 제1항에 따라 전자고지 신청을 접수한 경우에는 그 신청에 따라 전자우편, 휴대전화, 공단이 관리하는 전자문서교환시스템 또는 건강보험 업무를 수행하기 위하여 공단이 관리·운영하는 정보통신망을 통해 전자고지를 해야 한다. 다만, 공단은 정보통신망의 장애 등으로 전자고지가 불가능한 경우에는 문서로 보험료등에 대한 납입고지 또는 독촉을 할 수 있다.
③ 전자고지의 개시 및 해지는 제1항에 따른 신청서를 접수한 날의 다음 날부터 적용한다.
④ 전자고지의 신청을 해지한 사람은 해지한 날부터 30일이 지난 날 이후에 전자고지를 다시 신청할 수 있다.
⑤ 법 제81조의6제2항에서 "보건복지부령으로 정하는 정보통신망"이란 공단이 관리하는 전자문서교환시스템 또는 건강보험 업무를 수행하기 위하여 공단이 관리·운영하는 정보통신망을 말한다.

제55조(체납보험료 분할납부의 승인 등)

① 법 제82조에 따라 보험료를 3회 이상 체납한 자가 보험료 분할납부의 승인을 받으려는 경우에는 별지 제31호서식의 건강보험 체납보험료 분할납부 신청서를 공단에 제출하여야 한다.
② 공단은 법 제82조 제2항에 따라 체납 보험료 분할납부 신청의 절차·방법 등에 관한 사항을 법 제79조에 따라 보험료등을 징수할 때 납입 고지하는 문서와 법 제81조제4항에 따라 체납처분을 하기 전에 발송하는 통보서에 적어 안내하여야 하며, 필요한 경우에는 별도의 문서에 적거나 전화 통화, 휴대전화 문자 전송 등의 방법으로 추가 안내할 수 있다.
③ 공단은 제1항에 따라 분할납부를 신청한 자가 법 제82조 제3항에 따라 승인이 취소된 적이 있으면 분할납부의 승인을 하지 아니할 수 있다.
④ 공단은 제1항에 따라 분할납부를 신청한 자가 제3항에 해당하지 않는 경우에는 특별한 사유가 없으면 분할납부를 승인해야 한다. 이 경우 분할납부하는 횟수는 24회 이내로 정하고, 매월 납부할 금액(이하 "분

할보험료"라 한다)은 해당 월별로 고지된 보험료 및 연체금 이상[제1항에 따라 분할납부를 신청한 달에 고지된 보험료가 영 제32조 제2호에 따른 월별 보험료액의 하한액에 해당하는 가입자가 보험료를 체납한 경우(직장가입자가 보수월액보험료를 체납한 경우는 제외한다)에는 해당 월별로 고지된 보험료 및 연체금 의 100분의 50 이상]으로 정하여 신청인에게 통보해야 한다.

⑤ 공단은 제4항에 따라 분할납부 승인을 받은 자(이하 "분할납부자"라 한다)에게 매회 납부기일 10일 전까 지 분할보험료 납입고지서를 발급하여야 한다. 다만, 분할납부자가 분할납부 승인을 신청할 때에 분할횟 수에 해당하는 납입고지서를 모두 발급해 줄 것을 요청하면 이를 한꺼번에 발급할 수 있다.

⑥ 공단은 법 제82조 제3항에 따라 분할납부의 승인을 취소한 경우에는 지체 없이 그 사실을 해당 분할납부 자에게 통보하여야 한다.

제56조(이의신청의 서식 등)

법 제87조 제1항 · 제2항 및 영 제56조에 따라 공단의 처분에 대한 이의신청과 그 결정은 별지 제32호서식 및 별지 제33호서식에 따르고, 심사평가원의 처분 중 요양급여비용의 심사에 대한 이의신청과 그 결정은 별 지 제34호서식 및 별지 제35호서식, 적정성평가에 대한 이의신청과 그 결정은 별지 제36호서식 및 별지 제 37호서식에 따른다.

제57조(소득 축소 · 탈루 자료 송부의 서식 등)

공단이 법 제95조 제1항에 따라 국세청장에게 소득 축소 · 탈루 자료를 송부할 때에는 별지 제38호서식의 소득 축소 · 탈루 혐의자료 통보서에 따른다. 이 경우 사용자나 세대주가 공단에 신고하거나 제출한 보수 또 는 소득에 관한 자료와 공단이 조사한 증명자료를 첨부하여야 한다.

제58조(서류의 보존)

① 요양기관이 법 제96조의4 제1항에 따라 보존해야 하는 서류는 다음 각 호와 같다.

　1. 요양급여비용 심사청구서 및 요양급여비용 명세서

　2. 약제 · 치료재료, 그 밖의 요양급여의 구성 요소의 구입에 관한 서류

　3. 개인별 투약기록 및 처방전(약국 및 한국희귀 · 필수의약품센터의 경우만 해당한다)

　4. 그 밖에 간호관리 등급료의 산정자료 등 요양급여비용 산정에 필요한 서류 및 이를 증명하는 서류

　5. 제1호부터 제4호까지의 서류 등을 디스켓, 마그네틱테이프 등 전산기록장치를 이용하여 자기매체에 저장하고 있는 경우에는 해당 자료

② 법 제96조의4 제1항 단서에서 "약국 등 보건복지부령으로 정하는 요양기관"이란 약국 및 한국희귀 · 필수 의약품센터를 말한다.

③ 사용자가 법 제96조의4 제2항에 따라 보존해야 하는 서류는 다음 각 호와 같다.

1. 사업장의 현황, 직장가입자의 자격 취득·변동·상실 및 보험료 산정과 관련하여 관련 규정에 따라 공단에 신고 또는 통보한 내용을 입증할 수 있는 서류

2. 제1호의 서류를 디스켓, 마그네틱테이프 등 전산기록장치를 이용하여 자기매체에 저장하고 있는 경우에는 그 자료

④ 준요양기관(법 제49조 제3항에 따라 요양비의 지급을 직접 청구한 경우만 해당한다)이 법 제96조의4 제3항에 따라 보존해야 하는 서류는 다음 각 호와 같다. 다만, 요양비 관련 정보통신망을 통하여 제출한 서류와 제23조 제5항 제1호 가목 및 같은 항 제2호에 따라 제출이 생략되는 서류는 제외한다.

1. 가입자나 피부양자에 대한 의사의 요양비처방전(제23조 제5항 제1호 가목에 따라 제출을 생략한 경우는 제외한다), 요양을 실시하였음을 증명하는 서류, 세금계산서, 현금영수증 등 요양비 청구에 관한 서류

2. 제1호의 서류를 디스켓, 마그네틱테이프 등 전산기록장치를 이용하여 자기매체에 저장하고 있는 경우에는 해당 자료

⑤ 보조기기 판매업자(법 제51조제2항에 따라 보조기기 보험급여의 지급을 직접 청구한 경우만 해당한다)가 법 제96조의4제4항에 따라 보존해야 하는 서류는 다음 각 호와 같다.

1. 가입자나 피부양자에 대한 보조기기 처방전, 보조기기 검수확인서, 세금계산서, 현금영수증 등 보조기기에 대한 보험급여 청구에 관한 서류

2. 제1호의 서류를 디스켓, 마그네틱테이프 등 전산기록장치를 이용하여 자기매체에 저장하고 있는 경우에는 해당 자료

제59조(과징금의 징수 절차)

영 제70조 제2항에 따른 과징금의 징수 절차에 관하여는 「국고금 관리법 시행규칙」을 준용한다.

제60조(행정처분 사실 등의 통지)

법 제98조 제4항에 따라 업무정지 처분을 받았거나 업무정지 처분의 절차가 진행 중인 자는 행정처분을 받은 사실 또는 행정처분절차가 진행 중인 사실을 「우편법 시행규칙」 제25조 제1항 제4호 가목에 따른 내용증명으로 양수인 또는 합병 후 존속하는 법인이나 합병으로 설립되는 법인에 지체 없이 알려야 한다.

제60조의2(약제에 대한 쟁송 시 손실상당액 징수·지급절차 등)

① 공단은 법 제101조의2 제1항 또는 제2항에 따라 손실에 상당하는 금액을 징수하거나 지급할 경우에는 미리 다음 각 호의 사항을 법 제41조의3 제2항에 따른 약제의 제조업자등(이하 이 조에서 "약제의 제조업자등"이라 한다)에게 통지해야 한다.

  1. 법 제41조의2에 따른 요양급여비용 상한금액의 감액 및 요양급여의 적용 정지 또는 법 제41조의3에 따른 조정(이하 "조정등"이라 한다)의 제목 및 조정등의 대상이 된 약제

  2. 약제의 제조업자등의 성명(법인인 경우 명칭 또는 상호를 말한다) 및 주소

  3. 법 제101조의2 제3항 또는 제4항에 따른 손실에 상당하는 금액 및 같은 조 제5항에 따른 가산금의 산정 내역

  4. 제3호에 따른 금액의 납부 또는 지급 방법 및 그 기한에 관한 사항

  5. 제3호 및 제4호에 대하여 의견을 제출할 수 있다는 뜻과 의견을 제출하지 않는 경우의 처리방법

  6. 제5호에 따른 의견제출 기한

② 공단은 제1항 제6호에 따른 의견제출 기간을 제1항에 따른 통지를 받은 날부터 10일 이상으로 정해야 한다.

③ 공단은 제1항 제6호에 따른 의견제출 기간 내에 정당한 이유 없이 의견 제출이 없거나 제출된 의견에 상당한 이유가 없는 경우에는 약제의 제조업자등에게 지체 없이 다음 각 호의 구분에 따른 문서를 송부해야 한다.

  1. 법 제101조의2 제1항에 따라 손실에 상당하는 금액을 징수하는 경우 : 법 제79조제1항에 따른 납입고지서

  2. 법 제101조의2 제2항에 따라 손실에 상당하는 금액을 지급하는 경우 : 지급이유, 지급액, 지급방법 및 지급예정일이 기재된 문서

④ 공단은 법 제101조의2 제2항에 따라 행정심판이나 행정소송에 대한 인용 재결 또는 판결이 확정된 날부터 1년 이내에 손실에 상당하는 금액을 약제의 제조업자등에게 지급해야 한다.

⑤ 법 제101조의2 제3항 및 제4항에 따른 손실에 상당하는 금액 및 같은 법 제5항에 따른 가산금의 산정 기준은 별표 8의2에 따른다.

⑥ 제1항부터 제5항까지에서 규정한 사항 외에 손실에 상당하는 금액 및 가산금의 징수·지급절차, 산정기준 및 기간 등 징수 및 지급에 필요한 세부사항은 보건복지부장관의 승인을 받아 공단의 이사장이 정한다.

제61조(외국인 등의 직장가입자 자격취득 신고 등)

① 사용자는 법 제109조 제2항에 따라 국내에 체류하는 재외국민 또는 외국인(이하 "국내체류 외국인등"이라 한다)이 직장가입자가 되는 경우에는 그 직장가입자가 된 날부터 14일 이내에 별지 제6호서식의 건강보험 직장가입자 자격취득 신고서에 다음 각 호의 구분에 따른 서류를 첨부하여 공단에 제출하여야 한다. 다만, 공단이 법 제96조에 따라 국가 등으로부터 제공받은 자료로 주민등록, 국내거소신고 및 외국인등록 사실을 확인할 수 있는 경우에는 해당 서류를 첨부하지 아니한다.

  1. 재외국민 : 주민등록표 등본 1부

  2. 외국인 : 다음 각 목의 구분에 따른 서류

    가. 「재외동포의 출입국과 법적지위에 관한 법률」 제2조 제2호에 따른 외국국적동포 : 국내거소신고증 사본 또는 국내거소신고 사실증명 1부

    나. 그 밖의 외국인 : 외국인등록증 사본 또는 외국인등록 사실증명 1부

② 사용자는 법 제109조 제2항에 따라 직장가입자가 된 국내체류 외국인등이 직장가입자의 자격을 잃은 경우에는 그 자격을 잃은 날부터 14일 이내에 별지 제8호서식의 건강보험 직장가입자 자격상실 신고서를 공단에 제출하여야 한다.

③ 제1항 및 제2항에 따른 국내체류 외국인등의 직장가입자 자격 취득 및 상실 신고의 절차 및 방법 등에 필요한 세부 사항은 보건복지부장관이 정하여 고시한다.

제61조의2(외국인 등의 지역가입자 자격취득 신고 등)

① 법 제109조 제3항 제1호에서 "보건복지부령으로 정하는 기간"이란 6개월 이상의 기간을 말하고, "보건복지부령으로 정하는 사유"란 다음 각 호의 어느 하나에 해당하는 경우를 말한다.

  1. 「출입국관리법」 제10조 제2호에 따른 영주자격을 받은 경우

  2. 「출입국관리법 시행령」 별표 1의2 제21호에 따른 비전문취업(E-9)의 체류자격을 받은 경우

  3. 「출입국관리법 시행령」 별표 1의2 제27호에 따른 결혼이민의 체류자격을 받은 경우

  4. 보건복지부장관이 정하여 고시하는 유학 또는 일반연수의 체류자격을 받은 경우

② 법 제109조 제3항 제2호 나목에서 "보건복지부령으로 정하는 체류자격"이란 별표 9에 따른 체류자격을 말한다.

③ 법 제109조 제3항에 따라 국내체류 외국인등이 지역가입자가 된 경우에는 별지 제5호서식의 건강보험 지역가입자 자격취득신고서에 다음 각 호의 구분에 따른 서류를 첨부하여 공단에 제출해야 한다. 다만, 공단이 법 제96조에 따라 국가 등으로부터 제공받은 자료로 주민등록, 국내거소신고, 외국인등록 사실 및 보험료 부과에 필요한 사항을 확인할 수 있는 경우에는 그 확인으로 제출을 갈음한다.

  1. 재외국민 : 다음 각 목의 서류

    가. 주민등록표 등본 1부

    나. 소득명세서 등 보험료 부과에 필요한 서류로서 보건복지부장관이 정하여 고시하는 서류 각 1부

2. 외국인 : 다음 각 목의 서류

　　가. 제61조 제1항 제2호의 서류 1부

　　나. 소득명세서 등 보험료 부과에 필요한 서류로서 보건복지부장관이 정하여 고시하는 서류 각 1부

④ 법 제109조 제3항에 따라 지역가입자가 된 국내체류 외국인등이 지역가입자의 자격을 잃은 경우에는 그 자격을 잃은 날부터 14일 이내에 별지 제7호서식의 건강보험 지역가입자 자격상실 신고서를 공단에 제출해야 한다.

⑤ 제1항부터 제4항까지에서 규정한 사항 외에 외국인등의 지역가입자 자격 취득 및 상실의 신청에 필요한 세부적인 사항은 보건복지부장관이 정해 고시한다.

제61조의3(외국인 등의 피부양자 자격취득 신고 등)

① 법 제109조 제4항에 따라 국내체류 외국인등이 피부양자의 자격을 얻으려는 경우에는별지 제1호서식의 건강보험 피부양자 자격(취득·상실)신고서에 다음 각 호의 서류를 첨부하여 공단에 제출하여야 한다. 다만, 공단이 법 제96조에 따라 국가 등으로부터 제공받은 자료로 주민등록, 국내거소신고 및 외국인등록 사실을 확인할 수 있는 경우에는 해당 서류를 첨부하지 아니한다.

　1. 제61조 제1항 각 호의 구분에 따른 서류 1부

　2. 직장가입자와의 관계를 확인할 수 있는 서류로서 보건복지부장관이 정하여 고시하는 서류 1부

② 법 제109조 제4항에 따라 피부양자의 자격을 얻은 국내체류 외국인등이 그 자격을 잃은 경우에는 별지 제1호서식의 건강보험 피부양자 자격(취득·상실)신고서에 그 상실 사유를 입증하는 서류를 첨부하여 공단에 제출하여야 한다.

③ 제1항 및 제2항에 따른 국내체류 외국인등의 피부양자 자격취득 및 상실의 신고 절차 및 방법 등에 필요한 세부 사항은 보건복지부장관이 정하여 고시한다.

제61조의4(외국인등의 가입 제외 신청 등)

① 법 제109조 제5항 제2호에 해당되는 지역가입자가 가입 제외를 신청하려면 지역가입자가 별지 제7호서식의 지역가입자 자격상실 신고서에 제3항 각 호의 구분에 따른 서류를 첨부하여 공단에 제출해야 한다.

② 법 제109조 제5항 제2호에 해당되는 직장가입자가 가입 제외를 신청하려면 사용자가 별지 제8호서식의 직장가입자 자격상실 신고서에 제3항 각 호의 구분에 따른 서류를 첨부하여 공단에 제출해야 한다.

③ 제1항 또는 제2항에 따라 지역가입자 또는 사용자가 공단에 제출해야 하는 서류는 다음 각 호의 구분에 따른다.

　1. 외국의 법령에 따라 의료보장을 받는 경우 : 다음 각 목의 서류

　　가. 외국 법령의 적용 대상 여부에 대한 확인서 등 의료보장을 받을 수 있음을 증명하는 서류

　　나. 국내체류 외국인등이 건강보험에 가입하지 않겠다는 취지를 적은 서류

2. 외국의 보험(법 제109조 제2항 각 호에 따른 등록 또는 신고를 하기 전에 가입한 보험으로 한정한다)
에 따라 의료보장을 받는 경우 : 다음 각 목의 서류

가. 보험계약서 등 의료보장을 받을 수 있음을 증명하는 서류

나. 국내체류 외국인등이 건강보험에 가입하지 않겠다는 취지를 적은 서류

3. 사용자와의 계약 등에 따라 의료보장을 받는 경우 : 다음 각 목의 서류

가. 근로계약서 등 의료보장을 받을 수 있음을 증명하는 서류

나. 사용자가 의료비를 지급한 사실을 증명하는 서류

다. 국내체류 외국인등이 건강보험에 가입하지 않겠다는 취지를 적은 서류

④ 제1항 또는 제2항에 따라 가입 제외를 신청한 사람은 보건복지부장관이 정하여 고시하는 기간 동안 가입
이 제외되며, 그 기간이 경과한 후 다시 법 제109조 제5항 제2호에 해당되는 경우에는 제1항 또는 제2
항에 따른 가입 제외 신청을 다시 할 수 있다.

⑤ 제1항부터 제4항까지에서 규정한 사항 외에 국내체류 외국인등의 가입 제외 신청의 절차 및 방법 등에
필요한 세부 사항은 보건복지부장관이 정하여 고시한다.

제62조(임의계속가입을 위한 직장가입자 자격 유지 기간)

법 제110조제1항에서 "보건복지부령으로 정하는 기간"이란 사용관계가 끝난 날 이전 18개월간을 말한다.
[전문개정 2018. 6. 29.]

제63조(임의계속가입·탈퇴 및 자격 변동 시기 등)

① 법 제110조제2항에 따른 임의계속가입자(이하 "임의계속가입자"라 한다)가 되려는 사람은 별지 제39호서
식의 임의계속가입 신청서에 다음 각 호의 서류를 첨부하여 공단에 제출하여야 한다.

1. 제2조 제4항 제1호에 따른 서류(주민등록표 등본으로 피부양자와 해당 임의계속가입자의 관계를 확인
할 수 없는 경우만 해당한다)

2. 제2조 제4항 제2호에 따른 서류(피부양자가 장애인, 국가유공자 등 또는 보훈보상대상자의 경우만 해
당한다)

3. 제2조 제4항 제3호에 따른 서류(피부양자가 별표 1의2 제1호다목에 따른 인정을 받으려는 경우만 해
당한다)

4. 제61조 제1항 제1호 또는 제2호에 따른 서류 1부(재외국민 또는 외국인인 경우만 해당한다)

② 임의계속가입자로서의 자격을 더 이상 유지하지 않으려는 사람은 별지 제39호서식의 임의계속탈퇴 신청
서를 공단에 제출하여야 한다.

③ 임의계속가입자는 다음 각 호의 어느 하나에 해당하는 날에 지역가입자 또는 직장가입자로 그 자격이 변
　동된다.
　1. 영 제77조에 따른 기간이 끝나는 날의 다음 날
　2. 제2항에 따른 임의계속탈퇴 신청서가 접수된 날의 다음 날
　3. 직장가입자인 사용자, 근로자, 공무원 또는 교직원이 된 날

제64조(업무의 위탁)

① 공단은 법 제112조 제2항에 따라 국가기관·지방자치단체·심사평가원 및 「국민연금법」에 따른 국민연금
　공단에 다음 각 호의 업무를 위탁할 수 있다.
　1. 가입자의 자격 취득·변경 및 상실 신고의 접수 및 처리
　2. 건강보험증의 발급 및 가입자의 민원접수 및 처리
　3. 요양급여비용의 지급에 관한 업무
　4. 체납된 보험료등, 연체금 및 체납처분비의 조회 및 납부 사실 확인에 관한 업무
② 공단은 제1항에 따라 업무를 위탁하려면 수탁 기관 및 위탁 업무에 대하여 보건복지부장관의 승인을 받
　아야 한다.
③ 공단은 법 제112조 제2항에 따라 임신·출산 진료비의 신청과 지급에 관한 업무를 다음 각 호의 구분에
　따라 위탁한다.
　1. 영 제23조 제4항 및 제5항에 따른 이용권의 발급 신청 접수 및 발급에 관한 업무 : 「금융산업의 구조개
　　선에 관한 법률」 제2조 제1호에 따른 금융기관 또는 「우체국예금·보험에 관한 법률」에 따른 체신관서
　2. 제24조 제3항에 따른 비용의 지급 및 정산에 관한 업무 : 「사회보장급여의 이용·제공 및 수급권자 발굴
　　에 관한 법률」 제29조에 따른 사회보장정보원 및 보건복지부장관이 정하여 고시하는 기관 또는 단체
④ 공단은 부득이한 경우를 제외하고는 매년 임신·출산 진료비의 지급에 들어갈 것으로 예상되는 비용을 제
　3항 제2호에 따른 기관 또는 단체에 미리 예탁(預託)하여야 한다.

제65조(전자문서를 이용한 업무 처리 등)

① 공단 및 심사평가원은 법·영 및 이 규칙에 따른 청구·신청·신고 등을 전자문서로 하도록 할 수 있고,
　통지 등의 업무를 전산매체 또는 정보통신망을 이용하여 전자문서로 처리할 수 있다.
② 제1항에 따라 전자문서로 처리하는 경우에는 「전자정부법」 제2조 제7호 및 제7조를 준용한다.

제66조 삭제

국민건강보험 요양급여의 기준에 관한 규칙

※ [시행 2026. 1. 26.] [보건복지부령 제1154호, 2026. 1. 26., 타법개정]

제1조(목적)

이 규칙은 「국민건강보험법」 제41조 제3항 및 제4항에 따라 요양급여의 방법·절차·범위·상한 및 제외대상 등 요양급여기준에 관하여 필요한 사항을 규정함을 목적으로 한다.

제1조의2(요양급여 대상의 여부 결정에 관한 원칙)

보건복지부장관은 의학적 타당성, 의료적 중대성, 치료효과성 등 임상적 유용성, 비용효과성, 환자의 비용부담 정도, 사회적 편익 및 건강보험 재정상황 등을 고려하여 요양급여대상의 여부를 결정해야 한다.

제2조(요양급여의 절차)

① 요양급여는 1단계 요양급여와 2단계 요양급여로 구분하며, 가입자 또는 피부양자(이하 "가입자등"이라 한다)는 1단계 요양급여를 받은 후 2단계 요양급여를 받아야 한다.

② 제1항의 규정에 의한 1단계 요양급여는 「의료법」제3조의4에 따른 상급종합병원(이하 "상급종합병원"이라 한다)을 제외한 요양기관에서 받는 요양급여(건강진단 또는 건강검진을 포함한다)를 말하며, 2단계 요양급여는 상급종합병원에서 받는 요양급여를 말한다.

③ 제1항 및 제2항의 규정에 불구하고 가입자등이 다음 각호의 1에 해당하는 경우에는 상급종합병원에서 1단계 요양급여를 받을 수 있다.

1. 「응급의료에 관한 법률」 제2조 제1호에 해당하는 응급환자인 경우
2. 분만의 경우
3. 치과에서 요양급여를 받는 경우
4. 「장애인복지법」 제32조에 따른 등록 장애인 또는 단순 물리치료가 아닌 작업치료·운동치료 등의 재활치료가 필요하다고 인정되는 자가 재활의학과에서 요양급여를 받는 경우
5. 가정의학과에서 요양급여를 받는 경우
6. 당해 요양기관에서 근무하는 가입자가 요양급여를 받는 경우
7. 혈우병환자가 요양급여를 받는 경우

④ 가입자등이 상급종합병원에서 2단계 요양급여를 받고자 하는 때에는 상급종합병원에서의 요양급여가 필요하다는 의사소견이 기재된 건강진단·건강검진결과서 또는 별지 제4호서식의 요양급여의뢰서를 건강보험증 또는 신분증명서(주민등록증, 운전면허증 및 여권을 말한다. 이하 같다)와 함께 제출하여야 한다.

⑤ 제1항부터 제4항까지의 규정에도 불구하고 보건복지부장관은 「재난 및 안전관리 기본법」 제38조 제2항에 따른 심각 단계의 위기경보가 발령된 경우로서 특별히 필요하다고 인정하는 경우에는 법 제4조에 따른 건강보험정책심의위원회(이하 "심의위원회"라 한다)의 심의를 거쳐 요양급여의 절차를 달리 정할 수 있다.

제3조(요양급여의 신청)

① 가입자등이 요양기관에 요양급여를 신청하는 때에는 건강보험증 또는 신분증명서를 제출하여야 한다. 이 경우 가입자등이 요양급여를 신청한 날(가입자등이 의식불명 등 자신의 귀책사유 없이 건강보험증 또는 신분증명서를 제시하지 못한 경우에는 가입자등임이 확인된 날로 한다)부터 14일 이내에 건강보험증 또는 신분증명서를 제출하는 경우에는 요양급여를 신청한 때에 건강보험증 또는 신분증명서를 제출한 것으로 본다.

② 제1항에도 불구하고 가입자등이 건강보험증 또는 신분증명서를 제출하지 못하는 경우에는 가입자등 또는 요양기관은 「국민건강보험법」(이하 "법"이라 한다) 제13조에 따른 국민건강보험공단(이하 "공단"이라 한다)에 자격확인을 요청할 수 있으며, 요청을 받은 공단은 자격이 있는지의 여부를 확인하여 이를 별지 제1호서식의 건강보험자격확인통보서에 의하거나 전화, 팩스 또는 정보통신망을 이용하여 지체없이 해당 가입자등 또는 요양기관에 통보하여야 한다.

③ 제2항에 따라 자격확인을 통보받은 경우에는 자격확인을 요청한 때에 건강보험증 또는 신분증명서를 제출한 것으로 본다.

④ 요양기관은 건강보험증 또는 신분증명서를 제출하지 못하는 가입자등이 손쉽게 공단에 자격확인을 요청할 수 있도록 공단의 전화번호 등을 안내하거나 요양기관의 진료접수창구에 이를 게시하여야 한다.

제3조의2(요양병원 입원진료 현황의 고지)

① 보건복지부장관은 「의료법」 제3조 제2항 제3호 라목에 따른 요양병원(「장애인복지법」 제58조 제1항 제4호에 따른 의료재활시설로서 「의료법」 제3조의2의 요건을 갖춘 의료기관인 요양병원은 제외한다. 이하 이 조에서 같다)의 장에게 해당 요양병원에서 입원진료를 받는 가입자등의 입원ㆍ퇴원 일시 등 입원진료 현황을 공단에 알리도록 요구할 수 있다.

② 제1항에 따른 입원진료 현황의 내용, 고지 방법 및 절차 등에 관한 구체적인 사항은 보건복지부장관이 정하여 고시한다.

제4조(급여의 제한여부의 조회 등)

① 요양기관은 가입자등이 법 제53조 제1항·제2항 또는 법 제58조 제2항에 해당되는 것으로 판단되는 경우에도 요양급여를 실시하되, 지체없이 별지 제2호서식에 의한 급여제한여부조회서에 의하여 공단에 급여제한 여부를 조회하여야 한다.

② 제1항에 따라 조회 요청을 받은 공단은 7일(공휴일을 제외한다. 이하 같다) 이내에 급여제한 여부를 결정한 후 요양기관에 별지 제2호의2서식의 급여제한 여부 결정통보서로 회신하여야 하며, 회신을 받은 요양기관은 공단의 결정내용을 요양급여를 개시한 날부터 소급하여 적용하여야 한다.

③ 제2항의 규정에 불구하고 회신이 있기 전에 요양급여가 종료되거나 회신 없이7일이 경과된 때에는 공단이 당해 요양기관에 대하여 요양급여를 인정한 것으로 본다.다만, 공단이 7일이 경과된 후에 급여제한을 결정하여 회신한 때에는 요양기관은 회신을 받은 날부터 공단의 결정에 따라야 한다.

④ 공단은 법 제53조 제1항·제2항 또는 법 제58조 제2항에 따라 요양급여를 제한하여야 함에도 불구하고 제3항의 규정에 의하여 요양급여를 받은 가입자등에 대하여는 법 제57조에 따라 부당이득에 해당되는 금액을 징수한다.

⑤ 요양기관은 법 제53조 제2항의 한도를 초과하여 요양급여를 행한 경우에는 그날부터 7일 이내에 별지 제3호서식에 의한 요양급여적용통보서에 의하여 그 사실을 공단에 알려야 한다.

제4조의2(요양급여일수의 확인)

가입자등은 요양급여일수에 대한 확인을 공단에 요청할 수 있으며, 요청을 받은 공단은 요양급여비용이 청구되어 지급된 요양급여내역별 요양급여일수를 문서, 팩스 또는 정보통신망 등을 이용하여 지체 없이 해당 가입자등에게 통보하여야 한다.

제5조(요양급여의 적용기준 및 방법)

① 요양기관은 가입자등에 대한 요양급여를 별표 1의 요양급여의 적용기준 및 방법에 의하여 실시하여야 한다.

② 제1항에 따른 요양급여의 적용기준 및 방법에 관한 세부사항은 의약계·공단 및 건강보험심사평가원의 의견을 들어 보건복지부장관이 정하여 고시한다.

③ 조혈모세포이식 및 심실 보조장치 치료술의 요양급여의 적용기준 및 방법에 관한 세부사항은 의약계·공단 및 건강보험심사평가원의 의견을 들어 보건복지부장관이 따로 정하여 각각 고시한다.

④ 제2항에도 불구하고 「국민건강보험법 시행령」(이하 "영"이라 한다) 별표 2 제3호 마목에 따른 중증질환자(이하 "중증환자"라 한다)에게 처방·투여하는 약제중 보건복지부장관이 정하여 고시하는 약제에 대한 요양급여의 적용기준 및 방법에 관한 세부사항은 제5조의2에 따른 중증질환심의위원회의 심의를 거쳐 건강보험심사평가원장이 정하여 공고한다. 이 경우 건강보험심사평가원장은 요양기관 및 가입자등이 해당 공고의 내용을 언제든지 열람할 수 있도록 관리하여야 한다.

⑤ 제2항부터 제4항까지의 규정에도 불구하고 다음 각 호의 어느 하나에 해당하는 경우로서 환자나 질병의 특성을 고려하여 요양급여의 적용기준 및 방법을 달리 적용할 필요가 있다고 보건복지부장관이 인정하여 고시하는 대상의 요양급여의 적용기준 및 방법에 관한 세부사항은 제5조의4에 따른 심사제도운영위원회의 심의를 거쳐 건강보험심사평가원장이 정하여 공고한다. 이 경우 건강보험심사평가원장은 요양기관 및 가입자등이 해당 공고의 내용을 언제든지 열람할 수 있도록 관리해야 한다.
1. 고혈압, 당뇨병 등 지속적인 관리가 필요한 만성질환(慢性疾患)의 경우
2. 감염성 또는 근골격계 질환 등 진료를 위한 의료자원의 효율적 활용이 요구되는 경우
3. 뇌졸중, 급성심근경색증 등 초기 적극적 치료가 필요한 의료적 중대성이 인정되는 경우

제5조의2(중증질환심의위원회)

① 중증환자에게 처방·투여되는 약제에 대한 요양급여 적용기준 및 방법에 대하여 심의하기 위하여 건강보험심사평가원에 중증질환심의위원회를 둔다.
② 중증질환심의위원회는 보건의료분야에 관한 학식과 경험이 풍부한 45인 이내의 위원으로 구성하되, 중증질환심의위원회의 구성 및 운영 등에 관하여 필요한 사항은 건강보험심사평가원의 정관으로 정한다.

제5조의3(동일성분 의약품의 중복 처방·조제 제한)

가입자등이 3개 이상의 요양기관을 방문하여 동일한 상병(傷病)으로 동일성분 의약품을 처방·조제 받을 수 있는 일수는 6개월 동안 215일 미만으로 한다. 이 경우 구체적인 인정기준과 관리 등 필요한 사항은 보건복지부장관이 정하여 고시한다.

제5조의4(심사제도운영위원회)

① 제5조 제5항에 따른 요양급여 적용기준 및 방법에 대하여 심의하기 위하여 건강보험심사평가원에 심사제도운영위원회를 둔다.
② 심사제도운영위원회는 보건의료 분야에 학식과 경험이 풍부한 18명 이내의 위원으로 구성하되, 심사제도운영위원회의 구성 및 운영 등에 필요한 사항은 건강보험심사평가원장이 정한다.

제6조(요양급여의 의뢰 및 가입자등의 회송 등)

① 요양기관은 가입자등에게 적절한 요양급여를 행하기 위하여 필요한 경우에는 다른 요양기관에게 요양급여를 의뢰할 수 있다.
② 제1항의 규정에 의하여 요양급여를 의뢰받은 요양기관은 가입자 등의 상태가 호전되었을 때에는 요양급여를 의뢰한 요양기관이나 1단계 요양급여를 담당하는 요양기관으로 가입자등을 회송할 수 있다.

③ 요양기관이 제1항에 따라 요양급여를 의뢰하는 경우에는 별지 제4호서식에 따른 요양급여의뢰서를, 제2항에 따라 가입자등을 회송하는 경우에는 별지 제5호서식에 따른 요양급여회송서를 가입자등에게 발급해야 한다. 이 경우 요양급여를 의뢰하거나 가입자등을 회송하는 요양기관은 가입자등의 동의를 받아 진료기록의 사본 등 요양급여에 관한 자료를 요양급여를 의뢰받거나 가입자등을 회송받는 요양기관에 제공해야 한다.

④ 건강보험심사평가원은 요양급여의 의뢰 및 가입자등의 회송이 효율적으로 이루어질 수 있도록 진료 의뢰 · 회송 중계시스템을 설치하여 운영할 수 있다.

⑤ 제1항부터 제4항까지에서 규정한 사항 외에 요양급여의 의뢰, 가입자등의 회송, 진료 의뢰 · 회송 중계시스템의 운영 방법 등에 필요한 사항은 보건복지부장관이 정하여 고시한다.

제7조(요양급여비용 계산서 · 영수증의 발급 및 보존)

① 요양기관이 요양급여를 실시한 때에는 가입자등에게 다음 각호의 구분에 의한 계산서 · 영수증을 발급하여야 한다. 다만, 요양기관중 종합병원 · 병원 · 치과병원 · 한방병원 및 요양병원을 제외한 요양기관이 외래진료를 한 경우에는 별지 제12호서식의 간이 외래 진료비계산서 · 영수증을 발급할 수 있다.

   1. 입원 및 외래진료의 경우(한방의 경우를 제외한다) : 별지 제6호서식 또는 별지 제7호서식의 진료비 계산서 · 영수증

   2. 한방입원 및 한방외래진료의 경우 : 별지 제8호서식 또는 별지 제9호서식의 한방진료비 계산서 · 영수증

   3. 약국 및 한국희귀의약품센터의 경우 : 별지 제10호서식 또는 별지 제11호서식의 약제비 계산서 · 영수증

② 요양기관은 가입자등이 「소득세법」 제59조의4 제2항에 따른 의료비공제를 받기 위하여 당해 연도의 진료비 또는 약제비 납입내역의 확인을 요청한 경우에는 별지 제12호의2서식의 진료비(약제비) 납입확인서를 발급하여야 한다.

③ 요양기관은 가입자등이 제1항의 규정에 의한 계산서 · 영수증에 대하여 세부산정내역을 요구하는 경우에는 이를 제공하여야 한다. 이 경우 요양기관은 보건복지부장관이 정하여 고시하는 바에 따라 급여대상 및 비급여대상의 세부 항목별로 비용 단가, 실시 · 사용 횟수, 실시 · 사용기간 및 비용 총액 등을 산정하여 제공하되, 급여대상의 경우에는 세부 항목별로 본인부담금액과 공단부담금액을 구분하여 제공하여야 한다.

④ 요양기관은 제3항에도 불구하고 가입자등이 제8조 제3항에 따라 질병군별로 하나의 포괄적인 행위로 고시된 요양급여를 받거나 제8조 제4항에 따라 1일당 행위로 고시된 요양급여를 받는 경우에는 다음 각 호에 한정하여 세부내역을 제공하여야 한다. 이 경우 세부내역의 제공 방법에 관하여는 제3항 후단을 준용한다.

   1. 별표 2 제6호 또는 제6호의2에 따른 비급여대상

   2. 「국민건강보험법 시행규칙」(이하 "건강보험규칙"이라 한다) 별표 6 제1호 자목 또는 차목에 따른 요양급여비용의 본인부담항목

   3. 제8조 제3항 후단 또는 제4항 후단에 따라 보건복지부장관이 정하여 고시하는 포괄적인 행위 또는 1일당 행위에서 제외되는 항목

⑤ 요양기관이 요양급여를 행한 경우에는 제1항의 규정에 의한 계산서·영수증 부본을 당해 요양급여가 종
료된 날부터 5년간 보존하여야 한다. 다만, 요양기관이 별지 제13호서식에 의한 본인부담금수납대장을
작성하여 보존하는 경우에는 이를 계산서·영수증 부본에 갈음한다.

⑥ 제5항에 따른 계산서·영수증 부본 및 본인부담금수납대장은 「전자문서 및 전자거래 기본법」 제2조제1호
에 따른 전자문서로 작성·보존할 수 있다.

제8조(요양급여대상의 고시)

① 삭제

② 보건복지부장관은 법 제41조 제2항에 따른 요양급여대상(이하 "요양급여대상"이라 한다)을 급여목록표로 정하여
고시하되, 법 제41조 제1항 각 호에 규정된 요양급여행위(이하 "행위"라 한다), 약제 및 치료재료(법 제41조 제1
항 제2호에 따라 지급되는 약제 및 치료재료를 말한다. 이하 같다)로 구분하여 고시한다. 다만, 보건복지부장관
이 정하여 고시하는 요양기관의 진료에 대하여는 행위·약제 및 치료재료를 묶어 1회 방문에 따른 행위로 정하
여 고시할 수 있다.

③ 보건복지부장관은 제2항에도 불구하고 영 제21조 제3항 제2호에 따라 보건복지부장관이 정하여 고시하는 질병군
에 대한 입원진료의 경우에는 해당 질병군별로 별표 2 제6호에 따른 비급여대상, 건강보험규칙 별표 6 제1호 다목
에 따른 요양급여비용의 본인부담 항목 및 같은 표 제1호 사목에 따른 이송처치료를 제외한 모든 행위·약제 및
치료재료를 묶어 하나의 포괄적인 행위로 정하여 고시할 수 있다. 이 경우 하나의 포괄적인 행위에서 제외되는 항
목은 보건복지부장관이 정하여 고시할 수 있다.

④ 보건복지부장관은 제2항에도 불구하고 영 제21조제3항제1호에 따른 요양병원의 입원진료나 같은 항 제3호
에 따른 호스피스·완화의료의 입원진료의 경우에는 제2항의 행위·약제 및 치료재료를 묶어 1일당 행위로
정하여 고시할 수 있다. 이 경우 1일당 행위에서 제외되는 항목은 보건복지부장관이 정하여 고시할 수 있다.

⑤ 보건복지부장관은 제2항부터 제4항까지의 규정에 따라 요양급여대상을 고시함에 있어 행위 또는 하나의
포괄적인 행위의 경우에는 영 제21조 제1항부터 제3항까지의 규정에 따른 요양급여의 상대가치점수(이하
"상대가치점수"라 한다)를 함께 정하여 고시해야 한다.

제8조의2(의료연구개발기관의 임상연구에 대한 특례)

① 「첨단의료복합단지 육성에 관한 특별법」 제22조 제1항에 따라 보건복지부장관이 지정한 의료연구개발기관(의료기관만 해당하며, 이하 이 조에서 "지정 의료연구개발기관"이라 한다)이 의료연구개발을 위하여 의약품, 의료기기 및 의료기술을 임상연구 대상자에게 사용하는 경우에는 이 규칙이 정하는 바에 따라 다음 각 호의 요양급여를 실시한다.
  1. 진찰·검사
  2. 약제(藥劑)·치료재료의 지급
  3. 처치·수술 및 그 밖의 치료
  4. 재활
  5. 입원
  6. 간호
② 제1항에도 불구하고 다음 각 호의 어느 하나에 해당하는 경우에는 요양급여 대상에서 제외할 수 있다. 다만, 제1호 및 제2호에 해당하는 경우에는 요양급여 대상에서 제외하여야 한다.
  1. 별표 2에 따른 비급여대상에 해당하는 경우
  2. 임상연구로 인한 후유증에 해당한다고 보건복지부장관이 인정하는 경우
  3. 임상연구 대상자의 질병 및 질환의 특성·상태, 그 밖에 임상연구 대상자에게 행하는 행위·약제 또는 치료재료의 성격이나 내용 등에 비추어 요양급여를 실시하는 것이 현저히 곤란하다고 보건복지부장관이 인정하는 경우
③ 보건복지부장관은 제1항 및 제2항에 따른 요양급여 또는 비급여의 적정성 여부 등을 판단하기 위하여 지정 의료연구개발기관이나 그 밖의 관계 기관·단체에 필요한 자료나 의견의 제출을 요청할 수 있다.

제8조의3(방문요양급여 실시 사유)

법 제41조의5에서 "질병이나 부상으로 거동이 불편한 경우 등 보건복지부령으로 정하는 사유에 해당하는 경우"란 다음 각 호의 어느 하나에 해당하여 의료기관을 방문하기 어려운 경우를 말한다.
  1. 「장애인 건강권 및 의료접근성 보장에 관한 법률」 제16조 제1항에 따른 장애인 건강 주치의 제도의 대상이 되는 중증장애인
  2. 「호스피스·완화의료 및 임종과정에 있는 환자의 연명의료결정에 관한 법률」 제2조 제3호에 따른 말기환자(末期患者)
3. 가정형 인공호흡기를 사용하는 등 일정 수준 이상의 의료적 요구가 있어 방문요양급여를 제공받을 필요가 있는 18세 미만 환자
4. 그 밖에 질병, 부상, 출산 등으로 거동이 불편하여 방문요양급여가 필요하다고 보건복지부장관이 정하여 고시하는 경우에 해당하는 사람

제9조(비급여대상)

① 법 제41조제4항에 따라 요양급여의 대상에서 제외되는 사항(이하 "비급여대상"이라 한다)은 별표 2와 같다.

② 삭제

제9조의2(요양급여대상ㆍ비급여대상 여부 확인)

① 요양기관, 「의료법」 또는 「약사법」에 따른 의료인 단체, 의료기관 단체, 대한약사회 또는 대한한약사회(이하 "의약관련 단체"라 한다), 치료재료의 제조업자ㆍ수입업자(치료재료가 「인체조직안전 및 관리 등에 관한 법률」 제3조 제1호에 따른 인체조직인 경우에는 같은 법 제13조에 따른 조직은행의 장을 말하며, 「의료기기법」 제15조의2 제1항 각 호 외의 부분에 따른 희소ㆍ긴급도입 필요 의료기기인 경우에는 같은 법 제42조에 따른 한국의료기기안전정보원의 장을 말한다. 이하 같다)는 보건복지부장관에게 요양급여대상 또는 비급여대상 여부가 불분명한 행위에 대하여 「의료법」 제53조에 따른 신의료기술평가(이하 "신의료기술평가"라 한다) 및 「신의료기술평가에 관한 규칙」 제3조에 따른 신의료기술평가 유예 신청 전에 요양급여대상 또는 비급여대상 여부의 확인을 신청할 수 있다. 다만, 「의료기기법」 제6조 제1항 및 제15조 제1항에 따른 의료기기의 제조업자ㆍ수입업자가 「신의료기술평가에 관한 규칙」 제3조의2 제1항 및 제2항에 따라 신의료기술평가를 신청하는 경우에는 요양급여대상 또는 비급여대상 여부의 확인도 함께 신청할 수 있다.

② 제1항에 따른 확인 신청은 그 확인을 신청하려는 자가 별지 제13호의2서식의 요양급여대상ㆍ비급여대상 여부 확인 신청서에 다음 각 호의 서류를 첨부하여 건강보험심사평가원장(제1항 단서에 따른 확인 신청은 식품의약품안전처장을 거쳐야 한다)에게 요양급여대상ㆍ비급여대상 여부의 확인 신청을 함으로써 이를 갈음한다.

  1. 다음 각 목 중 해당 서류(제1항 본문에 따른 확인 신청만 해당한다)

    가. 소요 장비ㆍ재료ㆍ약제의 제조(수입) 허가증ㆍ인증서ㆍ신고증 및 관련 자료

    나. 「의료기기법 시행규칙」 제64조에 따라 자료 제공 협조를 요청한 경우 제조(수입)허가ㆍ인증 신청서 및 접수증

  2. 요양급여대상ㆍ비급여대상 여부에 대한 의견서

  3. 국내ㆍ국외의 연구논문 등 그 밖의 참고자료

③ 보건복지부장관은 제1항 및 제2항에 따라 확인 신청을 받은 경우에는 요양급여대상ㆍ비급여대상 여부를 확인하고, 정당한 사유가 없는 한 확인 신청을 접수한 날부터 30일 이내에 신청인(제1항 단서에 따른 확인 신청에 대해서는 식품의약품안전처장을 거쳐야 한다)과 「의료법」 제54조에 따른 신의료기술평가위원회에 그 결과를 통보해야 한다. 다만, 기존 결정 사례 등에 근거한 확인이 곤란하여 심층적 검토가 필요한 경우에는 30일의 범위에서 그 통보기간을 한 차례 연장할 수 있다.

④ 신청인은 제3항에 따른 결과에 이의가 있는 경우 통보받은 날부터 30일 이내에 보건복지부장관(제1항 단서에 따른 확인 신청 결과에 대해서는 식품의약품안전처장을 거쳐야 한다)에게 이의신청을 하여야 하며, 이 경우 제3항의 절차를 준용한다.

⑤ 보건복지부장관은 제3항에 따른 요양급여대상 · 비급여대상의 확인 또는 제4항에 따른 이의신청의 처리를 위하여 전문적 검토가 필요하다고 인정하는 경우에는 제11조제8항에 따른 전문평가위원회로 하여금 검토하게 할 수 있다.

제10조(행위 · 치료재료의 요양급여 결정신청)

① 요양기관, 의약관련 단체 또는 치료재료의 제조업자 · 수입업자는 법 제41조의3 제1항에 따른 행위 · 치료재료(이하 "행위 · 치료재료"라 한다)에 대한 요양급여대상 여부의 결정신청을 하려는 경우에는 다음 각 호의 구분에 따른 날부터 30일 이내에 보건복지부장관에게 신청해야 한다.

1. 행위의 경우에는 다음 각 목에서 정한 날

    가. 「신의료기술평가에 관한 규칙」 제3조 제6항에 따른 신의료기술평가의 유예 고시(이하 "평가 유예 고시"라 한다) 이후 가입자등에게 최초로 실시한 날

    나. 「신의료기술평가에 관한 규칙」 제4조 제2항에 따른 신의료기술의 안전성 · 유효성 등의 평가결과 고시(이하 "평가결과 고시"라 한다) 이후 가입자등에게 최초로 실시한 날

    다. 「신의료기술평가에 관한 규칙」 제4조 제2항에 따른 혁신의료기술의 안전성 등의 평가결과 고시(이하 " 혁신의료기술 고시"라 한다) 이후 가입자등에게 최초로 실시한 날

2. 치료재료의 경우에는 다음 각 목에서 정한 날

    가. 「약사법」 또는 「의료기기법」에 따른 품목허가 · 인증 또는 품목신고 대상인 치료재료인 경우에는 식품의약품안전처장으로부터 품목허가 · 인증을 받거나 품목신고를 한 날. 다만, 품목허가 · 인증 또는 품목신고 대상이 아닌 치료재료의 경우에는 해당 치료재료를 가입자등에게 최초로 사용한 날

    나. 「인체조직안전 및 관리 등에 관한 법률」 제3조제1호에 따른 인체조직(이하 "인체조직"이라 한다)의 경우에는 식품의약품안전처장으로부터 조직은행 설립허가를 받은 날. 다만, 다음의 어느 하나의 경우에는 그 해당하는 날

        1) 수입인체조직의 경우에는 식품의약품안전처장이 정하는 바에 따라 안전성에 문제가 없다는 통지를 받은 날

        2) 조직은행 설립허가 당시의 취급품목이 변경된 경우에는 식품의약품안전처장이 그 변경사실을 확인한 날

    다. 「의료기기법」 제15조의2 제1항 각 호 외의 부분에 따른 희소 · 긴급도입 필요 의료기기(이하 "희소 · 긴급도입 필요 의료기기"라 한다)의 경우에는 식품의약품안전처장으로부터 공급 결정에 관한 통보를 받은 날

    라. 가목부터 다목까지의 규정에도 불구하고 신의료기술평가 대상이 되는 치료재료의 경우에는 제1호 가목부터 다목까지에 따른 고시 이후 해당 치료재료를 가입자등에게 최초로 사용한 날

마. 가목부터 다목까지의 규정에도 불구하고 제9조의2제1항 및 제2항에 따라 요양급여대상 또는 비급여대상 여부의 확인을 신청한 경우에는 같은 조 제3항에 따라 결과를 통보받은 날

3. 삭제

② 제1항에 따른 결정신청은 그 결정을 신청하려는 자가 다음 각 호의 구분에 따른 평가신청서에 해당 각 목의 서류를 첨부하여 건강보험심사평가원장에게 요양급여대상여부의 평가신청을 함으로써 이를 갈음한다. 다만, 치료재료에 대하여 「의료기기법」 제42조에 따른 한국의료기기안전정보원의 장이 결정신청을 하려는 경우에는 제3호다목부터 사목까지의 서류를 첨부하지 않아도 된다.

1. 행위의 경우 : 별지 제14호서식의 요양급여행위평가신청서

　　가. 신의료기술의 안전성·유효성 등의 평가 유예 고시, 평가결과 고시 또는 혁신의료기술 고시

　　나. 상대가치점수의 산출근거 및 내역에 관한 자료

　　다. 비용효과에 관한 자료(동일 또는 유사 행위와의 장·단점, 상대가치점수의 비교 등을 포함한다)

　　라. 국내외의 실시현황에 관한 자료(최초실시연도·실시기관명 및 실시건수 등을 포함한다)

　　마. 소요장비·소요재료·약제의 제조(수입) 허가증·인증서·신고증 및 관련 자료

　　바. 국내외의 연구논문 등 그 밖의 참고자료

2. 삭제

3. 치료재료의 경우 : 별지 제16호서식의 치료재료평가신청서

　　가. 제조(수입) 허가증·인증서·신고증 사본(품목허가·인증을 받거나 품목신고를 한 치료재료만 해당한다)

　　나. 판매예정가 산출근거 및 내역에 관한 자료

　　다. 비용효과에 관한 자료(동일 또는 유사목적의 치료재료와의 장·단점, 판매가의 비교 등을 포함한다)

　　라. 국내외의 사용현황에 관한 자료(최초사용연도·사용기관명 및 사용건수 등을 포함한다)

　　마. 구성 및 부품내역에 관한 자료 및 제품설명서

　　바. 국내외의 연구논문 등 그 밖의 참고자료

　　사. 임상적 유용성, 기술 혁신성 등을 증명할 수 있는 평가 근거 자료

　　아. 희소·긴급도입 필요 의료기기에 해당하는 치료재료의 경우 의료기기의 사용목적 및 식품의약품안전처장의 공급 결정사유에 관한 자료

　　자. 신의료기술평가 대상이 되는 치료재료의 경우 신의료기술의 안전성·유효성 등의 평가 유예 고시, 평가결과 고시 또는 혁신의료기술 고시

4. 인체조직의 경우 : 별지 제16호의2서식의 인체조직평가신청서

　　가. 조직은행설립허가증 사본(기재사항 변경내역을 포함한다). 다만, 수입인체조직의 경우에는 식품의약품안전처장이 정하는 바에 따라 안전성에 문제가 없다는 사실을 증명하는 서류를 함께 첨부하여야 한다.

　　나. 인체조직가격 산출근거 및 내역에 관한 자료

　　다. 비용효과에 관한 자료(동일 또는 유사목적의 인체조직과의 장·단점, 가격 비교 등을 포함한다)

　　라. 국내외의 사용현황에 관한 자료(최초 사용연도, 사용기관명 및 사용건수 등을 포함한다)

　　마. 인체조직에 대한 설명서

바. 국내외의 연구논문 등 그 밖의 참고자료

사. 신의료기술평가 대상이 되는 치료재료의 경우 신의료기술의 안전성·유효성 등의 평가 유예 고시,
평가결과 고시 또는 혁신의료기술 고시

③ 제1항에도 불구하고 「신의료기술평가에 관한 규칙」 제3조제3항에 따라 신의료기술평가를 신청하려는 자
가 이 조 제2항 각 호의 구분에 따른 평가신청서 및 해당 서류를 함께 제출하는 경우에는 신의료기술평
가의 신청과 요양급여대상 여부의 결정신청을 함께 하는 것으로 본다. 다만, 해당 의료기술이 체외진단
검사 또는 유전자 검사가 아닌 경우에는 신의료기술평가 신청에 필요한 서류를 제출한 날부터 90일 이내
에 이 조 제2항 각 호의 구분에 따른 평가신청서 및 해당 서류를 제출할 수 있다.

제10조의2(약제 요양급여의 결정신청 등)

① 법 제41조의3제2항에서 "「약사법」에 따른 제조업자·수입업자 등 보건복지부령으로 정하는 자"란 다음
각 호의 어느 하나에 해당하는 자를 말한다.

1. 「약사법」 제31조 제1항에 따른 약제의 제조업자

2. 「약사법」 제31조 제3항에 따른 약제의 위탁제조판매업자

3. 「약사법」 제42조 제1항에 따른 약제의 수입자

4. 「약사법」 제91조에 따른 한국희귀·필수의약품센터의 장(같은 조 제1항 각 호의 의약품으로서 「의약
품 등의 안전에 관한 규칙」 제57조 제1항 제1호에 따라 식품의약품안전처장이 환자의 치료를 위하여
긴급한 도입이 필요하다고 인정한 품목만 해당한다)

② 삭제

③ 법 제41조의3제2항에 따라 요양급여대상 여부의 결정신청을 하려는 자는 별지 제17호서식의 약제평가신
청서에 다음 각 호의 구분에 따른 해당 서류를 첨부하여 건강보험심사평가원장에게 해당 약제의 경제성,
요양급여의 적정성 및 기준 등에 관한 평가신청을 함으로써 이를 갈음한다.

1. 제1항 제1호부터 제3호까지의 규정에 따른 약제의 제조업자·위탁제조판매업자·수입자(이하 "약제의
제조업자·위탁제조판매업자·수입자"라 한다)의 경우

가. 제조(수입)품목 허가증(신고서) 사본 또는 「의약품등의 안전에 관한 규칙」 제12조의2에 따른 식품
의약품안전처장의 안전성·유효성 검토결과 통보서(보건복지부장관이 따로 공고하는 약제만 해당
한다)(품목허가를 받거나 품목신고를 한 약제만 해당한다)

나. 판매예정가 산출근거 및 내역에 관한 자료

다. 비용과 효과에 대한 자료(동일하거나 유사한 약제와의 장점·단점 및 판매가의 비교 등을 포함한다)

라. 국내외의 사용현황에 관한 자료(개발국, 허가국가, 최초허가연도, 국내 사용건수 및 금액 등을 포
함한다)

마. 해당 약제의 예상 사용량, 요양급여비용의 예상 청구금액 및 그 근거에 관한 자료

바. 국내외의 연구논문 등 그 밖의 참고자료

2. 제1항 제4호에 따른 한국희귀·필수의약품센터의 장(이하 " 한국희귀·필수의약품센터의 장"이라 한다)의 경우

　가. 식품의약품안전처장의 인정에 관한 서류

　나. 판매예정가 산출근거 및 내역에 관한 자료

④ 건강보험심사평가원장은 법 제41조의2 제1항 및 제2항에 따라 요양급여비용 상한금액이 감액되거나 이 규칙 제13조 제4항에 따라 요양급여대상 여부 또는 상한금액이 조정된 약제의 제조업자·위탁제조판매업자·수입자의 계열회사(「독점규제 및 공정거래에 관한 법률」에 따른 계열회사를 말한다)가 그 요양급여비용이 감액되거나 요양급여대상 여부 또는 상한금액이 조정된 약제와 투여경로·성분·제형이 동일한 약제에 대하여 제3항에 따른 평가신청을 한 경우에는 그 신청을 반려할 수 있다.

⑤ 건강보험심사평가원장은 제14조에 따라 보건복지부장관이 정하여 고시하는 약제 산정기준에 따라 상한금액이 정해지는 약제(이하 "산정대상약제"라 한다)에 대하여 제3항에 따른 평가신청을 받은 경우에는 그 신청받은 내용을 보건복지부장관에게 보고하고, 공단 이사장에게 통보해야 한다.

⑥ 공단 이사장은 제5항에 따라 통보를 받은 경우에는 제11조의2 제7항에 따라 협상을 명받기 전에 해당 약제의 평가 신청인과 같은 항 제2호부터 제4호까지의 규정에 해당하는 사항을 사전 협의할 수 있다.

제11조(행위·치료재료에 대한 요양급여의 결정)

① 제10조에 따라 요양급여대상 여부의 결정신청을 받은 보건복지부장관은 정당한 사유가 없는 한 결정신청일부터 100일(「신의료기술평가에 관한 규칙」 제3조제4항에 따라 서류를 송부받은 경우에는 평가결과 고시 이후 30일) 이내에 심의위원회의 심의를 거쳐 요양급여대상 또는 비급여대상에의 해당여부를 결정하여 고시해야 한다. 이 경우 요양급여대상으로 결정한 행위·치료재료에 대해서는 상대가치점수 또는 영 제22조 제1항에 따른 상한금액(이하 "상한금액"이라 한다)과 법 제41조의4 제1항에 따른 선별급여(이하 "선별급여"라 한다) 본인부담률(선별급여의 요양급여비용 중 선별급여를 받는 사람이 부담하는 비율을 말한다. 이하 같다)을 함께 정하여 고시해야 한다.

② 보건복지부장관은 행위·치료재료의 경제성 및 급여의 적정성 등에 대하여 제8항에 따른 전문평가위원회(이하 "전문평가위원회"라 한다)의 평가를 거쳐, 행위·치료재료의 요양급여대상 여부를 결정한다. 이 경우 보건복지부장관은 다음 각 호의 사항을 정하는 때에는 전문평가위원회의 평가 외에 제14조의2 제1항에 따른 적합성평가위원회(이하 "적합성평가위원회"라 한다)의 평가를 거치도록 할 수 있다.

1. 법 제41조의4 제2항 및 영 제18조의4 제2항에 따른 선별급여의 적합성평가의 평가주기, 평가항목 및 평가방법

2. 법 제42조의2 제1항에 따른 선별급여의 실시 조건(이하 "선별급여실시조건"이라 한다)

3. 법 제44조 제1항 후단에 따른 선별급여의 본인일부부담금의 부담률 및 부담액

③ 건강보험심사평가원장은 제2항에 따라 전문평가위원회에서 치료재료(인체조직은 제외한다)에 대하여 평가한 경우에 평가가 끝난 날부터 15일 이내에 다음 각 호의 사항을 신청인에게 서면 또는 전자문서로 통보해야 한다.

1. 평가결과(평가 시 원용된 전문가 의견, 학술연구 내용 등 평가근거에 관한 정보를 포함한다)

2. 평가결과에 이견이 있으면 30일 이내에 재평가 또는 제13조의3에 따른 검토(이하 "독립적 검토"라 한다)를 거친 재평가를 신청할 수 있다는 내용

④ 제3항에 따른 통보를 받은 신청인은 통보받은 날부터 30일 이내에 재평가 또는 독립적 검토를 거친 재평가를 건강보험심사평가원장에게 신청할 수 있다. 이 경우 재평가(독립적 검토를 거친 재평가는 제외한다)는 다음 각 호의 어느 하나에 해당하는 경우에 신청할 수 있다.

1. 치료재료에 관한 결정신청을 한 자가 전문평가위원회의 평가결과에 이견이 있는 경우로서 제10조 제2항 제3호 및 제4호에 따른 서류를 보완하여 제출하거나 그 밖의 자료를 제출하는 경우

2. 직권결정 대상 치료재료의 제조업자·수입업자가 전문평가위원회의 평가결과에 이견이 있는 경우로서 제10조 제2항 제3호 및 제4호에 따른 서류를 보완하여 제출하거나 그 밖의 자료를 제출하는 경우

⑤ 제4항에 따라 재평가의 신청을 받은 건강보험심사평가원장은 신청 받은 날부터 60일 이내에 전문평가위원회의 재심의를 거쳐 재평가하고 재평가가 끝난 날부터 15일 이내에 그 결과를 신청인에게 통보해야 한다.

⑥ 제4항에 따라 독립적 검토를 거친 재평가의 신청을 받은 건강보험심사평가원장은 독립적 검토에 따른 보고서와 신청인의 의견(신청인이 의견을 제출한 경우만 해당한다)을 제출받아 전문평가위원회의 재심의를 거쳐 재평가하고 재평가가 끝난 날부터 15일 이내에 그 결과를 신청인에게 통보해야 한다.

⑦ 제2항 후단 및 제3항부터 제6항까지의 절차에 걸리는 기간은 제1항 전단에 따른 처리기한의 산정에 포함하지 않는다.

⑧ 제2항에 따른 행위·치료재료에 대한 평가를 효율적으로 수행하기 위하여 건강보험심사평가원에 행위 및 치료재료별로 전문평가위원회를 둔다.

⑨ 제1항에 따른 행위·치료재료가 요양급여대상으로 결정되어 고시된 경우에 제10조 제1항의 규정에 의한 신청기간 내에 신청하지 않은 요양기관에 대해서는 제10조 제1항 각 호의 어느 하나에 해당하는 날부터 소급하여 요양급여대상으로 적용한다.

⑩ 제1항에도 불구하고 평가 유예 신의료기술의 경우에는 「신의료기술평가에 관한 규칙」 제3조의4에 따른 신의료기술평가 결과 안전성·유효성을 고시한 이후 행위·치료재료에 대한 요양급여의 결정 절차를 진행한다.

제11조의2(약제에 대한 요양급여의 결정)

① 제10조의2 제3항에 따라 약제에 대한 평가를 신청 받은 건강보험심사평가원장은 150일 이내(진료상 필수성, 대체약제의 유무 등을 고려하여 보건복지부장관이 정하는 약제는 해당하지 않는다)에 제14항에 따른 약제급여평가위원회(이하 "약제급여평가위원회"라 한다)의 심의를 거쳐 평가(산정대상약제는 전문적 검토가 필요한 경우를 제외하고는 약제급여평가위원회의 심의를 거치지 않고 평가한다)하고 평가가 끝난 날부터 15일 이내에 다음 각 호의 사항을 신청인에게 서면 또는 전자문서로 통보해야 한다.

1. 평가결과(평가 시 원용된 전문가 의견, 학술연구 내용 등 평가근거에 관한 정보를 포함한다)

2. 평가결과에 이견이 있으면 30일 이내에 재평가 또는 독립적 검토를 거친 재평가를 신청할 수 있다는 내용

3. 약제급여평가위원회가 평가한 금액 이하를 경제성 있는 가격으로 하여 공단 이사장과의 협상절차를 진행
할 수 있다는 내용(임상적 유용성은 있으나 판매예정가의 비용효과성을 입증하지 못한 경우만 해당한다)

4. 보건복지부장관이 정하여 고시하는 약가 협상의 생략을 위한 기준 금액(이하 "약가협상생략기준금액"
이라 한다)을 상한금액으로 하는 것에 동의하는 경우 상한금액 협상절차를 생략하여 진행할 수 있다는
내용(임상적 유용성은 있으나 판매예정가가 약가협상생략기준금액 보다 높은 경우만 해당한다)

② 제1항에 따른 통보를 받은 신청인은 통보받은 날부터 30일 이내에 건강보험심사평가원장에게 재평가 또
는 독립적 검토를 거친 재평가를 신청하거나 다음 각 호의 어느 하나에 해당하는 통지를 할 수 있다.

1. 제1항 제3호에 따라 약제급여평가위원회가 평가한 금액 이하를 경제성 있는 가격으로 하여 공단 이사
장과의 협상절차를 진행하는 것에 동의한다는 내용의 통지

2. 제1항 제4호에 따라 약가협상생략기준금액을 상한금액으로 하여 상한금액 협상절차를 생략하여 진행
하는 것에 동의한다는 내용의 통지

③ 제2항에 따라 재평가신청을 받은 건강보험심사평가원장은 120일 이내에 약제급여평가위원회의 재심의를
거쳐 재평가(산정대상약제는 전문적 검토가 필요한 경우를 제외하고는 약제급여평가위원회의 재심의를 거
치지 않고 재평가한다)하고 재평가가 끝난 날부터 15일 이내에 다음 각 호의 사항을 신청인에게 통보해
야 한다.

1. 재평가결과

2. 약제급여평가위원회가 평가한 금액 이하를 경제성 있는 가격으로 하여 공단 이사장과의 협상절차를 진행
할 수 있다는 내용(임상적 유용성은 있으나 판매예정가의 비용효과성을 입증하지 못한 경우만 해당한다)

3. 약가협상생략기준금액을 상한금액으로 하는 것에 동의하는 경우 상한금액 협상절차를 생략할 수 있다
는 내용(임상적 유용성은 있으나 판매예정가가 약가협상생략기준금액 보다 높은 경우만 해당한다)

④ 제2항에 따라 독립적 검토를 거친 재평가의 신청을 받은 건강보험심사평가원장은 독립적 검토에 따른 보
고서와 신청인의 의견(신청인이 의견을 제출한 경우만 해당한다)을 제출받아 약제급여평가위원회의 재심
의를 거쳐 재평가하고 재평가가 끝난 날부터 15일 이내에 다음 각 호의 사항을 신청인에게 통보하여야
한다.

1. 재평가결과

2. 약제급여평가위원회가 평가한 금액 이하를 경제성 있는 가격으로 하여 공단 이사장과의 협상절차를 진행
할 수 있다는 내용(임상적 유용성은 있으나 판매예정가의 비용효과성을 입증하지 못한 경우만 해당한다)

3. 약가협상생략기준금액을 상한금액으로 하는 것에 동의하는 경우 상한금액 협상절차를 생략할 수 있다
는 내용(임상적 유용성은 있으나 판매예정가가 약가협상생략기준금액 보다 높은 경우만 해당한다)

⑤ 제3항 제2호·제3호 또는 제4항 제2호·제3호에 따른 통보를 받은 신청인은 통보받은 날부터 7일 이내
에 건강보험심사평가원장에게 다음 각 호의 어느 하나에 해당하는 통지를 할 수 있다.

1. 제3항 제2호 또는 제4항 제2호에 따라 약제급여평가위원회가 평가한 금액 이하를 경제성 있는 가격으
로 하여 공단 이사장과의 협상절차를 진행하는 것에 동의한다는 내용의 통지

2. 제3항 제3호 또는 제4항 제3호에 따라 약가협상생략기준금액을 상한금액으로 하여 상한금액 협상절차를 생략하여 진행하는 것에 동의한다는 내용의 통지

⑥ 건강보험심사평가원장은 제1항 제1호에 따른 평가결과, 제3항 제1호 또는 제4항 제1호에 따른 재평가결과 및 제2항 또는 제5항에 따른 통지 사실을 보건복지부장관에게 보고하고, 공단 이사장에게 통보해야 한다. 이 경우 다음 각 호의 어느 하나에 해당하는 때에는 해당 약제에 대하여 제1항에 따라 약제급여평가위원회의 심의를 거쳐 평가를 마친 후 지체 없이 그 평가결과를 보건복지부장관에게 보고하고, 공단 이사장에게 통보해야 한다.
1. 신청인이 제2항 제2호 또는 제5항 제2호에 따른 통지를 하기 전에 약가협상생략기준금액을 상한금액으로 하여 상한금액 협상절차를 생략하는 것에 동의한 경우
2. 신청인의 판매예정가가 약가협상생략기준금액 이하인 경우

⑦ 보건복지부장관은 제6항에 따라 보고받은 약제 중 요양급여대상으로 하는 것이 적정하다고 평가 또는 재평가된 약제에 대하여 공단 이사장에게 다음 각 호의 어느 하나에 해당하는 사항을 해당 약제의 평가 또는 재평가 신청인과 60일의 범위에서 협상하도록 명해야 한다. 이 경우 협상이 지연되는 등의 사유로 공단 이사장이 요청할 때에는 추가로 60일의 범위에서 협상 기한을 연기하거나 협상을 일시적으로 정지하도록 명할 수 있다.
1. 약제의 상한금액안(산정대상약제는 제외한다)
2. 요양급여비용의 예상 청구금액안
3. 해당 약제의 제조업자 · 위탁제조판매업자 · 수입자가 이행할 조건
4. 그 밖에 약제의 안정적인 공급 및 품질관리 등에 관한 사항

⑧ 제7항에 따라 협상을 명받은 공단 이사장은 건강보험 재정에 미치는 영향 및 약제급여평가위원회의 평가결과 · 재평가결과 등을 고려하여 약제의 평가 또는 재평가 신청인과 협상하고, 그 협상결과를 보건복지부장관에게 보고해야 한다. 이 경우 공단 이사장은 신청인별로 협상할 수 있다.

⑨ 보건복지부장관은 제8항에 따라 보고받은 사항에 대하여 다음 각 호에 정하는 바에 따라 조치해야 한다.
1. 제8항에 따른 협상 결과 합의가 이루어진 약제는 30일 이내에 심의위원회의 심의를 거쳐 요양급여대상여부 및 약제의 상한금액을 결정하여 고시해야 한다. 이 경우 심의위원회 심의 사항 · 예정일 등 심의 관련 사항 및 고시 예정일 · 시행일 등을 신청인에게 서면 또는 전자문서로 통보할 수 있다.
2. 제8항에 따른 협상 결과 합의가 이루어지지 않은 약제 중 환자의 진료에 반드시 필요하다고 인정되는 약제는 협상결과를 보고받은 날부터 60일 이내에 제15항에 따른 약제급여조정위원회(이하 "약제급여조정위원회"라 한다)의 조정을 거친 후 심의위원회의 심의를 거쳐 요양급여대상 여부 및 약제의 상한금액을 결정하여 고시해야 한다.
3. 삭제

⑩ 보건복지부장관은 제9항 제2호에 따라 약제급여조정위원회에서 조정한 경우에 조정이 끝난 날부터 15일 이내에 다음 각 호의 사항을 신청인에게 서면 또는 전자문서로 통보하여야 한다.

1. 조정결과 및 그 근거

2. 조정결과에 이견이 있으면 30일 이내에 독립적 검토를 거친 재조정을 신청할 수 있다는 내용

⑪ 제10항에 따른 통보를 받은 신청인은 통보받은 날부터 30일 이내에 독립적 검토를 거친 재조정을 보건복지부장관에게 신청할 수 있다.

⑫ 제11항에 따른 신청을 받은 보건복지부장관은 독립적 검토에 따른 보고서와 신청인의 의견(신청인이 의견을 제출한 경우만 해당한다)을 제출받아 약제급여조정위원회의 재조정을 거쳐야 한다.

⑬ 제10항부터 제12항까지의 절차에 걸리는 기간은 제9항 제2호에 따른 처리기한의 산정에 포함하지 아니한다.

⑭ 약제에 대한 요양급여의 적정성 등을 효율적으로 평가하기 위하여 건강보험심사평가원에 약제급여평가위원회를 둔다. 이 경우 약제급여평가위원회의 구성, 운영, 평가기준 및 절차 등에 관하여 필요한 사항은 건강보험심사평가원장이 정한다.

⑮ 약제에 대한 요양급여의 결정, 상한금액의 조정에 관한 사항을 심의하기 위하여 보건복지부에 약제급여조정위원회를 둔다. 이 경우 약제급여조정위원회의 구성, 운영 그 밖에 필요한 사항은 보건복지부장관이 정한다.

제12조(상대가치점수등의 조정 등)

① 제10조 제1항 및 제10조의2 제1항에 따른 요양기관, 의약관련 단체, 약제ㆍ치료재료의 제조업자ㆍ위탁제조판매업자(약제의 경우만 해당한다)ㆍ수입자(치료재료가 인체조직인 경우에는 「인체조직 안전 및 관리 등에 관한 법률」 제13조에 따른 조직은행의 장을 말한다) 또는 가입자등은 이미 고시된 요양급여대상의 상대가치점수ㆍ상한금액, 요양급여대상ㆍ비급여대상의 조정을 보건복지부장관이 정하여 고시하는 바에 따라 보건복지부장관에게 신청할 수 있다.

② 제1항에 따라 조정신청을 받은 보건복지부장관은 행위 및 치료재료의 경우에는 제11조(행위 및 인체조직의 경우에는 제11조 제3항부터 제6항까지의 규정은 제외한다)의 절차를 준용하고, 약제의 경우에는 제11조의2의 절차를 준용하여 상대가치점수ㆍ상한금액, 요양급여대상ㆍ비급여대상을 조정하여 고시할 수 있다.

③ 삭제

제13조(직권결정 및 조정 등)

① 보건복지부장관은 법 제41조의3 제4항에 따라 다음 각 호의 어느 하나에 해당하는 행위·치료재료에 대해서는 직권으로 제11조(행위 및 인체조직의 경우에는 제11조 제3항부터 제6항까지의 규정은 제외한다)의 절차를 준용하여 요양급여대상 또는 비급여대상으로 결정하여 고시하며, 요양급여대상으로 결정한 경우에는 상대가치점수 또는 상한금액과 선별급여 본인부담률을 함께 정하여 고시해야 한다. 이 경우 결정·고시된 요양급여대상은 제10조 제1항 각 호의 어느 하나에 해당되는 날부터 소급하여 요양급여대상으로 적용한다.

  1. 대체가능한 진료·치료 방법이 없는 경우

  2. 환자의 진료·치료를 위하여 긴급한 도입이 필요한 경우

  3. 「의료기기법 시행령」 제13조의2 제4항 제1호에 따른 의료기기 중 보건복지부장관이 필요하다고 인정하는 의료기기

  4. 그 밖에 행위·치료재료의 내용·금액과 환자에 대한 진료·치료 의 성격·경위 등에 비추어 보건복지부장관이 직권으로 요양급여대상 여부를 결정하는 것이 필요하다고 인정하는 경우

② 보건복지부장관은 법 제41조의3 제4항에 따라 다음 각 호의 어느 하나에 해당하는 약제에 대해서는 직권으로 제11조의2의 절차를 준용하여 요양급여대상 여부 및 약제의 상한금액을 결정하고 고시한다.

  1. 다음 각 목의 요건을 모두 충족하는 경우

    가. 대체가능한 다른 약제 또는 치료법이 없는 경우

    나. 생명에 심각한 위해를 초래하는 질환에 사용되는 경우

    다. 임상적으로 유의미한 치료효과가 입증된 경우

  2. 건강보험심사평가원장이 환자의 진료상 반드시 필요하다고 보건복지부장관에게 요청하는 경우

③ 보건복지부장관은 이미 고시된 행위 및 치료재료에 대한 상대가치점수·상한금액·선별급여 본인부담률, 요양급여대상·비급여대상에 대해서는 직권으로 제11조(행위 및 인체조직의 경우에는 제11조 제3항부터 제6항까지의 규정은 제외한다)의 절차를 준용하여 조정하여 고시할 수 있다.

④ 보건복지부장관은 법 제41조의3 제5항에 따라 다음 각 호의 어느 하나에 해당하면 이미 고시된 약제의 요양급여대상 여부, 범위 및 요양급여비용 상한금액을 직권으로 조정하여 고시할 수 있다.

  1. 협상 결과 합의된 요양급여비용 예상 청구금액을 초과하여 사용된 경우

  2. 직전년도 요양급여비용 청구금액과 비교하여 보건복지부장관이 정하는 비율이나 금액 이상 증가된 경우

  3. 제5조 제2항 및 제4항에 따른 요양급여의 적용기준 및 방법에 관한 세부사항의 개정 등으로 약제의 사용범위의 확대가 예상되는 경우

  4. 제14조에 따라 보건복지부장관이 정하여 고시하는 약제 상한금액의 결정·조정 기준이 변경됨에 따라 보건복지부장관이 상한금액을 재평가할 필요가 있다고 인정하는 경우

  5. 제11조의2에 따라 요양급여대상으로 결정된 약제와 투여경로·성분·제형이 동일한 약제가 제10조의2에 따라 결정신청된 경우

5의2. 제11조의2에 따라 요양급여대상으로 결정된 복합제(해당 복합제와 조성이 유사한 복합제로서 보건복지부장관이 고시하는 약제도 포함한다)의 가격산정의 기준이 되었던 품목(기준이 되었던 품목이 복합제인 경우에는 해당 복합제를 구성하는 개별 약제를 포함한다)과 투여경로 · 성분 · 제형이 동일한 약제가 제10조의2에 따라 결정신청된 경우

6. 제11조의2에 따라 요양급여대상으로 결정된 약제에 대한 개발목표제품(해당 약제의 품목허가를 위한 시험에서 비교대상으로 선택된 제품 중 주 약리작용을 나타내는 성분이 해당 약제와 같은 제품으로서 그 제품과 투여경로 · 성분 · 제형이 동일한 제제 중 가격산정의 기준이 되었던 품목을 말한다)과 투여경로 · 성분 · 제형이 동일한 약제가 제10조의2에 따라 결정신청된 경우

7. 환자의 진료에 반드시 필요하나 경제성이 없어 약제의 제조업자 · 위탁제조판매업자 · 수입자가 생산 또는 수입을 기피하는 약제로서 생산 또는 수입 원가의 보전이 필요한 경우

8. 최근 2년간 보험급여 청구실적이 없는 약제

8의2. 최근 3년간 생산실적 또는 수입실적이 없는 약제로서 그 유효기한 또는 사용기한이 도과된 경우

9. 건강보험심사평가원장이 경제성 또는 요양급여 적정성이 없거나 현저히 낮은 것으로 평가한 약제에 대하여 보건복지부장관에게 요청하는 경우

10. 약제의 제조업자 · 위탁제조판매업자 · 수입자 또는 한국희귀 · 필수의약품센터의 장이 급여목록표에서 삭제되기를 희망하는 약제. 다만, 보건복지부장관이 환자의 진료상 반드시 필요하다고 판단하는 약제는 예외로 한다.

11. 보건복지부장관이 정하여 고시한 바에 따른 약제 실거래가 조사결과 약제 상한금액 조정 대상이 된 약제

12. 「약사법」 제31조 또는 제41조에 따라 의약품의 품목허가 또는 품목신고를 받은 자가 보건복지부장관이 정하여 고시하는 행정처분(「약사법」 제76조에 따른 행정처분을 말한다)을 받은 경우

12의2. 「약사법」 제31조 또는 제41조에 따라 의약품의 품목허가 또는 품목신고를 받은 자가 스스로 그 허가증 또는 신고증을 반납한 경우

13. 약사법령에 따른 일반의약품으로서 건강증진, 건강유지 및 치료를 목적으로 하며, 의사 또는 치과의사의 처방에 의하지 아니하더라도 인체에 미치는 부작용이 적어 안전성 및 유효성을 기대할 수 있는 약제

14. 제11조의2 제8항에 따라 약제의 제조업자 · 위탁제조판매업자 · 수입자가 공단 이사장과 협상한 조건을 이행하지 아니하는 경우나 협상한 조건에서 정한 조정사유에 해당하는 경우

15. 약제의 주성분 등 「약사법」 제31조에 따라 품목허가를 받은 사항이 변경되어 보건복지부장관이 요양급여대상 여부 또는 상한금액을 조정할 필요가 있다고 인정하는 경우

16. 「약사법」 제31조 제9항 및 제42조 제1항에 따른 변경허가 또는 변경신고, 같은 법 제50조의6 및 제50조의9에 따른 의약품 판매금지와 관련하여 보건복지부장관이 요양급여대상 여부 및 상한금액을 조정할 필요가 있다고 인정하는 경우

17. 그 밖에 외국의 의약품 허가사항, 가격 및 보험등재 현황, 임상연구 관련 자료 등을 고려하여 보건복지부장관이 요양급여대상 여부 및 상한금액을 조정할 필요가 있다고 인정하는 경우

⑤ 제4항에 따른 직권 조정에는 다음 각 호의 구분에 따른 절차를 준용한다.

1. 제4항 제1호 및 제2호의 경우 : 제11조의2 제7항부터 제9항까지의 절차

2. 제4항 제3호 및 제4호의 경우 : 제11조의2 제1항부터 제3항까지, 제6항부터 제9항까지의 절차. 다만, 이 조 제4항 제3호의 경우로서 다음 각 목의 어느 하나에 해당하는 경우에는 제11조의2 제1항부터 제9항까지의 절차를 준용한다.

   가. 제11조의2 제8항에 따라 약제의 제조업자 · 위탁제조판매업자 · 수입자가 이행할 조건을 고려하여 상한 금액이 정해진 약제로서 해당 약제의 사용범위가 확대될 것으로 충분히 예상되는 경우

   나. 제4항 제3호에 따른 약제의 사용범위 확대 예상에 따른 요양급여비용 예상 청구금액이 그 사용범위 확대 예상 이전의 요양급여비용 예상 청구금액보다 100억원 이상 증가할 것으로 예상되는 경우

2의2. 제4항 제5호, 제5호의2 및 제6호의 경우 : 제11조의2 제1항부터 제3항까지, 제6항부터 제9항까지의 절차. 이 경우 제11조의2 제7항 각 호 외의 부분 전단 및 후단 중 "60일"은 각각 "20일"로 본다.

3. 제4항 제7호의 경우 : 제11조의2 제1항부터 제9항까지의 절차

4. 제4항 제8호, 제8호의2, 제10호부터 제12호까지 및 제12호의2의 경우 : 제11조의2 제1항부터 제3항까지, 제6항 및 같은 조 제9항 제1호의 절차

5. 제4항 제9호 및 제13호의 경우 : 제11조의2 제1항부터 제6항까지 및 같은 조 제9항 제1호의 절차

6. 제4항 제14호의 경우 : 다음 각 목의 구분에 따른 절차

   가. 제11조의2 제8항에 따라 약제의 제조업자 · 위탁제조판매업자 · 수입자가 공단 이사장과 협상한 조건을 이행하지 않은 경우 : 제11조의2 제1항부터 제3항까지, 제6항 및 같은 조 제9항 제1호의 절차

   나. 제11조의2 제8항에 따라 약제의 제조업자 · 위탁제조판매업자 · 수입자가 공단 이사장과 협상한 조건에서 정한 조정사유에 해당하는 경우 : 제11조의2 제1항부터 제3항까지 및 제6항부터 제9항까지의 절차

7. 제4항 제15호부터 제17호까지의 경우: 제11조의2 제1항부터 제3항까지 및 제6항부터 제9항까지의 절차. 다만, 보건복지부장관이 직권 조정을 하기 위하여 필요하다고 인정하는 경우에는 제11조의2 제1항부터 제3항까지, 제6항 및 같은 조 제9항 제1호의 절차를 준용한다.

⑥ 제5항(같은 항 제4호, 제5호 및 제6호 가목은 제외한다)에 따라 준용되는 제11조의2 제6항에 따라 건강보험심사평가원장으로부터 평가결과 또는 재평가결과를 통보받은 공단 이사장은 보건복지부장관으로부터 같은 조 제7항에 따른 협상 명령을 받기 전부터 미리 조정 대상 약제의 제조업자 · 위탁제조판매업자 · 수입자 또는 한국희귀 · 필수의약품센터의 장과 같은 항 제4호의 사항에 관하여 협상에 필요한 사항을 협의할 수 있다.

⑦ 보건복지부장관은 이미 요양급여대상 여부 및 상한금액이 고시된 약제의 안정적인 공급 등을 위해 필요하다고 인정하는 경우에는 공단 이사장에게 해당 약제의 제조업자·위탁제조판매업자·수입자와 제11조의2 제7항 제4호의 사항에 대하여 협상하도록 명할 수 있다. 이 경우 제11조의2 제7항부터 제9항까지를 준용한다.

⑧ 보건복지부장관은 제11조의2 제7항 제4호의 사항에 관한 협상이 필요한 경우로서 공단 이사장이 조정 대상 약제의 제조업자·위탁제조판매업자·수입자 또는 한국희귀·필수의약품센터의 장과 이미 같은 호의 사항에 관한 합의가 이루어져 있는 경우에는 제5항 및 제7항에도 불구하고 제11조의2 제7항 및 제8항의 절차를 생략할 수 있다. 이 경우 제11조의2 제9항 제1호를 준용한다.

⑨ 보건복지부장관은 제5항(제4항 제3호, 제5호, 제5호의2, 제6호 및 제7호는 제외한다) 또는 제7항에 따라 준용되는 제11조의2 제9항에 따른 조치를 하기 전에 필요하다고 인정되는 경우 1회에 한정하여 공단 이사장에게 같은 조 제7항 및 제8항에 따라 재협상을 하게 할 수 있다.

⑩ 보건복지부장관은 제9항에 따라 재협상을 하게 하기 전에 재협상의 필요 여부에 관하여 약제급여평가위원회의 심의를 거칠 수 있다. 이 경우 건강보험심사평가원장은 약제급여평가위원회의 심의 결과를 보건복지부장관에게 보고해야 한다.

⑪ 보건복지부장관은 제5항 또는 제7항에 따라 준용되는 제11조의2 제8항에 따른 협상(이 조 제9항에 따른 재협상을 한 경우에는 재협상을 말한다)의 결과 합의가 이루어지지 않은 약제 중 환자의 진료에 반드시 필요하다고 인정되는 약제가 아닌 약제에 대해서는 심의위원회의 심의를 거쳐 요양급여대상에서 제외할 수 있다.

제13조의2(독립적 검토절차)

① 보건복지부장관은 치료재료(인체조직은 제외한다. 이하 이 조와 제13조의3에서 같다) 및 약제의 요양급여 대상 여부 및 상한금액에 관하여 보건복지부, 국민건강보험공단 및 건강보험심사평가원으로부터 독립적으로 검토할 수 있는 절차를 마련하여야 한다.

② 보건복지부장관은 독립적 검토를 수행하게 하기 위하여 검토 절차를 총괄하는 1명의 책임자와 검토를 담당하는 30명 이내의 검토자를 위촉하여야 한다.

③ 책임자와 검토자는 치료재료 및 약제 분야의 학식과 경험이 풍부하고 보건복지부, 국민건강보험공단 및 건강보험심사평가원으로부터 독립적으로 검토를 할 수 있는 사람 중에서 위촉한다.

④ 책임자와 검토자의 자격, 임기, 위촉방법 등에 관한 사항은 보건복지부장관이 정한다.

제13조의3(독립적 검토)

① 독립적 검토는 다음 각 호의 경우에 제11조 제4항 및 제11조의2 제2항·제11항(제12조 및 제13조에 따라 준용되는 경우를 포함한다)에 따라 신청할 수 있다.

1. 치료재료에 관한 결정신청을 한 자가 전문평가위원회의 평가결과에 이견이 있는 경우
2. 약제에 관한 결정신청을 한 자가 다음 각 목의 어느 하나의 결과에 이견이 있는 경우

    가. 약제급여평가위원회의 심의에 따른 평가결과

    나. 약제급여조정위원회의 조정결과

3. 치료재료에 관한 조정신청을 한 자가 전문평가위원회의 평가결과에 이견이 있는 경우
4. 약제에 관한 조정신청을 한 자가 다음 각 목의 어느 하나의 결과에 이견이 있는 경우

    가. 약제급여평가위원회의 심의에 따른 평가결과

    나. 약제급여조정위원회의 조정결과

5. 직권결정 대상 치료재료의 제조업자·수입업자가 전문평가위원회의 평가결과에 이견이 있는 경우
6. 직권결정 대상 약제의 제조업자·위탁제조판매업자·수입자가 다음 각 목의 어느 하나의 결과에 이견이 있는 경우

    가. 약제급여평가위원회의 심의에 따른 평가결과

    나. 약제급여조정위원회의 조정결과

7. 직권조정 대상 치료재료의 제조업자·수입업자가 전문평가위원회의 평가결과에 이견이 있는 경우
8. 직권조정 대상 약제(제13조 제4항 제7호, 제9호, 제10호 및 제13호의 경우만 해당한다)의 제조업자·위탁제조판매업자·수입자가 약제급여평가위원회의 심의에 따른 평가결과에 이견이 있는 경우

② 보건복지부장관 또는 건강보험심사평가원장은 제1항에 따른 신청을 받으면 지체 없이 다음 각 호의 구분에 따른 자료를 책임자에게 송부하여야 한다.

1. 제1항 제1호 및 제2호의 경우 : 결정신청 시 제출된 자료(같은 항 제2호 나목의 경우에는 약제급여조정위원회의 조정 시 검토된 자료를 포함한다)
2. 제1항 제3호 및 제4호의 경우 : 조정신청 시 제출된 자료(같은 항 제4호 나목의 경우에는 약제급여조정위원회의 조정 시 검토된 자료를 포함한다)
3. 제1항 제5호부터 제8호까지의 경우 : 직권 결정·조정을 위하여 검토된 자료(같은 항 제6호 나목의 경우에는 약제급여조정위원회의 조정 시 검토된 자료를 포함한다)

③ 제2항에 따라 자료를 송부받은 책임자는 검토자 중 1명을 선정하여 검토를 의뢰하고 지체 없이 검토자를 보건복지부장관 또는 건강보험심사평가원장에게 알려야 한다.

④ 제3항에 따라 검토를 의뢰받은 검토자는 제2항에 따른 자료의 범위에서 검토를 수행하여야 하고, 그 결과를 보고서로 작성하여 책임자에게 제출하여야 한다.

⑤ 제4항에 따라 보고서를 제출받은 책임자는 이를 지체 없이 보건복지부장관 또는 건강보험심사평가원장에게 제출하여야 한다.

⑥ 제1항에 따른 신청부터 제5항에 따른 보고서 제출에 걸리는 기간은 다음 각 호의 구분에 따른 기간을 넘어서는 아니 된다.

  1. 제1항 제1호, 제3호 및 제5호의 경우 : 100일

  2. 제1항 제2호, 제4호 및 제6호의 경우 : 150일

  3. 제1항 제7호 및 제8호의 경우 : 45일

제13조의4(신청인의 의견 제출)

① 제13조의3 제5항에 따라 보고서를 제출받은 보건복지부장관 또는 건강보험심사평가원장은 제출받은 날부터 7일 이내에 보고서를 신청인에게 송부하여야 한다.

② 제1항에 따라 보고서를 송부받은 신청인은 보고서의 내용에 의견이 있으면 송부받은 날부터 30일 이내에 보건복지부장관 또는 건강보험심사평가원장에게 의견을 제출할 수 있다.

제13조의5(재평가 등)

① 제13조의4 제2항에 따른 의견을 제출받거나 의견이 없음을 확인한 보건복지부장관 또는 건강보험심사평가원장은 50일 이내에 제11조 제6항 또는 제11조의2 제4항ㆍ제12항에 따라 전문평가위원회의 재평가, 약제급여평가위원회의 재심의를 거친 재평가 또는 약제급여조정위원회의 재조정을 거쳐야 한다.

② 전문평가위원회, 약제급여평가위원회 또는 약제급여조정위원회는 재평가, 재심의 또는 재조정할 때에 독립적 검토에 따른 보고서와 신청인의 의견에 구속되지 아니한다.

③ 이 규칙에서 정한 사항 외에 독립적 검토절차의 운영에 필요한 사항은 보건복지부장관이 정한다.

제14조(결정 및 조정 등의 세부사항)

상대가치점수ㆍ상한금액, 요양급여대상ㆍ비급여대상의 결정ㆍ조정, 요양급여대상ㆍ비급여대상 여부 확인 등에 필요한 세부사항과 제11조 제8항에 따른 전문평가위원회의 종류ㆍ구성ㆍ운영, 평가의 내용ㆍ절차ㆍ방법 등에 관하여는 보건복지부장관이 정하여 고시한다.

제14조의2(적합성평가위원회의 설치 등)

① 법 제41조의4 제2항에 따른 선별급여의 적합성 평가 및 선별급여실시조건 등에 필요한 사항을 심의하기 위하여 보건복지부장관 소속으로 적합성평가위원회를 둔다.

② 적합성평가위원회는 위원장 1명을 포함하여 20명 이내의 위원으로 구성한다.

③ 제1항 및 제2항에서 규정한 사항 외에 적합성평가위원회의 구성 및 운영 등에 필요한 사항은 보건복지부장관이 정하여 고시한다.

제14조의3(선별급여의 실시조건)

① 선별급여실시조건의 내용은 다음 각 호의 사항을 고려하여 보건복지부장관이 정한다.

　　1. 진료과목의 범위 및 종류 등에 관한 사항

　　2. 의료인의 정원 및 자격 등에 관한 사항

　　3. 의료시설 및 의료장비 등에 관한 사항

　　4. 환자의 요건 및 기준 등에 관한 사항

　　5. 선별급여의 실시에 따른 요양기관의 준수사항

　　6. 선별급여를 받는 사람이 요양급여비용 외에 추가로 부담하는 비용

　　7. 그 밖에 제1호부터 제6호까지의 규정에 준하는 사항으로서 선별급여의 실시를 위하여 보건복지부장관이 특히 필요하다고 인정하는 사항

② 보건복지부장관은 선별급여실시조건을 정하거나 변경하기 위하여 필요하다고 인정하는 경우에는 보건의료 관련 법인·단체 또는 전문가 등에게 자료 또는 의견의 제출을 요청할 수 있다.

③ 보건복지부장관은 선별급여실시조건을 정하거나 변경한 경우에는 보건복지부 인터넷 홈페이지에 게재하고, 의약관련 단체에 그 내용을 통보해야 한다.

④ 법 제42조의2 제1항에 따라 선별급여를 실시하려는 요양기관은 해당 선별급여를 실시하기 전에 선별급여실시조건의 충족 여부를 입증하는 서류를 건강보험심사평가원장을 거쳐 보건복지부장관에게 제출해야 한다.

⑤ 제1항부터 제4항까지의 규정에 따른 선별급여실시조건의 내용, 협조 요청, 내용 통보 또는 입증서류 제출 등에 필요한 세부 사항은 보건복지부장관이 정하여 고시한다.

제14조의4(선별급여의 적합성평가를 위한 자료 제출)

① 법 제42조의2 제1항에 따라 선별급여를 실시하는 요양기관(이하 "선별급여 실시기관"이라 한다)이 같은 조 제2항에 따라 제출하는 자료의 범위는 다음 각 호와 같다.

　　1. 선별급여의 실시 현황에 관한 자료

　　2. 해당 선별급여와 대체가능한 요양급여로서 보건복지부장관이 정하여 고시하는 요양급여의 실시 현황에 관한 자료

　　3. 선별급여의 실시에 따른 요양급여비용의 청구에 관한 자료

　　4. 선별급여실시조건에 대한 현황자료 및 변경자료(변경자료는 변경이 있는 경우만 해당한다)

　　5. 그 밖에 제1호부터 제4호까지의 규정에 준하는 자료로서 보건복지부장관이 선별급여의 적합성평가를 위하여 특히 필요하다고 인정하는 자료

② 법 제42조의2 제2항에 따라 선별급여 실시기관이 관련 자료를 제출하는 경우에는 보건복지부장관이 정하는 기준 및 절차에 따라 연 1회 이상 제출하여야 한다. 이 경우 선별급여 실시기관은 건강보험심사평가원장을 거쳐 보건복지부장관에게 제출하여야 한다.

③ 보건복지부장관은 법 제41조의4 제2항에 따른 선별급여의 적합성평가를 위하여 필요하다고 인정하는 경우에는 선별급여 실시기관에 대하여 자료의 보완 또는 추가 자료의 제출 등을 요청할 수 있다.

④ 제1항부터 제3항까지의 규정에 따른 자료의 범위, 작성 방법, 제출 방법 또는 보완 요청 등에 필요한 세부 사항은 보건복지부장관이 정하여 고시한다.

제14조의5(선별급여의 실시 제한)

① 보건복지부장관은 법 제42조의2 제3항에 따라 선별급여의 실시 제한을 위하여 필요하다고 인정하는 경우에는 선별급여 실시기관에 대하여 관련 자료를 요구하거나 선별급여의 실시 현황을 확인·점검할 수 있다.

② 보건복지부장관은 선별급여 실시기관이 법 제42조의2 제3항에 따른 선별급여의 실시 제한사유에 해당하는 경우에는 보건복지부장관이 정하는 바에 따라 일정한 기간을 정하여 그 시정을 명할 수 있다.

③ 보건복지부장관은 선별급여 실시기관이 제2항에 따른 시정명령을 이행하지 않는 경우에는 3개월의 범위에서 선별급여의 실시를 제한할 수 있다. 이 경우 위반행위의 내용·성격·결과 및 환자의 보호 등에 관한 사항을 종합적으로 고려하여 선별급여의 실시 제한기간을 정해야 한다.

④ 선별급여 실시기관이 제3항에 따른 선별급여 실시 제한기간이 끝난 후에 다시 선별급여를 실시하려는 경우에는 선별급여실시조건의 충족 여부를 입증하는 서류를 건강보험심사평가원장을 거쳐 보건복지부장관에게 제출해야 한다.

⑤ 제1항부터 제4항까지의 규정에 따른 자료요구, 확인·점검, 시정명령, 선별급여 실시 제한의 절차 및 방법 등에 필요한 세부 사항은 보건복지부장관이 정하여 고시한다.

제15조(규제의 재검토)

보건복지부장관은 별표 2 제4호 가목 및 나목에 따른 비급여대상 기준에 대하여 2024년 1월 1일을 기준으로 3년마다(매 3년이 되는 해의 1월 1일 전까지를 말한다) 그 타당성을 검토하여 개선 등의 조치를 해야 한다.

기출유형문제

1 다음은 국민건강보험법의 목적이다. 빈칸에 들어갈 내용을 순서대로 나열한 것은?

> 제1조(목적) 이 법은 국민의 질병·부상에 대한 예방·진단·치료·재활과 출산·사망 및 건강증진에 대하여 (　　)를 실시함으로써 (　　)과 (　　)에 이바지함을 목적으로 한다.

① 보험급여, 국민인식 개선, 개인보장 증진
② 보험급여, 국민보건 향상, 사회보장 증진
③ 요양급여, 국민보건 향상, 개인보장 증진
④ 요양급여, 국민인식 개선, 사회보장 증진

> ✔ **해설**　목적〈「국민건강보험법」 제1조〉 … 이 법은 국민의 질병·부상에 대한 예방·진단·치료·재활과 출산·사망 및 건강증진에 대하여 <u>보험급여</u>를 실시함으로써 <u>국민보건 향상</u>과 <u>사회보장 증진</u>에 이바지함을 목적으로 한다.

2 다음에서 국민건강보험종합계획에 포함되어야 하는 사항을 모두 고르면?

① 건강보험정책의 기본목표 및 추진방향
② 건강보험의 중장기 재정 전망 및 운영
③ 요양기관의 지정 및 취소에 관한 사항
④ 건강보험에 관한 통계 및 정보의 관리에 관한 사항

> ✔ **해설**　국민건강보험종합계획에 수립 등〈「국민건강보험법」 제3조의2 제2항〉 … 종합계획에는 다음의 사항이 포함되어야 한다.
> ㉠ 건강보험정책의 기본목표 및 추진방향
> ㉡ 건강보험 보장성 강화의 추진계획 및 추진방법
> ㉢ 건강보험의 중장기 재정 전망 및 운영
> ㉣ 보험료 부과체계에 관한 사항
> ㉤ 요양급여비용에 관한 사항
> ㉥ 건강증진 사업에 관한 사항
> ㉦ 취약계층 지원에 관한 사항
> ㉧ 건강보험에 관한 통계 및 정보의 관리에 관한 사항
> ㉨ 그 밖에 건강보험의 개선을 위하여 필요한 사항으로 대통령령으로 정하는 사항

3 다음 중 국민건강보험법상 건강보험의 가입자 또는 피부양자가 될 수 있는 사람은?

① 건강보험을 적용받고 있던 사람이 유공자등 의료보호대상자로 되었으나 건강보험의 적용배제신청을 보험자에게 하지 아니한 사람

② 「국가유공자 등 예우 및 지원에 관한 법률」에 따라 의료보호를 받는 사람

③ 「독립유공자예우에 관한 법률」에 따라 의료보호를 받는 사람

④ 「의료급여법」에 따라 의료급여를 받는 사람

> **해설** 적용 대상 등〈「국민건강보험법」 제5조 제1항〉 … 국내에 거주하는 국민은 건강보험의 가입자 또는 피부양자가 된다. 다만, 다음의 어느 하나에 해당하는 사람은 제외한다.
> ㉠ 「의료급여법」에 따라 의료급여를 받는 사람(이하 "수급권자"라 한다)
> ㉡ 「독립유공자예우에 관한 법률」 및 「국가유공자 등 예우 및 지원에 관한 법률」에 따라 의료보호를 받는 사람(이하 "유공자등 의료보호대상자"라 한다). 다만, 다음의 어느 하나에 해당하는 사람은 가입자 또는 피부양자가 된다.
> • 유공자등 의료보호대상자 중 건강보험의 적용을 보험자에게 신청한 사람
> • 건강보험을 적용받고 있던 사람이 유공자등 의료보호대상자로 되었으나 건강보험의 적용배제신청을 보험자에게 하지 아니한 사람

4 국민건강보험법상 공단의 업무가 아닌 것은?

① 가입자 및 피부양자의 자격 관리

② 요양급여의 적정성 평가

③ 건강보험에 관한 교육훈련 및 홍보

④ 건강보험에 관한 조사연구 및 국제협력

> **해설** ②은 건강보험심사평가원의 업무이다.
> ※ 업무 등〈「국민건강보험법」 제14조 제1항〉
> ㉠ 가입자 및 피부양자의 자격 관리
> ㉡ 보험료와 그 밖에 이 법에 따른 징수금의 부과ㆍ징수
> ㉢ 보험급여의 관리
> ㉣ 가입자 및 피부양자의 질병의 조기발견ㆍ예방 및 건강관리를 위하여 요양급여 실시 현황과 건강검진 결과 등을 활용하여 실시하는 예방사업으로서 대통령령으로 정하는 사업
> ㉤ 보험급여 비용의 지급
> ㉥ 자산의 관리ㆍ운영 및 증식사업
> ㉦ 의료시설의 운영
> ㉧ 건강보험에 관한 교육훈련 및 홍보
> ㉨ 건강보험에 관한 조사연구 및 국제협력
> ㉩ 이 법에서 공단의 업무로 정하고 있는 사항
> ㉪ 「국민연금법」, 「고용산재보험료징수법」, 「임금채권보장법」 및 「석면피해구제법」에 따라 위탁받은 업무
> ㉫ 그 밖에 이 법 또는 다른 법령에 따라 위탁받은 업무
> ㉬ 그 밖에 건강보험과 관련하여 보건복지부장관이 필요하다고 인정한 업무

Answer 1.② 2.③ 3.① 4.②

5 다음 중 가입자와 피부양자의 요양급여를 실시해야 하는 것으로 옳지 않은 것은?

① 진찰 · 검사
② 약제(藥劑)의 지급
③ 사시교정
④ 예방 · 재활

> ✔ **해설** 요양급여 실시해야 하는 대상〈「국민건강보험법」 제41조 제1항〉
> ㉠ 진찰 · 검사
> ㉡ 약제(藥劑) · 치료재료의 지급
> ㉢ 처치 · 수술 및 그 밖의 치료
> ㉣ 예방 · 재활, 입원, 간호
> ㉤ 이송(移送)

6 다음 중 국민건강보험법상 요양급여의 실시기관으로 적절하지 않은 곳은?

① 「의료법」 제35조에 따라 개설된 부속 의료기관
② 「약사법」에 따라 등록된 약국
③ 「지역보건법」에 따른 보건소 · 보건의료원 및 보건지소
④ 「농어촌 등 보건의료를 위한 특별조치법」에 따라 설치된 보건진료소

> ✔ **해설** 요양기관〈「국민건강보험법」 제42조 제1항〉 … 요양급여(간호와 이송은 제외한다)는 다음 의 요양기관에서 실시한다. 이 경우 보건복지부장관은 공익이나 국가정책에 비추어 요양기관으로 적합하지 아니한 대통령령으로 정하는 의료기관 등은 요양기관에서 제외할 수 있다.
> ㉠ 「의료법」에 따라 개설된 의료기관
> ㉡ 「약사법」에 따라 등록된 약국
> ㉢ 「약사법」 제91조에 따라 설립된 한국희귀 · 필수의약품센터
> ㉣ 「지역보건법」에 따른 보건소 · 보건의료원 및 보건지소
> ㉤ 「농어촌 등 보건의료를 위한 특별조치법」에 따라 설치된 보건진료소
> ※ 요양기관에서 제외되는 의료기관 등〈「국민건강보험법 시행령」 제18조 제1항〉 … 법 제42조 제1항 각 호 외의 부분 후단에서 "대통령령으로 정하는 의료기관 등"이란 다음의 의료기관 또는 약국을 말한다.
> ㉠ 「의료법」 제35조에 따라 개설된 부속 의료기관
> ㉡ 「사회복지사업법」 제34조에 따른 사회복지시설에 수용된 사람의 진료를 주된 목적으로 개설된 의료기관
> ㉢ 제19조 제1항에 따른 본인일부부담금을 받지 아니하거나 경감하여 받는 등의 방법으로 가입자나 피부양자를 유인(誘引)하는 행위 또는 이와 관련하여 과잉 진료행위를 하거나 부당하게 많은 진료비를 요구하는 행위를 하여 다음 각 목의 어느 하나에 해당하는 업무정지 처분 등을 받은 의료기관
> • 법 제98조에 따른 업무정지 또는 법 제99조에 따른 과징금 처분을 5년 동안 2회 이상 받은 의료기관
> • 「의료법」 제66조에 따른 면허자격정지 처분을 5년 동안 2회 이상 받은 의료인이 개설 · 운영하는 의료기관
> ㉣ 법 제98조에 따른 업무정지 처분 절차가 진행 중이거나 업무정지 처분을 받은 요양기관의 개설자가 개설한 의료기관 또는 약국

7 국민건강보험법상 요양급여비용을 계약할 때 그 계약기간은?

① 1년　　　　　　　　　　　② 2년

③ 3년　　　　　　　　　　　④ 4년

> ✔해설　① 요양급여비용은 공단의 이사장과 대통령령으로 정하는 의약계를 대표하는 사람들의 계약으로 정한다. 이
> 경우 계약기간은 1년으로 한다〈「국민건강보험법」 제45조 제1항〉.

8 국민건강보험법상 건강보험심사평가원의 업무가 아닌 것은?

① 요양급여비용의 심사

② 요양급여의 적정성 평가

③ 심사기준 및 평가기준의 개발

④ 건강보험에 관한 교육훈련 및 홍보

> ✔해설　④ 공단의 업무에 해당한다.
> ※ 업무 등〈「국민건강보험법」 제63조 제1항〉 … 심사평가원은 다음의 업무를 관장한다.
> 　　㉠ 요양급여비용의 심사
> 　　㉡ 요양급여의 적정성 평가
> 　　㉢ 심사기준 및 평가기준의 개발
> 　　㉣ ㉠ ~ ㉢까지의 규정에 따른 업무와 관련된 조사연구 및 국제협력
> 　　㉤ 다른 법률에 따라 지급되는 급여비용의 심사 또는 의료의 적정성 평가에 관하여 위탁받은 업무
> 　　㉥ 그 밖에 이 법 또는 다른 법령에 따라 위탁받은 업무
> 　　㉦ 건강보험과 관련하여 보건복지부장관이 필요하다고 인정한 업무
> 　　㉧ 그 밖에 보험급여 비용의 심사와 보험급여의 적정성 평가와 관련하여 대통령령으로 정하는 업무

9 다음은 국민건강보험법 제87조(이의신청)에 대한 내용이다. 빈칸에 들어갈 내용으로 적절한 것은?

제1항 가입자 및 피부양자의 자격, 보험료등, 보험급여, 보험급여 비용에 관한 공단의 처분에 이의가
　　　있는 자는 공단에 이의신청을 할 수 있다.
제2항 요양급여비용 및 요양급여의 적정성 평가 등에 관한 심사평가원의 처분에 이의가 있는 공단, 요
　　　양기관 또는 그 밖의 자는 심사평가원에 이의신청을 할 수 있다.
제3항 제1항 및 제2항에 따른 이의신청(이하 "이의신청"이라 한다)은 처분이 있음을 안 날부터 90일
　　　이내에 문서(전자문서를 포함한다)로 하여야 하며 처분이 있은 날부터 180일을 지나면 제기하
　　　지 못한다. 다만, 정당한 사유로 그 기간에 이의신청을 할 수 없었음을 소명한 경우에는 그러하
　　　지 아니하다.
제4항 제3항 본문에도 불구하고 요양기관이 제48조에 따른 심사평가원의 확인에 대하여 이의신청을 하
　　　려면 같은 조 제2항에 따라 통보받은 날부터 (　　)에 하여야 한다.
제5항 제1항부터 제4항까지에서 규정한 사항 외에 이의신청의 방법·결정 및 그 결정의 통지 등에 필
　　　요한 사항은 대통령령으로 정한다.

① 15일 이내　　　　　　　　　　　② 30일 이내
③ 45일 이내　　　　　　　　　　　④ 60일 이내

　　✔해설　② 제3항 본문에도 불구하고 요양기관이 제48조에 따른 심사평가원의 확인에 대하여 이의신청을 하려면 같
　　　　　은 조 제2항에 따라 통보받은 날부터 <u>30일 이내</u>에 하여야 한다〈「국민건강보험법」 제87조 제4항〉.

10 국민건강보험법상 권리를 3년 동안 행사하지 않을 경우 소멸시효가 완성되는 것으로 옳지 않은 것은?

① 보험급여를 받을 권리
② 보험급여 비용을 받을 권리
③ 보험료 인상을 조정 받을 권리
④ 보험료, 연체금 및 가산금을 징수할 권리

　　✔해설　시효〈「국민건강보험법」 제91조 제1항〉 … 다음의 권리는 3년 동안 행사하지 아니하면 소멸시효가 완성된다.
　　　　　㉠ 보험료, 연체금 및 가산금을 징수할 권리
　　　　　㉡ 보험료, 연체금 및 가산금으로 과오납부한 금액을 환급받을 권리
　　　　　㉢ 보험급여를 받을 권리
　　　　　㉣ 보험급여 비용을 받을 권리
　　　　　㉤ 과다납부된 본인일부부담금을 돌려받을 권리
　　　　　㉥ 근로복지공단의 권리

11 다음 중 국민건강보험법상 업무정지의 요건에 해당하지 않는 경우는?

① 국민 건강에 심각한 위험을 초래할 것이 예상되는 경우
② 속임수나 그 밖의 부당한 방법으로 보험자 · 가입자 및 피부양자에게 요양급여비용을 부담하게 한 경우
③ 명령에 위반하거나 거짓 보고를 하거나 거짓 서류를 제출한 경우
④ 소속 공무원의 검사 또는 질문을 거부 · 방해 또는 기피한 경우

> **해설** 업무정지〈「국민건강보험법」 제98조 제1항〉 … 보건복지부장관은 요양기관이 다음의 어느 하나에 해당하면 그 요양기관에 대하여 1년의 범위에서 기간을 정하여 업무정지를 명할 수 있다. 이 경우 보건복지부장관은 그 사실을 공단 및 심사평가원에 알려야 한다.
> ㉠ 속임수나 그 밖의 부당한 방법으로 보험자 · 가입자 및 피부양자에게 요양급여비용을 부담하게 한 경우
> ㉡ 제97조 제2항에 따른 명령에 위반하거나 거짓 보고를 하거나 거짓 서류를 제출하거나, 소속 공무원의 검사 또는 질문을 거부 · 방해 또는 기피한 경우
> ㉢ 정당한 사유 없이 요양기관이 제41조의3제1항에 따른 결정을 신청하지 아니하고 속임수나 그 밖의 부당한 방법으로 행위 · 치료재료를 가입자 또는 피부양자에게 실시 또는 사용하고 비용을 부담시킨 경우

12 국민건강보험 요양급여의 기준에 관한 규칙상 가입자등이 상급종합병원에서 1단계 요양급여를 받을 수 있는 경우로 옳지 않은 것은?

① 분만의 경우
② 치과에서 요양급여를 받는 경우
③ 단순 물리치료로 요양급여를 받는 경우
④ 혈우병환자가 요양급여를 받는 경우

> **해설** 요양급여의 절차〈「국민건강보험 요양급여의 기준에 관한 규칙」 제2조 제3항〉 … 가입자등이 다음의 1에 해당하는 경우에는 상급종합병원에서 1단계 요양급여를 받을 수 있다.
> ㉠ 「응급의료에 관한 법률」 제2조 제1호에 해당하는 응급환자인 경우
> ㉡ 분만의 경우
> ㉢ 치과에서 요양급여를 받는 경우
> ㉣ 「장애인복지법」 제32조에 따른 등록 장애인 또는 단순 물리치료가 아닌 작업치료 · 운동치료 등의 재활치료가 필요하다고 인정되는 자가 재활의학과에서 요양급여를 받는 경우
> ㉤ 가정의학과에서 요양급여를 받는 경우
> ㉥ 당해 요양기관에서 근무하는 가입자가 요양급여를 받는 경우
> ㉦ 혈우병환자가 요양급여를 받는 경우

Answer　9.②　10.③　11.①　12.③

인성검사

1 인성검사의 목적

(1) 조직 적합성 평가

인성검사는 지원자의 성품을 알고자 하는 것이 아니다. 인사 담당자는 지원자의 어떠한 특성이 발달했는지를 알아보고, 해당 직무의 특성과 조직의 가치관에 얼마나 합치하는지를 평가한다. 직무 수행 능력과 더불어 조직과의 조화, 가치 공유 여부 등이 특히 중요하게 평가된다. 결국 인성검사는 지원자가 조직에 장기적으로 적합한 인재인지 판단하기 위한 목적을 갖는다.

(2) 조직 리스크 관리

인성검사는 문제 행동 가능성이나 스트레스 대처 방식 등을 파악하는 데에 활용된다. 책임감, 정직성, 협업 태도 등은 조직의 안정성과 직결되는 요소이기 때문에 내부 갈등, 윤리 문제, 조기 퇴사 등과 같은 잠재적인 리스크를 줄이기 위해서 시행된다.

(3) 면접과의 연계

인성검사 결과는 이후 면접에서도 긴밀하게 활용된다. 면접관은 인성검사에서 나타난 지원자의 특징과 응답 경향을 바탕으로 실제 행동이 일관되게 나타나는지를 확인한다. 즉, 인성검사는 면접 단계에서 지원자 답변의 진정성을 검증할 기초 자료를 확보하려는 목적을 내포한다.

(4) 공정하고 객관적인 평가 보완

면접은 주관적인 요소가 개인될 수 있다. 인성검사는 이를 보완하기 위한 객관적인 지표의 역할을 한다. 동일한 기준으로 다수의 지원자를 비교할 수 있기 때문에 선발 과정에서 공정성을 높이는 데에 기여를 할 수 있다. 또한 서류나 면접에서 볼 수 없었던 지원자의 성향을 추가적으로 확인이 가능하다.

(5) 인재 관리 및 배치 참고 자료 확보

채용 이후에 인성검사 결과를 통해서 인재를 배치하고 교육 방향을 설정하는 데에 활용이 가능하다. 팀 구성시 성향을 고려하여 배치하거나 개인별 강·약점을 파악하여 맞춤형 교육설계가 가능하다.

② 인성검사 준비 전략

(1) 기업 인재상 분석

지원 기업의 인재상과 핵심 가치를 사전에 확인해야 한다. 인성검사는 기업 문화 적합도를 평가하는 도구이므로, 기업이 중시하는 성향과 자신의 특성을 비교하는 과정이 필요하다. 이를 통해 과도한 연출 없이도 방향성 있는 응답 기준을 설정할 수 있다.

(2) 직무 성향 파악

같은 기업이라도 직무에 따라 요구되는 성향은 다르다. 예를 들어 영업 직무는 대인관계 적극성과 목표지향성이, 연구 직무는 집중력과 안정성이 상대적으로 중요하다. 지원 직무의 특성을 이해하면 응답 기준을 보다 명확히 정립할 수 있다.

(3) 자기 성향 점검

시험 전 자신의 성향을 객관적으로 정리해보는 과정이 필요하다. 평소 갈등 상황에서의 대응 방식, 규칙 준수 태도, 스트레스 관리 방식 등을 점검하면 응답 일관성을 유지하는 데 도움이 된다. 자기 이해가 부족한 상태에서 시험에 응시할 경우 즉흥적 판단이 늘어날 가능성이 높다.

(4) 모의 문항 연습

유형을 미리 경험하면 시험 당일 긴장을 줄일 수 있다. 특히 반복 문항 구조와 역문항 패턴을 이해하는 연습이 필요하다. 다만 정답을 외우는 방식이 아니라, 자신의 기준을 점검하는 방식으로 연습해야 한다.

(5) 컨디션 관리

인성검사는 장시간 집중을 요구하므로 체력과 집중력 관리가 중요하다. 수면 부족이나 과도한 긴장은 응답 패턴을 흔들 수 있다. 시험 전 충분한 휴식과 안정된 심리 상태를 유지하는 것이 바람직하다.

(1) 성실성

규칙을 잘 지키고 일을 계획적으로 할 수 있는 태도를 말한다. 주요 문항으로는 "하기 싫더라도 주어진 일은 참고 한다", "인내심이 강하다는 말을 듣는다" 등이 있다. 인사 담당자는 성실성이 높은 지원자를 긍정적으로 평가한다. 인내심이 강하고 어려운 업무를 받아도 포기하지 않을 것이라고 생각하기 때문이다.

(2) 이타성

개인보다 공동체의 이익을 강조하는 성향으로, 협동을 중요시하는 조직에서 특히 선호하는 요소이다. "내 일을 끝내면 다른 사람을 돕는다", "봉사나 기부를 하면 뿌듯하다" 등의 문항이 이타성을 평가하는 데 사용된다. 이타성이 높으면 주로 긍정적인 평가를 받는다. 그러나 과할 경우 타인을 돕는 데 집중하다가 본인의 업무가 지연되거나 처리 효율이 떨어질 수 있다는 우려를 받는다.

(3) 허위성

응답 시 자기 특성을 과도하게 미화하여 표현하려는 성향으로, 입사를 위해 자신을 과장되게 좋은 사람으로 포장하는 경우가 이에 해당한다. 주로 '항상', '한 번도', '언제나' 등의 극단적인 표현이 들어가는 것이 특징이다. 지나치게 꾸며낸 답변은 이후 중복되거나 모순된 문항에 걸리기 쉬우므로 주의한다. 검사에서는 현재의 자신보다 조금 성장한 자신을 표현하는 정도가 적당하다.

> **TIP** 허위성을 판별하는 질문
>
> 실제 인성검사에서는 아래와 같은 문항을 통해 지원자가 현실적으로 불가능한 완벽함을 추구하지 않는지 판별한다. 과하게 이상적이거나 인간이라면 있을 수밖에 없는 감정과 실수를 부정하는 질문이 이에 해당한다.
> - 늘 기분이 좋다.
> - 화를 낸 적이 한 번도 없다.
> - 나는 어떤 실수도 반복하지 않는다.
> - 절대 충동적으로 행동하지 않는다.
> - 다른 사람을 부럽다고 생각해 본 적이 없다.

(4) 책임감

자신의 행동이 조직에 미치는 영향을 이해하고 주어진 일을 끝까지 해내는 성향을 의미한다. 주요 문항으로는 "맡은 일은 끝까지 해내려고 하는 편이다", "해야 할 일을 미루지 않으려고 노력한다" 등이 있다. 책임감은 일반적으로 성실성과 신뢰성을 보여주는 지표이므로 긍정적으로 평가된다. 그러나 지나치게 높을 경우 강박적으로 보이기도 한다.

(5) 자기주도성

적극적인 업무 태도와 향상성, 자기 개발 능력 등을 나타내는 정신적 활동력을 말한다. 주요 문항으로는 "하고 싶은 일을 좀처럼 실행할 수 없는 편이다", "새로운 것을 만나면 도전하고 싶다" 등이 있다. 자기주도성이 높은 것은 조직 내 성장 가능성과 책임감을 나타내는 긍정적인 요인이다. 그러나 과도하게 높으면 독단적이거나 의사소통에 문제가 있어 보일 수 있다.

(6) 정서안정성

잦은 감정 기복이나 불안 수준 등의 심리적 안정도를 측정한다. 주요 문항으로는 "실수할까 봐 어떤 일을 시작하는 것이 두렵다", "힘들다고 생각하면 쉽게 그만둔다" 등이 있다. 정서안정성이 높을 경우 감정의 폭이 일정하고 상황을 받아들이는 폭이 넓어 업무 적응력 면에서 긍정적인 요인으로 작용한다.

(7) 조직적응력

조직의 규칙과 문화를 이해하고 협동성을 바탕으로 원활한 사내 관계를 유지할 수 있는지를 측정한다. 주요 문항으로는 "팀의 목표를 위해 개인 의견을 조정할 수 있다", "새로운 환경에 빠르게 적응하는 편이다" 등이 있다. 점수가 높으면 조직 생활과 협업에 유리하게 작용한다.

(8) 준법성

업무를 공정하고 투명하게 처리하며 규칙과 절차를 성실히 따르는 성향으로, 공기업이나 공공기관에서 특히 중요시하는 성향이다. 주요 문항으로는 "규칙보다 개인의 편의를 우선시하는 것은 바람직하지 않다", "법에 어긋나더라도 관행이면 상사의 지시를 따른다" 등이 있다. 점수가 높을수록 신뢰감을 얻지만, 과할 경우 융통성이 부족하다는 인상을 줄 수 있다.

(9) 대인관계능력

타인과 원만하고 협조적인 관계를 형성할 수 있는지를 보여주는 지표이다. 주요 문항으로는 "새로운 사람들과 적응하는 시간이 짧다", "갈등이 생기면 대화를 통해 해결하는 것이 좋다" 등이 있다. 대인관계능력이 높으면 원만한 조직 생활이 가능하므로 긍정적인 평가를 받는다. 하지만 사교적으로 보이기 위해 지나치게 꾸며낸 답변은 오히려 진정성을 의심받을 수 있다.

(10) 문제해결능력

난관이나 갈등 상황에서 원인을 분석하고 현실적인 대안을 모색하여 문제를 해결하는 능력을 측정한다. 주요 문항으로는 "예상치 못한 문제에도 침착하게 대응할 수 있다", "일이 해결될 때까지 어려워도 버텨내는 편이다" 등이 있다. 이러한 능력은 도전적이고 책임감 있는 사람으로 평가받는 데 영향을 준다.

④ 인성검사 불합격 요인

(1) 직무부적합

지원 직무를 수행하는 데 필요한 성향이나 역량이 부족하다고 판단되는 경우이다. 세밀함이 요구되는 업무에서 충동적인 성향이나 낮은 주의력이 나타나는 경우가 이에 해당한다. 검사 전 지원 직무에 어울리는 성향을 정확히 이해하는 것이 중요하다.

(2) 조직에 부적합한 성향

조직의 가치관이나 문화와 조화를 이루기 어렵다고 평가되는 경우이다. 협력보다 경쟁을 선호하거나, 규율을 중시하는 환경에서 자유로운 분위기를 선호하는 경우가 이에 해당한다. 지원하는 조직이 원하는 인재상을 미리 파악해 두는 것이 좋다.

(3) 일관적이지 않은 답변

동일하거나 유사한 문항에 상반된 답을 반복적으로 제시한 경우이다. 이는 자신의 성향을 정확히 인식하지 못했거나, 인위적으로 '좋은 인상'을 주려는 의도로 답변했을 가능성을 의미한다. 앞서 언급했듯 최대한 꾸밈없이 일관된 답변을 하는 것이 중요하다.

(4) 극단적 성향

성격 특성이 한쪽으로 지나치게 치우친 경우이다. 자신감이 지나쳐 독단적으로 보이거나, 소극적인 태도가 지나쳐 단호함이 부족해 보이는 경우가 이에 해당한다. 특정 성향이 과도하게 드러나도록 답변하는 것은 바람직하지 않다.

(5) 과도하게 이상적인 인간인 것

과도하게 이상적인 인물로 답하면 문항 간 응답 일관성이 무너져 신뢰도 점수가 낮아질 수 있다. 모든 항목에 극단적으로 긍정 응답을 선택할 경우, 사회적 바람직성 왜곡으로 판단되어 감점 요인이 된다. 완벽한 사람이 아니라 예측 가능한 사람을 선호하기 때문에 과장된 응답은 오히려 탈락 위험을 높인다.

⑤ 인성검사 대응 전략

(1) 솔직하게 답변한다.

인성검사에는 정답 대신 조직에서 바라는 인재상 또는 기대하는 답변이 있을 뿐이다. 이를 염두에 두되, 자신을 과도하게 가공하여 표현하지 않도록 주의한다. 솔직함이 일관성과 진정성을 유지하는 가장 중요한 요소가 된다.

(2) 신속하게 답변한다.

인성검사의 문항 수는 대개 150 ~ 300문항 정도이다. 너무 곰곰이 생각하다가는 문항을 다 읽지 못한 채 시간이 끝나거나, 시간에 쫓겨 대충 답하게 될 수도 있다. 이 점에 유의하여 문항을 본 순간 떠오른 첫 생각을 신속히 마킹하는 것이 바람직하다.

(3) 일관성 있게 답변한다.

실제 인사 담당자 인터뷰에 따르면, 인성검사에서 일관성 없는 답변을 한 지원자가 감점되어 탈락한 사례가 많다. 과장되거나 거짓된 응답은 결국 문항 간 모순으로 드러난다. 따라서 상기한 대로 솔직하고 일관성 있게 대답하는 것이 좋다.

(4) 반복해서 연습한다.

인성검사는 세세한 부분은 달라도 전체 구조나 패턴이 유사하다. 긴 시간 집중력을 유지하고 체력을 분배하기 위해 사전에 다양한 모의고사를 치러보며 마킹까지 끝낼 수 있도록 반복해서 연습하는 것이 좋다. 반복 연습은 사고의 일관성과 반응 속도를 높이는 데 도움이 된다.

(5) 인재상에 맞는 방향성을 설정한다.

인성검사는 기업이 추구하는 인재상과의 적합도를 확인하는 과정인 만큼 해당 기업의 핵심가치, 기업 철학 등을 파악하고 그에 부합하는 성격을 설정하는 것이 도움이 된다. 실제로 일부 지원자는 모니터 옆에 지원하는 기업의 인재상을 붙여 두고, 해당 기준에 따라 일관된 태도를 유지하며 답변하는 전략을 사용한다. 다만 주지하다시피 현실적인 범위 내에서 진정성을 유지하는 것이 중요하다.

(6) 면접에 적용한다.

인성검사 결과는 면접에 사용된다. 만일 정직성이 의심된다면 면접에서 그 부분을 기반으로 한 질문을 받게 될 것이다. 인성검사에서 자신을 어떤 사람으로 표현했는지 잘 기억하며 면접에서도 같은 방향성을 유지하는 것이 좋다. 기업의 인재상과 자신의 인성검사 답변을 정리하여 면접 준비에 활용하도록 한다.

1 심리적 측면

(1) 민감성

① 특징 : 꼼꼼함, 섬세함 등의 요소를 통해 얼마나 정서적으로 안정되었는지를 측정한다. 적당한 민감성은 세심하고 감수성이 풍부하다는 장점으로 이어질 수 있다.

② 면접 시 유의점

  ㉠ 민감성이 높은 경우 : 인사 담당자는 동료와의 관계 유지나 스트레스 대응력 등을 우려할 수 있다. 따라서 타인의 감정에 잘 공감하고 배려하는 소통 능력을 강조하는 것이 좋다.

  ㉡ 민감성이 낮은 경우 : 주변의 변화나 타인의 감정에 둔감하다는 인상을 줄 수 있다. 상대의 의견을 충분히 경청하고 상황 변화에 유연하게 대응해 온 경험을 드러내는 것이 좋다.

(2) 과민성

① 특징 : 예상치 못한 어려움이 발생했을 때 부정적인 감정을 얼마나 크게 받아들이는지를 측정한다. 문제에 예민하게 반응하거나 스스로를 비난하고 책망하는 경향 등이 포함된다.

② 면접 시 유의점

  ㉠ 과민성이 높은 경우 : 비관적인 성격으로 예상될 가능성이 있다. 문제 상황에서 침착하게 대처하고 스트레스를 균형 있게 조절할 수 있음을 어필하는 것이 좋다.

  ㉡ 과민성이 낮은 경우 : 감정에 흔들리지 않고 안정된 대인 관계를 유지할 수 있는 사람으로 평가받을 수 있다. 그러나 과도하게 낮다면 자기중심적으로 보일 수 있으므로 사교적이고 긍정적인 태도를 어필하는 것이 좋다.

(3) 불안성

① 특징 : 기분의 굴곡이 얼마나 큰지 측정하는 항목이다. 새로운 상황이나 예기치 못한 변화가 발생했을 때 정서적으로 얼마나 흔들리는지를 파악하고자 한다.

② 면접 시 유의점

　　㉠ 불안성이 높은 경우 : 불안성이 높은 사람은 의지보다 감정에 따라 행동하기 쉽다. 그러므로 불안성 점수가 높은 지원자는 감정 조절 능력을 강조하고 차분한 태도로 면접에 임하는 것이 좋다.

　　㉡ 불안성이 낮은 경우 : 쉽게 일비일희하지 않아 안정적으로 성과를 낼 수 있는 지원자로 보일 수 있다. 그러므로 면접에서도 이러한 장점을 적절히 부각하여 신뢰감을 주는 것이 좋다.

(4) 독자성

① 특징 : 주변에 대한 견해나 관심보다는 자신의 관점과 느낌을 중요하게 생각하는 개인성의 정도를 측정한다. 주로 독자성이 낮을수록 상식적이며 일반적인 판단 기준에 따라 행동한다고 본다.

② 면접 시 유의점

　　㉠ 독자성이 높은 경우 : 독창적이고 자율적인 사고를 강조할 수 있지만, 규범이나 절차를 중시하는 조직 환경에서는 적응에 어려움을 겪을 가능성이 있다. 해당 경우 협업 과정에서 타인의 의견을 수용하고 조직의 기준을 존중하는 태도를 보이는 것이 좋다.

　　㉡ 독자성이 낮은 경우 : 지나치게 수동적으로 보이지 않아야 한다. 필요한 상황에서는 스스로 판단하고 의견을 제시할 수 있음을 함께 어필하는 것이 좋다.

(5) 자신감

① 특징 : 자신의 능력과 가치를 얼마나 긍정적으로 인식하고 있는지 측정한다. 적정 수준의 자신감 표출은 도전 의지와 안정된 자기 효능감으로 이어질 수 있다.

② 면접 시 유의점

　　㉠ 자신감이 높은 경우 : 자신감 점수가 너무 높으면 오만하게 보일 수 있다. 따라서 겸손한 태도와 함께 타인의 의견을 존중하며 협력한 경험을 제시해 균형 잡힌 인상을 주는 것이 좋다.

　　㉡ 자신감이 낮은 경우 : 소극적이거나 쉽게 좌절할 것으로 평가될 수 있다. 이때는 맡은 일을 책임감 있게 완수한 경험과 꾸준히 발전해 온 모습을 강조하는 것이 좋다.

(6) 고양성

① 특징 : 자유분방함, 명랑함 등과 같은 정서적 활성도를 측정한다. 기본적인 정서적 에너지 수준과 대인 상황에서의 자기표현 방식을 파악하고자 한다.

② 면접 시 유의점

    ㉠ 고양성이 높은 경우 : 착실함과 집중력이 요구되는 직무에서 산만하다는 인상을 남길 수 있으므로 주의가 필요하다. 필요할 때는 착실하고 책임감 있게 업무를 수행할 수 있음을 어필하는 것이 좋다.

    ㉡ 고양성이 낮은 경우 : 안정적인 태도와 일관된 업무 수행력이 기대되나, 지나치게 낮은 경우에는 감정표현이 다소 부족해 보일 수 있다. 차분한 모습으로 소통 면에서의 신뢰감을 주면 좋다.

(7) 진위성

① 특징 : 자신을 필요 이상으로 좋게 포장하거나 기업체가 바라는 이상적인 대답을 하고 있지는 않은지 측정한다. 지원자의 진정성과 일관성을 파악하고자 한다.

② 면접 시 유의점

    ㉠ 진위성이 높은 경우 : 정직하고 외부의 압력과 스트레스에도 흔들리지 않는 사람으로 평가받을 수 있다. 이러한 긍정적인 면을 일관되게 유지하여 면접에 임하는 것이 좋다.

    ㉡ 진위성이 낮은 경우 : 과장되거나 인위적인 답변을 했다는 인상을 줄 수 있다. 솔직하고 꾸며내지 않은 경험을 제시하여 진정성을 드러내고 신뢰를 회복하는 것이 중요하다.

② **행동적 측면**

(1) 신중성

① 특징 : 의사결정이나 행동을 취하기 전에 얼마나 면밀히 사고하고 판단하는지를 측정하며, 계획적이고 체계적으로 접근하려 하는 성향을 포함한다.

② 면접 시 유의점

　㉠ 신중성이 높은 경우 : 완벽주의 성향으로 인해 업무 효율성이 저하되거나 변화 대응력이 부족할 것이라는 인상을 줄 수 있다. 신중성뿐만 아니라 추진력 또한 갖추었음을 어필하는 것이 좋다.

　㉡ 신중성이 낮은 경우 : 빠른 실행력을 장점으로 제시하되, 충동적이고 경솔한 유형이라는 평가를 받지 않도록 중요한 결정 시에는 충분한 검토 과정을 거친다는 점을 함께 설명하는 것이 좋다.

(2) 지속성

① 특징 : 목표를 설정한 후 그것을 달성하기 위해 지속적으로 노력을 기울이는 정도를 측정한다. 난관이나 장애물에 직면했을 때도 쉽게 포기하지 않고 끝까지 과업을 완수하려는 태도가 이에 해당한다.

② 면접 시 유의점

　㉠ 지속성이 높은 경우 : 인내심이 많지만 특정 업무에만 몰두하여 유연한 업무 처리가 어려울 것이라는 우려를 남긴다. 상황에 따라 우선순위를 조정하는 유연성을 어필하는 것이 좋다.

　㉡ 지속성이 낮은 경우 : 쉽게 포기하거나 끈기가 부족하다는 인상을 줄 수 있다. 그러므로 맡은 일을 끝까지 책임지고 마무리할 의지가 있다는 점을 분명하게 전달하는 것이 좋다.

(3) 침착성

① 특징 : 예상치 못한 상황이나 압박 속에서도 감정 동요 없이 차분하게 행동할 수 있는지를 측정한다. 위기 상황에서 냉정함을 유지하며 합리적인 판단을 내리는 능력과 관련이 있다.

② 면접 시 유의점

　㉠ 침착성이 높은 경우 : 신중하게 계획을 세워 안정적으로 업무를 수행할 것이라고 평가된다. 차분하게 면접에 임하여 이러한 강점을 입증하되, 소극적이거나 열정이 부족해 보이지 않도록 주의한다.

　㉡ 침착성이 낮은 경우 : 충분한 검토 없이 즉각적으로 행동하는 유형으로 해석될 수 있다. 인사 담당자에게 경솔하다는 인상을 줄 수 있으므로 사려 깊고 신중한 태도를 충분히 드러내는 것이 좋다.

(4) 신체활동성

① 특징 : 신체적인 에너지를 활용하는 활동에 대한 선호와 의지 정도를 측정한다. 활동적 환경과 정적인 환경 중 어떤 상황에서 더 안정적으로 행동하는지를 파악한다.

② 면접 시 유의점

　㉠ 신체활동성이 높은 경우 : 적극적이고 추진력 있다는 인상을 줄 수 있다. 그러나 집중력과 신중함이 필요한 업무에서는 부정적인 요인으로 평가될 수도 있다. 활동을 통해 얻은 구체적인 성과를 강조하고, 상황에 따라 유연하게 대응하는 능력을 어필하는 것이 좋다.

　㉡ 신체활동성이 낮은 경우 : 차분하고 안정적인 태도를 지닐 것으로 기대되지만, 자칫 에너지가 부족해 보일 수도 있다. 맡은 일에 적극적으로 성과를 내고자 하는 태도를 강조해 균형 잡힌 이미지를 전달하는 것이 좋다.

(5) 사회적 내향성

① 특징 : 대인 관계 시 나타나는 개방성과 사교성 등을 측정한다. 낯선 상황에서 타인과 상호작용하는 방식, 의사 표현의 적극성, 협업 시 보이는 관계 형성 패턴 등을 파악한다.

② 면접 시 유의점

　㉠ 사회적 내향성이 높은 경우 : 조용하고 신중한 태도를 보이는 경향이 있다. 과묵하게 보이지 않도록 배려와 경청을 기반으로 한 의사소통 방식을 자연스럽게 드러내어 협업에 문제없다는 인상을 주는 것이 좋다.

　㉡ 사회적 내향성이 낮은 경우 : 자기주장이 강하거나 협조성이 부족하다는 평가를 받을 수 있다. 면접 상황에서 발언 비중을 조절하고 경청의 태도를 보이면 안정감을 줄 수 있다.

③ 의욕적 측면

(1) 달성의욕

① 특징 : 자신이 설정한 목표를 이루기 위해 노력하고자 하는 성취 지향적인 태도를 측정한다. 높은 이상이나 뚜렷한 목적의식을 가졌는지를 판별한다.

② 면접 시 유의점

    ㉠ 달성의욕이 높은 경우 : 자기 계발 의지 및 경쟁심 등으로 연결될 수 있어 대부분의 조직에서 긍정적으로 평가된다. 다만 점수가 지나치게 높은 경우 독단적이거나 고집이 세 보일 수 있으므로 수용적인 태도를 함께 갖추는 것이 좋다.

    ㉡ 달성의욕이 낮은 경우 : 도전 의지가 부족하거나 목표 설정에 소극적인 인상을 줄 수 있다. 주어진 역할을 꾸준히 수행하여 안정적인 성취를 이룬 경험을 드러내는 것이 좋다.

(2) 활동의욕

① 특징 : 목표를 위해 정신적인 에너지를 발휘하고 적극적으로 행동하려는 활동력 및 추진력을 측정한다. 새로운 일을 마주했을 때 빠르게 움직이고, 상황을 주도적으로 이끄는 것이 이에 해당한다.

② 면접 시 유의점

    ㉠ 활동의욕이 높은 경우 : 대개 상황 판단이 빠르고 실행 능력이 뛰어나다고 평가받는다. 다만 상황에 맞춰 의욕을 조절할 수 있음을 함께 보여 이러한 성향이 과도한 성급함으로 해석되지 않도록 하는 것이 좋다.

    ㉡ 활동의욕이 낮은 경우 : 신중하고 차분한 특성이 강조된다. 소극적인 인재로 해석될 가능성이 있으므로 업무 진행 과정에서 주도성을 발휘할 수 있다는 태도를 보이는 것이 좋다.

TIP 인재상과 나의 실제 성격이 다를 때

기업체의 인재상과 나의 실제 성격이 다를 수 있다. 그럴 때는 자신의 성향을 해석하고 전달하는 방식을 바꾸어 인재상과 연결 짓도록 한다.

- 사회적 내향성이 높은 성격이지만 협동력과 대인관계능력을 중요시하는 인재상을 요구받을 수 있다. 이 경우 내성적이지만 경청을 잘해 갈등 중재에 뛰어나다는 점을 강조한다.
- 사회적 내향성이 낮고 신체활동성이 높아서 성실성을 강조하는 인재상에 맞지 않는 경우가 있다. 이 경우 체력을 기반으로 꾸준히 노력할 수 있는 인재라는 점을 어필한다.

① 인성검사 유형

(1) 복합형

복합형 인성검사는 하나의 문항 안에 서로 다른 성향을 암시하는 질문을 제시하여 응답자가 어떤 특성을 우선시하는지 확인하는 유형이다. 즉, 응답자의 성향이 얼마나 일관된 기준을 중심으로 정리되어 있는지를 통해 응답자의 균형감각과 우선순위 설정 능력 등을 확인하는 데에 활용된다.

(2) 생각일치형

생각일치형 인성검사는 개인의 가치관, 신념, 사고방식이 어떤 형태를 띠고 있는지 판단하는 유형이다. 주로 업무 태도, 인간관계, 문제 해결 방식과 같이 인지적 판단이 개입되는 영역을 다루는 문항이 출제된다. 이를 통해 지원자의 생각이 상황에 따라 쉽게 바뀌는지, 혹은 일정한 기준에 따라 논리적으로 사고하는지를 확인하고자 한다.

(3) 행동일치형

행동일치형 인성검사는 지원자의 실제 행동 경향을 중심으로 성향을 판단하는 유형이다. 생각이나 태도와 달리 행동은 비교적 꾸며내기 어렵다는 점에서 중요한 평가 자료로 활용될 수 있다. 이 유형은 '어떻게 생각하는가'보다는 '실제로 어떻게 행동해 왔는가'를 기준으로 성향을 파악한다. 즉, 지원자의 실천 가능성과 지속성 등을 중점적으로 평가한다.

(4) 진위형

진위형 인성검사는 문항에 대해 '그렇다/아니다'와 같은 구조로 이분법적 선택을 요구하는 유형이다. 문항 자체는 비교적 단순해 보일 수 있으나, 동일하거나 유사한 내용이 반복적으로 제시되며 응답의 진실성과 일관성을 검증하는 데에 자주 활용된다.

(1) 응답 요령

복합형 응답법

- 응답 Ⅰ : 각각의 문항에 대해 자신이 동의하는 정도를 ① (전혀 그렇지 않다) ~ ⑤ (매우 그렇다)로 표시한다.
- 응답 Ⅱ : 제시된 문항들을 비교하여 상대적으로 자신의 성격과 가장 가까운 문항 하나와 가장 거리가 먼 문항 하나를 선택한다. 응답 Ⅱ는 가깝다 한 개, 멀다 한 개, 무응답 두 개여야 한다.

(2) 예시 및 해설

질문	응답 Ⅰ	응답 Ⅱ
	① ② ③ ④ ⑤	멀다 가깝다
1. 무슨 일도 좀처럼 시작하지 못한다.		
2. 초면인 사람과도 바로 친해질 수 있다.		
3. 행동하고 나서 생각하는 편이다.		
4. 쉬는 날은 집에 있는 경우가 많다		

〈문항 해설〉

1. 자신감을 구분하는 문항이다.
2. 사회적 내향성을 구분하는 문항이다.
3. 신중성을 구분하는 문항이다.
4. 신체활동성을 구분하는 문항이다.

(3) 응답 전략

① 다양한 응답 유형 사이에서도 일관성을 유지하는 것이 중요하다. 문항 전체에서 흔들리지 않는 핵심 가치를 하나 잡고 응답을 이어 나가는 것이 도움 될 수 있다.

② 모든 항목에서 '매우 그렇다/매우 아니다'를 선택하면 신뢰도가 떨어지고 진정성을 의심받을 수 있다. 너무 이상적이거나 완벽한 사람처럼 보이는 응답은 되도록 피한다.

③ 상황에 따라 유연하게 판단할 수 있다는 인상을 주되, 책임 회피형 응답은 피한다.

(1) 응답 요령

생각일치형 응답법

제시된 네 가지 질문 중에서 자신과 가장 가깝다고 생각하는 질문에 '가깝다', 자신과 가장 멀다고 생각하는 질문에 '멀다'로 각각 선택한다. 응답은 가깝다 한 개, 멀다 한 개, 무응답 두 개여야 한다.

(2) 예시 및 해설

질문	가깝다	멀다
나는 계획적으로 일을 하는 것을 좋아한다.		
나는 꼼꼼하게 일을 마무리하는 편이다.		
나는 새로운 방법으로 문제를 해결하는 것을 좋아한다.		
나는 빠르고 신속하게 일을 처리해야 마음이 편하다.		

〈문항 해설〉

질문 : 업무 수행에서의 방식·태도·정밀도·속도에 대한 선호를 비교하여 신중성의 수준을 구분하는 문항이다.

(3) 응답 전략

① 유사한 맥락의 문항을 반복적으로 물어 일관성을 확인하는 유형이다. 비슷한 문항은 의미 단위로 기억하여 일관적인 답변을 제시하도록 한다.

② 의미상 양극단의 문항(ex. 나는 꼼꼼하게 일을 마무리하는 편이다/나는 세심하지 못한 편이다)에 모순되는 답변을 하지 않도록 특히 주의한다.

③ 너무 극단적으로 보일 수 있는 문항은 되도록 선택을 피하는 것이 좋다.

(1) 응답 요령

행동일치형 응답법

제시된 ① ~ ④ 질문 중에서 자신과 가장 가깝다고 생각하는 것은 A에 표시하고, 자신과 가장 멀다고 생각하는 것은 B에 표시한다.

(2) 예시 및 해설

1	① 아무것도 생각하지 않을 때가 많다.	A ①②③④
	② 스포츠는 하는 것보다 보는 게 좋다.	
	③ 성격이 급한 편이다.	B ①②③④
	④ 비가 오지 않으면 우산을 가지고 가지 않는다.	

〈문항 해설〉

① 활동의욕을 구분하는 문항이다.
② 신체활동성을 구분하는 문항이다.
③ 침착성을 구분하는 문항이다.
④ 신중성을 구분하는 문항이다.

(3) 응답 전략

① 행동 양상을 분석해서 생각과의 일관성을 판단하는 유형이다. 생각과 행동이 일치할 때 설득력이 높아짐에 유의한다.

② 지원하는 직무의 역할과 맥락을 고려하여, 태도에서 강조한 강점이 행동 사례에서도 입증되도록 응답한다.

③ 너무 극단적인 표현이나 단정 짓는 어조를 가진 문항에 주의하여 응답한다.

5 **진위형 응답 요령과 예시**

(1) 응답 요령

진위형 응답법

제시된 질문을 읽은 다음 자신에게 해당하는 것이라면 YES를 선택하고, 해당하지 않는다면 NO를 선택한다.

(2) 예시 및 해설

질문	YES	NO
1. 집에 머무는 시간보다 밖에서 활동하는 시간이 더 많은 편이다.		
2. 자주 생각이 바뀌는 편이다.		
3. 사람들과 관계 맺는 것을 잘하지 못한다.		
4. 끈기가 있는 편이다.		
5. 인생의 목표는 큰 것이 좋다.		

〈문항 해설〉
1. 신체활동성을 구분하는 문항이다.
2. 신중성을 구분하는 문항이다.
3. 사회적 내향성을 구분하는 문항이다.
4. 지속성을 구분하는 문항이다.
5. 달성의욕을 구분하는 문항이다.

(3) 응답 전략

① 단순 양자택일의 유형이므로 극단적인 진술이 되지 않도록 특히 주의한다.

② 조직의 인재상에 부합하는 중요한 가치에는 일관된 긍정 답변을 제시하는 것이 좋다.

③ 약한 수준의 부정적 성향을 묻는 문항(ex. 나는 <u>가끔</u> 우울하다)에는 솔직하게 긍정해서 진정성을 드러내는 것이 좋다.

⑥ 상황판단형 응답 요령과 예시

(1) 응답 요령

상황판단형 응답법

상황판단형은 개인의 감정보다 조직 기준에 부합하는 행동을 선택하는 것이 중요하다. 무조건적인 반항, 무조건적인 복종과 같은 극단적인 행동은 감점 요인이 될 수 있다. 문항에서 제시된 상황의 맥락을 먼저 파악한 뒤, 책임성과 협업성을 동시에 고려해야 한다.

(2) 예시 및 해설

문항 질문 : 상사가 규정을 다소 위반하는 방식으로 업무를 처리하라고 지시하였다. 당신의 행동으로 가장 적절한 것은 무엇인가?

① 지시에 따르되, 문제 발생 시 책임은 상사에게 전가한다.

② 규정 위반이므로 즉시 거부하고 문제를 외부 기관에 신고한다.

③ 우선 상사에게 규정 위반 가능성을 설명하고 대안을 제시한다.

④ 지시에 따르되, 별다른 의견은 제시하지 않는다.

〈문항 해설〉

① 책임 회피적 태도로 판단될 수 있으며 조직 신뢰성 측면에서 부정적으로 평가될 가능성이 있다.

② 원칙 중심적 태도는 긍정적이나, 조직 내 해결 노력 없이 즉각 외부 신고를 선택하는 것은 협업성 부족으로 해석될 수 있다.

③ 규정을 존중하면서도 상사와의 소통을 통해 해결을 시도하는 방식으로, 책임감 · 의사소통 능력 · 조직 적응성을 동시에 보여주는 선택이다.

④ 갈등을 회피하고 수동적으로 따르는 태도로 평가될 수 있으며, 문제 해결 능력이 낮게 판단될 가능성이 있다.

(3) 응답 전략

① 상황의 핵심 갈등 요소를 먼저 파악해야 한다.

② 조직 질서를 존중하되 소통과 문제 해결 노력을 포함한 선택지를 우선 고려한다.

③ 감정적 대응이나 책임 회피형 선택은 지양하고, 책임 · 협업 · 합리성이 균형을 이루는 답안을 선택하는 것이 바람직하다.

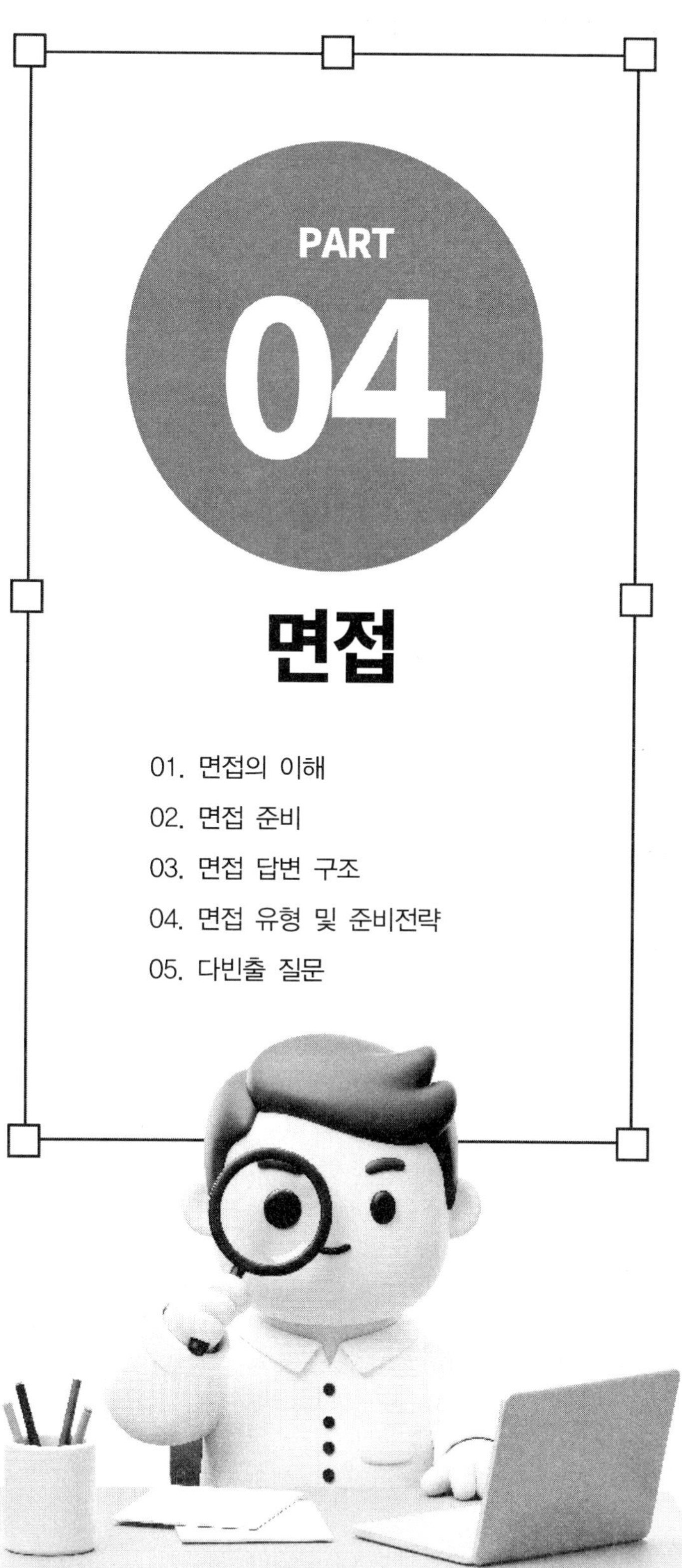

PART
04
면접

면접의 이해

1 면접 목적

(1) 역량 검증

면접은 다양한 기법을 활용하여 지원자가 직무에 필요한 능력을 보유하고 있는지 확인하는 절차이다. 지원자는 직무 수행에 필요한 요건과 관련한 자신의 경험, 관심사, 성취 등을 기업에 직접 어필하고, 인사 담당자는 기업은 서류만으로는 알 수 없는 지원자의 정보를 직접적으로 판단하고 평가한다.

(2) 강점 어필

면접은 보통 대면으로 이루어지며, 즉흥적인 질문을 포함하기 때문에 지원자가 완벽하게 준비하기 어렵다. 그러나 지원자에게는 서류 전형에서 미처 보이지 못한 실제 외국어 능력이나 커뮤니케이션 능력, 비즈니스 매너 등을 인사 담당자에게 추가로 어필하는 기회가 될 수 있다.

(3) 가치관 및 태도 확인

지원자의 성실성, 책임감, 윤리 의식 등 기본적인 인성 요소를 종합적으로 판단한다. 위기 상황에서의 태도, 실패 경험에 대한 인식 등을 통해 가치관의 방향성을 확인한다. 이는 장기 근속 가능성과도 밀접하게 연결되는 평가 요소이다.

(4) 의사소통 능력 평가

면접은 질문을 이해하고 핵심을 구조화하여 전달하는 능력을 평가하는 과정이다. 논리 전개력, 표현의 명확성, 경청 태도 등을 종합적으로 본다. 특히 조직 내 보고 · 협업 환경에서 원활한 소통이 가능한지를 판단한다.

(5) 성장 가능성 탐색

현재 역량뿐 아니라 향후 발전 가능성을 함께 평가한다. 피드백 수용 태도, 자기 성찰 능력, 학습 의지를 통해 잠재력을 확인한다. 즉시 투입 가능한 인재와 동시에 장기적으로 성장할 수 있는 인재를 선별하고자 한다.

② 평가 요소

(1) 경험에 대한 이해와 성찰

면접 평가에서는 지원자가 제시한 경험 그 자체보다 해당 경험을 통해 무엇을 느꼈고 어떤 발전을 이루어냈는지가 더 중요하게 고려된다. 동일한 경험이라 하더라도 문제 인식의 깊이, 판단의 기준, 성찰 정도에 따라 평가가 달라질 수 있다.

(2) 태도와 잠재력

면접관은 지원자의 의사소통 방식, 질문에 대한 반응 등을 통해 협업 능력과 발전 의지를 파악한다. 완벽한 답변보다는 겸손하면서도 주도적인 자세, 피드백을 수용하는 열린 태도, 그리고 조직의 가치관과 부합하는 직업관을 가지고 있을 때 좋은 평가를 받을 수 있다.

(3) 직무 역량

지원 직무와 관련된 이해도, 문제 해결 능력, 실무 적용 가능성을 평가한다. 경험 기반 답변이 구체적일수록 높은 평가를 받을 가능성이 크다.

(4) 의사소통 능력

질문 의도를 정확히 이해하고 구조적으로 답변하는지를 본다. 논리 전개, 핵심 전달력, 태도의 안정성이 중요한 요소이다.

(5) 조직 적합성

기업 문화와의 조화 가능성을 평가한다. 협업 태도, 갈등 해결 방식, 규범 수용 태도 등이 관찰 대상이다.

(6) 태도 및 인성

자신감, 성실성, 책임감, 예의 등을 종합적으로 판단한다. 지나친 과장이나 방어적 태도는 감점 요인이 될 수 있다.

(7) 성장 가능성

현재 능력뿐 아니라 학습 의지와 발전 가능성을 함께 평가한다. 피드백 수용 태도와 자기 성찰 능력도 중요한 요소이다.

1 면접 전 준비 사항

(1) 복장 및 스타일

최근 면접 복장을 점차 자율화하는 추세지만, 인사 담당자와 처음으로 만나는 자리이므로 예의를 갖춰 단정하게 입는 것이 좋다.

- 깔끔한 셔츠나 블라우스에 슬랙스를 매치하는 것이 가장 무난하다. 여성의 경우 단정한 원피스도 좋은 선택지가 될 것이다.
- 너무 화려한 액세서리와 넥타이, 높은 구두는 피하는 것이 좋다.
- 헤어스타일 역시 복장의 일부이기에 단정하게 정돈한다. 앞머리가 있다면 눈을 가리지 않도록 정리한다. 여성의 경우 묶이지 않는 길이가 아니라면 깔끔하게 묶는 것을 권장한다.

(2) 조직 정보 확인

지원한 조직의 홈페이지에서 비전과 경영 목표 등을 미리 확인한다. 조직마다 지향점이 다르고, 그 지향점에 따라 지원자에게 바라는 인재상 또한 달라지기 때문이다. 조직에서 제시하는 핵심 가치나 인재상에 자신의 경험과 강점을 연결 지어 답변할 수 있도록 준비한다.

(3) 시간 준수

예절의 기본은 시간이다. 지각할 경우 면접에 응시할 수 없거나 불이익을 받을 가능성이 높다. 면접 시간과 장소가 결정되면 가장 먼저 교통편과 소요 시간을 미리 확인하도록 한다. 가능하면 사전에 방문해 본다. 면접 당일 여유를 가지고 20 ~ 30분 전에 도착하는 것이 좋다.

(4) 지원서와 자기소개서 숙지

인성 면접은 지원서와 자기소개서에 관한 내용을 바탕으로 진행하기 마련이다. 그러므로 작성했던 지원서와 자기소개서를 사전에 충분히 숙지하도록 한다. 특히 자신이 작성한 경험이나 성과에 대해 '왜 그렇게 했는지', '그 과정에서 무엇을 배웠는지' 등의 세부 내용을 명확히 알고 있어야 꼬리 질문에 대비할 수 있다.

(5) 최신 뉴스와 시사상식 파악

사회 이슈에 대한 견해나 시사상식에 관한 질문에 대비하기 위해, 지원한 분야와 관련된 최신 뉴스와 시사상식을 알아 두는 것이 좋다. 이런 부분에서 해당 조직에 대한 관심, 입사 의지, 직무 이해도 등을 보일 수 있다.

(6) 예상 질문 및 답변 준비

사전에 다빈도 기출 질문 리스트를 만들고 예상 답변을 정리해 본다. 다소 긴장한 상태에서도 자연스럽게 답할 수 있도록 반복해서 연습한다. 거울을 보며 말하거나 답변하는 자신의 모습을 동영상으로 촬영해 보는 것도 도움이 될 수 있다.

(7) 면접 점검표

점검사항	확인
① 면접 장소를 확인했다.	
② 면접 장소까지의 교통편과 소요 시간을 확인했다.	
③ 지원한 조직의 비전과 목표를 확인했다.	
④ 지원한 조직의 인재상을 확인했다.	
⑤ 면접 자리에 알맞은 복장을 준비했다.	
⑥ 헤어스타일을 단정하게 정돈했다.	
⑦ 지원서와 자기소개서를 숙지했다.	
⑧ 지원한 조직의 보도 자료를 확인했다.	
⑨ 지원 분야와 관련된 최신 뉴스를 확인했다.	
⑩ 지원 분야와 관련된 시사상식을 숙지했다.	
⑪ 다빈도 기출 질문 리스트를 만들고 예상 답변을 정리했다.	

② 면접 중 유념 사항

(1) 자세

① 인사를 할 때는 목만 숙인다거나 흐트러진 상태가 되지 않도록 주의한다.

② 걸을 때는 상체를 곧게 유지하고 발끝은 평행이 되게 하며 무릎은 스치듯 11자로 걷는다. 보폭은 어깨너비만큼이 적당하지만, 스커트를 입은 경우 보폭을 줄인다.

③ 서 있을 때는 팔을 자연스럽게 내리고 양손을 가볍게 쥐어 바지 옆선에 붙인다. 스커트를 입은 경우 공수 자세를 유지한다.

④ 앉아 있을 때 시선은 정면을 바라보며 턱은 가볍게 당기고 미소를 짓는다.

⑤ 앉고 일어날 때는 자세가 흐트러지지 않도록 의식해서 행동한다.

(2) 언어적 표현

① 인사말을 할 때는 밝고 친근감 있는 목소리로 또박또박 발성하며, 이름과 응시직렬, 수험번호 등을 간략하게 소개한다.

② 면접은 면접관과 지원자가 서로 이야기를 나누는 과정이므로 목소리가 미치는 영향력이 상당히 크다. 때문에 적절한 답변을 하더라도 자신감 없는 작은 목소리나 콧소리를 동반하면 신뢰감이 떨어질 수 있다. 부드러우면서 명확한 목소리를 유지하는 것이 바람직하다.

(3) 비언어적 표현

① 표정은 감정을 가장 잘 표현할 수 있는 의사소통 도구이며, 면접에서 지원자의 첫인상을 결정하는 중요한 요소 중 하나이다. 따라서 면접 중에는 밝은 표정으로 미소를 지어 호감을 형성할 수 있도록 한다.

② 시선은 면접관과 고르게 맞추고 생기 있는 눈빛을 띠도록 한다. 인사 시에는 상대방의 눈을 보며 하는 것이 가장 중요하지만, 너무 빤히 쳐다본다는 느낌이 들지 않도록 주의한다.

(1) 질문 의도 파악 실패

질문과 무관한 답변을 장황하게 이어가는 경우 감점 요인이 된다. 면접은 말하기 시험이 아니라 질문에 정확히 답하는 능력을 평가하는 과정이다. 질문의 핵심을 파악하지 못하면 직무 이해도와 사고력에 대한 신뢰가 낮아질 수 있다.

(2) 경험의 구체성 부족

추상적인 표현이나 일반론적 답변은 실제 역량 검증이 어렵다. 열심히 했다, 최선을 다했다와 같은 표현은 설득력이 낮다. 구체적인 상황·행동·결과가 제시되지 않으면 직무 수행 가능성에 의문이 생길 수 있다.

(3) 책임 회피형 태도

실패 경험을 설명하면서 타인이나 환경 탓으로 돌리는 태도는 부정적으로 평가된다. 조직은 완벽한 인재보다, 문제를 인식하고 개선하는 인재를 선호한다. 책임을 인정하고 학습한 점을 제시하지 못하면 성장 가능성 점수가 낮아질 수 있다.

(4) 과도한 자기 연출

지나치게 이상적이거나 완벽한 모습만을 강조하면 진정성이 의심될 수 있다. 실제 경험과 동떨어진 과장된 답변은 추가 질문에서 쉽게 드러난다. 완벽한 사람보다 예측 가능한 사람을 선호한다는 점을 이해해야 한다.

(5) 비언어적 태도의 불안정성

시선 처리, 표정, 자세, 말의 속도는 신뢰감 형성에 영향을 미친다. 과도한 긴장으로 인한 급한 말투나 불안정한 태도는 준비 부족으로 해석될 수 있다. 안정된 자세와 일정한 말하기 속도는 내용 이상의 평가 요소가 된다.

 **STAR**

(1) 정의 및 특징

상황과 경험 면접에서 주로 사용한다. 어려운 상황을 극복했던 경험, 갈등을 중재했던 경험 등을 묻는 질문에 답하기 좋다.

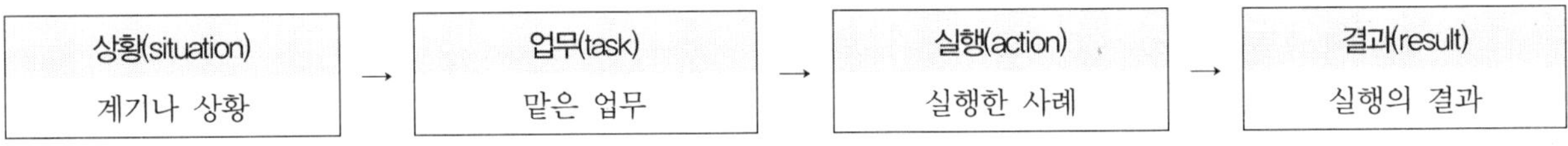

(2) 질문 답변 예시

> Q. 가장 힘들었던 때와 그때를 극복해 낸 경험을 말해 보십시오.

① S : 고등학교 이 학년 때 동아리 회장직을 맡게 되었습니다. 그런데 내부 갈등으로 인원과 예산이 줄어 동아리를 폐쇄해야 할 위기에 직면했습니다.

TIP 당시 상황과 맥락을 들어 사건의 시발점을 간결하게 제시한다.

② T : 저는 동아리 재건에 도전하기로 결심했습니다. 동아리 활성화를 위해 가장 중요한 것은 사람이라고 생각했고, 새로운 동아리 회원을 모집하고자 했습니다.

TIP 주어진 책임이나 목표를 언급하며, 해결해야 했던 핵심 과제 또는 맡은 업무를 중심으로 답변한다.

③ A : 그래서 동아리 홍보 포스터를 만들어 일 학년 게시판이나 복도에 중심적으로 게시하고, 점심시간과 쉬는 시간에 선생님들께 양해를 얻어 일 학년 교실에서 동아리 홍보를 하기도 했습니다.

TIP 중심이 되는 부분이므로 명확하게 전달한다. 문제 해결을 위해 취한 행동을 구체적으로 설명하며, 능동 표현을 사용하는 것이 좋다.

④ R : 그 결과 폐쇄 위기였던 저희 동아리는 일 년 만에 학교에서 신입생이 가장 많은 동아리가 되었고, 이후 다양한 활동을 하며 동아리를 활성화했습니다. 이 경험으로 문제 해결을 위해 주도적으로 행동하는 자세의 중요성을 배울 수 있었습니다.

TIP 구체적인 성과를 언급하며 마무리한다. 가능하다면 수치나 객관적 지표를 제시하는 것이 효과적이다. 배운 점 또는 느낀 점을 덧붙이면 더 좋은 인상을 남길 수 있다.

② SCAR

(1) 정의 및 특징

압박이나 개별 면접에서 주로 사용한다. 갈등이나 위기, 도전 경험을 설명하는 데 유용하게 사용할 수 있다.

상황(situation)	→	위기(crisis)	→	행동(action)	→	결과(result)
상황 설명		위기 상황		위기 해결 행동		행동의 결과

(2) 질문 답변 예시

> Q. 갈등 상황을 중재한 적이 있습니까? 있다면 경험을 말해 보십시오.

① S : 팀 프로젝트에서 자료 분석 방향을 두고 두 명이 서로 다른 해석을 주장하며 큰 의견 차이를 보인 적이 있었습니다.

TIP 지원 분야와 관련한 전문적인 과제 및 업무 상황의 내용을 제시하면 유리하다.

② C : 가벼운 토의에서 시작했지만 분석 기준과 책임 범위를 두고 감정적인 논쟁으로까지 번졌고, 이에 따라 프로젝트가 무산될 위험까지 생겼습니다.

TIP 위기 또는 갈등 상황을 구체적으로 설명한다. 예상되었던 부정적인 결과를 덧붙이면 상황의 심각성을 더욱 설득력 있게 전달할 수 있다.

③ A : 저는 우선 갈등 악화를 막기 위해 회의를 중단하고, 이후 중립적인 기준을 바탕으로 두 주장을 정리한 뒤, 타협안을 도출해서 다음 회의 때 제시했습니다.

TIP 자신의 역할과 행동을 중심으로 답변한다. 가능한 경우 문제의 접근 방법과 합리적인 판단의 근거 등을 함께 설명하면 좋다.

④ R : 그 결과, 의견이 원만하게 통일되어 프로젝트에서 만족스러운 결과를 얻을 수 있었습니다. 저는 이를 통해 양측의 입장을 헤아려 합리적인 해결책을 제시하는 중재자의 역할을 경험했습니다.

TIP 앞서 언급한 행동의 긍정적인 결과를 제시하고, 그로 인해 얻은 교훈이나 역량으로 마무리한다.

(1) 정의 및 특징

토론이나 발표 면접에서 주로 사용한다. 논리적인 이유와 실제 사례 및 데이터에 기반하므로 설득력 있는 주장을 펼칠 수 있다.

주장(point)		이유(reason)		사례(example)		주장(point)
주장 제시	→	논리적 이유	→	근거 보충	→	주장 강조

(2) 질문 답변 예시

> Q. 재택근무 제도에 대해 어떻게 생각하십니까?

① P : 저는 재택근무 제도에 찬성합니다. 그리고 재택근무의 확대가 조직의 발전에 도움이 된다고 생각합니다.

TIP 주장과 주장의 핵심이 되는 내용을 시작으로 답변을 전개한다. 짧고 간결한 표현을 사용하면 좋다.

② R : 업무 특성에 따라 유연한 근무 환경을 제공하면 직원들의 업무 집중도와 조직 전체의 효율성이 높아질 수 있기 때문입니다.

TIP 주관적인 판단보다는 주제를 객관적으로 파악하는 관점을 가지는 것이 좋다.

③ E : 실제로 근래에 많은 기업이 재택근무를 도입하기 시작했는데, 출퇴근 시간 단축과 자율적인 근무 환경으로 만족도와 생산성이 동시에 향상되었다는 조사 결과가 있었습니다.

TIP 근거와 직접적으로 연결되는 부연 설명을 덧붙인다. 연구 결과, 기사, 통계 등을 활용하면 신뢰성과 설득력을 높일 수 있다.

④ P : 그러므로 재택근무 제도를 적극 도입해 근무자의 업무 수행력을 높일 수 있도록 도와야 한다고 생각합니다.

TIP 마무리 단계에서 처음 주장을 반복함으로써 자신의 의견을 강조할 수 있다. 제안이나 기대 효과 등을 함께 언급하면 논리의 전문성을 높이는 데 도움이 된다.

④ OREO

(1) 정의 및 특징

토론이나 발표 면접에서 주로 사용한다. 설득보다는 설명과 이해를 좀 더 중시한다는 특징이 있다.

주장(opinion) 주장 명시	→	이유(reason) 논리적 이유	→	예시(example) 구체적 예시	→	주장(opinion) 주장 강조

(2) 질문 답변 예시

> Q. 현재 동물 학대 처벌 수준에 대해 어떻게 생각하십니까?

① O : 저는 동물 학대에 대한 처벌을 크게 강화해야 한다고 생각합니다.

TIP 도입부에서 자신의 주장을 명확하게 제시한다. 추상적이거나 애매한 입장은 피하고 확실한 태도를 갖는 편이 더욱 신뢰감을 줄 수 있다.

② R : 동물 또한 감정과 고통을 가진 존재이기 때문에 윤리적으로 충분히 보호받아야 할 필요가 있습니다. 그러나 현행 처벌 수준으로는 동물 학대의 실질적인 억제 효과가 부족합니다.

TIP 의견을 뒷받침하는 논리적 근거를 중심으로 답변한다. 이때 주장과 이유의 인과관계를 분명히 하여, 타당하고 듣는 이가 납득하기 쉽게 구성하는 것이 좋다.

③ E : 일부 국가에서는 동물 학대에 대한 처벌을 강화한 후, 관련 범죄가 감소하고 동물 복지 의식이 높아졌다는 보고가 있습니다. 예를 들어, 독일은 헌법에 동물 보호를 명시하고 학대자에 대해 최대 3년의 징역형을 집행하면서, 동물 학대가 매우 드문 국가가 된 사례가 있습니다.

TIP 구체적인 사례나 통계를 제시하여 주장과 이유를 보다 자세히 설명한다. 이때 검증할 수 있고 신뢰가 가는 자료를 채택하는 것이 좋다.

④ O : 따라서 동물 학대에 대한 처벌을 대폭 강화해 실질적인 동물 복지를 개선하고 사회 전반의 윤리적 수준을 높여야 한다고 생각합니다.

TIP 핵심 의견을 다시 강조하며 마무리한다. 가능하다면 예상되는 결과나 미래 전망 등을 함께 언급해서 결론을 더 강조할 수 있다.

면접 유형 및 준비전략

1 인성면접

(1) 평정 요소

① 대인관계능력

> • 처음 만나는 사람과 쉽게 친해지는 편입니까?
> • 생각이 다른 동료와 함께 일했을 때 어떻게 협업했습니까?
> • 업무 중 동료와 갈등이 생긴다면 어떻게 하겠습니까?

㉠ 협조성과 갈등 중재 능력, 팀워크 등을 심사하는 질문이다. 인사 담당자로서는 동료들과 얼마나 원활한 관계를 형성하고 유지해 나가는지도 중요한 평정요소이다.

㉡ 대인관계능력은 의사소통에서 시작한다. 의사소통능력은 단순히 조리 있게 말을 잘 하는 것뿐만 아니라 경청하는 자세, 문서를 읽고 쓰는 능력, 기초 외국어 능력까지 포함한다.

② 자기계발능력

> • 가장 힘들었던 때와 그때를 극복해 낸 경험을 말해 보십시오.
> • 입사 후 전문성을 키우기 위해 어떤 자기 계발을 할 계획입니까?
> • 새로운 업무 시스템이나 절차가 도입되었을 때 빠르게 이해하고 적응했던 경험이 있습니까?

㉠ 과거에 자기 계발을 했던 경험, 또는 입사 후 포부 등 다양한 형태로 질문한다.

㉡ 과거의 경험은 자신의 부족한 점이나 약점을 인식한 후 어떤 노력을 통해 극복했는지, 입사 후 포부는 자신의 부족한 점을 어떻게 더욱 개발할지를 묻는다.

③ 스트레스 관리

> • 취미가 무엇입니까?
> • 자신만의 스트레스 관리법이 있습니까?
> • 평소 여가시간을 어떻게 보내는 편입니까?

㉠ 스트레스를 어떻게 관리하고 해소하는지를 통해 인사 담당자는 해당 지원자가 압박 상황에서 어떻게 대처하는지를 알 수 있다.

㉡ 취미나 여가 시간을 묻는 단순한 질문에도 자신의 직무 역량과 연결해 답하는 것이 중요하다.

④ 성실성

> • 장기간 꾸준히 노력했던 경험을 말씀해 주십시오.
> • 마감 기한이 촉박했던 상황에서 어떻게 대응했는지 구체적으로 설명해 보십시오.
> • 반복적이고 단조로운 업무를 맡았을 때 어떻게 동기를 유지했습니까?

㉠ 성실하게 근무를 했었던 경험에 대해서 질문한다.

㉡ 장기 근속 여부 및 맡은 업무를 성실하게 할 수 있는 가를 중요하게 확인한다.

⑤ **책임감**

> • 본인의 실수로 문제가 발생했던 경험과 그 해결 과정을 설명해 보십시오.
> • 팀 프로젝트에서 갈등이 발생했을 때 본인은 어떤 역할을 했습니까?
> • 맡은 역할 이상으로 추가적인 책임을 수행했던 경험이 있다면 말씀해 주십시오.

㉠ 업무에 책임감을 확인하는 평정요소이다.

㉡ 문제 해결을 한 경험에 대해서 빈번하게 묻는다.

⑥ **가치관 및 조직적합성**

> • 조직 내에서 규정과 개인의 판단이 충돌한다면 어떻게 행동하시겠습니까?
> • 본인이 중요하게 생각하는 직장인의 덕목은 무엇입니까?
> • 상사의 지시가 본인의 생각과 다를 경우 어떻게 대응하시겠습니까?

㉠ 가치관을 확인하는 질문을 하는 평정요소이다.

㉡ 인성검사 결과와 연관되는 질문을 빈번하게 하는 편이다.

⑦ **의사소통 태도 및 안정성**

> • 본인의 의견이 받아들여지지 않았던 경험을 설명해 보십시오.
> • 예상치 못한 질문을 받았을 때 어떻게 대응하시겠습니까?
> • 면접과 같은 긴장 상황에서 본인을 어떻게 조절하십니까?

㉠ 의사소통 및 소통능력을 확인하는 평정요소이다.

㉡ 동료들과 의사소통을 통해서 갈등을 해결한 경험을 주요하게 물어본다.

(2) 준비전략

인성면접은 지원자의 인품을 넘어 상기 평정 요소들을 평가하는 일종의 구술시험이다. 따라서 인성 평가라는 사고에 갇혀 무난한 모범 대답만 반복하는 것은 피해야 한다. 질문의 의도를 파악하고 그것을 조리 있게 말하는 능력이 중요하다. 주로 지원서나 자기소개서에 기반으로 하는 질문 또는 사회적으로 쟁점이 되는 뉴스와 시사상식에 대한 견해를 묻기 때문에 해당 내용을 사전에 숙지해야 한다.

② 직무면접

(1) 평정 요소

① 직무상식

> • A 프로그램을 사용할 수 있습니까?
> • 해당 업무를 수행할 때 바람직한 태도는 무엇입니까?
> • 직무와 관련해 개인적으로 학습하거나 준비한 것이 있습니까?

ㄱ 직무를 수행할 최소한의 학습 경험과 이해도·관심도를 갖추었는지를 평가한다.

ㄴ 해당 직무를 담당할 때 필요한 기초 지식과 태도 등의 이해를 필요로 한다.

ㄷ 전공 개론 수준의 이론 또는 사용하는 툴이나 프로그램 등을 묻는다.

② 응용능력

> • 업무 과정에서 비효율적인 부분을 발견하고 개선한 경험이 있습니까?
> • 업무에서 실수를 줄이고 정확성을 유지하기 위한 자신만의 방법이 있습니까?
> • 업무 마감 시간이 얼마 남지 않았는데 시스템 오류가 발생했다면 어떻게 하겠습니까?

ㄱ 직무 지식을 실제 현장에서 응용할 수 있는지 파악하기 위한 질문이다.

ㄴ 직무와 관련된 상황을 분석하고 해결 전략을 제시하는 논리적 사고를 필요로 한다.

ㄷ 어떠한 상황을 주고 그 상황에서 본인이라면 어떻게 할 것인지를 묻는 경우가 많다.

③ 직무이해도

> • 이 직무를 수행하는 데 가장 중요한 역량은 무엇이라고 생각합니까?
> • B 법이 다음 달부터 개정 발효되는데 이유를 알고 있습니까?
> • C 안건을 본인이 한다면 어떤 순서로 하겠습니까?

ㄱ 지원하는 업무를 정확히 이해하고 있는지를 확인하기 위한 질문이다.

ㄴ 자신이 어떤 일을 해야 하는지 알고 해당 직종의 정책 및 지향점을 명확히 파악하는 것이 중요하다.

ㄷ 직무에 대한 세부적인 질문을 받았을 때, 기업의 비전 또는 미션과 해당 직무의 역할을 연결 지어 답변하는 것 또한 좋은 어필이 된다.

(2) 준비전략

직무면접은 지원자의 직무 적합성을 검증하기 위한 면접이므로, 지원하는 직무에 대한 기본 이론부터 응용 상식까지 포괄적인 내용을 숙지하는 것이 중요하다. 채용 공고의 직무 설명, 홈페이지의 기업의 직무 소개, NCS 직무기술서 등을 토대로 필요 역량과 툴 등을 명확하게 파악하도록 한다.

③ AI 면접

(1) 특징

AI가 면접관 역할을 대신하는 비대면 면접 유형 중 하나이다. 화상 카메라, 마이크 등을 준비해야 한다는 번거로움이 있지만, 시간과 장소의 제약이 없다는 것이 장점이다. AI가 지원자의 시선, 말투, 표정, 제스처까지 전부 분석하고 많은 인원의 면접을 빠르게 치를 수 있다는 점에서 AI 면접을 선호하는 곳이 늘고 있다.

(2) 준비전략

① AI 면접에서는 시선처리와 발음, 응답속도가 중요한 평가 요소로 작용한다. 많은 지원자가 카메라가 아닌 화면을 보는 실수를 하는데, AI 면접 시에는 화면이 아닌 카메라를 정확히 보는 연습을 하는 것이 좋다.

② 음성 인식 정확도를 높이기 위해서는 또박또박 천천히 말하고, 질문이 끝난 뒤 2 ~ 3초 정도의 간격을 두고 대답한다.

④ 개별면접

(1) 특징

한 명 또는 여러 명의 면접관과 한 명의 지원자가 면접을 치르는 것이다. 지원자가 한 명인 만큼 심층적인 질문과 다양한 꼬리 질문을 받는다. 지원자의 사고 과정과 태도를 집중적으로 검증할 수 있다는 특징이 있다.

(2) 준비전략

① 심화 질문에 대비하기 위해서는 채용 공고, 기업의 비전과 미션, 보도 자료, 직종과 관련된 시사상식, 최근 이슈, 지원서와 자기소개서 등을 모두 꼼꼼하게 숙지하도록 한다.

② 다 대 일 면접의 경우 심리적 압박감이 강할 수 있으므로 모의 면접을 통해 여러 면접관의 질문에 차분히 대응하는 연습을 해두는 것이 좋다.

③ 한 면접관의 질문에 답변할 때도 다른 면접관들과 자연스럽게 시선을 나누며 소통하는 자세를 유지해야 한다.

⑤ 토론면접

(1) 특징

면접자들을 조별로 나누어 특정 주제를 주고 찬반 토론을 하도록 하는 면접이다. 토론을 통해 도출해 낸 최종안도 중요하지만, 결론을 도출하는 과정에서의 의사소통능력 및 갈등 상황에서 의견을 조정하는 대처 능력 등도 중요하게 평가된다.

(2) 준비전략

① 적극적으로 나의 의견을 주장하는 것도 중요하지만, 경청하고 조정하는 능력도 평정 요소 중 하나라는 사실에 유념하여 토론에 임해야 한다. 다른 사람이 발언할 때 고개를 끄덕이거나 적절한 반응을 보이며 경청하는 비언어적 커뮤니케이션을 잊지 않도록 한다.

② 주제는 주로 최근 사회 이슈나 업계 관련 쟁점 중에서 나오는 경우가 많으므로 이를 중심으로 공부하는 것이 좋다.

⑥ 상황면접

(1) 특징

실제 업무 중 마주할 수 있는 상황을 제시하고 어떻게 행동할 것인지를 묻는 방식으로 진행하는 면접이다. 현장에서 겪을 수 있는 상황을 제시함으로써 입사 이후의 실제적인 업무 수행 능력을 중점적으로 평가한다.

(2) 준비전략

① 상황면접 특성상 면접 질문이 길다는 점에 유의한다. 질문의 핵심 의도를 짚어내고 적절한 답을 제시할수록 높은 점수를 얻을 수 있다.

② 다양한 관점을 고려하여 어려운 문제 상황에 대한 답을 미리 생각해 보고 구조화된 면접 답변을 준비하는 것이 좋다.

⑦ 비대면 면접

(1) 특징

면접관과 지원자가 대면하지 않은 상태에서 진행하는 면접이다. 화상 프로그램을 통해 면접관과 질의문답을 주고받는 것과, 주어진 주제나 질문에 답하는 모습을 녹화하여 제출하는 것 두 종류로 나뉜다. 면접관이 사람이라는 점에서 AI 면접과는 차이가 있다.

(2) 준비전략

① 카메라와 마이크가 잘 작동하는지, 프로그램 설치나 설정이 맞게 되어있는지를 사전에 반드시 점검하도록 한다.

② 화면이 아닌 카메라 렌즈를 향해서 자연스러운 시선 처리를 유지하고, 질문이 끝난 뒤 2 ~ 3초의 간격을 두고 또렷하게 답변하는 것이 좋다.

③ 시스템 오류 등의 예상치 못한 상황이 벌어지더라도 당황하지 않고 침착하게 담당자의 안내에 따르도록 한다.

⑧ 외국어 면접

(1) 특징

외국어로 진행되는 면접으로, 외국계 기업이나 업무상 외국어를 많이 사용하는 직종에서 주로 시행한다. 전문용어나 비즈니스 매너 등까지 전반적으로 갖춰야 하므로, 원어민 면접관이 면접을 진행하는 때도 많다.

(2) 준비전략

① 중요한 건 자신감이다. 면접장에서 외국어를 완벽하게 구사해야 한다는 사실을 부담스러워하는 지원자가 많다. 그러나 완벽하지 않더라도 자신감 있게 나를 표현하는 모습이 좋은 평가를 받을 수 있다.

② 문화권마다 예의범절이나 비즈니스 매너 등이 다르다는 점에 유의하고 미리 숙지하도록 한다.

9 발표면접 (PT면접)

(1) 특징

지원자가 제시된 특정 주제와 자료를 토대로 자기 생각을 발표하는 면접이다. 주어진 자료에서 핵심 주제와 맥락을 짚어낼 수 있는 능력과, 그것들을 기반으로 문제를 해결할 수 있는 능력 등이 주요 평정 요소이다.

(2) 준비전략

① 주제와 상황을 명징하게 파악하는 것이 가장 중요하다. 강조하고자 하는 핵심을 찾아내고, 서론 – 본론 – 결론의 체계적인 구조를 사용하여 이를 드러내는 것이 좋다.

② 발표할 때는 주어진 시간을 엄수하여 명확하고 자신 있는 태도로 한다.

10 다(多) 대 다(多) 면접

(1) 특징

다수의 면접관과 다수의 지원자가 함께 면접을 보는 것이다. 개별 역량뿐만 아니라 다른 지원자들과의 상호작용, 경쟁 상황에서의 태도 등을 종합적으로 평가한다. 제한된 시간 내에 자신을 효과적으로 드러내야 하는 점이 어렵지만, 다른 지원자와 비교하여 자신의 취약점이나 강점을 파악할 수 있다는 장점도 있다.

(2) 준비전략

① 사람들 사이에서 자신을 보여주는 것도 중요하지만, 다른 지원자들을 향한 태도도 중요하다. 다른 지원자가 답변할 때는 그 지원자를, 면접관이 질문할 때는 그 면접관을 바라보며 경청하는 태도를 보인다.

② 다른 지원자와 답변이 겹치지 않도록 한 질문에 다양한 답변을 준비하는 것이 좋다.

Q. 자기소개를 간단하게 해 보세요.

A. 안녕하십니까, A사 B직에 지원한 OOO(이)라고 합니다. 저는 제 핵심 강점인 책임감을 바탕으로, 어느 조직에서나 끈질긴 분석과 협업을 통해 목표 달성에 기여하고자 노력해 왔습니다. 이 과정에서 업무에 필요한 문제 해결 능력과 추진력 또한 키울 수 있었습니다. 실제로 여러 프로젝트에 참여하여 직접 제안한 아이디어로 성과 개선에 기여한 경험이 있습니다. 입사 후에도 이러한 역량과 경험을 바탕으로 빠르게 업무에 적응하고, 장기적으로는 A사의 핵심 인재로 성장할 수 있도록 노력하겠습니다. 감사합니다.

> **TIP** 블라인드 면접 시 학교명이나 나이 등의 신상정보를 빼고, 직무와 관련된 강점 중심으로만 답변해야 한다. 자신의 성향을 한 문장으로 요약하고, 이어서 간단한 경험으로 근거를 제시한 뒤, 그 역량이 지원 직무에 어떻게 도움이 되는지 언급하며 마무리하면 좋다.

Q. 우리 기관에 지원한 이유는 무엇입니까?

A. 기관의 성장 방향성 및 추구하는 목표가 제 가치관과 역량에 잘 맞는다고 생각했기 때문입니다. 저는 조직의 성격과 구성원의 역량이 맞닿을 때 가장 큰 성과를 만든다고 믿습니다. A사가 명확한 목표를 갖고 체계적으로 성장 전략을 실천하는 조직 문화를 갖추고 있으며, 구성원들이 도전하면서도 협업을 중시하는 환경에서 일하고 있다는 점이 인상 깊었습니다. 저 또한 A사에서 책임감 있게 협업하고 결과를 내는 사람으로 성장하고 싶어 지원했습니다.

> **TIP** 홈페이지나 채용 공고에서 언급되는 핵심 가치 또는 인재상을 파악하고, 이를 자신의 성향과 연결 지어 기업과 자신의 지향점이 일치함을 강조하는 것이 바람직하다. 마무리는 능동적이고 미래지향적인 표현을 사용해 입사 의지를 드러내면 좋다.

Q. 해당 직무에 지원한 이유는 무엇입니까?

A. 저는 문제를 해결하고 가치를 창출하는 과정에서 큰 성취를 느끼는 사람입니다. 해당 직무가 분석을 바탕으로 명확한 결과를 만들어내며, 팀과 조직 목표 달성에 직접적으로 기여할 수 있다는 점이 매력적으로 다가왔습니다. 이전에도 주어진 과제를 체계적으로 분석하고 접근하여 성과를 낸 경험이 많이 있습니다. 때문에 해당 직무에서 제 흥미와 역량을 가장 효과적으로 발휘할 수 있다고 생각했습니다.

TIP 직무에 대한 지원자의 이해도와 직무 적합성을 파악하기 위한 질문이다. 효과적인 답변을 위해서는 지원하는 직무의 핵심 역할을 정확히 파악하고 있다는 사실을 드러내고, 그 안에서 자신의 역량을 발휘할 수 있다는 점을 어필하는 것이 좋다. 해당 역량을 효과적으로 발휘한 사례를 더하면 설득력을 높일 수 있다.

Q. 자신의 장 · 단점은 무엇이라고 생각합니까?

A. 저의 장점은 인내심입니다. 어렵고 힘든 문제를 만나도 쉽게 포기하지 않고 해결할 때까지 끊임없이 노력하기 때문입니다. 단점은 목표가 없으면 다소 나태해진다는 점입니다. 이를 극복하기 위해서 평소에도 맡은 일에 단계별로 구체적인 목표와 계획을 세우고 점검하는 습관을 만들었습니다.

TIP 장 · 단점을 묻는 질문은 자신의 약점을 어떻게 관리하고 성장의 계기로 삼는지를 평가하기 위한 목적이 있다. 따라서 단점을 언급할 때는 너무 사소하거나 추상적인 것보다는 개선 가능성과 보완 의지를 드러낼 수 있는 현실적인 문제를 제시하는 것이 좋다.

Q. 취미가 무엇입니까?

A. 제 취미는 조깅입니다. 몸과 마음이 개운해질 뿐만 아니라 생각도 정리할 수 있기 때문입니다. 건강관리에 큰 도움이 되고 있기 때문에 조금 바쁘거나 피곤하더라도 시간을 내 꾸준히 조깅이나 산책을 하고 있습니다.

TIP 취미를 통한 지원자의 성실성, 자기관리 태도 등을 파악하려는 의도를 내포한다. 따라서 단순히 '운동을 좋아한다', '독서를 한다'처럼 열거식으로 답하기보다, 해당 취미가 자신에게 어떤 긍정적 영향을 주는지를 들어 답변하는 것이 바람직하다.

Q. 여가 시간은 주로 어떻게 보냅니까?

A. 여가 시간에는 주로 취미인 조깅을 하면서 보내는 편입니다. 하지만 시간이 늦었거나 날씨가 안 좋을 때는 독서나 영화를 보기도 합니다. 중요한 것은 균형 있는 활동과 휴식을 통해 체력을 관리하며 업무 시간에 필요한 집중력을 확보하는 것이라고 생각합니다.

> **TIP** 시간 분배와 자기관리에 대한 체계적인 태도나 긍정적으로 업무 에너지를 회복하는 모습을 보이면 좋은 인상을 남길 수 있다. 이는 주어진 자원을 효율적으로 활용하고 장기적인 업무 수행에서도 안정적인 성과를 낼 수 있는 사람으로 평가 받는 데 도움을 준다.

Q. 자신만의 스트레스 해소법이 있습니까?

A. 스트레스를 받는 상황이 생기면 우선 감정적으로 반응하기보다 이성적으로 상황을 정리하고 마음을 다스릴 수 있도록 노력합니다. 스트레스 해소는 감정 배출이 아닌 문제를 해결하기 위한 정리 과정이라고 생각하기 때문에 짧은 산책이나 조깅으로 기분을 환기하는 편입니다.

> **TIP** 긍정적이며 건강한 방법을 제시하고, 구체적인 예시를 들어 자신만의 스트레스 해소법을 언급하는 것이 좋다. 이를 통해 압박 상황에서도 일의 균형과 효율을 유지할 수 있는 안정적인 지원자로 인식될 가능성이 높다.

Q. 가장 최근에 읽은 책은 무엇입니까?

A. 카시와기의 「데이터 문해력」을 읽었습니다. 데이터를 어떻게 해석하고 업무 의사결정에 활용할 것인지에 대한 책입니다. 데이터 활용 능력이 더욱 중요해지고 있는 시대인 만큼 데이터를 통해 실제 문제를 해결하는 방법을 이해하고자 읽었습니다. 책을 읽으며 데이터를 다루는 기술적 역량뿐만 아니라 그 속의 맥락을 이해하는 능력도 함께 키워야겠다고 느꼈습니다.

> **TIP** 자기 계발과 직무 역량 향상을 위해 노력하는 태도를 어필할 수 있는 질문이다. 단순히 책의 줄거리나 내용 요약을 말하기보다, 그 책을 통해 무엇을 느꼈고 어떤 점을 배우게 되었는지를 중심으로 답변하면 설득력이 높아진다.

> **Q. 자신을 리더라고 생각합니까, 팔로워라고 생각합니까?**

A. 저는 팔로워에 좀 더 가깝다고 생각합니다. 지금까지 상황을 분석하고 소통하는 능력을 통해 리더의 아래에서 팀을 하나로 만든 경험이 많았기 때문입니다. 그러나 좋은 팔로워의 경험이 있어야 좋은 리더도 될 수 있다고 생각합니다. 조율이 필요한 순간에는 앞장서서 의견을 모으고 정리하는 리더 역할도 마다하지 않고자 합니다. 팀의 성과를 위해 두 역할을 유연하게 수행하는 사람이 되겠습니다.

TIP 자신의 강점과 역량에 대해 충분히 이해하고 있는 것이 중요하다. 구체적인 경험을 근거로 들어, 적절한 자리에서 스스로의 역할을 충실히 수행할 수 있는 인재라는 점을 설명한다. 가능하다면 한쪽만 일방적으로 강조하기보다 두 역할을 상황에 따라 조화롭게 수행할 수 있는 유연성을 보여주어도 좋다.

> **Q. 자신보다 어린 상사에 대해 어떻게 생각합니까?**

A. 나이보다는 개인이 가진 전문성과 역량이 더 중요하다고 생각하므로 개의치 않습니다. 실제로 인턴 활동 중 저보다 어린 선배와 함께 일했던 적이 있습니다. 그분은 업무 경험이 많고 문제 해결 능력이 뛰어났기 때문에 옆에서 많이 여쭤보고 배울 수 있었습니다. 조직에서 상사라는 사실은 그만큼 인정받은 경력이 있다는 의미이기 때문에, 나이와 관계없이 존중하며 배우는 자세로 임하겠습니다.

TIP 조직 내 위계에 대한 이해도와 관계 유연성을 파악하기 위한 목적이 있다. 합리적인 근거와 경험을 토대로 연령보다 역량을 중시하는 성숙한 사고방식을 드러내는 것이 좋다.

> **Q. 상사가 업무와 무관한 사적인 일을 시킨다면 어떻게 하겠습니까?**

A. 먼저 지시받은 일의 목적과 필요성을 여쭤보겠습니다. 신입사원인 만큼 제가 해당 지시의 의미를 제대로 파악하지 못했을 수 있다고 생각하기 때문입니다. 그럼에도 명백히 업무와 무관한 사적인 일이라고 판단되면, 현재 더 필요한 업무에 집중하기 위해서 정중하게 거절하겠습니다.

TIP 지원자의 문제 대처 능력, 윤리관 등을 평가할 수 있는 질문이다. 우선 상황을 객관적으로 파악하려는 시도 이후 합리적인 결정을 내리는 모습을 보이면 보다 긍정적인 평가를 받을 수 있다. 언행에서는 예의와 조직 존중의 자세를 잃지 않는 태도 또한 중요하다.

Q. 과도한 업무가 주어져서 일과 개인 시간의 밸런스가 무너진다면 어떻게 하겠습니까?

A. 우선은 저의 업무 처리 방식을 점검해보겠습니다. 업무에 요령이 부족하거나 서툴러서 생긴 문제일 수 있으므로 이를 개선해야 한다고 생각합니다. 선배님께 효율적인 방법을 여쭤보고 불필요한 시간을 줄이는 법을 익힐 계획입니다. 그런데도 업무량이 과다하다고 느껴진다면, 팀 내 상급자분께 상담을 요청해 조율하겠습니다.

TIP 먼저 스스로 업무를 완수하려는 의지를 보이고, 개인의 역량을 넘는 불가피한 상황임을 인지했을 때는 구체적인 해결 전략을 제시하여 원만한 문제 해결 능력과 소통 능력을 갖추었음을 밝히는 것이 바람직하다.

Q. 만약 이번 채용에 불합격한다면 어떻게 하겠습니까?

A. 겸허히 결과를 받아들이고 준비 과정에서 부족했던 부분을 점검하는 계기로 삼겠습니다. 특히 면접을 준비하며 느꼈던 제 역량의 한계나 보완이 필요하다고 생각한 부분을 중심으로 다시 정리하고, 관련 경험과 역량을 보완해 나가겠습니다.

TIP 채용 결과와 관계없이 지원자의 회복 탄력성, 직무에 대한 지속적인 관심과 준비 의지를 확인하고자 하는 질문이다. 감정적으로 반응하기보다는 자신에게 부족했던 점을 돌아보고 향후 계획을 성숙하게 수립하겠다는 태도를 보이는 것이 좋다.

MEMO

MEMO